国家社科基金重大项目"生命伦理的道德形态学研究"中期成果（项目号 13&ZD066）

京师哲学

价值哲学

BNU Philosophy

走向伦理思维的
道德哲学

田海平　著

中国社会科学出版社

图书在版编目(CIP)数据

走向伦理思维的道德哲学 / 田海平著 . —北京：中国社会科学出版社，
2020.2

ISBN 978-7-5203-6123-1

Ⅰ.①走… Ⅱ.①田… Ⅲ.①伦理学—研究
Ⅳ.①B82

中国版本图书馆 CIP 数据核字(2020)第 041035 号

出 版 人	赵剑英
责任编辑	冯春凤
责任校对	张爱华
责任印制	张雪娇

出　　版	中国社会科学出版社
社　　址	北京鼓楼西大街甲 158 号
邮　　编	100720
网　　址	http://www.csspw.cn
发 行 部	010－84083685
门 市 部	010－84029450
经　　销	新华书店及其他书店

印　　刷	北京君升印刷有限公司
装　　订	廊坊市广阳区广增装订厂
版　　次	2020 年 2 月第 1 版
印　　次	2020 年 2 月第 1 次印刷

开　　本	710×1000 1/16
印　　张	20.75
插　　页	2
字　　数	340 千字
定　　价	118.00 元

凡购买中国社会科学出版社图书,如有质量问题请与本社营销中心联系调换
电话:010－84083683

编 委 会

总序：面向变化着的世界的当代哲学

吴向东

真正的哲学总是时代精神的精华。进入 21 世纪 20 年代，世界的变化更加深刻，时代的挑战更加多元。全球化的深度发展使得各个国家、民族、个人从来没有像今天这样紧密地联系在一起。以理性和资本为核心的现代性，在创造和取得巨大物质财富与精神成就的同时，也日益显露着其紧张的内在矛盾、冲突及困境。现代科技的迅猛发展，特别是以人工智能为牵引的信息技术的颠覆性革命，带来了深刻的人类学改变。它不仅改变着人们的生产方式、交往方式，而且改变着人们的生活方式和价值观念。在世界历史背景下展开的中国特色社会主义的伟大实践，形成了中国特色社会主义道路、理论、制度、文化，意味着一种新型文明形态的可能性。变化着的世界与时代，以问题和文本的方式召唤着当代哲学家们，去理解这种深刻的变化，回应其内在的挑战，反思人的本性，重构文明秩序根基，塑造美好生活理念。为此，价值哲学、政治哲学、认知哲学、古典哲学，作为当代哲学重要的研究领域和方向，被时代和实践凸显出来。

价值哲学，是研究价值问题的哲学分支学科。尽管哲学史上一直有着强大的道德哲学和政治哲学的传统，但直到 19 世纪中后期，自洛采、尼采开始，价值哲学才因为价值和意义的现实问题所需作为一门学科兴起。经过新康德主义的张扬，现当代西方哲学的重大转向都在一定程度上蕴涵着价值哲学的旨趣。20 世纪上半叶，价值哲学在西方达到一个高峰，并逐渐形成先验主义、经验主义、心灵主义、语言分析等研究路向。其中胡塞尔的现象学开辟了新的理解价值的进路；杜威建构了以评价判断为核心的实验经验主义价值哲学；舍勒和哈特曼形成系统的价值伦理学，建构了相对于康德的形式主义伦理学的质料伦理学，还有一些哲学家利用分析哲学进路，试图在元伦理学的基础上对有关价值的表述进行分析。当代哲学家诺奇克、内格儿和泰勒等，一定程度上重新复兴了奥地利价值哲学学派，创造了在当代有关价值哲学的讨论语境。20 世纪 70 年代以后，西方价值理论的研究重心从价值的元问题转向具体的道德和政治规范问题，其理论直接与公共的政治生活和个人的伦理生活相融合。

中国价值哲学研究兴起于 20 世纪 80 年代，缘于"文化大革命"的反思、改革开放实践的内在需要，并由真理标准的大讨论直接引发。四十年来，价值哲学经历了从分析价值概念到探究评价理论，再到聚焦价值观和社会主义核心价值观研究的发展历程，贯穿其中的主要特点是理论逻辑和实践逻辑的统一。在改革开放的实践中，我们首先通过内涵价值的科学真理观解决对与错的问题，其次通过"三个有利于"评价标准解决好与坏的问题，最后通过社会主义核心价值观，解决"什么是社会主义，如何建设社会主义"的问题。同时，与马克思主义哲学研究的相互交融促进，以及与国际价值哲学的交流和对话，也是价值哲学研究发展历程中的显著特点。中国价值哲学在价值本质、评价的合理性、价值观的结构、社会主义核心价值观的内涵与逻辑等一系列问题上形成了广泛学术争论，取得了诸多的理论进展。就其核心而言，我认为主要成就可归结为实践论基础上的主体性范式和社会主义核心价值观的理论建构这两个方面。中国价值哲学取得的成就具有强烈的时代性特征和阶段性特点。随着世界历史的充分展开和中国改革开放的不断深入，无论是回应、解答当代中国社会和人类发展的新矛盾与重大价值问题，还是价值哲学内部的广泛争论形成的理论空间，都预示着价值哲学未来的发展趋向：完善实践论基础上的主体性解释模式，实现价值基础理论的突破；深入探究新文明形态的价值理念与价值原则，不仅要深度建构和全幅拓展以社会主义核心价值观为主导的中国价值，还要探求人类命运共同体的价值基础，同时对人工智能为代表的当代科学技术进行价值反思和价值立法，以避免机器控制世界的技术冒险；多学科研究的交叉与融合，并上升为一种方法论自觉。

政治哲学是在哲学层面上对人类政治生活的探究，具有规范性和实践性。其核心主题是应该用什么规则或原则来确定我们如何在一起生活，包括政治制度的根本准则或理想标准，未来理想政治的设想，财产、权力、权利与自由的如何分配等。尽管东西方都具有丰富的政治哲学的传统，但

20世纪70年代以降，随着罗尔斯《正义论》发表才带来了规范性政治哲学在西方的复兴。其中，自由主义、共和主义、社群主义竞相在场，围绕正义、自由、平等、民主、所有权等一系列具体价值、价值原则及其理论基础相互论争，此起彼伏。与此同时，由"塔克—伍德"命题引发的马克思与正义问题的持续讨论，使得马克思的政治哲学思想在西方学界得到关注。新世纪以来，随着改革开放进入新的历史阶段，国内政治哲学研究开始兴起，并逐渐成为显学。这不仅表现在对西方政治哲学家的文本的大量译介和深入研究；更表现在马克思主义政治哲学研究的崛起，包括对马克思主义政治哲学的特征、基本内容等阐释以及对一些重大现实问题的理论回应等；同时也表现在对中国传统政治哲学的理论重构和现代阐释，以及从一般性视角对政治哲学的学科定位和方法论予以澄清和反思等。

无论是西方政治哲学的复兴，还是国内政治哲学研究的兴起，背后都能发现强烈的实践的逻辑，以及现实问题的理论诉求。面对当代实践和世界文明的裂变，政治哲学任重道远。一方面，马克思主义政治哲学本身并不是现成的，而是需要被不断建构的。马克思主义政治哲学有着自己的传统，其中人类解放，是马克思主义，也是马克思主义政治哲学的主题。在这一传统中，人的解放首要的取决于制度革命，制度革命其实包含着价值观的变革。所以，在当代理论和实践背景下讨论人的解放，不能离开正义、自由、平等、尊严等规范性价值，这些规范性价值在马克思主义政治哲学中需要被不断阐明。而在中国特色社会主义实践背景下建构当代中国马克思主义政治哲学，更应该是政治哲学研究的理论旨趣。另一方面，当代人类政治实践中的重大问题需要创新性研究。中国学界需要以马克思主义政治哲学为基本框架，综合各种思想资源，真正面对和回应当代人类政治实践中的矛盾和问题，诸如民粹主义、种族主义、环境政治、女性主义、全球正义、世界和平等等，做出具有人类视野、原则高度的时代性回答。

认知哲学是在关于认知的各种科学理论的基础上反思认知本质的哲学学科。哲学史上一直存在着关于认知的思辨的传统，但是直到20世纪中叶开始，随着具有跨学科性质的认知科学的诞生，认知哲学作为哲学的分支学科才真正确立起来，并以认知科学哲学为主要形态，涉及心理学哲学、人工智能哲学、心灵哲学、认知逻辑哲学和认知语言哲学等。它不仅处理认知科学领域内带有哲学性质的问题，包括心理表征、心理计算、意识、行动、感知等等，同时也处理认知科学本身的哲学问题，对认知神经科学、语言学、人工智能等研究中的方法、前提、范式进行哲学反思。随着认知诸科学，如计算机科学、认知心理学、认知语言学、人类学、认知神经科学等学科的发展，认知哲学的研究在西方学界不断推进。从图灵到西蒙、从普特南到福多，从德雷福斯到塞尔等等，科学家和哲学家们提出了他们自己各不相同的认知理论，共同推动了认知科学的范式转变。在认知本质问题上，当代的认知科学家和哲学家们先后提出了表征—计算主义、联结主义、涉身主义以及"4E＋S"认知等多种理论，不仅深化了对认知的理解，也为认知科学发展清理障碍，提供重要的理论支持。国内的认知哲学研究与西方相比虽然有一定的滞后，但近些年来，与国际学界保持着紧密的联系与高度的合作，在计算主义、"4E＋S"认知、知觉哲学、意向性、自由意志等领域和方向的研究，取得了积极进展。

认知哲学与认知科学的内在关系，以及其学科交叉性，决定了认知哲学依然是一个全新的学科领域，保持着充分的开放性和成长性。在新的时代背景下，随着认知诸科学的发展和突破，研究领域中新问题、新对象的不断涌现，认知哲学会朝着多元化方向行进。首先，认知哲学对已经拉开序幕的诸多认知科学领域中的重要问题要进行深入探索，包括心智双系统加工理论、自由意志、预测心智、知觉—认知—行动模型、人工智能伦理、道德决策、原始智能的涌现机制等等。其次，认知哲学会继续对认知科学本身的哲学前沿问题进行反思和批判，包括心理因果的本质、省略推理法的效力、意识的还原策略、涉身性的限度、情境要素的作用、交叉学科的动态发展结构、实验哲学方法等等，以期在认知科学新进展的基础上取得基础理论问题研究的突破。再次，认知哲学必然要向其他诸般研究人的活动的学科进行交叉。由于认知在人的活动中的基础性，关于认知本身的认识必然为与人的活动相关的一切问题研究提供基础。因此，认知哲学不仅本身是在学科交叉的基础上产生的，它也应该与经济学、社会学、政治学、法学等其他学科相结合，将其研究成果运用于诸学科领域中的相关问题的探讨。在哲学内部，认知哲学也必然会与其他领域哲学相结合，将其研究成果应用到形而上学、知识论、伦理学、美学诸领域。通过这种交叉、运用和结合，不仅相关学科和问题研究会得到推进，同时认知哲学自身也会获得新的发展。

　　古典哲学，是指东西传统哲学中的典型形态。西方古典哲学通常是指古希腊哲学和建立在古希腊哲学传统之上的中世纪哲学，同时也包括 18 世纪末到 19 世纪上半叶以康德和黑格尔为主的德国古典哲学，在某种意义上来说，康德和黑格尔就是古希腊的柏拉图和亚里士多德。无论是作为西方哲学源头的古希腊哲学，还是德国古典哲学，西方学界对它的研究各方面都相对比较成熟，十分注重文本和历史传承，讲究以原文为基础，在历史语境中专题化讨论问题。近年来一系列草纸卷轴的发现及文本的重新编译推动着古希腊哲学研究范式的转换，学者在更广阔的视野中理解古希腊哲学，或是采用分析的方法加以研究。德国古典哲学既达到了传统形而上学的最高峰，亦开启了现代西方哲学。20 世纪德国现象学，法国存在主义、后现代主义等思想潮流从德国古典哲学中汲取了理论资源。特别是二战之后，通过与当代各种哲学思潮的互动、融合，参与当代问题的讨论，德国古典哲学的诸多理论话题、视阈和思想资源得到挖掘和彰显，其自身形象也得到了重塑。如现象学从自我意识、辩证法、社会正义等不同维度推动对古典哲学误解的消除工作，促成了对古典哲学大范围的科学研究、文本研究、问题研究。以法兰克福学派为首的西方马克思主义，从阐释黑格尔总体性、到探究否定辩证法，再到发展黑格尔承认理论，深刻继承并发挥了德国古典哲学的精神内核。在分析哲学潮流下，诸多学者开始用现代逻辑对德国古典哲学进行文本解读；采用实在论或实用主义进路，讨论德国观念论的现实性或现代性。此外，德国古典哲学研究也不乏与古代哲学的积极对话。在国内学界，古希腊哲学，特别是德国古典哲学，由于其与马克思主义哲学的密切关系，受到瞩目和重视。在过去的几十年中，古典哲学家的著作翻译工作得到了加强，出版了不同形式的全集或选集。研究的领域、主题和视阈得到扩展，如柏拉图和亚里士多德的伦理学、政治哲学，康德的理论哲学、美学与目的论、实践哲学、宗教哲学、人类学，黑格尔的辩证法、法哲学和伦理学的研究可谓方兴未艾。中国马克思主义学者从马克思主义哲学与德国古典哲学关系的视阈对古典哲学研究也是独具特色。

　　中国古典哲学，包括先秦子学、两汉经学、魏晋玄学、隋唐佛学、宋明理学等，是传统中国人对宇宙人生、家国天下的普遍性思考，具有自身独特的问题意识、研究方式、理论形态，构成中国传统文化的核心，深刻影响了中国人的生活方式、思维方式和价值世界。在近现代社会转型中，随着西学东渐，中国传统哲学学术思想得到重新建构，逐渐形成分别基于马克思主义、自由主义、保守主义的不同的中国古典哲学研究范式，表现为多元一体的研究态势与理论倾向。其中胡适、冯友兰等借鉴西方哲学传统，确立中国哲学学科范式。以侯外庐、张岱年、任继愈、冯契为代表，形成了马克思主义思想指导下的研究学派。从熊十力、梁漱溟到唐君毅、牟宗三为代表的现代新儒学，力图吸纳、融合、会通西学，实现理论创造。改革开放以来，很多研究者尝试用西方现代哲学诸流派以至后现代哲学的理论来整理中国传统学术思想材料，但总体上多元一体的研究态势和理论倾向并未改变。在新的时代背景下，随着中国现代化进程进入崭新阶段，面对变化世界中的矛盾和冲突，中国古典哲学研究无疑具有新的语境，有着新的使命。一方面，要彰显中国古典哲学自身的主体性。扬弃用西方哲学基本问题预设与义理体系简单移植的研究范式，对中国传统哲学自身基本问题义理体系进行反思探索和总体性的自觉建构，从而理解中国古典哲学的本真，挖掘和阐发其优秀传统，使中华民族最基本的文化基因与当代文化相适应、与现代社会相协调。另一方面，要回到当代生活世界，推动中国古典哲学的创造性转化、创新性发展。以当代人类实践中的重大问题为切入点，回溯和重释传统哲学，通过与马克思主义哲学、西方（古典和当代）哲学的深入对话，实现理论视阈的交融、理论内容的创新，着力提出能够体现中国立场、中国智慧、中国价值的理念、主张、方案，从而激活中国古典哲学的生命力，实现其内源性发展。

价值哲学、政治哲学、认知哲学、古典哲学，虽然是四个相对独立的领域与方向，然而它们又有着紧密的内在联系，相互影响、相互交融。政治哲学属于规范性哲学和实践哲学，它讨论的问题无论是政治价值、还是政治制度的准则，或者是政治理想，都属于价值问题，研究一般价值问题的价值哲学无疑为政治哲学提供了理论基础。认知哲学属于交叉学科，研究认知的本质，而无论是价值活动，还是政治活动，都不能离开认知，因而价值哲学和政治哲学，并不能离开认知哲学，反之亦然。古典哲学作为一种传统，是不可能也不应该为思想研究所割裂的。事实上，它为价值哲学、政治哲学、认知哲学的研究与发展提供了丰富的思想资源。无论是当代问题的解答，还是新的哲学思潮和流派的发展，往往都需要通过向古典哲学的回溯而获得思想资源和理论生长点，古典哲学也通过与新的哲学领域和方向的结合获得新的生命力。总之，为时代和实践所凸显的价值哲学、政治哲学、认知哲学、古典哲学，正是在它们相互联系相互交融中，共同把握时代的脉搏，解答时代课题，将人民最精致、最珍贵和看不见的精髓集中在自己的哲学思想里，实现哲学的当代发展。

北京师范大学哲学学科历史悠久、底蕴深厚，始终与时代共命运，为民族启慧思。1902 年建校伊始，梁启超等一批国学名家在此弘文励教，为哲学学科的建设奠定了基础。1919 年设立哲学教育系。1953 年，在全国师范院校率先创办政治教育系。1979 年改革开放之初，在原政治教育系的基础上，成立哲学系。2015 年更名为哲学学院。经过几代学人的辛勤耕耘，不懈努力，哲学学科蓬勃发展。目前，哲学学科形成了从本科到博士后系统、完整的人才培养体系，拥有马克思主义哲学、外国哲学等国家重点学科、北京市重点学科，教育部人文社会科学重点研究基地价值与文化中心，国家教材建设重点研究基地 "大中小学德育一体化教材研究基地"，Frontiers of Philosophy in China、《当代中国价值观研究》《思想政治课教学》三种学术期刊，等等，成为我国哲学教学与研究的重镇。

北京师范大学哲学学科始终坚持理论联系实际，不断凝聚研究方向，拓展研究领域。长期以来，我们在价值哲学、人的哲学、马克思主义哲学基础理论、儒家哲学、道家道教哲学、西方历史哲学、科学哲学、分析哲学、古希腊伦理学、形式逻辑、中国传统美学、俄罗斯哲学与宗教等一系列方向和领域，承担了一批国家重大重点研究项目，取得了有影响力的成果，形成了具有鲜明京师特色的学术传统和学科优势。面对当今时代的挑战，实践的召唤，我们立足于自己的学术传统，依循当代哲学发展的逻辑，进一步凝练学科方向，聚焦学术前沿，积极探索价值哲学、政治哲学、认知哲学、古典哲学的重大前沿问题。为此，北京师范大学哲学学院、教育部人文社会科学重点研究基地价值与文化研究中心和中国社会科学出版社合作，组织出版价值哲学、政治哲学、认知哲学、古典哲学之京师哲学丛书，以期反映学科最新研究成果，推动学术交流，促进学术发展。

世界历史正在进入新阶段，中国特色社会主义已经进入新时代。这是一个社会大变革的时代，也一定是哲学大发展的时代。世界的深刻变化和前无古人的伟大实践，必将给理论创造、学术繁荣提供强大动力和广阔空间。习近平指出："这是一个需要理论而且一定能够产生理论的时代，这是一个需要思想而且一定能够产生思想的时代。我们不能辜负了这个时代。"北京师范大学哲学学科将和学界同道一起，共同努力，担负起应有的责任和使命，关注人类命运，研究中国问题，总结中国经验，创建中国理论，着力构建充分体现中国特色、中国风格、中国气派的哲学学科体系、学术体系、话语体系，为中华文明的伟大复兴贡献力量。

目　　录

导论 ……………………………………………………………………（ 1 ）

第一章　本体思维与伦理思维 ……………………………………（ 14 ）

第二章　何谓道德 …………………………………………………（ 61 ）

第三章　谁是道德的"敌人" ……………………………………（ 80 ）

第四章　我是我兄弟的看护人吗 …………………………………（103）

第五章　如何看待道德与幸福的一致性 …………………………（123）

第六章　人为何要"以福论德"，不"以德论福" ……………（136）

第七章　"伦理"，如何进入治理 ………………………………（150）

第八章　环境如何进入伦理 ………………………………………（168）

第九章　如何以伦理看待生育 ……………………………………（194）

第十章　怎样才能让企业家"讲道德" …………………………（211）

第十一章　"水"伦理如何可能 …………………………………（227）

第十二章　"和谐伦理"的理论构想与实证调研 ………………（245）

附录一　以伦理之"公"造就道德之"民"
　　　　——当前我国道德现实问题的征候及治理对策 …………（276）

附录二　2014 年"当前我国道德现实问题"抽样调查问卷 ………（304）

参考文献 ……………………………………………………………（307）

后记 …………………………………………………………………（316）

CONTENTS

Introduction ·· (1)

Chapter 1   From Ontological Thinking to Ethical Thinking ·············· (14)

Chapter 2   What is Morality ··· (61)

Chapter 3   Who Are the Enemies of Morality ·························· (80)

Chapter 4   Am I my Brother's Keeper ································· (103)

Chapter 5   How to Treat the Consistency of Morality and Happiness
            Correctly ·· (123)

Chapter 6   Why Should People on Virtue by Happiness Instead of
            on Happiness by Virtue ···································· (136)

Chapter 7   Ethics, How to Enter Governance ························ (150)

Chapter 8   How Does Environment Enter Ethics ···················· (168)

Chapter 9   How to View Fertility with the Point of Ethics ············· (194)

Chapter 10 How to Make an Entrepreneur "Ethical" ················ (211)

Chapter 11 How is the Ethics of Water Possible ···················· (227)

Chapter 12 Theoretical Conception and Empirical Research on
            Harmonious Ethics ·· (245)

Appendix I   Create Moral People by Ethical Public
             ——Symptoms and Countermeasures of the Current moral
             Reality Problems in China ································ (276)

Appendix II Sampling Questionnaire of Current moral Reality Problems
             in China in 2014 ·· (304)

References ·· (307)

Afterword ·· (316)

导　　论

一

今天，在回应日益紧迫的时代问题的过程中发展起来的道德哲学应该关注人类状况的两个根本的伦理经验。

一方面是同一切他者有关的伦理经验。这里所说的他者，不单纯是指他人或者其他人类文明、文化的"他者"，即不仅仅是指在全球性或地域性、公共性或私人性、共同体形式或社会形式的各种类型的人与人的交往关系中被圈为"他者"的人、人类或民族，它还指一切自然生命形式、生物多样性的诸种实在以及大地共同体中的一切非人类生命的存在形式。这种伦理经验，是当今人类在自身存在境遇中，不可回避且必须承担的为了、由于或是反抗"他者之责任""非我类者之福利"而可能采取何种行为的伦理经验。面向他者的伦理经验，是一种外在性的接入与收纳，是自我得以向世界开放并以此种开放而重构责任的契机。没有他者的汇入与照面，不实际地在面向他者中定义自我，则自我学的伦理学就会坍塌成为一个无世界的虚无化的"点"。

另一方面是同自我有关的伦理经验。通常所谓的"自我"，总是在"认同"中扩展起诸种网络，它的实体形式是由符号和意义组成的"透视点"。自我是我们内在性的坚定性与稳固性的基础。它在不断地寻求对话和理解，且通过具体的活生生的生活或推理来确证生活意义的尺度，是"自我"在心理、认知、感受、认同、直观、道说等生命现象之展现中要求给出行动理由或做出合理解释的伦理经验。

应当看到，现今人类面临的众多道德上的难题都围绕着这两种类型的伦理经验展开。日常生活的智慧已经证实：与"自我"相关的伦理经验在"供给理由"或"做出解释"方面具有无与伦比的优越性，而与"他者"相关的伦理经验在"争取权利"或"寻求关怀"方面则体现了某种敏锐的洞察力。这两种伦理经验构成了各种互竞互争、观点迥异的道德哲学的出发点。

我想指证的是，在现代性社会的人类处境中，他者问题越来越被思维与认识问题所替代，而理性化社会构建机制（包括政治的、经济的和文化的技术化合理框架）已经将"供给理由"的伦理经验展现为某种客观的生活流程。这种趋势隐含的危险是：太过现实的合理性使得寻求普遍法则的道德言说或道德解释变得苍白空洞，而各种道德主张必将沦为某种现实的立场。当思想家们指出道德语言是一种情感语言的时候，他们其实已经敏感地意识到了这种危险的存在。麦金太尔所说的双重危机（"现代性道德危机与现代伦理学理论危机"）在某种程度上也与此相关。

传统上，道德哲学并不缺乏对那种与一个同一性"认知自我"相关的伦理经验的关注，它缺乏的是对于各种异质他者相关和与"非认知自我"相关的伦理经验比较全面的关注。古代道德哲学探讨如何达到真正的幸福和至善的途径，而近现代道德哲学要问一问什么是正当理性的权威规定以及这些规定允许人们去追求或珍视的善。但是，由于传统哲学形而上学将人主要地抽象为某种知识主体，主体形而上学框架下的道德哲学要么寻求作为美德的知识，要么寻求某种可普遍化的道德论证，而真实的多样化的伦理经验反而被搁置一边。20世纪以来，西方道德哲学从总的思想路径上突破了传统形而上学的限制，它们从人类存在处境的多种维度（个体感性、意志冲动、本能情欲、现象直观、存在境遇、语言对话、文化理解、生命价值、心理体验）掘入与自我相关的伦理经验的广大论域，同时前所未有地揭示了与他者相关的伦理经验的论题域（如生命伦理、生态伦理、政治伦理、经济伦理等）。我们可以说，对人类处境中的两种根本伦理经验的关注，共同提出了一些新问题，它们将刻画出道德哲学在一个后形而上学时代的思想特征和基本形态。

本书的意图不是要对这个所谓后形而上学时代的道德哲学的理论形态和基本特征进行描述，而是要在道德哲学从传统形态到当代形态转换之际，通过探问，使道德哲学的思想进路明晰起来。这个任务说到底就是：在重新审视道德哲学与伦理思维的关系中，探问道德哲学的可能性。为什么这二者的关系并没有被人们明确地加以思考呢？哲学家们关注到了"伦理"与"道德"的不同，但并没有提出"伦理思维"与"道德哲学"之关系的问题。当然，随着传统形而上学的哲学之步入终结，我们有必要思及一种不同于传统哲学意义上的后哲学的道德哲学之可能。

伦理思维便是我在本书中试图勾勒的道德哲学的一种可能的思维进路。

二

道德哲学与伦理学之关系的哲学史背景表明，它们属于两个互有侧重又难以明确界说的范畴系统，在大多数情况下人们将它们不作分别地彼此混用。这就像"道德"与"伦理"之关系一样，不同的哲学家对它们的论述和关注的重心是不同的。

按照黑格尔的说法，"道德"是自由体现在人的主观内心里，"道德的观点就是自为地存在的自由"①，它是"主观意志的法"。这即说，道德意志是他人所不能过问的，而人的价值应该按照他的内部行为、自我规定或道德意志来评价。与此不同，"伦理"则是主观与客观的统一，是客观精神的真实体现。他认为，法和道德必须体现在伦理中才具备现实性，"主观的善和客观的、自在自为的善的统一就是伦理"②。黑格尔对道德与伦理之关系的论述一再为人们所援引，它比较清晰地界定了道德与伦理的关系。在西方伦理史上，黑格尔强调"伦理"优先，而康德则强调"道德"优先。黑格尔思想倾向与康德思想倾向上的不同，使得他们在伦理学问题意识上根本对立。黑格尔将道德选择的根据最终归为客观精神，从而使道德立法或道德主体的实践问题转化为个人意志与普遍意志如何符合的问题，这实际上"排除了"康德所强调的伦理学的中心问题。③康德的伦理学问题意识并不是着眼于"道德"，他要问的主题乃是：人为何应接受道德准则。这实际上是把伦理学的中心问题界定为论证道德的哲学

---

① ［德］黑格尔：《法哲学原理》，商务印书馆1995年版，第111页。

② 同上书，第162页。

③ 李幼蒸：《形上逻辑和本体虚无》，商务印书馆2000年版，第27页。

问题。

从康德到黑格尔的道德哲学史中，有一个潜在变动值得思考，这就是：从"道德"的关注向"伦理"关注的"滑动"。这一"滑动"的实质，是一种主客二分框架的道德知识论向伦理学存在论的转变。我们看到，在康德、黑格尔道德哲学的思辨形式中，始终隐蔽着两种最基本的伦理经验：与"自我"相关的伦理经验；与"他者"相关的伦理经验。如果没有与自我相关的伦理经验，也不可能产生黑格尔的道德哲学。然而，康德的形式主义与黑格尔的思辨理性主义，使得他们不可能找到切入这两种基本伦理经验的思维进路。因此，情况反而是，道德哲学的思考，在他们那里，都从属于某种形而上学构造体系的需要。后世哲学家对康德道德哲学的批判主要集中在它在现实生活中的无力，即它不能提供真正的道德指导，而对黑格尔道德哲学的批评更多地集中在它受制于理性同一性的幻象，同样也不能够提供真正的道德指导。康德和黑格尔在西方伦理学史上具有代表性，他们的道德哲学反映了西方道德哲学传统中的两种基本倾向。这两种基本倾向有一个共同点，即对人类感性的活生生的生存境遇或存在状况中的基本伦理经验的遮蔽和遗忘。

西方思想从苏格拉底开始就致力于将伦理经验中那些重大紧迫的根本问题放在一边，将思想关注的重心切换到为知识探究或道德推论寻求根据的爱智志趣上。哲学家们在形而上学的透镜下，回避了人类境况中的那些原初的伦理经验，而事实上人类历史上发生的一切大小灾难或悲剧无不与伦理经验或伦理价值有关。因此，我们今天的道德哲学要寻找进入当今人类处境的通道，就必须从这种伦理经验之遮蔽或遗忘的形而上学困境中走出来。作为人类文明中最古老的伦理经验，它始终是在一个优先于各种类型的伟大道德哲学体系的时代处境或时代位相中重新获得更生的。问题的关键在于，我们必须以适合于它的方式做出应有的回应。

三

道德哲学在它的历史形态中对伦理经验的遗忘或遮蔽，是与它所遵循的哲学思维进路有关的。从哲学的古希腊起源来看，这一思维进路就是在"存在者存在"的论题上于形式方面服务于希腊城邦社会建立或论证伦理秩序的现实需要而发展起来的。希腊哲学之父泰勒斯的学生阿那克西曼德留存下来的唯一的残篇透露了这一消息，当代美国左派报人斯东对苏格拉底之死的侦察也揭示了苏格拉底开启的知识论谱系的道德哲学是如何绕开紧迫而重大的伦理经验诉求而使自己变成云端中的爱智对话的。这一路向通过柏拉图主义的至善理念论，实际地影响了西方思想两千余年。道德哲学在这一思想统序中只能哲学地呈现。一方面，那一般的伦理旨趣被结合进了知识的、神学的、理性的、精神的本源；另一方面，道德意志在寻求理由或解释，它必须拥有一些最基本的论证性预设或假定作为根据。对本源或根据的需要，使道德哲学在其总的历史形态上遵循着一种"本体思维"的思维进路。

我们这里所说的"本体思维"（Ontological thinking）预设了一个把一切存在者带入其当下在场的"存在"（主体），它通过对它所预设的这一具有超验授权资格的"存在"（或本体）的探究，在可感知的现象世界之上或者之外设计了一个超感性的本体世界或者超验世界，并用这个"超感性世界"来说明一切、解释一切。因此，本体思维是一种最便于"提供理由"或"做出解释"的思维进路。

我们试图指明本体思维使道德哲学"哲学地呈现"的运作方式，从中我们能够捕捉到"道德哲学"是如何将"伦理经验"过滤掉的。

第一，本体思维建立在一系列相互关联着的爱智梦想基础上的。而道德哲学的传统同样也是由这种爱智梦想发动的。它将人类境遇中必然遭遇的伦理经验中的异质性、卑微性和无数的错误过滤掉了，而着眼于某种"同一性""高贵性"和"真理性"的起源诉求。这种超验的梦想，构成了传统道德哲学用以过滤伦理经验的"起源幻象"，即它总是从一个超感性绝对、超历史永恒的同一性、高贵性、真理性的"起源"中论证道德。以此种方式，道德哲学寻求相当于绝对确定性基础的伦理学第一因。

事实上，从柏拉图开始，世界的终极实在就是一个道德本体（至善理念），或者准确地说，是一个始终与道德理想密不可分的本体。古希腊的德性论通过道德起源的本体诉求构造人类生活的至善理念。它确立个人道德自主的方式是通过知识探求来完成一种自由而律己的理性自身训练；同时，又预设了一种统摄万有大全的至善理念而将"真的世界"在"起源"上伦理化。古希腊伦理学从苏格拉底的道德本位"滑向"柏拉图的伦理本位，是本体思维从主观性的起源探究进展到客观性的起源探究的最早形式。这一形式在西方伦理学史上一再地呈现。以至于中世纪基督伦理学在从道德本位滑向伦理本位后，面临的一个道德难题是说明"恶"是如何可能的。尽管中世纪道德哲学和近现代的道德哲学处理的主题略有不同，它们遵循的思维进路大体上是一致的。

道德哲学在其历史形态中受到起源幻象的蒙蔽，必然用"自以为是"的崇高的、真理性的"同一性"过滤现象形态的伦理经验之杂多。然而，一种挑战的声音一直潜伏在道德的起源幻象背后：在如此构想的道德王国中，究竟哪些是真实的、被人们经历过的，哪些只是权力意志或权力话语的伪饰。哲学家尼采主张对道德的谱系进行新的调查，"去研究真实可信的道德史"①。福柯提出了破除起源幻象的任务。他指出，一旦历史感性受超历史视点的摆布，那么形而上学者就可以利用它，把它归到客观科学的名下；相反，历史感性不以任何绝对性为目标，它就能摆脱形而上学。

起源幻象的破除，使得伦理经验在历史感性中呈现其细枝末节成为可能，而道德哲学唯摆脱本体思维的思维进路才能真实地面对历史感性中的伦理经验。

第二，本体思维着眼于物之"是其所是"的形式原理，必然过滤掉人之"是其所应是"的生活内涵。当生活问题从它所遭遇的"知性屏蔽"中突围出来之时，本体思维的终结就必然发生。道德哲学在这种哲学变革中必然走向一种面向生活世界的思维路向。

本体思维并没有为知性的运用设定边界，在一种无边无际的知性构造或知性运用中，"是"的领域往往囊括了"应该"的领域，终极存在同时是最高价值，人之"是其所应是"的特殊性很自然地也归结到了物之"是其所是"的形式原理。本体思维忽略了人之"是其所应是"的生活向度，这一重大的偏失，早就为那些目光敏锐的哲学家们注意了，并进而引发了对本体论的批判。休谟明确要求将"是"与"应该"加以区分。康德要求对知性运用的范围进行限制。他们实际上是在本体思维的范围内已经意识到了关于物之"是其所是"的无所不包的知性追问不可能为道德

---

① ［德］尼采：《论道德的谱系》，周红译，生活·读书·新知三联书店1992年版，第7页。

论证提供可靠的根据，相反它只是将生活问题或道德问题交付给生活或道德之外的客观原则。近代启蒙运动论证道德的失败究其原因是由于它遵循了这种本体思维。本体思维所梦想的将知识、理性、价值从其生活本源中分离出来并推向绝对、纯粹、终极的全部努力，制造了知识论旨趣对生活问题的"屏蔽"。当 20 世纪人类面临的大大小小的日益紧迫的生存问题以令人震撼的形式突破本体思维固守的"知性屏障"的时候，那种由本体思维谱写的追求超越或超验的"爱智梦想"无可挽回地幻灭了。

本体思维对"一"的迷恋、对"概念"的依赖、对"终极"的诉求、对"隐蔽主体"的预设、对"权力话语"的运用、对世界的"还原化"企图、对心灵的"镜式本质"的假设、对"这一个"的遮蔽，使得本体思维独断多于宽容、独白多于对话、强力多于平等、控制多于自由、专制多于民主。本体思维反映了那些需要先验制约力量、绝对权威、终极主宰以及权力控制话语的时代人的或者人类的存在境遇。也就是说，那样的时代需要那样的思维进路。然而，在这种本体思维的哲学进路中，道德哲学寻求德性或论证道德的过程中呈现出某种"非道德性"的思维特质。本体思维可以说就是一种"实体主宰型""权力控制"的、"占有性主体性"的思维类型，它也必然在一种掠夺性征服和控制的人类中心主义的文化类型或文明类型中将自己实现出来。而当生活世界的"表象"将本体思维隐匿着的知性主宰原则的"意志"展开来时，"最高价值"的自行贬值就必然发生。哲学家们用"上帝之死"或"人之死"表达了这一历史性的大事。

经历此变局的哲学或道德哲学，不得不寻求关注方式上的变革，它要更多地将平等的、自由的、民主的、包容的、对话的理念带到理论运思中来。面向生活世界是道德哲学摆脱本体思维的形而上学的必由之路。这意味着，它必须首先放弃对"存在"的控制，放弃追寻那个将"存在者带入其当下在场"的存在。它不是通过设置同一性的迷信来生产观念或建构秩序，而是在尊重差异性、多样性的同时，面对人之"是其所应是"的"伦理经验"和"生活实践"。这种本于生活的道德哲学的思维进路，不以体系建构为鹄的，也不以同一性理论的论证为基准，它切入生活问题的细枝末节以彰显人类处境中人之"是其所应是"的生活向度。这种思维进路，我称之为"伦理思维"（Ethic thinking）。它是哲学在其当代性位置上可能遵循的一种思维进路。

四

本书分为十二章。它的基本结构按照"主旨论述—问题论述—理论纲领及实证"的逻辑架构组成。第一章是"主旨论述",随后的十章是"问题论述",最后的第十二章是理论纲领的构想及实证调研。第一章通过对本体思维和伦理思维的概念辨析,尤其是通过道德哲学从本体思维到伦理思维的思维进路的历史与逻辑的阐释,提出本书的核心观点,即从理论和实践两条线索出发,探讨一种走向伦理思维的道德哲学之可能。第二章到第十一章,分别从道德哲学的理论层面和应用层面,将一种"走向伦理思维的道德哲学"的可能进路聚焦在十个问题上。理论层面的问题分别是:何谓道德?谁是道德的敌人?我是我兄弟的看护人吗?如何看待道德与幸福的一致性?人为何要"以福论德"而不"以德论福"?实践层面的问题分别是:伦理如何进入治理?环境如何进入伦理?如何以"伦理"看待生育?怎样才能让企业家讲道德?"水"伦理如何可能?对这些问题的思考和研究,无论在理论层面,还是在实践层面,都属于从一种伦理思维的进路上对道德哲学的重要理论问题和实践问题所作的探索性思考。当然,这些问题各自展开的问题域在广度或深度上还有待进一步掘进。因而,沿着这些问题线索,本书不是要给出一种建立在伦理思维基础上的道德哲学,它充其量可归类为"走向"伦理思维的道德哲学的不完备的思考或尝试。

为了理解和阅读的方便,我将本书第一章的"主旨论述"和随后十章的"问题论述"中的核心观点抽绎如下:

(一)伦理思维是一种不同于本体思维的道德哲学的思维范式,从本体思维到伦理思维的转换,体现了道德哲学在理论和实践上扩展的人学使命。

对一种不同于本体思维的伦理思维进路中的道德哲学而言,它肩负着一种人学使命,即以人的概念或人类统一性概念为最终根据,阐明一种完美的生活目的。伦理普遍性的寻求与人的自我认识的难题联结在一起。只有从人的概念的历史性演变和人类自我认识的时代性内蕴着眼,我们才能清醒地辨识"伦理思维"的时代意蕴和问题意蕴。我们时代人的自我认识和伦理普遍性的探寻取决于如何反省启蒙道德的遗产。当代伦理学在一种道德哲学的思维进路中，必须从一种"超越启蒙心态"的意义上清算本体思维方式，并彰显伦理思维进路上的道德探究所内含的人学使命。伦理思维对伦理普遍性的寻求，就是在质疑"存在"的话语暴力的基础上，用平等对话、相互包容的道德探究取代自我独白、自以为是的道德论证。

（二）何谓道德？此"道德之问"乃伦理思维突破之契机，"异乡人"的视角敞开了伦理经验对于道德合理性问题的重要意义。

何谓"道德"？这是一切形式的道德探究必须先行要予以回答的问题。从伦理思维的视域看，该问题除了指向"我们"世界的"伦理内核"外，还指向"我们"世界的"我"之道德自立的"道德内核"。"伦理"一词的古希腊语义及拉丁译读表明，伦理与人之居息的"本土本乡"及其共同生活紧密相关，道德更多地关涉"异乡人"的视域。"何谓道德"的问题，涉及伦理与道德相互化约的两个视角。伦理思维的历史语境由此涉及"伦理"与"道德"界划或区分中的人之类型的不同视角。"本乡人"的视角遵循着用伦理统一道德的路线。"异乡人"的视角遵循着用道德化约伦理的路线。然而，"何谓道德"之问在"异乡人"视角上之凸显的重要意义在于，它表明了区分伦理与道德对道德哲学的重要性。在文明史上，道德之问以两种方式敞开"异乡人"的视角并使伦理不再是一种直接的经验性习俗：其一，与灵魂放逐的"神话"有关；其二，与宗教形而上学根基的丧失有关。人类道德生活形式由此分为"传统"与"现代性"两种类型，它们涉及道德范畴的问题层次和语境分殊。透过"异乡人"的目光，一种思想的警醒和心灵的自由，导致如下设"问"：在道德问题的时空坐标中，到底什么紧要？我们指认，对于"我们"的世界遭遇的现代性道德危机而言，两大难题的应对最为紧要：一是道德自由问题；二是伦理认同问题。两者的解释循环，将使道德之"问"，引领人们走向一种伦理思维的道德自信。

（三）谁是道德的敌人？该问题对伦理思维而言，乃是将所问指向了"伦理经验的现代性谋划"，此谋划使"道德"处于一种"四面受敌"的人类处境之中。

值此人之境况，一种伦理思维上的突破旨在表明：问题的关键，不在于如何辨认"谁是道德的敌人",而在于诉诸一种道德的辩证法,假如道德没有了"敌人",就好像是世界只有"爱"没有"恨",只有"善"没有"恶",只有"欢乐"没有"痛苦"一样,但那将是一个不真实的世界和一个虚妄不实的道德。因此,如何面对人们在"道德上的分歧",乃是"伦理经验的现代性谋划"的关键。为此,一种道德的辩证法的张力,乃是必不可少的,它将"伦理的和解"重新置于优先的位置。

(四)我是我兄弟的看护人吗?此乃"该隐之问"。它从本体思维对伦理思维进路进行祛责诘问,而伦理思维进路上的回应是重新确立责任伦理合理形态的前提。

"该隐之问"("我是我兄弟的看护人吗?")有现代性祛魅之意味。它使得人们面对各种"祛责论"时,要为责任辩护。这种要求得到辩护的特性构成了责任的现代禀性。近距离伦理视角下的"归责论"是在行为和行为后果之间建立可靠的规范性联系,关联到一种现代意义上的理性生活方式之建构。反思的责任论遵循伦理思维进路,它立足于由人类整体理解人的责任,从更开阔的全球化或大地共同体的视野和更为长远的子孙后代的繁荣昌盛的意义上回应"祛责之问"。两者之间的张力是责任的现代禀性的具体而微的体现,它要求我们在双重视野中面对祛责之问。

(五)如何理解道德与幸福的一致性?从主观性维度拨开思想史迷雾,发掘其隐蔽的伦理经验的形态分布,是以伦理思维对待道德哲学史论题的关键所在。

"道德与幸福"在主观性维度如何联结,是道德哲学考察的重点议题之一。从主观性维度看,有自我关注、自我—他者之间的关注和他者关注三种理解方式。以自我关注为中心,亚里士多德的德性伦理敞开了试图决定如何生活的个人的主观性视野。介于自我—他者之间的关注,康德的义务论伦理涉及一个能够理解此主观性的"第三方"立场。以他者关注为重点,列维纳斯的他者伦理凸显了"他者面容"的伦理意义及必须与他者"面对面"的伦理主观性视域。依据关于道德探究的形态学预设,"道德与幸福"之一致性问题的探讨有三种形态分布上的趋向:指向"心灵秩序"的德性至善论;指向"行为法则"的道德自由论;指向"他者面容"(The face of the other)的伦理责任论。它们构成了与"幸福"关联的道德探究的道德形态学分布的三条问题轴线:应当如何生活;应当做什么；应当如何在一起。

（六）人为何要"以福论德"而不"以德论福"？这隐含着一个"理解"功利主义的伦理思维，即认真地从伦理思维进路上思考功利主义论题。

功利主义从对幸福生活的追求出发衡量道德。它的"以福论德"的"福—德"趋向基于三个价值论预设：幸福最重要；结果最重要；不偏不倚地计算每个人的幸福最重要。然而，从语言形式和思想实验两个方面而来的反驳，或者使功利主义遭遇长期的冷落，或者使功利主义卷入烦琐的道德论争。功利主义的各种探索，体现了道德探究的现实性原则和开放性原则。对功利主义的反驳揭示了它隐含的危险。而理解功利主义的最好方式是认真地追问，人为何要"以德论福"而不"以福论德"。

（七）伦理治理是什么，治理什么？该问题旨在从文明史或精神史的形态学勘测中厘定应用伦理的伦理思维取向，并由此寻找人类精神生活的"地标"。

"伦理治理"是见证或亲证"伦理思维"的进路，是面向生活世界中重大道德现实问题或应用伦理论题时必须在道德哲学前提上予以肃清的问题。那么，伦理治理是"伦理的治理"，还是"对伦理进行治理"？人们通常将它理解成"以伦理治理"，或"伦理地治理"，或"伦理即治理"。这错失其面向难题、求解问题之"真义"。伦理治理只有针对伦理难题或问题，才不会是无对象、无边界的治理。伦理治理的"真义"，体现在其特定的问题取向中。伦理治理作为人类精神生活史中无可回避的重大课题，经历着从超验形态向经验形态的现代性转变。

（八）"环境如何进入伦理"之追问，是对环境问题进行伦理治理的关键问题，它敞开了异常显明的哲学改变，究其实质乃是一种伦理思维的转变。

环境如何进入伦理？在自我意识维度，它激起了作为意识现象的道德世界观之转变，将我们遭遇到的日益紧迫的环境问题或自然生态问题看作人类之命运、文化之命运和道德之命运，并拓展出将自然与道德联结在一起的环境伦理之论域。在承认方式上，它激起了作为伦理普遍性的伦理世界观之转变，代表了人之类型的转变、文明的演进和伦理发展的基本方向。该问题涉及环境伦理学史的基本论争，是从根本上处理哲学问题和文明问题的尝试，指向了文明之演进、哲学之转变、实践哲学与哲学实践之突破、人之类型的转变以及建立在生态基础上的实践方式之确立。作为伦理思维在环境问题上的形态表征，"环境进入伦理"体现了人类文明进程必然经历的"从控制自然到遵循自然"的伦理扩展主义的思维范式上的突破。在这一意义上，遵循自然的伦理思维，必然首要地表现为一种文明进程中的道德哲学的革命。

（九）我们如何以"伦理"看待生育？对于中国生育问题的伦理治理而言，着眼于生育人权、生育生态和生育自由的权衡，彰显了伦理思维进路的重要性。

中国生育伦理在道德标准、伦理方式和文明进程三方面遭遇权利标准问题、生育生态问题和生育自由问题三大伦理难题，而它的道德前景有赖于：以适度人口为目标的生育制度，如何在权利、生态和人之自由三方面体现伦理中道。适度人口的生育生态是我国人口控制政策的伦理旨趣所在。它涉及我国生育制度如何诠释、遵循和维护生育权的伦理诉求。从道德标准看，人口控制和生育权的紧张关系，是我国生育史上最为敏感的生育伦理的中国难题。它具体表现为两大难题：从伦理方式上探索人口数量控制与质量提高、人口性别比以及人口年龄结构的合理生态；在文明进程中探索生育自由的道德合理性。

（十）怎样才能让企业家"讲道德"？对中国企业面临的信任危机的伦理治理而言，从伦理思维的视角看，要以制度信任的建立和完善为突破口。

经济领域提出的"企业家的道德血脉"论题，遭遇了广泛的信任"寒流"。这反映了当今中国社会遭遇结构性信任危机。从伦理思维的进路看，解开企业家道德之"结"的关键，是制度信任的建立和完善。从企业家的创业治理之"德"看，由人际信任到制度信任的资源利用，标志着企业家创新德性的制度化转型，而企业家的合内外之"道"，则涉及制度信任的外部供给和内部生产。制度信任遵循以法治代替人治、以程序伦理代替实质伦理的逻辑。"企业家"面对众多信任失灵的干扰，唯有回归其"精神"本义，通过企业内部的制度信任之生产开出"企业家道德"，或者为企业外部的社会制度信任之建设做出贡献，才能为"企业家道德"正名并重建企业的诚实声誉。

（十一）"水"伦理如何可能？对于此类具体应用领域的伦理治理问题，我主张从伦理思维上进行道德形态学的勘定，它在道德哲学上有方法典范的意义。

从伦理思维的视角上，我们在何种意义上可以探讨水伦理？由形态学视野看，水之道德意义按照自然生态、社会资源和精神象征分为三大形态。水的道德形态三分及其知识谱系，有其历史合理性和学术史支持：古代神话、哲学中的水伦理是通过宇宙论和本体论的知识谱系展现的；现代性意义的水伦理被界定为人类中心论伦理的应用；当代生态世界观对道德的扩展，使水伦理的生态定位成为一种新的道德形态。水伦理的道德形态，从精神的、社会的和自然的三方面区分出隐喻、应用和扩展形态，它们各自有自己的边界和范围。精神形态的水伦理是一种以水喻道或以水比德的传统德性伦理。应用形态的水伦理是现代规范伦理在治水、用水、管水等问题上的应用，是以人为本、兴利除弊的现实或务实的道德形态。扩展形态的水伦理是对水的生态伦理定位和对水的自身价值的亲证。区分三种水伦理的形态，并依据事实与价值的不同联结方式匡清其各自适用的范围，是一门关于水伦理的道德形态学的基本任务。这一尝试在道德哲学上有方法典范的意义。通过水伦理的形态区分及其生态定位，至少可以确定水在道德形态学上的"地理位置"，以使大自然的价值透过水伦理的生态定位获得某种确证。

本书的最后一章以及附录，是通过对"和谐伦理"的纲领性提要和实证调研，试图展示一种伦理思维基础上的道德哲学的理论意义和实践意义。

第一章　本体思维与伦理思维

　　哲学总是不离开端和起源（或本原）问题。无论是在古希腊哲学家那里还是在当代哲学家那里，大凡一种哲学性质的思与辨，都是以某种方式在不同的思想进路中提供对于世界人生的理解。自从本体论或本体学（存在学）被尊奉为"第一学术"或"第一哲学"，本体思维就被视做哲学的一种理所当然运思路径。它作为对"存在者存在"或者"是者是"的问题的惊异和响应，是与哲学爱智的伟大憧憬紧密地联系在一起的。以至于在许多哲学家那里，哲学如果不是一种本体地思入（或者本质地进入）这个世界社会，我们实在是无力对"哲学是什么"或者"什么是哲学"这个问题做出回应或展开。

　　如果从人类思维的历史演进视角看，我们不难发现，本体思维作为一种哲学的思维进路，其实是一种"梦想型"的思维。它着眼于物之"是其所是"的知性追问，在探究事物之本质或本体的终极根源时，在一种对存在自身的纵向深入或挖掘中必然错过人之"是其所应是"的生存领悟。它重点关注"据自身之是"以审查值得的生活，而不是"世界如何向好里去"。

　　因此，本体思维的思维方式最大的优势是提供对世界进行解释的哲学，而无关乎世界状况的实际之改善。这种以解释世界为旨归的哲学，在当代思想中面临着走向"终结"的命运。我们当然立刻就会想到马克思的那句名言："问题的关键在于改变世界"。这是否意味着一种哲学思维路向的转折或改变呢？我们愈是对这个问题进行思考和探究，便愈是发现：哲学思维路向有一个不能不引发重点关注的当代性尝试，那是需要进一步确认，"伦理学"的地位应该先于或高于"本体之学"（或"本体论"）而成为"第一哲学"，以打破长久以来存在的"旷日持久"的"自恋"或"自鸣得意"。这恰恰是一个提供给我们从哲学的思维进路上反思"伦理学作为第一哲学"之可能性的道德哲学的重要契机。

"伦理思维"作为一种"关系思维"和一种"关联思维",和"本体思维"的最大不同在于:它更多地将平等的、自由的、民主的、包容的、对话的、参与的理念或精神带到了哲学运思中来,因而和本体思维的"自以为是"或"以自为是"区别开来。在这个问题上,我们认为有必要对"本体思维进路的哲学"和"伦理思维进路的哲学"做一番清楚明白的区分和界划。这种区分和界划,既是针对哲学之一般性的思维进路的批判理解和学术梳理,更是至为紧要地针对道德哲学或伦理学(我们可以在通常相同的意义上理解这两者,也可以在它们的微妙区别中理解两者)的批判理解和学术梳理。在此,我们赞同一个基本判定,即当着以本体论为第一哲学的传统哲学终结之后,如果说还有"第一哲学"的某种坚持或某个领域的话,那么,这种坚持以及这个领域就是"伦理学"。①

一　"第一哲学"的困惑与哲学思维路向问题

当人们说哲学是"思想中的时代"的时候,其实说出了两种可能:

其一,通过理解或分析以往时代哲学的思维类型或思维路向,我们能够获得一个洞察以往时代之时代精神的"考古学"断面。

其二,通过探寻现时代或未来哲学思维路向上的重大转折,我们或多或少能够感受到我们的"文明"所经历或正在经历的延续、转折或"断裂"以及"时代精神"之嬗变的"蛛丝马迹"。反之亦然,我们同样也可以通过时代精神的现实展现来理解一个时代的哲学(包括我们时代的哲学)。

本体思维是关于存在本身问题的思与辨。它最为古老却是最为经典的出场方式是对万物本原的响应,即对于"有物存在"("而无不存在")这一看似无关紧要但却至为根本的问题的持久追问,实则是在"存在者存在"问题上吾人与存在之间的遭遇。由于在关于"存在之谜"的迷思

---

① 我们后文中还要具体地谈到这一点。作出这个判定的哲学家是列维纳斯,见列维纳斯《伦理学作为第一哲学》,载《世界哲学》2008 年第 1 期,第 92—100 页。

中引发了"第一哲学"的困惑，使得"为什么存在存在而不存在不存在"（或者用比较易于理解的汉语翻译"为何有有而无无"）的问题变得如此突兀，以至于从事哲学的人似乎都不能无视这一问题——如此一来，该问题就构成了哲学在开端和起源上的基本问题。当代哲学家海德格尔在《形而上学导论》中以及后来萨特在《存在与虚无》中的核心问题仍然由这一问题所引发——但是，思想的方向，却转到了那个更为根本的"无"或"虚无"的方面。

本体思维在问题域上的通俗阐释是对"世界万物为何存在"这一问题的系统化的回应。它发展出一种"本有思维"，即通过探究"本有"（"存在一般"或"终极存在"）而对"世界万物为何是有而不是无"作出回应。毫无疑问，这一思维路向在以"本有释有"方面几乎穷尽了一切可能性；但是，却留下了一个致命的弱点，即它仍然不能解答"为什么无'无'"（"为什么不存在一无所有"或者"为什么'不存在者'不存在）的问题。而后一个问题，于世界人生而言，显然是具有更为根本的意义。

对哲学思维路向的当代性的考查，在逻辑上隐含了上述两个方面的内容。

一方面是形而上学的存在论端点，即"有物存在"（"有有"）的绝对性。正是因为"有物存在"这一回事，人们对存在的领会就被引向到了人的自我认识。因此，在此存在论端点上，哲学获得了一个自我认识的起点；另一方面是形而上学的虚无论端点，即"无不存在"（"无无"）的绝对性。也正是因为"无不存在"的绝对性，人们的存在总是被转换到了与他者照面的维度，由此虚无论端点上，哲学获得一个面向他者的起点。这两个方面属于"第一哲学"之困惑的两个方向。对于第一种困惑的方向而言，关于"存在者存在"（"有有"）的本体或本有的诠释，需要回到一种自我经验的深度挖掘——即，只有借助于自我之"此在"在此的基础存在论经验，我们才能领会到有物存在且向我展现的存在意义问题。因之，它是从一种绝对内在性经验中，转换出一种本原伦理问题：亦即，"人生在世，到底所为何来"——此即苏格拉底之问的意义所在，我们注定了要毕其一生去探讨"什么样的生活是值得一过的"。对于第二种困惑的方向而言，关于"不存在者不存在"（或者"无无"，或者"无不存在") 的本体或本有诠释，需要回到一种他者经验——即，我们只有借助于一种"他者的彻底的异质性"，甚至死亡、虚无、荒谬的他性及其外在性，才能进入与别样的人或别样的世界的一种关联性的依系之中。也即说，那使"我"成为"我"，进而使自我得到规定，且成为自我的约束性或规定性（也可说是规范性条件）东西，在一种追根究底的意义上，就是在"不存在—无所有"的独特经验中面向非我者之物，"外于存在"之物，即一种面对他者的经验。因之，它是从一种绝对的外在性经验，转换出一种他者伦理问题。由此可见，第一哲学的基本问题"为什么存在者存在而无不存在"，作为将哲学之旨趣引向宇宙论、神学和本体思维的问题类型，其本身隐蔽着一个有待展开的伦理思维的问题域。具体说来，第一哲学在一种存在论端点上蕴含了一种自我经验的本原伦理论域，而与此同时，它在一种虚无论端点上则蕴含了一种他者经验的他者伦理论域。

我们看到，20世纪以来的各派哲学在思维路向上大都致力于在第一哲学的两个端点上，从事继往开来、破旧立新的转折性探索工作。对传统形而上学的批判与消解，一方面是从哲学的根源性问题中寻求突破；另一方面又总是与当代思想文化或社会领域的重大紧迫问题的深切关注紧密相连。这构成了当代哲学思想谱系的一个鲜明的特征：它总是以反叛传统哲学甚至瓦解哲学本身的形式来诠释其当代性。如果我们认真思考一下20世纪以来哲学的这一特性，就会发现其中隐蔽着全面清理哲学思维路向的深层图谋。在表面纷争的背后，围绕"第一哲学"展开的消解与重建、悬置与转换，实际上带来了哲学关注方式的深刻变化。

这一变化的最有代表性的表现形式，我们在下文将会进行深入剖析，这就是：从"本体思维"到"伦理思维"的思维路向的转换。

我们认为，在今天这个所谓"后哲学"的时代，哲学存在的理由（作为"思想中的时代"）有赖于这样一种日益显明的转换中思维路向的当代性的确立。

二　什么是"本体思维"

那么，何谓"本体思维"？从一种追根究底的意义上，尤其是从西方哲学史的视角上看，"本体思维"在某种意义上，就是通常所说的"哲学

思维"。当然，这里所说的 "哲学思维" 是特指西方传统哲学（在形而上
学同等意义的哲学）的 "思维路向"。我们知道，"本体论（Ontology，或
译做存在论）" 一词，虽然直到 17 世纪才出现，但 "本体思维" 则是从
哲学诞生开始就一直是西方哲学形而上学的最为基本的思维路向。

　　在古希腊哲学家柏拉图的理念论中，特别是在亚里士多德关于学术分
类的思想中，一种哲学的关注方式大体上是着眼于 "存在者之为存在者"
（或者译做 "是者之为是者"）的原理和原因的学问，此种学问与一切实
践的创制（或制造）之学术不同，它不为任何其他利益而找寻智慧，"只
因人本自由，为自由的生存而生存，不为别人的生存而生存"，所以，
"……我们认取哲学是唯一自由学术而深加探索，这正是为学术自身而成
立的唯一学术。"① 所谓 "第一哲学" 即是这种 "为求知" 而施为（在这
个意义上哲学只应 "施为" 而 "不应被施为"）的最高级的学术。此等学
术，即亚里士多德所说的 "本体之学"。

　　其实，"形而上学" 的最初命名就是指 "关于本体的理论"（即第一
哲学）。因此，从较为严格的意义上讲，"本体思维" 是指由本体论作为
"第一哲学" 所确立的一种传统的哲学思维路向。

　　20 世纪德国哲学家海德格尔针对形而上学所做的概括，从思维路向
看，直接针对着 "本体思维"。

　　海德格尔在《哲学的终结和思的任务》一文中说："形而上学着眼于
存在，着眼于存在中的存在者共属一体，来思考存在者整体——世界、人
类和上帝。形而上学以论证性表象的思维方式来思考存在者之为存在
者。"② 即说，在本体思维或形而上学的思维进路中，"存在者之存在" 将
自身表象为或者显示为 "根据"；本体思维即是为存在者提供 "根据" 的
一种具有论证性表象的思维方式。这种思维类型或思维进路的特点是，
"从在场者出发去表象在其在场状态的在场者，并因此从其根据而来把它
展示为有根据的在场者"。③ 本体思维总是要达到某一作为最终根据的存

---

　　① ［古希腊］亚里士多德：《形而上学》，982b20—25，吴寿彭译，商务印书馆 1959 年版，
第 5 页。
　　② ［德］海德格尔：《面向思的事情》，陈小文、孙周兴译，商务印书馆 1999 年版，第 68
页。
　　③ 同上书，第 69 页。

在者（或"在场之物"），一切其他的存在者皆由于它才成为"生成、消亡和持存中的某种可知的东西"，成为"某种被处理和被制作的东西"。①

本体思维的哲学探究方式规划出了西方传统哲学形而上学的思维进路。它预设了一个把一切存在者带入其当下在场的"存在"（本体），它是"始基""起源""理念""实体""神""绝对精神""强力意志"等超验之物，是真理、正义、自由之所在（或化身），是具有最终奠基特性和同一性本质的"根据"或"基础"。本体思维通过对它所预设的这一具有超验授权资格的"存在"（或本体）的探究（或者以之为基础），在可感知的现象世界之上或者之外，设计了一个超感性的本体世界或者超验世界，并用这个"超感性世界"来说明一切、解释一切。由于本体思维热衷于"为存在者提供根据"，因此它是一种非常便于提供论证、辩护和解释的哲学，但也只能是一种"解释世界"的哲学而无助于世界状况的根本性改变。因此，它遗留下了一个关于哲学的根本任务的未曾深究的课题：哲学如何进入人们的现实生活世界并实际地带来世界状况的根本改变？

毫无疑问，本体思维比较典型的理论形态是本体论（Ontology）。但是，本体思维并不等同于本体论。② 虽然西方近代哲学经历了认识论转向，其主题和中心不是本体论而是认识论或知识学，但是它所遵循的思维进路仍然是本体思维。近代哲学在追问知识之基础时，明显较少地关注对象之存在，也不是以认识者和认识对象之关系为核心展开的，它更多是要去探究认识者的性质。在诸如"我思故我在""存在就是被感知""人是自然的立法者"这样的命题中，哲学进入认识论反思而切入思"认识者"（即是者）之"是其所是"。这仍然是遵从着一种本体思维进路，是完全意义上的"主体形而上学"之形式。③

我们如果考虑到本体思维的这一特性，就可以断言，本体思维刻画出西方形而上学的思维进路。只要形而上学还没有完全解体，本体思维就发挥着形而上学之建构体系的奠基性构造作用。即使是在批判或削弱（乃

① ［德］海德格尔：《面向思的事情》，商务印书馆1999年版，第69页。

② 关于这一点，康德有明确的坚持。康德曾经将理性自然学、理性宇宙论、理性神学与本体论并列，将它们看成是全部形而上学体系的四个部分。也就是说，他只是把本体论单纯地看做是形而上学的一部分。

③ 杨大春：《主体形而上学解体的三个维度》，《文史哲》2002年第6期。

至于消解）本体论的哲学家那里，例如，在康德那里，本体思维仍然提供着知识构建的先天原则。本体思维作为形而上学的思维进路，隐含着西方哲学形而上学的秘密。列维纳斯称其为"对不可见者的欲望"。这种欲望来自于一种根本性（在某种程度上是根源性）的精神断裂，即："'真正的生活是不在场的。'但我们却在世界之中。"只要人们在精神的究极性追问中为这种"对不可见者的欲望"所驱促，"形而上学即出现于这一不在场的证明之中，并于其中得以维持。"① 在思想史或观念史的意义上，形而上学一度显现为一种运动：它从我们所熟悉地方出发，从我们所在的或所热爱的"家"或"家园"出发，向着一个陌生的"应允之地"、一个注定无法达到也无可安居的陌异的他乡或彼处出发。然而，这种运动说到底，在其巨大的驱力和势能中，其实还隐蔽着一个与其正相反的回返运动——即：它从一个陌异的他乡或彼处、一个陌生的"应允之地"，向我们所熟悉的地方的回返，如同奥德修斯的重返家园一样。本体思维在前一种运动中，将人们的目光引向终极，即一个超验的他处或彼岸，一个不可见的超绝名相的卓然之"他者"或"异域"。对"实是之为实是""存在者之为存在者"的本体论的动力学机制的勘查终究会发现，人们在本体思维中以形而上学的方式所欲望的那个目标或那个他者，与我们食用的面包、我们居住的房屋或我们追求的恋人是有着根本性的不同的。因为，无论何种天时地利人和的便利和大能大力的加持，实质上都无助于满足那种趋向于形而上学之欲望。本体的不可欲性却构成了人之形而上学的本性。它隐蔽的"回返之路"则揭示出"真实"的本体世界是如何最终成了一个寓言。哲学形而上学的"伟大迷途"始终期待着在一个后形而上学的时代让思想的道路在"迷途知返"中进入对哲学之传统的审查。因此，在形而上学的前行及其回返步伐中，我们大体上得以窥见哲学在本体思维进路上从其发生到其解体的命运。由此，我们确实可以看到"哲学历史之整体如何把自身聚集到它的最极端的可能性中去"。即"哲学之完成"或者"哲学之终结"。②

---

① 上述引文参见列维纳斯《总体与无限：论外在性》，朱刚译，北京大学出版社 2016 年版，第 3 页。

② ［德］海德格尔：《面向思的事情》，陈小文、孙周兴译，商务印书馆 1999 年版，第 70 页。

本体思维所追求的其实并不是一种从天上到人间的"返回"之运动。它只追求从现象世界或现实生活超越出去的朝向超感性绝对的"前往"之运动，是对某种超感性绝对的欲求，以及对某种完满性存在和理想性存在的欲望。因而，本体思维所欲"前往"者，乃是一个我们根本不是在其中存在的世界以及对这个世界进行的构画。它代表了一种需要先验制约因素并极力诉诸外在权威、根源或根据对事物及其现实进行解释或说明的哲学思维路向。历史地看，这种哲学思维路向之所以会将我们探究的目光指向一块并不是我们在其中生活、劳作、生老病死的"土地"，盖其缘由，大抵在于"人的需要"——即，纵然人永远不能亲自踏上这块"土地"，永不能追得上那个不断向远方伸展的"地平线"，永不能满足这种形而上学的欲求，这一点是确定无疑的，但尽管如此，正如康德所说，人仍然需要它，不能没有它——"像老兰普这样的仆人不能没有上帝"，而更一般地说，人的生活不能没有目的、不能没有超越性的追求。这从另一个侧面表明，本体思维是与人的发展阶段或人类文明发展的阶段相适应的。它表征着某种需要先验制约因素或超验目标追求的人之类型或文明发展之类型。

毫无疑问，本体思维在历史上曾经发挥过非常重要且无可替代的作用：一方面，由于它着眼于物之"是其所是"（"实是之为实是"）的知性追问，由之构造的哲学形而上学，实际上成了滋养各门具体科学的母体；另一方面，由于它是一种为存在者提供根据的论证性表象思维，由之开启的一种注重概念逻辑的思想道路在发挥和标举"理性威力"的同时，实际推动了西方社会的合理化进程。但是，随着各门科学从哲学领域中分化出来，随着社会合理化得到专门知识的解释、筹划和推动，本体思维必然进入其终结阶段。而在一个日益科学化的世界图景中，对不可见的永恒在场之物的不可遏止的渴望，受到一种无比锋利的人类经验的剥蚀或消解：一切人类思想的根源皆来自社会经济状况或社会经济基础；免于恐惧与免于饥荒优先于一切其他更高级的人类目的，无论是存在之抗争和自由之守护都必须建立在免于物质的彻底剥夺（饥荒）和精神的彻底溃败（恐惧）的基础之上。因此，当人们着力于去清算那种以非人的方式理解人或看待人的意识形态的哲学根源和思想基础时，本体思维进路也就遭遇被消解或被扬弃的命运。

　　早在希腊哲学时代，哲学的一个决定性特征就已经显露出来了：这就是科学在由哲学开启出来的视界内所获得的发展。科学之发展同时也就是科学从哲学那里分离出来和各门具体科学自身的独立性的建立。这一进程，实际上是作为"第一哲学"的被瓦解的过程。换一个角度看，它也属于"哲学之完成"。① 当然，以海德格尔为代表的 20 世纪哲学家所说的"哲学之终结"，在某种程度上，更多地就是指这种本体思维的哲学探究方式（即哲学形而上学）的终结，即是形而上学的思维进路在现时代进入其"终结"。

　　我们在这里没有必要去列举 20 世纪哲学对形而上学进行消解、拒斥和颠覆的各种进路来印证作为形而上学之思维进路的本体思维之"终结"。问题不是在于怀疑一种本体思维之构成了哲学之为形而上学的独一无二的思想进路，这显然属于西方传统哲学已然逝去的一种往昔的荣光。问题的关键在于，作为人，我们就是要知道：哲学对人的理解应该有一种比本体思维更切近人之在世界之中（且唯有在世界之中）且真实生活的另一个样子的思维进路：它不着眼于从存在自身寻找存在的根据，而是着眼于与他者相与中（或者"与存在相与中"）为存在的正当性或正义性进行辩护。因为，真理就在于知道一切真理的探究是如何使人处于丧失真诚的危险之中，真理以真诚预设了一种正当或正义。同样，自由就在于知道一切自由的追寻是如何使人处于恐怖或恐惧的危险之中。如果本体思维不能面对它可能带来的对真理和自由的压迫和曲解，那么这种危险就会扩展开来。这恰恰是 20 世纪以来，一种面向未来的哲学，需要在面对本体思维的哲学的遗产时所必须开启的思想的任务。倘如此，我们这里试图从事的思之任务，乃是追问：

　　1. 本体思维作为形而上学的思维进路之进入其"终结"是如何发生的，它究竟意味着什么？

　　2. 本体思维既然代表了西方传统哲学的思维进路，当其终结之际，哲学在其当代性上将呈现何种类型的思维进路？

---

　　① ［德］海德格尔：《面向思的事情》，陈小文、孙周兴译，商务印书馆 1999 年版，第 70 页。

三　本体思维的"梦想型"特质

本体思维根源于我们与存在的关系。然而,当我们把存在者转变成一个与我们没有关系的中立性普遍物时,我们与存在的关系实际上被转换成用一个超越者或超感性存在物(作为总体的存在者)来为我们的世界进行论证并为之提供根据的普遍性。因此,本体论并不是建立此在与其他一切存在者的相互关系,而是把其他一切存在者还原为唯一存在或某种同一性的存在。这表明,在本体思维中,不存在与他者的平等相与,只存在对他者的剥夺、压迫和占有。它的归结点,是在本体之学的追求或欲望中,开启了一种对一切存在之物进行占据并对一切实在进行开发利用的人道主义或人类中心主义的思维进路。这种思想进路曾经主宰西方思想两千多年,并决定了西方哲学的传统形态。不论我们今天怎样为这一传统命名,称之为"逻各斯中心主义"也好,"主体形而上学"也罢,或者其他诸如"欧洲虚无主义""传统理性主义",等等,本体思维或隐或显地始终是这一哲学传统的运思进路且作为这一思维进路而成为构造西方哲学传统形态的主导基础。

我们今天考察哲学思维路向的当代性转折,必须在其思维路向的传统形式中获得参照系。也就是说,我们要想理解当代哲学所经历的转折及其未来发展的方向,首先需要明确由这种本体思维定向的传统哲学形态在其思维路向上存在的问题及其所陷入的困境。

由此,我们问,本体思维如何进入其终结,且意味着什么?

1. 本体思维是一种梦想型的思维,任何梦想都有幻灭之时,爱智梦想的幻灭即是本体思维的哲学之终结。

西方思想从苏格拉底、柏拉图以来的传统哲学形态实际上是建立在一系列相互关联着的爱智梦想基础上的,本体思维最典型地体现为一种梦想型的思维:

(1)本体梦想(亦可译为存在梦想)。简化一点说,其典型形式是,在历史中的人(从而哲学)总是要追求一个超历史的"起源"或"本体",梦想越出历史、现实之外去把握超感性的"绝对"和"超历史"的"永恒";

　　（2）知识梦想。哲学之爱智本来属于人的活动，但它老是忘不了要去"追根究底"地把握世界的初始本原、最终本质、永恒基础、不动的推动者和使一切存在者归属于自身的终极存在，这些确实不是人所能达到，只有神才能碰一碰的"知识"，因而属于一种知识的梦想。

　　（3）逻辑梦想。哲学之爱智本来是人的"道"或"说"，但是在构造永恒真理体系的逻辑架构中，哲学家们相信概念、逻辑作为有根据地言说总是占据着优先地位，每一个建构体系的哲学家都有只属于他自己的"逻辑学"。"逻辑"成了哲学家们网罗真理的"法宝"。① 可是，几乎无一例外地，逻辑的周延与完备往往就在于它被证明为不周延、不完备之时。

　　在这三个"梦想"中，本体梦想是基础，而三个梦想实际上可归结为其中的任何一个。黑格尔所说的本体论、认识论和逻辑学的统一，最有代表性地表达了三者之间的关系。如果我们仔细分析一下这三个梦想的具体内涵，就会发现，我们所说的本体思维是由哲学的爱智梦想发动的，它实际上是一种"梦想型"的思维，并因此使得西方哲学踏上了一条可以称之为"梦想之旅"的道路。本体思维进入其终结的形式上的理由，实乃源于"梦想"必将幻灭的逻辑。

　　2. 本体思维着眼于物之"是其所是"的知性追问，必然错过人之"是其所应是"的生活向度。当生活问题从它所遭遇的"知性屏蔽"中突围出来之时，本体思维的终结就必然发生。

　　本体思维的梦想型特质是通过"实是之为实是"或"存在者之为存在者"的关注方式表现出来的。表面上看，这种思维似乎与"梦想"无涉，它只是"较真求是"地将追问的主题指向那使一切存在者到场的存在本身。

　　它如是问："山"存在，"水"存在，"你"存在，"我"存在，这到底是为什么？为什么"一切存在者存在"？古希腊以爱智自喻的哲人们在如此的追问中，并没有切实地去关注具体呈现的生活世界中的"山""水""你""我"之类的现存之物，而是推开来要去关注那使这一切现实存在者存在的远大根本之物。于是，在微尘中止息的终有一死的有限存

---

① 参见田海平《历史地看待哲学的爱智梦想》，《学习与探索》2001 年第 4 期。

在者，你或我，男人或女人，老或幼，都似乎借此与一个推至无限遥远者结成了一种同盟。在我们与这个出离了"山""水""你""我"的天边遥远之物，与那个构成"一切存在者存在"之根据的存在，建立起一种"本体—现象"二分框架下的关联之时，在我们可以着眼于一种存在者根据的本体维度，实际上已经将之预定为我们必须欲求的权威。如此一来，如同那位嘲笑泰勒斯的色雷斯女仆所言，"足旁身边"之物反而为哲学家们所忽略了。

本体思维着眼于事物之"是其所是"之根据，这本是一种讲求事物根本之理且最为厌弃梦想、幻想或假想的运思进路。但是，在对世界的抽象永恒本质的追寻中，不能只着眼于对存在者整体之根据的把握和掌控，而要去把握永恒、完满、绝对、无限之物，要去建构一个绝对真理的知识体系，要越过生灭变幻的现象去把握事物不变的本质，等等，这恰恰是一切梦想中最大的"梦想"——当然，它不是感性生活或日常经验意义上的"梦想"，而是一种"超验"的"梦想"。这种"梦想"以世界万有的最大普遍性为旨归，但显而易见的情形乃是：普遍性往往呈现为一种非人格，进而隐蔽着"一种另外的非人道"①。

追溯起来看，本体思维的梦想型特质是由苏格拉底、柏拉图确立起来的。苏格拉底所示范的那种寻求绝对定义的辩证对话就是本体探究的爱智梦想的始作俑者。柏拉图的理念论正式开创了西方本体论或本体思维的哲学传统。然而，亚里士多德对本体思维的逻辑形式的揭示则提供了理解本体思维的基本线索。亚里士多德在谈到哲学研究的对象是最高的普遍原理时说：

> 有一门学术，它研究"实是之所以为实是"，以及"实是由于本性所应有的禀赋"。这与任何所谓专门学术不同；那些专门学术没有一门普遍地研究"实是之所以为实是"。它们把"实是"切下一段来，研究这一段的质性；例如数学就是这样做。现在因为我们是在寻取最高原因的基本原理，明白地，这些必须禀于本性的事物。若说那

---

① ［法］列维纳斯：《总体与无限：论外在性》，朱刚译，北京大学出版社 2016 年版，第18 页。

些搜索现存事物诸要素的人们也就在搜索基本原理，这些要素就必须是所以成其为实是的要素，而不是由以得其属性的要素。所以我们必须认清，第一原因也应当求之于实是之所以为实是。①

亚里士多德所说的这门学术就是"第一哲学"。这里所引的"实是"亦可译为"是者"，它是由系词"是"（eimi）的分词形式（ont－，阴性分词是 ousa）转换而来的一个哲学概念，汉译亦可作"存在者"。亚氏所说的"实是之为实是"（"是者之所以为是者"）指向事物的"第一"原因，它从"是者是"（即"存在者存在"）去探索"是者"（"存在者"）是什么。显然，亚氏所指称的"第一哲学"与物学、数学等专门学术有着根本的区别。它首先是专注于"是者之为是者"的学术；其次，该研究是普遍地研究而不是"切下一段"来研究它的质性；再次，它研究的是那"独立存在而不动变"的不可见的本体，而不是可感觉的可见的动变之物。由此，"本体之学"对事物"是其所是"的原理或原因的探究，逻辑地蕴含了穷尽一切"是者"的知识论图谋。

应当承认，本体思维从物之"是其所是"的远大根本的关注中，将人们的目光引向无限超越的爱智之路。当我们说本体思维是一种超验梦想时，那首先是指它曾经是人类有过的最伟大的梦想。这个梦想是西方哲学在大多数情况下所持有的一种对同一性的渴望：它无法忍受感性世界或可见世界的众多异质他者相互竞争、动变不宁的嘈杂现象，而通过置入一个对存在的理解进行确保的普遍性，且使之呈现为中间项和中立项而"把他者还原为同一"②；最典型的例子，就是柏拉图的"理式"和"通种"。

人类正是靠着这种梦想开始了"理性的探险"，一种理论生活的理想、一种对知识和智慧的不倦的追寻、一种"不仅要知其然还要知其所以然"的大无畏的探索精神，等等，这一切都是本体思维带给西方文明的赠礼。对物之是其所是的知性追问虽然确立了西方文明的推论性实践品格，并使知性或理性发展成为最高的主宰，但是它也忽略了人之"是其

----

① ［古希腊］亚里士多德：《形而上学》，吴寿彭译，商务印书馆 1959 年版，第 56 页。
② ［法］列维纳斯：《总体与无限：论外在性》，朱刚译，北京大学出版社 2016 年版，第 15 页。

所应是"的生活向度，这使它塑造的西方传统哲学最终必然发展成为一种脱离现实生活的"世界外的遐想"。

本体思维的哲学往往在一种体系建构的热忱中遗忘了生活本身，进而遗忘了与存在的意义相伴生且更为根本的人之高贵、尊严和应负的责任。

克尔恺郭尔写道："大多数体系制造者对于他们所建立的体系的关系宛如一个人营造了巨大的宫殿，自己却侧身在旁边的一间小仓房里：他们并不居住在自己营构的结构里面。"① 本体思维着眼于物之"是"（存在）或物之"是其所是"，乍一看像是一种最为强调"事实"、凡事以"事实"为准绳的思维进路，它突出强调知性的运用，并实际上滋养哺育了各门具体科学；然而，本体思维并没有为知性的运用设定边界，在一种无边无际的知性构造或知性运用中，"是"的领域往往囊括了"应该"的领域，终极存在同时又是最高价值，人之"是其所应是"的特殊性很自然地也归结到了物之"是其所是"的普遍原理。本体思维将断言存在（即"说是"）这一本体论承诺置于相对于存在者具有优先性的地位上，或者说，本体思维使存在问题相对于存在者问题具有不容置疑的优先性，这一点就显著地对第一哲学之运思进路进行了某种性质的先行谋划：它把我们与一个和我们照面的（面对面的）存在者（或者是作为存在者的人）的关系，即一种伦理关联，还原为"存在者存在"的本体关联——本体思维的这种还原进路，预定了非人格的存在对存在者进行占有与控制的决定论。因此，本体思维忽略了人之"是其所应是"的生活向度。它在"是其所是"的自由中努力拓展的是"在他者那里坚持自己"的存在力量和同一性诉求，却是使得面向他者的"正义问题"在一种同一性寻求中从属于一种自我关注的"自由问题"。比如说，我们为何对他人负有义务？如果我们不能把自己奉献给一个无关紧要的他人，我们如何诠释对其应负的义务？"存在者存在"的本体关联和"是其所是"的本体逻辑，并不能够对这一问题提供有根据的说明和回应。忽略了人之"是其所应是"的生活维度，就会使得人们最终面临自我关注的自由与他者关注的伦理之间的巨大断裂。这一重大的偏失，早就为那些目光敏锐的哲学家们注意了，

---

① ［丹麦］索伦·克尔恺郭尔：《克尔恺郭尔日记选》，晏可佳、姚蓓琴译，上海社会科学院出版社 1992 年版，第 87 页。

并进而引发了对本体论的批判。

　　休谟明确要求将"是"与"应该"加以区分。康德要求对知性运用的范围进行限制。他们实际上在本体思维的范围内已经意识到关于物之"是其所是"的无所不包的知性追问不可能为道德论证提供可靠的根据，相反它只是将生活问题或道德问题交付给生活或道德之外的客观原则。近代启蒙运动论证道德的失败究其原因是由于它遵循了这种本体思维。而宣称要回到形而上学基础的海德格尔在《存在与时间》中所做的工作，被称作是一种基础存在论（亦可以翻译成基础本体论），它在存在论差异的断裂带上遭遇了自由与正义的对立，但仍然在一种本体思维进路中将自由置于伦理之先。

　　本体思维所梦想的将知识、理性、价值从其生活本源中分离出来并推向绝对、纯粹、终极的全部努力，制造了知识论旨趣对生活问题的"屏蔽"。当20世纪人类面临的大大小小的日益紧迫的生存问题以令人震撼的形式突破本体思维固守的"知性屏障"的时候，那种由本体思维谱写的追求超越或超验的"爱智梦想"无可挽回地幻灭了。本体思维之进入终结，意味着哲学向生活和现实的回归，意味着当今的哲学运思不能也不可能再去重续哲学曾经有过的伟大梦想，而是在面对梦想幻灭之际切实地将哲学带向现实、带向生活、带向人。——当然，本体思维作为传统哲学"爱智范式"的运思进路虽然还会以某种形式存在，但是那只不过是"旧时代的遗物"或者更像是对远逝的传统的一种"道别"。本体思维之进入终结，表明哲学的运思进路必然从"是"的关注转向"生活"的关注，这意味着哲学将更多地遵循一种为生活着想的"思维进路"。

　　3. 本体思维的哲学只属于哲学的传统形态；而哲学要走出传统只有回到生活世界，一种本于生活的哲学运思是哲学当代性的展现。

　　本体思维的哲学本质上是一种"究虚理"的思维进路。它强调"理"上的逻辑一贯，其构成的理论样式是本质主义的、理性主义的、传统本体论的、主体主义的或者逻各斯中心论的。本体的关注方式在具体研究中的运用，必然会预设与实在相符合的"真理"的概念、"知识"概念甚至"道德"概念，以及关于"实在"的同一性想象（幻想）。海德格尔认为，现代技术文明实际上是本体思维的哲学形而上学的现实展现，甚至可以说，现代技术将本体思维的形而上学在一种现实性上实现出来了。当然，这个提法是否妥当值得怀疑，但是它至少表明，本体思维一旦"显现为一个科学技术世界以及相应于这个世界的社会秩序的可控制的设置的胜利"①，它的历史使命（尤其是它所具有的思想建构的力量）便宣告完成。

本体思维对"一"的迷恋、对"概念"的依赖、对"终极"的诉求、对"隐蔽主体"的预设、对"权力话语"的运用、对世界的"还原化"企图、对心灵的"镜式本质"的假设、对"这一个"的遮蔽，使得本体思维独断多于宽容、独白多于对话、强力多于平等、控制多于自由、专制多于民主。

本体思维反映了那种需要先验制约力量、绝对权威、终极主宰以及权力控制话语的时代人的或者人类的存在境遇。也就是说，那样的时代造就了那样的思想进路，也需要那样的思维进路。本体思维可以说就是一种"实体—主宰型"、"权力—控制"的、"占有性主体性"的思维类型，它也必然在一种掠夺性征服和控制的人类中心主义的文化类型或文明类型中将自己实现出来。

当生活世界的"表象"将本体思维隐匿着的知性主宰原则的"意志"展开来时，尼采所揭示的"最高价值"的自行贬值就必然发生。哲学家们用"上帝之死"或"人之死"表达了这一历史性的大事。经历此变局的哲学思维，不得不寻求关注方式上的变革，它要更多地将平等的、自由的、民主的、包容的、对话的理念带到哲学中来。那么，破除敌视生活的本体思维进路，寻求本于生活的哲学运思进路，就是哲学在其当代性位置上揖别传统的必由之路。

本于生活的哲学运思，必须首先放弃对"存在"的控制，放弃追寻那个将"存在者带入其当下在场"的权威存在或者"存在一般"。它不是通过设置同一性的迷信来生产观念或建构秩序，而是在尊重差异性、多样性的同时，面对人之"是其所应是"的"生存博弈"和"生活实践"。这种本于生活的哲学思维进路，不以体系建构为鹄的，也不以同一性理论的论证为基准，它切入生活问题的细枝末节以彰显人之"是其所应是"的生活与伦理。

---

① ［德］海德格尔：《面向思的事情》，陈小文、孙周兴译，商务印书馆1999年版，第72页。

四　伦理思维：打破"存在的自鸣得意"

如前所述，西方思想自柏拉图、亚里士多德以来，总倾向于把对存在的把握视为第一哲学。这一传统遵循一种本体思维进路。我们看到，在当代哲学家中，对本体思维进行的最有力的质疑来自列维纳斯。列维纳斯如此写道：

> "存在还是不存在——这就是那个问题吗？那个最初的和最后的问题吗？人的存在真的就在于去努力存在吗？对于存在意义的理解，亦即关于存在这个动词的语义学，就是强加给这样一种意识的第一哲学吗？这种意识从一开始且一上来就可能是如此这般的认识和表象：它们把自己的确信保存在为死而在中，把自己确认为一种一直思到穷结处、思到死亡的思想的清晰明白；这种意识甚至在其有限性中就已经是，或仍然是毫不质疑其存在权利的安好意识与健全意识——但是它在其有限性的不牢靠中究竟是满怀畏恐还是雄姿英发？抑或，最初的问题难道不是源自于那种不安意识？这种不安意识有别于我的死亡和痛苦所威胁的东西的不稳定性。它打断了我［对存在］的天真固执所具有的那种无所顾忌的自发性，并因此对我的存在的权利提出质疑，这种存在已经是我对于他人之死的责任。存在的权利及其合法性，最终要参考的并不是律法的普遍规则的抽象（而是像律法本身和正义一样），最终要参考我的并非无动于衷的为他（pour l'autre），要参考死亡：正是向着这死亡、超越于我的终结之外的他人的面容在其率直本身之中展露自身。无论他人是否凝视着我（mere-garde），他都与我有关（me regarde）。正是在这个质疑中，存在与生命向着人唤醒。因此存在意义的问题就不是对这个非同寻常的动词进行理解的存在论，而是关于存在之正义的伦理学。这才是最高的问题或哲学的问题。不是：为什么有存在而不是什么都没有，而是：存在如何为自己的正当性辩护。"①

---

① ［法］列维纳斯：《伦理学作为第一哲学》，《世界哲学》2008 年第 1 期，第 92—100 页。

列维纳斯的这一段论述比较经典，它经常为人引用。细读这一段文字，我们发现，其思想的重心旨在将哲学从对存在的固执、偏爱和迷恋中唤醒，去关注"存在"在其语义学中隐含着的深层的"暴力"和"不义"，进而揭示其"无伦理的本质"及其隐蔽的恶意，而使存在的法则在某种深层不安或罪责中面向更根本的正义论的和伦理学的吁求。这是列氏在他的代表作《总体与无限：论外在性》这本书中所要表达的主题之一。在某种程度上，这是对本体思维进路的一次重要的（也是最具代表性的）逆转。它是从本体思维的哲学一直未思未究的前提中重新厘定第一哲学的方向和重点，进而得出"第一哲学"不是"本体之学"而是"伦理之学"的结论。上述引文蕴含四个方面的内容：

1. 对存在的本原性和基础性的质疑，构成了通往伦理思维的出发点。

存在或不存在，存在者存在，这个被看成是形而上学之"第一因者"，真的有无上的统治权和绝对的本原、开端或根据的意义吗？当我们把存在的法则视为最高的或最终的法则时，它是否意味着"人的存在真的是努力去存在吗"？我们不难看到，此种质疑，实际上指向一场旷日持久的以存在本身为目的的斗争。（一部西方形而上学史就是这种斗争的历史，黑格尔把它比喻成为形而上学的"古战场"）在这场斗争中：存在主宰了一切，指挥着一切，丝毫没有伦理上的顾及，它像英雄般地坚持、雄浑而自由，不承担任何与异质他者相关联的罪责……就像金庸笔下的盖世英豪用屠龙宝刀荡平一切魔派宵小一样。这难道不是大可怀疑的吗？存在的法则，上天入地、唯我独尊；然而，如果它是找寻或挖掘那将一切存在者（包括作为他者或他性的存在者）归属于那作为唯一存在的"存在一般"或"存在本身"，那么，这是否意味着一场声势浩大的铲平他性、统治他者、压制他人的运动在存在论或本体论的哲学思维进路中得到了辩护或认可呢？

退一步讲，今天在现代技术之展现和技术治理之建制（最先进的技术和最完备的体制）中所呈现的同一性、平整化的确允许针对一般意义上的他物，也就是说，在一种现代性的理性化进程中，人们通过使用、享用、操作而将"他物"的他性消除而据为己有或收纳进"与我同一"的同一化或同质化的世界；但是，同样的本体逻辑或者同一性逻辑，也可以运用到他人那里吗？在我们面对他人时，特别是面对他人之面孔时，我们也可以像对他物一样，无视他们发出的呼吁、呐喊和恳求，而将之作"同一化"或"同质化"处理吗？那些不能"为我所用"甚至不能"为我所理解"的他人，是否可以就像"垃圾"一样对待呢？经历了第二次世界大战的苦难，尤其是经历过奥斯威辛集中营的大屠杀大灾难之后，人类应该对于这一问题保持应有的高度的敏感性。如果我们不能如此这般地像处理"他物"一样处理"他人"，那就意味着我们对待"他物"或一切"他者"时，那被视为理所当然的普遍性的存在之法则需要获得一个伦理性的或者伦理学的辩护，以避免触发存在者存在的本体逻辑中所预置的对"他性"的"不义"。显然，对存在的本原性和基础性的质疑，要求将伦理之学置于一种比本体之学更为优先的地位。

2. "存在"引发的不安归根到底是一种伦理性的不安，存在之本善在引发世界的"空间性坍塌"方面使"义之所在"无法摆脱"不义之指控"。

在列维纳斯看来，所谓"存在的意义"绝非是某种抽象的能指，而是某个"我"关于"存在"这个动词（即去存在，to be）的意识。即说，它指的是"我在世界之中的存在"，或是断言"我在阳光下的处所"，更或者是宣称此乃"我之家园"……总之，存在话语在这种断言或宣称中"提取存在"时，它总归是指：与一切的岁月静好相关的一种本体安全的安好意识或本善理念。可是，即便"我在阳光下的处所"，享受一份宁静的下午茶，岁月果真就是如此安好、如此美善吗？谁的承诺确保了此种安好或本善呢？当我的存在以如此这般的此种方式呈现之时，"……这些难道不已经是对那属于其他的人（我对这其他的人已经施以压迫或使之饥馑，已经将之驱赶到第三世界中了）的位置的侵占吗？它们难道不已经是一种排斥、驱逐、流放、剥夺、杀戮？"① 由此，列维纳斯想到了帕斯卡尔说过的话：当我们说，"这是我的"，"这是我晒太阳的地儿"，当此之时，"这就是对整个大地进行侵占的开始和写照"②。因此，在一种据认为是深层安好或本善的存在话语中，本体逻辑的效应乃是："外于存在"的世界性坍塌便已然发生了；它是"同一"对"他者"的霸权和剥

---

① ［法］列维纳斯：《伦理学作为第一哲学》，《世界哲学》2008 年第 1 期，第 92—100 页。
② 同上。

夺，是本体思维在断言某物存在时隐蔽的深层伦理性不安——的确如此，当"外于存在"的外在性在一种本体思维中被侵占或是"被克服"，我者对他者的责任，安居于存在寓所的"寓公"对寓所之外的邻人的责任，自我对他人的责任，本乡人对异乡人的责任，人之生命对非人生命的责任，就在这种外在性之被忽略或被克服的同一性施暴中，丧失了回应的契机和能力——而责任（responsibility）是有赖于此种回应的。

　　当然，指认"本体逻辑"中隐蔽着"存在的虚无本质"，是由"一种一直思到穷结处"的不安所揭示出来。这种不安打破了本体安好或本善的"天真固执"。于是，"存在者存在"所遭遇的一种绝对外在性或绝对他性开始显露其在"真容"——即人的"向死而在"。这显著地涉及列维纳斯对海德格尔基础存在论的批评。他指认说，海德格尔的"此在"仍然属于一种未经伦理辩护的本体遗存。虽然，"此在之此"固然有一个时间性秀出的良知决断，即"此在之此"面对有死性时的良知出场——但在列维纳斯看来，这种良知决断仍然属于对存在断言或提取的存在之暴力的范畴。"海德格尔的存在论把与他人的关系从属于与存在一般的关系——即使它反对技术的激情，那由于遗忘了存在者所遮蔽的存在而导致的技术的激情；海德格尔的这种存在论仍然处于对匿名者的服从中，并且不可避免地导致另外一种强力，导致帝国主义式的统治，导致专制。"[1]这一指认的要点是在"向死而在"的理解上呈现的分歧。海德格尔仍然是在存在之本善或本真的"义之所在"的向度运思。而列维纳斯则试图揭示："其他人的死亡指控我、质疑我，仿佛由于我的可能无动于衷，我成了这种对他者来说不可见的、但他者又暴露于其面前的死亡的同谋者；仿佛，甚至在我自己被献给死亡之前，我就必须要回应他者的死亡，绝不能把他人孤独地遗弃在其死亡的孤寂中。"[2]显然，列纳维斯是从一种伦理思维向度表明，面对存在引发的深层伦理性不安，不能止步于存在的"义之所在"，更根本的任务是透过其"义之所在"的存在论断言让"存在"接受"不义之指控"。

---

　　① ［法］列维纳斯：《总体与无限：论外在性》，朱刚译，北京大学出版社 2016 年版，第 18 页。

　　② ［法］列维纳斯：《伦理学作为第一哲学》，《世界哲学》2008 年第 1 期，第 92—100 页。

3. 拯救存在的任务不是"以存在为目的"的斗争，而是面对存在的权利及其合法性所进行的斗争，其实质就是确认"责任先于自由"。

只有让"存在"接受"不义之指控"，人们才会意识到必须对存在的权利问题作出回应。由此种回应人们必须意识到一种责任的召回。而那责任的召回者不是自我对存在意义的领会，甚至不是"我"之存在的自由，而是一种出于对他者面孔的忧惧。一方面，"我"的存在早已经预置了这种回应，它要对他人之死负有责任，而不能任由他人在"死之孤寂"中消失；另一方面，此种回应必定是一种伦理性质的回应，它不参照某种匿名律法之抽象条文，也不来自某个司法实体的指派，而是出自"我"与他人的"面对面"。此回应（response）就构成了一种先于我之自由的责任（responsibility）。由此，一种"无罪之罪"，一种不安和愧疚，一种存在的亏欠（而非存在的安好），出现在了我与他人的连接或关联中。在这种先行的伦理型关系中，如同一个人对着空旷处高喊："在吗？"只有得到回应曰"在！"，那么一个人的"存在"就不再是孤寂地"向死而在"，而是在"守望相助"中存在。如此生动的存在样态才有它的合法性并得到伦理的辩护。可是，"我"的存在是在没有得到任何回应的情况下出现在大地上的，因而本质上属于对他者的一种"强占"——其"义之所在"，必有"不义之指控"生发其间。列维纳斯将这种遭受"不义之指控"的存在，描述为一种需要合法性辩护的存在，因而先天地是一种相对于他者或他人的亏欠。也就是说，在本体逻辑中，一种债务其实已经在存在之前先行发生了——亏欠既是一种不可能偿还得清的债务，也是一种先于且不同于一切实际债务的债务。它类似于日常话语中所说的"我们今生是为了来还前世的债"，即说，甚至在"我"的存在绽放之前亏欠就早已经发生了，由此"讨债鬼"一词也就获得了一种伦理命名。这也就是说：存在即亏欠，一经"存在"就意味着"亏欠"之先行生发；亏欠即责任，亏欠如同一个无底的虚空一样打断了存在之安好而以其本体性之不安要求着人们必须对之他人之脸"有所回应"，至死方休。因此，存在的意义不是"为了去存在"而斗争，而是一种责任的召回——一种为他者的责任，至死方休；一种为存在的权利及其合法性所进行的持续不断的战斗。

应该看到，确认"责任先于自由"，是在本体思维的尽头揭示出哲学的另外一种可能的样式，即一种走向伦理思维的哲学。在本体思维中，存在以自身为目的，以自我之持存、以自由意志（权力意志）之实现及其自我游戏作为权衡价值的最高标准和尺度。然而，在存在的自恋及其自鸣得意中，他人之呼吁被充耳不闻，他者之面容被视而不见——那些陷入存在意义之本体逻辑中的人们会总是会反诘说：邻居遭遇到的不公跟我有甚么关系？"路有冻死骨"与我何干？我是我兄弟的看护人吗？如果我们没有视见或遭遇到他人面孔的控诉或抵抗，没有看见他人之死的真相，"岁月"依然可以"静好"。即使"我"遭遇了这些"外于我之存在"的他性或他者之困扰，"我"的自由难道不是"在他者那里一样地坚持我自己"（黑格尔语）吗？如此自我坚持的存在，是将他人或他者同一化的自由存在，是把他者的他性消灭、把他者还原为自我的一种"由—自"——即唯有同一化他者，"自由"才是"由'我'之'自作主张'"的"由—自"。列维纳斯对存在之优先性的批判，是从他人之脸（或面孔）的非构造性出发，切及他人之不可还原及不可内化的外在性或异质性。由此，列维纳斯得出的一个伦理思维的命题与萨特的"他人是坟墓"不同，他说："他人是邻人。""……通过召唤我、要求我、恳求我的脸，对我的责任的呼吁，通过这种对我的质疑，他人才是邻人。"① 这种质疑来自"责任"对"自由"的优先性。"对于他人的责任，对那在其面容之裸露性中的第一个到来者的责任。这种责任，它超出我对人人可能已犯或还没犯错误之外，超出任何将可能是或可能不是我做之事的东西之外，仿佛我在奉献给我本人之前已经奉献给了其他的人。"② 这个"先于"甚至被表述为一种"无端的责任"——即，"我"对他人的责任，在存在论上或者在本体论上是既无开端，又无来由，它没有任何根据，甚至是一种先于意识或意向性的"先行"的责任，因而是"先于"自由的责任。这种"无端"来自他人或他者之脸，它使得类似如"我难道是我兄弟的看护人"这样的本体性的诘难变得毫无意义。由此，列维纳斯给出的"拯救存在"的方案，是通过以伦理的法则来超越了本体的法则（存在的法则），从而确认"责任先于自

---

① 　［法］列维纳斯：《伦理学作为第一哲学》，《世界哲学》2008 年第 1 期，第 92—100 页。译文有所改动。

② 　同上。

由"——对他者的责任，在存在论或本体思维上既然属于一种"无端"的责任，理性无力穿透它，存在的法则无法理解这种"无端"，只有在一种伦理生命的唤醒中才能领会到优先于自由的责任。

4. 第一哲学就是"关于存在之正义的伦理学"，哲学的最高问题是：存在如何为自己的正当性辩护。

形而上学作为第一哲学，一直被诠释为是对存在的把握和理解。它以本体论的形式一直在自身中寻找自身之根据。然而，在这种本体思维中，一个大为可疑的基本实情是：每一个个体之人的自身存在，不可能离开其他人的存在而独立地构成一个世界，不可能不受到他人的限制和约束。在自身中寻找自身之根据，这件事情本身就存在着一种方向性的偏失：如果没有对他人的责任，存在自身的根据实际上是无法成立的。因此，他人的面孔和他律的根本性，以及由此产生的一种对本体思维或存在的奠基性或基础性地位的质疑，已然是将存在自身置于一种"无端"或"无根据"之指控的位置。列维纳斯表明，他人的在场以及他人面孔的呈现，充任了这种质疑的"发射器"。一个活生生的具体生命存在的此在（Dasein）之在"此"（Da），就其本身的存在意义而言，是否具备伦理上的第一性的价值？这是一个需要辩护的事情。基于这一理由，列维纳斯说："……形而上学并不在于对自我的'自为'感兴趣，以便在其中为通往存在的绝对通道寻找坚实的地基。形而上学在其中迈出它的终极步伐的，并不是'认识你自己'。这并不是因为'自为'是受限制的或不诚实的，而是因为'自为'由于其自身之故而只是自由，就是说，是任意的、未得到辩护的，并且在这个意义上是可憎的；它是自我，是自我主义。"① 在这里，我们看到，对形而上学的彻底批判，意味着对那种"使与他人的关联隶属于存在论"的基础存在论（海德格尔在《存在与时间》一书中所展开的一条道路）的清算。伦理学作为第一哲学的视域是"在正义与非正义中看到一种通往他人的原初通道"，该通道"超出于任何存在论（本体论）"②。

由此，我们看到，列维纳斯向我们重新描绘了一幅哲学的"地形

---

① ［法］列维纳斯：《总体与无限：论外在性》，朱刚译，北京大学出版社 2016 年版，第 64—65 页。

② 同上书，第 65 页。

图"。他把哲学的最高问题不再界定为莱布尼茨所说的形而上学基本问题——"为什么存在者存在，不存在者不存在"（为什么"有有"而"无无"）；而是"关于存在之正义的伦理学"问题：存在如何为自己的正当性辩护。对他人之脸的注视揭示出一条超出于任何本体论的伦理思维进路。由此，他人的存在或生存样态在一种集体性中向我们涌现，他人不是作为我属的组成部分而与我们建立关联，而是作为他者独立地进入一种"相与"关系。于是，"他人"的道德重要性展开了传统本体思维中所缺失的一个更为根本的维度：由于真理预设了正义，所以问题的关键不是如何通向真理，而是如何通向正义。

五　从本体思维到伦理思维：第一哲学如何"第一"

毫无疑问，列维纳斯关于"伦理学是第一哲学"的命题，是针对整个西方传统哲学的思维进路而言的。这里所说的"整个西方传统哲学"，当然包含了在希腊本源处作为集大成者的亚里士多德的第一哲学（形而上学）以及一直到当代哲学家中力图要克服形而上学（整个哲学形而上学传统）的海德格尔的基础存在论（亦可翻译为"基础本体论"）。于是，这里出现了学者所关注的"伦理学与第一哲学之关系"的三幅图景[①]。根据邓安庆的研究概括，三种不同的第一哲学与伦理学的关系分别出自亚里士多德、海德格尔和列维纳斯："以第一哲学为基础的伦理学（亚里士多德）、作为基础存在论的本原伦理学（海德格尔）和作为第一哲学的伦理学（列维纳斯）。"[②]

在亚里士多德那里，伦理学在学科分类上不属于理论学术，而属于实践学术。因此，伦理学的学科归属显然不属于亚里士多德奉之为第一哲学的本体之学（形而上学）之范畴。但这并非是说，亚里士多德的伦理学与第一哲学没有关系。就第一哲学作为本体之学为伦理学提供基础或依据（尤其是提供了一种本体思维进路）而言，亚氏伦理学是建立在他的第一

---

① 邓安庆：《伦理学与第一哲学》，《伦理学术（5）——存在论的伦理学：以海德格尔为中心的探讨》，上海教育出版社 2019 年版，第 9—10 页。

② 同上书，第 10 页。

哲学的基础上的。这即说，他的德性伦理学是通过"在自身中寻找自身之根据"或"根据存在者自身的存在"来理解善、德性和幸福。因此，"如果没有第一哲学，亚里士多德的伦理学就成为不可理解的东西了。"①亚里士多德伦理学以本体思维为逻辑进路就是建立在他的第一哲学的基础上的（尽管伦理学显然不属于他所说的"第一哲学"的范畴）。这里所说的本体逻辑之进路，是指从事物"是其所是"的本体之学的依据中，开出德性是"存在本身"的最好的实现。②亚里士多德从德性（virtue）的希腊词义（指事物的品质以及优秀或卓越的状态）获得支持，指出：一匹好马的德性在于其强健奔跑的品质，一只好眼的德性在于其明见，一个好人的德性在于其正义。由于本体之学作为第一哲学涉及四种"是"（存在）之"是出"，即"偶性之是""真假之是""潜能/现实之是""依凭自身之是"，伦理之学作为以第一哲学为基础的实践哲学也相应地在上述四种"是"的"是其所是"维度展开：

1. 德性在于练习和训练。它是心灵状态由"偶性之是"的训练而"是出"一种稳定持久之品性；

2. 心灵的稳定持久是德性之真。心灵的稳定持久的品质要靠人一生的练习，它不可能出自"虚假之是"，而只能来自"真实之是"；

3. "从潜能到现实"的自身造就或自我成就是德性之"真是"。一切"是"之所"出"都是"潜能之是"到"现实之是"，是本善的潜能在人之自由的心灵状态中的最佳实现；

4. 因此，自由的心灵状态就是"依凭自身之是"的德性。这种"依凭自身之是"的德性是理智形态的德性，即"过一种沉思的生活"乃人生最大幸福。

如果把这种本体思维的伦理学放到整个西方形而上学史的参照系中来衡度，则不难发现：（1）这种"在自身中寻找自身之根据"的伦理学，必然把"自因"看成是"第一因"，而把"人的自我认识"看成是最高形态的伦理生活，并因此得出"思辨生活是人生最大幸福"的结论，这

---

① 邓安庆：《伦理学与第一哲学》，《伦理学术（5）——存在论的伦理学：以海德格尔为中心的探讨》，上海教育出版社 2019 年版，第 10 页。

② 这条思路后来被元伦理学家指责之为混淆了"是与应该"的界线，因而犯了"自然主义的谬误"。

构成了亚里士多德的《尼各马可伦理学》一书的中心议题；（2）这种以内在性的自我主义为旨归的伦理学，由于完全是以"自因"之实体为最高价值，就必然导致靠某个超越性主宰或预设某种超感性绝对来确保合法性的"自由"，其本质就是听命于一种超验存在者（它被表述为存在一般或存在本身）的支配，因而根本谈不上是真正的自由，其实质恰恰就是"不自由"。海德格尔的基础存在论是要回到存在问题的根底处，让人们在面对存在论差异（即存在与存在者之间的本体论差异）之时，不再受制于某种超感性绝对的预设，不再将某个超验存在者等同于存在自身，其目的是要将人们从"存在之被遗忘"的形而上学迷梦中唤醒。这一项工作是对形而上学史的清算或超越，是透过"存在者存在"的认知的历史或观念史去发现那未被触及或未曾探究的"存在的真理"。这里的重点是对"存在者"和"存在"所做的界分。海德格尔所强调的是一个看似常识却至关重要的"存在论差异"问题——"存在"是不能被当作一个认识对象来把握，即不能把"存在"视为是有别于通常意义的另一种类型的"存在者"（超验对象）来思想、把捉或认知；我们只能透过"此在（人这种存在者）在此"对存在的领会去切近"存在的意义"。这是一项可以被称之为"守护存在家园"的更为本原性（更为源始性）的工作。海德格尔由此指认，传统本体论的形而上学是通过把"存在"对象化为某一"存在者"而导致了"存在的遗忘"。存在学必须唤醒"存在的意义"问题，更本原地（更源始地）思"存在的真理"，即更本原地从"人之居栖"（此在在此）领会存在。"存在学"于是在"伦理"的希腊语古义上被思想成了一种"本原伦理学"。他写道："在我们试图更准确地规定'存在学'和'伦理学'的关系之前，我们还必须问：'存在学'和'伦理学'本身究竟是什么？思想之为思想必须先于一切地思存在之真理。现在我们必须思索一下：在'存在学'和'伦理学'这两个名称中可能被命名出来的东西，是否依然与那种交托给思想的东西相适合和切近呢？"① 海德格尔这一段论述的意思是说，在"思存在之真理"的意义上，"存在学"与"伦理学"这两个名称"与那种交托给思想的东西"可以构成一种"相适合和相切近"的关联。因为"伦理"（"ethos"）一

---

① ［德］海德格尔：《路标》，孙周兴译，商务印书馆 2001 年版，第 416 页。

词的原义就是"居住""住所""栖息之地"或"安身之所"。一种通向"人类之居住"的思必定关联着"存在的真理"之思。因此，存在学"思存在之真理"，在这个意义上也就是"守护存在之家园"的"本原伦理学"①。

应该看到，海德格尔的本原伦理学是一种比传统本体论"更本原"地思"存在的真理"的存在学。存在学的这个进路，虽然是把第一哲学的"第一"的位置留给了旨在超越传统哲学形而上学的"本原伦理学"，但它毫无疑问地仍然属于本体思维之进路的范畴。正是在这个意义上，海德格尔有意无意地不在流俗意义上讨论通常人们所理解的伦理学问题。然而，"伦理学作为第一哲学"（不是像亚里士多德那样"把伦理学建立在第一哲学基础上"）的蕴义实际上已经隐身于《存在与时间》对伦理学问题的一种存在学处理之中了。只不过由于囿限于从"时间性"出发，本原伦理学把"与他人共在"的空间性关联归结为一种非本原的或非本真的存在方式。在此意义上，可以说，"本原伦理学"作为第一哲学是一种克服形而上学的尝试，它实际上已经走在了告别传统本体思维进路的思想道路之中途了。重要的是这种告别的姿态，采取了对整个形而上学史之重审以及对形而上学基础之重新奠基。它在此在的"时间性绽出"之框架中通过指认传统本体思维对"存在的遗忘"而突出了"固守存在之本原"或"守护存在之家园"的本原伦理之首要地位；然而，当此之时，却造成另一种遗忘，即对"他人的面孔"的遗忘。

于是，在"伦理学作为第一哲学"的明确表述中，列维纳斯的他者伦理学从空间视角对"存在的暴力"进行揭示，进而审视海德格尔的存在学进路。这不单纯地是把第一哲学的"第一"的位置留给了伦理学，而是在思维进路上把他人或他者问题以及对他人的责任置于最为优先地位。所以，列维纳斯的问题是着眼于"他人之脸"而为存在的正义进行辩护。伦理及与他人的伦理关联出现在外在性的空间境域之中，由这个他性的或外在性的视域审视个体此在的本真性伦理，那么他者伦理学显然是对本体思维进路的一种更加彻底的告别。它是把海德格尔行进到中途的

---

① 邓安庆：《伦理学与第一哲学》，《伦理学术（5）——存在论的伦理学：以海德格尔为中心的探讨》，上海教育出版社 2019 年版，第 13 页。

"本原伦理"从时间维度拓展到了空间维度。由此，在关乎"第一哲学"如何"第一"的问题上，我们遭遇了是海德格尔还是列维纳斯的困难——具体说，这个困难就是：在何者居于"第一"的问题上，是"守护存在的家园"更重要，还是"为他人的责任"更重要？我们似乎面临或此或彼的两难。尽管如此，我们大可以把亚里士多德到海德格尔这一整个的哲学传统的存在学运思进路看作本体思维进路的两个端点：一者是其开端（亚里士多德将伦理学建立在第一哲学基础上）而另一者则是其终结（海德格尔把本原伦理学实际地确立为第一哲学）。抛开具体观点的争议不论，在"伦理学作为第一哲学"的思维进路上，海德格尔着眼于时间性论域，列维纳斯着眼于空间性论域，两者虽然有侧重点上的不同，但都是旨在确立了一条克服本体思维（或告别本体思维）的伦理思维进路。在这个意义上，海德格尔和列维纳斯一样，实际上是以本原伦理的方式（不论是在时间性论域还是在空间性论域）已然走在了"为存在的正义性作辩护"的伦理思维进路上了。当然，相比较而言，列维纳斯走得更彻底，也更切近于从一种伦理思维的哲学进路上理解"作为第一哲学的伦理学"。

透过"第一哲学与伦理学之关系"的三幅历史性图画，我们不难看到：告别本体思维，走出本体思维的哲学传统，与确立伦理学之为第一哲学的第一性地位和哲学的伦理思维进路，实际上是一个硬币的两面。西方哲学从"柏拉图—亚里士多德"到"海德格尔—列维纳斯"的哲学家们的诸多努力，见证了这一基本趋势。然而，透过上述针对西方形而上学史上"第一哲学"如何"第一"的图画式描绘，我们需要问一问哲学思维进路的方向：为什么本体思维能够支配西方思想二千余年？为什么它在今天会遭遇终结的命运？无论"存在的遗忘"（海德格尔）还是"他人之脸的遗忘"（列维纳斯），深层的理由还得回到"人"这里，还得在"人"的自我理解上寻找原因。

我们知道，人之为"物"，在其存在学进路上必然有其"是其所是"的一面；但人之为"人"的根本却不能仅仅由物之"是其所是"的本体思维进路上解答"存在意义"问题，还必须由人之"是其所应是"的伦理思维进路上解答"世界如何向好"的问题。人是两重本质的存在，它既有"是其所是"的一面，更有"是其所应是"的一面。这两重生命本质，是人与其他存在物不同的方面，决定了唯有人这种存在者（即海德格尔称之为此在）才是在既"是其所是"又"是其所应是"的双重生命本质中成为一种有"生活"的存在，且能领会生活及存在的意义，并能有意识地在"与他人一起"（不能不面对他人）筹划美好生活。在某种程度上，我们可以说，人生而为人的一个更为根本性的维度就是在"是其所应是"的生活向度或伦理关系向度中进行。本体思维抓住了人之"是其所是"的"存在向度"，其基本运思是在人之外寻找一个与人对立的"存在者"来解释人和人的世界，人的生活必须接受这个超验存在者的宰制。因此，对于本体思维来说，"存在"是优先于生活且高于"生活"（或生存）的，这是一个毋庸置疑的出发点。本体思维一方面把制裁一切的原则交给了高于生活且为生活之主宰者的"存在"；另一方面又设置了能够捕捉或把握这个被预设的"超验存在者"的知性主体。以此种方式它实际上先隐晦后明确地表达了"人是存在的主宰者"的观念，并因此隐蔽了一种主体形而上学的运思逻辑。我们应该看到，对于人的理性力量还没有得到确证的人类处境和历史发展阶段而言，确立知性主宰原则、高扬主体性精神是当时的历史任务，这是本体思维能够长期支配西方思想的一个重要原因。但是，当历史展现为理性或知性主宰原则的普遍胜利之时，哲学思维进路转入人"是其所应是"的生活向度便是历史的必然。

因此，我们从上述关于"第一哲学"如何"第一"的三种探究形式中，不难管窥一种由历史和逻辑之维度对本体思维进行还原分析的视域转换或思维进路上的重大转变。哲学的伦理思维转折是从"伦理学建立在第一哲学基础上"（亚里士多德）到"伦理学作为第一哲学"（海德格尔、列维纳斯）的重心之转换，其逻辑形式上的表征就是：从"是（存在）"的关注向"应是（应该存在或为存在的正义辩护）"的关注的转折。前者属于"本体思维"，后者则属于"伦理思维"。

伦理思维的出发点，是确认"生活问题""伦理问题"高于存在、先于存在。它不是从"人与存在的对立向度"运思，不是把"存在"作为对象去把握或认识，而是从"人与存在的相与向度"运思，既是"守护存在之家园"，又是"为他人的面孔负责"。因此，伦理思维是对生活本身的关注，它不是由理性的、主体的、知识的进路寻求对世界的控制和主宰，而是在一种民主的、包容的、对话的、参与的理路中探寻人"在世界之中"

的"相与之道"。"伦理"一词的古老含义，不论是在西方，还是在中国，都已经先行地包含了这层意思。它是古人所领悟到的与人的居所或栖息地相关的一种相与经验，因而是在一种交互性关系中对人之安身立命的"第一等事"的感悟。这即说，古老的伦理思维所思考的是人之居所，这样的思关注的是人在世界中的栖居，即一种伦理的关注方式一定是在自我关注的必不可少和他者关注的根本潜力中所展现的"相与之道"。

在本体思维主导的西方传统哲学形态中，伦理思维进路一直未曾得到敞开。虽然，西方思想有悠久的伦理学传统，但自从苏格拉底用"绝对定义"的尺度划定了"真的世界"的话语边界，西方伦理学史或道德探究史就在本体思维进路中用"是其所是"的问题域淹没了"是其所应是"的问题域。其特点是，以概念逻辑的推究方式获得"相当于绝对确定性基础的伦理学第一因"①，即寻求一超验授权者（如理念、上帝、世界精神、理性等）来确保道德法则的合理性或正当性。这一条运思进路就是亚里士多德的"第一哲学"范式或本体论形而上学之范式。因此，在西方哲学形而上学的范畴下，伦理学遵循的并非我们所说的"伦理思维"，而是遵循了"本体思维"，称之为"伦理形上学"可能更为恰当。当代伦理学研究中出现的实践哲学或实践伦理学转向，在某种程度上，可以看作伦理学摆脱本体思维而遵从伦理思维的表征。

"伦理思维"在西方思想史上的被遮蔽意味着什么？这一问，对于当前人类所遭遇的一系列生死攸关的重大危机之应对而言，尤其显得紧要且关键。我们知道，人类历史上频繁发生的悲剧大都与伦理价值相关。所有的伦理的关注方式和思考方式，都属于一种"促进世界向好"的相与之道，是与他者的关联，与社群或社区的关联，与社会的关联，与国家和天下的关联，直到与人类整体的关联。如果缺少了伦理思维的向度，人们在面临具有深刻道德性质的紧迫问题时，就可能借着本体思维的超验"天梯"，站到"云端"中，而不是将个人置于与他人、与社会、与共同体、与整个人类相互依系的连结的命运整体之中。例如，公元前416年古希腊的米洛斯城邦被战胜方雅典屠城，再比如，公元前404年三十僭主实行恐怖统治杀人如麻，这样的时刻具有大量追随者和道德影响力的著名哲学家

---

① 李幼蒸：《形上逻辑和本体虚无》，商务印书馆2000年版，第16页。

苏格拉底的讲话和动向是备受瞩目的。而事实上，在所有这些重大的时刻，苏格拉底都若无其事地"站到了一边"。苏格拉底的不参与是不同寻常的，凡是城邦最危险的时刻他都不在那里。这个最爱说话的人在最需要说话的时候都选择了沉默①。一个可能的理由是，苏格拉底的思维进路不是生活问题和伦理问题的思维进路，而是概念问题或知识问题。他开创的本体思维的哲学传统遮蔽了介入现实生活的"伦理思维进路"。这种本体思维对存在之普遍定义的旨趣，导致了他对现实人间的苦难甚至于灾难的漠不关心。同样的漠不关心也出现在海德格尔对纳粹暴政的沉默乃至"附逆"。

　　经历了两次世界大战、核灾难的威胁、环境生态危机、单向度的科技经济的宰制以及今天机器人的粉墨登场等众多难局的当今人类，不可能像苏格拉底那样若无其事地"站到一边"了事。我们时代"伦理思维"将结束其被遮蔽的历史，它不能再保持缺席状况和沉默无声，在面对攸关人类命运和地球未来的重大紧迫问题时，它不能任凭思辨的逻辑在沉溺于"概念木乃伊"的制作中"自娱自嗨"而对之保持沉默。因此，"伦理学作为第一哲学"的"第一"之诉求与强调，实乃哲学之当代性的昭示。

　　从一种隐喻的意义上，旧约圣经中的上帝对该隐的询问仍然值得今日之人重视："你的兄弟在哪里?!"在这一质询中，"伦理"从其俗世的或个体的沉沦迟滞中被唤醒，从一种责任的钝化与互助精神的弱化中被棒喝：相对于"谛听存在的消息"这一本体学的觉悟而言，我们更应致力于一种关注"兄弟"的伦理觉悟。如果我们把"兄弟"的隐喻意义扩大到生态伦理学家所说的大地共同体中的一切存在物，那么这样的询问隐含着"与存在相与"的"相与之道"，它要求的是一种伦理思维路向的亲证性力量。然而，该隐的反问则表明了一种本体思维路向的论证性力量："我是我兄弟的守护者吗?!"列维纳斯对此评论道："该隐的问答是诚挚的。伦理学在这里缺席了，这个回答仅仅是本体论进行的回答：我是我，他是他。我们是在本体论上相互分离的存在。"② 如果从本体思维的角度

①　田海平：《事件背后的哲学话语——论苏格拉底之死》，《开放时代》2000 年第 11 期。
②　[英]齐格蒙特·鲍曼：《后现代伦理学》，张成岗译，江苏人民出版社 2003 年版，第 80 页。

看，我们与他者的相处最多是一种共在。然而，如果考虑到"上帝"本身即本体思维的一个"公设"，那么上帝的询问和该隐的反问实际上表明了从本体思维创建道德的不可能，因为它必然导致本体思维的反诘。在西方伦理史上道德成为一个需要论证和辩护的领域，异乎寻常地表明了本体思维对伦理学的宰制。然而，本体思维进路的哲学形而上学之终结为关注生活的伦理思维进路的哲学直面不可回避的道德责任提供了契机。

从一种本于生活的哲学思维进路看，鲍曼在《后现代伦理学》中的论断代表了一种伦理思维的觉悟：道德责任是无条件的和无限的，它在不能充分证明自己的不断痛苦中证明自己。道德责任从来不为其存在寻找保证，也从来不为其不存在寻找借口。道德责任存在于任何保证和证据之前，存在于任何借口或赦免之后。① 我们把鲍曼的论断归结为一句话，即"道德先于存在"。这一论断与列维纳斯的"责任先于自由"的命题，说的是一个意思。这里所说的"先于"指的是何种"先于"？它显然是一种非本体论的"在先"，而是一种价值权衡意义上的"在先"，因而是从道德重要性意义上确立的一种优先性。确证这一优先地位的是人的具体的感性的生活本身。在这一意义上，列维纳斯的呼声更有代表性：我们必须认识到，道德超越了对其整体性和其危险性的抽象反思，道德不是以次要的面目出现的；道德有一个独立的、初步的范围，"第一哲学是伦理学"②。伦理思维在论证性表象上也许不如本体思维那样"强大"和那样具有逻辑论证力量，但它至少是本体思维的哲学终结之后，哲学思维路向的当代性尝试之一。伦理思维打破了"存在的自鸣得意"，它在"人与存在的相与向度"运思。或许伦理思维不能给人类带来高悬于天际的希望，但在一个危机重重的时代，它将展开人之"是其所应是"的生活向度，并召唤人们以一种更加负责任的态度安居在大地上。

五　道德哲学的伦理思维进路

毫无疑问，今日之道德哲学必须对哲学思想道路从本体思维到伦理思

---

① ［英］齐格蒙特·鲍曼：《后现代伦理学》，张成岗译，江苏人民出版社 2003 年版，第 295 页。

② 同上书，第 85 页。

维的转向作出回应。需要强调指出，我们关于本体思维与伦理思维的区分，其实也只是具有相对的意义，而不是在一种绝对意义上的非此即彼。比如说，即使在本体论思维进路占据主导地位的传统哲学那里，也有关注方式上的偏向性，有些哲学家采取了一种比较强的本体思维（实在论），而有一些哲学家则采取了一种对本体思维或实体论的思维进路持质疑态度的立场（怀疑论）。这一点在伦理学思考方式中，亦呈现出偏重本体思维和偏向伦理思维的两种不同的倾向。从这个意义上，我们甚至可以基于道德与伦理之间的关系重写道德哲学史。当然，这里不是讨论这个问题的地方。但是，我们认为，道德哲学的本体思维进路与伦理思维进路之关系的历史，在西方哲学史的背景上是可以得到重述的。这一点至少从"道德"论域与"伦理"论域之互有侧重但又难以明确区别的复杂概念系统中可见一斑。在其难以区别的意义上看，大多数情况下人们将它们（伦理与道德）不作分别地彼此混用。在其互有侧重的意义上看，黑格尔的一个说法经常被人们引为佐证——他指同出："道德"是自由体现在人的主观内心里，它是"主观意志的法"；"伦理"则是主观与客观的统一，是客观精神的真实体现，法和道德必须体现在伦理中才具备现实性。即便如此，虽然西方道德哲学在其本体思维进路中也有偏向伦理思维的诸种尝试，但伦理思考方式之从属于本体论或本体学的知识范式或逻辑形式毫无疑问是其主导性的哲学思想道路，这一点却是没有疑义的。

那么，是什么因素使得道德哲学在它的历史形态中发生了对伦理经验的遗忘或遮蔽？如我们所说，这与它所遵循的哲学思维进路有关。从哲学的古希腊起源来看，它是在"存在论"的论题上适应希腊城邦社会建立或论证其伦理秩序的现实需要而发展起来的。这一路向通过柏拉图主义的至善理念论影响了西方思想两千余年。道德哲学在这一路向中只能哲学地呈现。一方面，一般的伦理旨趣被结合进了知识的、神学的、理性的、精神的本源；另一方面，道德意志在寻求理由或解释时必须拥有一些最基本的论证性预设或假定作为根据。对本源或根据的需要，使道德哲学在其总的历史形态上遵循着一种"本体思维"的进路。它在对抽象永恒本质的追寻中，要去把握永恒、完满、绝对、无限之物，要去建构一个绝对真理的知识体系，要越过生灭变幻的现象去把握事物不变的本质，等等。这便构成了传统道德哲学用以过滤伦理经验的"起源幻象"，即它总是从一个超感性绝对、超历史永恒的同一性、高贵性、真理性的"起源"中论证道德。以此种方式，道德哲学寻求相当于绝对确定性基础的伦理学第一因。① 道德哲学在其历史形态中受到起源幻象的蒙蔽，必然用"自以为是"的崇高的、真理性的"同一性"过滤现象形态的伦理经验之杂多。然而，一种挑战的声音一直潜伏在道德的"起源幻象"背后：在如此构想的道德王国中，究竟哪些是真实的、被人们经历过的，哪些只是权力意志或权力话语的伪饰？哲学家尼采主张对道德的谱系进行新的调查，"去研究真实可信的道德史"②。福柯提出了破除"起源幻象"的任务。③"起源幻象"的破除，使得伦理经验在历史感性中呈现其细枝末节成为可能，而道德哲学唯有摆脱本体思维的进路才能真实地面对历史感性中的伦理经验。

伦理思维不以体系建构为鹄的，也不以同一性理论的论证为基准，它切入生活问题的细枝末节以彰显人类处境中人之生活向度。伦理思维（Ethic thinking）是道德哲学在其当代性位置上可能遵循的一种思维进路。

本体思维确立的指导原则，源自一种本质的抽象或超验的根据。这种情况一直到近代都没有发生改变。然而，近代以来的道德哲学在论证道德的纷争中，形成了不同的学派：自然法学派、道德感性学派、德意志学派、理性直观学派。这些学派在面临道德的世俗基础开始反叛其神圣根源的紧张态势中，重新厘定人类价值规范的基础。但是如果没有本体思维过滤伦理经验的抽象形式，不论是以美德探求为美好生活之理想的古希腊道德哲学，或是以基督教信仰为幸福生活之源泉的宗教伦理，还是以规范原则为道德生活之尺度的近代道德哲学，都将不可能完成其形而上学之构造。本体思维的哲学进路之步入终结，既是道德的世俗基础在反叛各种形式的神圣根源的运动中向更本源的生活谱系的回归，又是接受超验本质宰制的人之类型向历史感性中经验构成的人之类型的转换。因此，一种后形而上学的道德哲学以何种方式关注伦理经验，它就将以何种形态呈现自身。

---

① 李幼蒸：《形上逻辑和本体虚无》，商务印书馆 2000 年版，第 16 页。

② ［德］尼采：《论道德的谱系》，周红译，生活·读书·新知三联书店 1992 年版，第 7 页。

③ ［法］米歇尔·福柯：《尼采、谱系学与历史》，《福柯集》，上海远东出版社 1998 年版，第 150 页。

　　当今时代的道德状况或道德哲学状况，召唤着那种从真诚的生活之"守望"中展现的伦理思维：它作为哲学之当代性的可能路径，已经浸入了人类现实处境的各个断层的伦理经验之中，构成了当代道德哲学的基本伦理思维进路。我们大致可以列举如下三个方面：

　　1. 着眼于人类普遍价值规范的伦理经验的道德哲学探求。全球伦理的讨论最初从一种宗教的伦理经验中，指向对当今人类共同经历的道德共识的思考。这种探究方式与传统道德哲学的本体思维进路根本不同，它不再寻求一种道德论证的普遍性（例如启蒙道德），而是寻求一种伦理经验的普遍性（基于对话或商谈）。它要求人们在破除具有普遍立法资格的先验道德想象的基础上，在"人与存在相与"的体验式的生命感受或历史感性中，追寻人类共同的价值标准——人类虽然分居地球各处，有着习惯、文化、宗教、语言、政治、人种等方面的差异，但作为一种生物的、社会的、文化的存在物，人类追求相同的目的。这是道德对话或道德商谈所以可能的契机。

　　2. 在与自我相关的伦理经验界面上，现象学、存在主义哲学、精神分析哲学、解释学、境遇伦理学等当代西方思想流派已经从人类现实处境的各个层面破除了传统道德哲学所遵循的本体思维进路。伦理学价值学、伦理学认识论、伦理学存在论等可以看作是在与自我相关的伦理经验的维度内对康德难题的回应：人或自我或主体为什么要接受道德法则，对价值的体认、感受、意识、经验是如何结合到自我里面的。这些思想流派在将道德哲学从传统的本体思维进路转向一种更本源地关注伦理经验的思维进路方面留下了探索的踪迹。

　　3. 在与他者相关联的伦理经验的界面上，以生态（环境）伦理学、生命伦理学、生物伦理学、经济伦理学、政治伦理学、法伦理学、科技伦理学等为代表的应用伦理学，展示了道德哲学在伦理思维进路中锲入特定的伦理经验的可能性。应用伦理学的转向可以看作伦理学类型学的转变，它在探索一种走向伦理思维的道德哲学方面显示出一种广阔的用武之地。道德哲学将依据它所楔入的不同的生活世界的伦理经验的层面表现为生态哲学、环境哲学、生命哲学、经济哲学、政治哲学、社会哲学、法哲学、科学哲学等相位。道德哲学将不再寻求纯粹的理论理想，当着"人与存在相与"的多样性将道德的优先性置于"存在"之上时，一种道德哲学的运思就会在特定的应用伦理学的问题域中展开。道德哲学的伦理思维进路使道德哲学更多地担负起一种思想的任务。它将不再以人们所熟悉的哲学样式关注或过滤历史感性，不再以某种宏大叙事的逻辑框架论证道德，它甚至会以人们无法想象的方式使得人类处境中的伦理经验凸显出来。它潜行的轨迹将是：以瓦解道德哲学而成全道德的哲学。

六　伦理思维与道德哲学的人学使命

伦理思维是在"人与存在相与"的维度上探究人、人的生活和人的世界，它的道德哲学使命在于，在契合现时代人类精神生活史的人性诉求的基础上，力图回答两千多年来哲学家们曾经反反复复问了又问的问题：什么样的生活才是人值得一过的生活?! 不仅如此，伦理思维进路的道德哲学又前所未有地拓展了伦理思考方式的问题域，它要进一步追问：世界如何向好里去?

今天面对全球化造成的诸种文化冲突、价值冲突以及种种发展危机和人自身的生存危机，我们比以往任何时候更严峻地面对这两大根本问题。这是关注生活意义的当代思想一再吁请道德哲学的理论思考必须肩负的一种人学使命。

从西方道德哲学史的角度看，"伦理学"一词的用法"本身"就是关涉"生活意义"和"人的生活（居栖）之美好"的。不论哲学家或伦理学家们从何种角度看问题，他们最终都要落实到对"生活意义"和"美好生活"的难题作出某种解答。这是一个"先于"一切理论难题又"统摄"一切理论难题的前提性问题。

从这个意义上，我们可以说，是"生活意义"和人之居栖的问题，构成了一切道德哲学探究的伦理思维的人学预设。每一种伦理学思想的背后都隐含着某种对人的概念的预设，都有其关涉人存在和他的世界的伦理普遍性关联的论题域。这是道德哲学的生活世界之"根"，它的使命正是由此在不同的时代意识中得到"界定的"。

然而，现代规范伦理学在寻求可普遍化的道德原则的进路中面临的重大困难是：以一种普遍性的诉求遮蔽了伦理学所固有的生活世界之

"根"，从而使得现代性伦理学理论的伦理思维进路隐而不彰，导致它们寻求道德基础的努力一再地归于失败①。从规范伦理学的角度看，伦理规范作为"劝导"遵循的基本逻辑可以用"你应该如何"来概括，作为"命令"遵循的基本逻辑则是"你必须如何"。但是，规范伦理学很难说清楚伦理规范作为"劝导"是如何转变为"命令"的。这引起"伦理学"（指规范伦理学）在提供生活劝导的实践智慧方面（"劝导"总是可以怀疑的）对"道德"的普遍命令（"命令"或者"律令"要求具有不可怀疑的普遍性权威）总是造成损害。解决这个问题的关键，最终只能诉诸于对人的概念的某种预设，并超出规范而达至一种"先验的"形而上学的路径（即从某种先验的人的概念出发寻找普遍性说明）。伦理的普遍主义筹划正是由此落入种种现代性困境的。

　　法国当代哲学家保罗·利科对此明确进行了澄清。他指证："'伦理学'一词专指一种完美的生活目的，'道德'一词则只是用以追求普遍性和实行约束所特有的规范来表达这种目的"②。这就是说，伦理学的使命是关于一种完美生活目的的探寻，而且在这个意义上它优先于道德。"伦理学"与"道德"的区分，实际上揭示了西方伦理学思想史上的两个传统之间的对立，即源自亚里士多德的目的论伦理传统（由"伦理学"着眼）与源自康德的义务论伦理传统（由"道德"着眼）的不同的思考向度。利科试图在两者之间进行调和，他断言："（1）伦理学重于道德；（2）用规范过滤伦理学目的是必要的；（3）当规范在实践中走入绝境时从规范转向目的是合法的。"③ 保罗·利科的这一断定，表面上是在调和两种伦理传统并让两者相互诠释，实质上则是提出了一个如何解决"伦理－道德"二元论争的问题。利科提出的这个问题之所以重要，是因为当他断言伦理（学）重于道德的时候，这一断言绝非随便说说，它实质上已经是在做出一种实践选择：即宁可随意运用实践及其所预设的主体际性的对话，目的是在尊重道德命令的同时避免使得道德命令僵化为一种行为教条。由于道德命令总是一种形式命

----

　　① 参见 A. 麦金太尔《追寻美德》一书中的有关论述。

　　② ［法］P. 利科：《作为他人的自我》，巴黎 1990 年版，第 200 页。［奥］塞利姆·阿布：《伦理学的自然和哲学基础》，《第欧根尼》1996 年第 2 期。

　　③ ［奥］塞利姆·阿布：《伦理学的自然和哲学基础》，《第欧根尼》1996 年第 2 期。

令，其基本特点是具有可普遍化的形式结构，因此它最终将伦理普遍性的旨趣降低为一种规定和义务的法典。然而，从另一个角度看，"伦理"与"道德"的二元性在一种断裂的间隙中又确实隐隐透露出当代伦理学在目的论伦理学与规范论伦理学的表面冲突中某种潜在的一致性：差别只是在于，是从伦理学的伦理思维视景出发为现代人阐明一种完美的生活目的，还是由道德"规范"的理性建构出发预制某种本体思维的理念。思考的路径虽然不同，但都以某种方式源自当代人的生活感受和政治经济秩序的复杂动向，都直接关联着现代人的自我理解和自我认同，关联着人的概念在当代文化和道德生活中呈现出来的总体趋向。也就是说，关联着某种人类和人类特性的观念。

由此，我们断言，人们完全可以根据各自不同的实践合理性的判断形式，让"伦理学"肩负各种各样的"使命"，但在其最深层而言，尤其从伦理思维的特定气质而言，伦理学肩负的乃是一种道德哲学的人学使命：它切身关己地指向人的心性、教养、精神和人生的幸福，思考那使我们的生活变得有意义、有价值、有光彩的生活样式，也就是追寻那在我们看来值得一过的人的生活样式。

人类文明发展到今天，那种依赖某种神学的或者思辩的本体思维的超验设计获得伦理普遍性的努力，已经不再奏效。我们唯有回到伦理学的伦理思维进路上来，才能深入当代伦理思考的道德哲学的人学前提，从而在当代语境下重新界定伦理普遍性的合理性根据。

当今的伦理探究由伦理思维问题的凸显，再一次将焦点转向对"人的统一性"或"人类统一性"的重新思考，并要求一种能够尊重"差异"和"多样性"的伦理普遍性。这无疑是当今全球化时代的道德危机尤其是伦理学理论危机，迫切要求伦理学担负的重大使命，究其实质，乃是要求当今的伦理思考必须面对人和人类自我认识的危机做出有力的回应。

七　伦理思维与人的自我认识

伦理思维的核心是对伦理普遍性的探寻。如果我们透过"本体思维"的层层迷雾，尤其是透过建立在本体思维基础上的"形而上学史"，就会看到：伦理思维的这一道德哲学的努力，在哲学的历史发展中实际上要由人的自我认识的人学使命来推动和完成。

"人的自我认识"，是哲学的最高目标，"它已被证明是阿基米德点，是一切思潮的牢固而不可动摇的中心。"① 认识自我，说到底，就是我们如何形成关于人的概念以及形成何种关于人的概念的过程。伦理学作为关涉人的"完美的生活目的"或"生活意义"的"哲学思考"，正是以人的自我认识为基础的。因此，伦理普遍性的寻求总是与人的自我认识的难题联结在一起。

这种彼此相关的两面最初出现在苏格拉底的哲学对话中。主要由柏拉图记载下来的这些对话录的中心之点是：劝导人们放弃成见以达成"自知"，即启发人转向"自我认识"，由此寻求对各种美德（如正义、勇敢、智慧、节制、友谊等）做出普遍定义。这两个方面是同一的：人对自身的认识既是知识普遍性的主题，同时又是伦理普遍性的主题，"美德即知识"。柏拉图将这两个方面综合为"灵魂转向"：认识自我就是认识作为人本身的人的理念，其最高的、最普遍的形式就是"普遍善"（即至善），它被看作"理念世界"中的最高理念。这种思考在亚里士多德伦理学体系中是通过对人的两个定义来完成伦理普遍性探求的：其一，"人是理性的动物"，由此导出理智美德的普遍性；其二，"人是政治的动物"，由此导出伦理美德的普遍性。总结起来看，古代思想是在一种关于人的人学目的论思考中将伦理普遍性探求置放于人的自我认识维度内的。它奠定了西方"哲学—形而上学"传统解答普遍伦理的有效性（或合法性）的基准或前提。

"人啊，认识你自己！"这句古希腊德尔斐神庙上的铭言，事实上构成了古代道德普遍性诉求的基本原则。人判断一种行为正当的根据不是靠修辞学的鼓动和某些外在的利益，而是通过自我认识的理性洞见由人的本性来断定。斯多葛派的世界主义的普遍伦理的格言是："人应该听从并尊重他的内在原则，听从并尊重他内部的守护神。"马可·奥勒留说："……（要）保持自由，象一个人、一个人的存在、一个公民、一个有死者一样去看待事物。"就我们是"理性的存在"而言，"理性是共同的"，而命令

---

① ［德］恩斯特·卡西尔：《人论》，甘阳译，上海译文出版社1985年版，第1页。

我们应该怎样行动的"理性"也是共同的，因此"我们只需按人的本性（理性）行动"。① 斯多葛派关于人的观念要求个人从一种独立判断中发现共同善，它是古代文化的一种强有力的批判审辨精神的代表：从变动不居的生活中寻找不容动变的永恒秩序。人退回到他的内心，既表明他与自然的和谐相一致，又表明他在道德上独立于自然，斯多葛派所说的"泰然自若"就包含了这两个方面。

　　当新兴的基督教逐渐成为人的生活的无可争辩的中心和统治者，人建立了存在的一个超验领域（上帝或天国），古代建立在目的论普遍性基础上的人的概念从根本上被动摇了。斯多葛派以理性为基础的道德独立被看成是置身广大世界无家可归之人的"狂傲自欺"。在自然物理世界漂泊的人渴望精神上的救赎。罗马帝国的世界主义将人从城邦道德的、政治的共同体的归宿中剥离出来，人发现他实际上是孤零零地面对一个广大无边的世界和一个不可知的未来。在这样一种人类处境下，"认识你自己"的理性命令不仅不能对生活意义的追问有所澄清，反而使该问题的真义变得更加晦暗不明。奥古斯丁在《忏悔录》中讲述了他从希腊哲学走向基督教启示的道路，其中谈到他蒙召的奇遇。他要人们相信，如果没有上帝的"光照"（illumination），人的理智就会陷入黑暗，善的生活是一种转向上帝、爱戴上帝的生活，而人的完美生活目的和生活道路不是由理性之光照亮的，是由神恩和神爱及上帝的"永定之光"照亮的。托马斯·阿奎那标举"神恩成全自然"，同样宣示了人的生命意义对"永恒光照"的皈依。基督教哲学似乎把人的自我认识的问题化约为一种"赎罪"的信仰伦理问题。世界的终极之善是存在的完美（源自上帝），终极之恶是存在的欠缺（源自人的自由意志），在一个善恶世界的伦理化宗教中，人被简约化为堕落前和堕落后的两重性：人作为被造者中最类似上帝形象者必体现善的原则，而上帝唯一赋予的人的自由意志又使人僭越自身的权限而获罪，人又体现为罪的终极诱惑。人的概念因此是一种自相缠绕的矛盾体。这是一种典型的中世纪伦理普遍性的运作框架：人本质上是一个过程，他所追寻的目的，是那种只要能够达到就足以补偿他一生的过错的东西；人

---

　　①　[古罗马] 马可·奥勒留：《沉思录》，何怀宏译，中国社会科学出版社 1989 年版，第22 页。

世生活作为人的生活的一部分只不过是一座"炼狱"，它不构成生活意义的根据。我们在世享用的光明不是源自我们自身，而是来自一个更高的光源。信仰的终极力量构成了伦理普遍性的基本原则，"信仰是为了理解"这句话可看作是整个中世纪伦理生活的最高箴言。

"人"从中世纪的神学概念框架中挣扎着走出来，经历了一个艰苦而又漫长的过程。人的主体性概念是中世纪之后哲学伦理学论述的关键，同时也是"现代类型之人"的逐步展开过程。科学（后来发展为启蒙运动的精神）、新教和资本主义构成了从中世纪进入现代世界的三大标志。近代数学自然科学提供了一种新型的知识模式，它先是构造了自然界的形象，然后造就了工业事实。科学被启蒙学者制定成真理的新的基础，牛顿学说为追求秩序、安定、和谐、自由、公正的启蒙方案提供了知识理念的原型，卢梭的思想则为此类感受性创造了一种情感福音。立宪、共和、民主的政体籍科学之名在启蒙学者的著作中呼之欲出；科学的发源，理性的独立，资产者商业上的扩张，普遍的理智启蒙以及资产阶级革命，构成了启蒙时代相辅相成的巨幅画卷。启蒙信念是用理性之人代替上帝，通过弘扬人的主体性或理性威力获得人之自由解放的观念体系、知识理念、"政治—经济"制度乃至"个体—群体"的心性结构。人性、人权、人的需要和人的力量得到了极大的张扬；它从人性的自利自保来论证个人的基本权利，从自然法、契约法的基设来论证社会平等法权以及社会正义，在这种现代性伦理心态中始终假设了一个单子式的自我封闭、自我中心的孤独个体。他是抽象的"机器人"（爱尔维修）、"自然人"（卢梭）或者"目的人"（康德），但不是活生生的处于现实社会关系中的个人。启蒙设想了一种"现代人类型"，其普遍价值追求是以个人为本位的，它塑造了一种"主体自我中心"的本体思维意义上的伦理普遍性。启蒙道德在这种自我中心的人的概念的自我认同中，在它所追求的普世性的道德价值观念和伦理规范中，对不同种族、不同利益集团、不同文化之间的人们寻找一种自由的、平等的、人道的交往方式造成了巨大的困难，它总是推动人们以一种控制的、主宰的、利用的、掠夺的和征服的心态对待一切他者（他人、异域文化、自然等）。

19世纪末，尼采笔下的那个"疯子"对启蒙无神论者说的一番话，敞开了对启蒙现代性的"解蔽"："'上帝到哪里去了？'他大声喊叫，

'我要对你们说出真相！我们把它杀死了——你们和我！我们都是凶手！"。上帝死了，作为超感性的根据和一切现实的目标的上帝死了，不再有什么东西是人能够遵循和可以当作指南的了。散播光明的启蒙也因此走进了"虚无"之中。"当我们通过无际的虚无时不会迷失吗？""虚无"意味着一个超感性的、约束性的世界的不在场，于是我们面临极度的黑暗。

这是今天西方社会诸多危机的总根源。尼采借疯子之口对自信的、乐观的启蒙学者指出：在启蒙散播的光明中，"一切客人中最可怕的客人"——虚无主义就要到来了。

我们时代人对人自身的认识如何才能走出本体思维的困境并获得一种伦理思维的伦理普遍性的觉悟，这取决于我们如何面对"上帝死了"这样一个事实。

应当看到，西方社会自启蒙运动以来，各种各样的理论并没有放弃寻求伦理学的普遍性原则。但是正如二百多年前歌德预言："人类将会变得更加聪颖敏悟，但不会变得更加美好、更加幸福、更加充实。我预见到那一天，上帝不再喜欢他的创造物，他必将再次毁灭这世界，创造一个新的开端。"① 现代科学和技术的正负效应印证了歌德的话。现代人确实更聪明了，人类今天实现了许多在歌德时代不敢想象的希望，但他们并不感到幸福，相反巨大的不幸和从来不曾有过的恐惧使得现代伦理和道德的思考一再陷入困境。尽管科学技术和经济的融合极大改善了人类的生活条件，但它同时也制造了轻易就能毁灭人类自身和整个地球的可怖力量。现代社会交往联络的方式是更先进了，个人却愈来愈感受到一种深切的无家可归和本体安全的丧失，个人自由的承诺成了"生命中不能承受之轻"。程度不同的精神病是我们这个时代的世界性病症。汉斯·乔纳斯说："现在我们在赤裸裸的虚无主义中颤抖；在这种虚无主义中，近乎万能者与近乎虚空者为伴，最有能力者却最不知道为何目的去使用能力。"② 对于面对人和人类处境而寻求完美生活目的的人来说，这根本是人的自我认识或人类对自身的认识的难题。应该说，这是一种普遍的世界情绪，它在 21 世纪

---

① ［德］雅斯贝尔斯：《现时代的人》，周晓亮译，社会科学文献出版社 1992 年版，第 8 页。
② ［奥］塞利姆·阿布：《伦理学的自然和哲学基础》，《第欧根尼》1996 年第 2 期。

的"上帝之死"和"人之死"的效应中对道德哲学的人学使命构成了真正的挑战。

八　伦理思维的人学动机：超越启蒙心态

道德哲学在伦理思维的进路上是以人的概念为最终根据的。现代性道德论争在寻求道德基础或者伦理学起点的时候，往往定位于某一个片面来预设"人性"和"人的概念"：例如，自然、物质、欲望、本能、理性、现象，等等。这导致了伦理学目的（完美的生活目的）由于人的概念的片面化而失落。我们从当今世界上流行的大多数伦理学理论中很难找到"一种完美的生活目的"的理论向导，相反各种道德相对主义则大行其道。另外，寻求新的伦理普遍主义在这个文化多元化或世界多极化的时代，虽然看起来更像是一种"乌托邦"式的诗意筹划，但是全球伦理问题成为世界范围伦理学和价值理论争论的焦点则将当代伦理思维谋划的人学动机和问题实质突显出来：伦理学必须反思全球化时代人和人类处境，而且这种反思只有在一种人的"统一性"之觉醒的层次上才能将"人"从"人之死"或"上帝之死"的双重"效应"中"挽救"出来。

从这一意义上，伦理思维进路上的道德哲学谋划的深层动机必定是"回到"并进一步"完善"人的统一性，而对人的概念的整体把握，是解决当代伦理思维进路上的理论和实践筹划问题的关键。

人性从来就不是一个单纯的"实体"。"人的概念"也不是像以往哲学和伦理学所设想的那样有某种"固定不变"的模式。人总是在"是其所是"又"是其所不是"中成为人。人在时间中生活决定了人既是"自在的"、具有某种自然确定性，但更是"自为的"、具有很大的超越于自然确定性的未定性。事实是，在人类一切道德难题的背后都存在这样一个基本问题：我们如何理解人自己，如何在面对人的处境中"为"人？通常情况下，人们总是习惯于从某个毋庸置疑的"不变"的"人性"概念出发来阐释各种道德立场和道德主张，并由此推演出具有最高法权的道德命令。这往往不可避免地造成人们由"主观想像"和"情感偏好"构造"人性基设"或"人的概念"，并通过把它说成是"普遍的"和"合理性"的，来论证道德的合法性和普遍有效性。

问题好像是一个自近代以来一再重现的根本难题："人觉醒之后又怎样?"细究之就会发现,它以固有的尖锐性关涉到人类道德的"基础"。这正是当代人和当代思想以某种破坏性和颠覆性的"狂热"所要追寻的。当代道德问题的分歧,尤其是对我们的决断和行为的审慎与限制产生了强大影响的现代性道德的危机,迫切要求当代伦理学重新审视它赖以出发的伦理思维的人学起点。

伦理学在道德哲学意义上的探究范式从"本体思维"到"伦理思维"转换的诸种努力,是继西方启蒙现代性寻求道德合理性证明的努力无可挽回地遭到失败后,人类的自我认识在危机重重的现代性筹划中进行的一次全新的重大反省。人们经常引证的标志性事件是:1993 年夏秋之际,在美国芝加哥召开的有 6500 名宗教界领袖、宗教神学学者和新闻界人士参加的"第二届世界宗教议会"。这是一次旨在追求全球性多元宗教或文化间平等对话的大会,大会最后一天公开发表的《走向全球伦理宣言》标志着在我们今天这个全球大变革的时代追寻道德基础的新开端。主要由孔汉思和库舍尔起草的这一份宣言明确声称:"我们所说的全球伦理,并不是指一种全球的意识形态,也不是指超越一切现存宗教的一种单一的统一的宗教,更不是指用一种宗教来支配所有别的宗教。我们所说的全球伦理,指的是对一些有约束性的价值观、一些不可取消的标准和人格态度的一种基本共识。没有这样一种伦理上的基本共识,社会或迟或早都会受到混乱或独裁的威胁,而个人或迟或早也会感到绝望。"①

孔汉思、库舍尔可能是对的。今天,我们追寻全球伦理,不再是追求某种可普遍化的单一的绝对真理或者依靠"超感性领域"之设计来论证某种伦理的普遍性或合理性。实际情况恐怕确实如英国伦理学家麦金太尔所说,就现代性道德哲学是提供道德合理性证明而言,启蒙的各种道德证明的尝试都无一例外地失败了,这是当代道德哲学陷入混乱和无序状态的根由。②

如果这样的判断是对的,那么我们就可以把《走向全球伦理宣言》

---

① 孔汉思、库舍尔:《全球伦理——世界宗教议会宣言》,四川人民出版社 1997 年版,第 12 页。

② 参见 A. 麦金太尔《追寻美德》一书中的有关论述。

看成是 1992 年后全球范围内的伦理对话试图超越启蒙道德（通过道德证明来寻求伦理普遍性的现代性道德）的开端。毫无疑问，近三百年来，现代性道德筹划的核心旨趣是为某种道德主张提供道德证明，即为某种道德主张一跃而成为普遍性的道德准则提供话语形式。然而，正是这种道德证明隐蔽着某种全球性的价值霸权，它最典型地表现在启蒙道德证明内蕴着的"启蒙心态"（杜维明语）。

"启蒙心态（the enlightenment mentality）"作为人类历史上最具活力和转化力的意识形态是西方崛起的基础，[①] 而今天处于强势地位的全球价值（如自由、平等、人权、科学技术、工业资本、市场经济、民主政治等）都离不开启蒙心态的滋养与推动。另外，启蒙心态在浮士德精神的鼓舞下，以占有性主体为核心设计人的理念或人的统一性，以赋予人控制或转变全球的力量并理所当然地成为万物的尺度或万物的主宰者。如此，启蒙心态一直助长一种一元强求的伦理论述，它通过道德证明分裂为各种不可通约的互竞互争的道德主张，而且每一种道德主张都宣称具有不可置疑的普遍性，这必然导致道德的纷争无序和道德基础的丧失，并在实际上瓦解了人类的统一性。

有识之士已经意识到，启蒙运动在理论上由道德证明前所未有地强调了人类的统一性，但在实践上造成的后果则前所未有地瓦解了人类的统一性。这是西方现代性启蒙道德无法摆脱的一个吊诡。启蒙运动的吊诡留下了两个方面的遗产：其一，作为道德证明之前提的人类的统一性问题；其二，建立在人类统一性基础上的伦理普遍性问题。

我们认为，从这两个相互联系的方面重新思考启蒙运动的遗产，应当是当今走向伦理思维的道德哲学筹划的逻辑起点。

《走向全球伦理宣言》的发表以及它在全球知识界、思想界和文化界激起的热烈讨论，决不应看作是一种"改头换面"的启蒙道德在世纪之交的重新登场，相反它标志着当代伦理普遍性的谋划已经进入一种检视或清点"启蒙运动的遗产"的视域。当代西方伦理学家对伦理普遍性的探寻，从力图超越启蒙以来的超验普遍性诉求而致力于实践推理的普遍性而言，进而从一种着力将西方道德哲学的危机从启蒙道德证明造成的无从对

---

① 杜维明：《超越启蒙心态》，《哲学译丛》2001 年第 2 期，第 48 页。

话的"诸神之战"中拯救出来而言,可以归于一种"后启蒙状态"。这并不意味着我们可以把启蒙价值完全置之一旁,它所要求的毋宁是改变道德证明的路向,即从一种"走向伦理思维的道德哲学"的谋划,重新"找回"和"完善"人类的统一性。

因此,当代伦理学在重新面对启蒙运动的遗产时不得不戮力肩负的伦理学使命必然是一种不同于本体思维的"伦理思维"进路的谋划。其深层动机则是在一种新的全球意识中为人类全体确立一种完美生活的理论向导。当代伦理学必须从一种超越启蒙心态的意义上回到伦理学的人学使命。唯有如此,才可望获得这种全球意识的觉醒。

换言之,"新的全球意识"建立在对人的伦理特性和人类统一性的深层理解的基础上,它不再局限在启蒙心态的狭隘视域内,也就是说,它不再是通过某种片面的人性基设来张扬某种价值霸权,也不再是以一种自以为是的求证方式和一种拒绝对话的道德证明试图使一种文化传统和道德谱系凌驾于所有异域文化传统和道德谱系之上。与之相反,经过见证 20 世纪上演的一幕幕人间悲剧之后,新的全球意识要求我们地球人在一种相互依存(而不是彼此隔绝)的关联中面对我们不得不面对的那些生死攸关的重大问题。新的全球意识要求建立一种公正的全球秩序,避免让分离、隔膜、敌对、仇恨、战争、贫富悬殊、不公正、对自然的控制和征服以及无节制的开发在全球蔓延。① 从某种意义上看,寻求普遍伦理就是寻求一种新的全球意识,其核心理念是对人类统一性的新的诠释。

从一种超越启蒙心态的视景出发,我们可以发现这种(对人类统一性的新的诠释的)可能性:放弃某种建立在本体思维基础上的自以为是的道德证明,致力于在一种"多元一体"的世界性视野中,通过多元文明类型和多元道德谱系(甚至是相互敌对的文明类型或道德谱系)之间的平等对话,寻求对人的概念的重新理解和对人类统一性的重新界定,寻求相互包容的道德共识——这是一条寻求走向伦理思维的现实途径。这表明伦理普遍性的寻求决不是一蹴而就的。我们不可避免地进入这样的循环:伦理普遍性的寻求敞开了当代人类自我认识的新维度;人类自我认识

---

① [法]埃德加·莫林:《地球·祖国》,马胜利译,生活·读书·新知三联书店 1997 年版,第 61—62 页。

的深化又进一步推动伦理普遍性的寻求。这个循环深入的过程将把我们地球人的自我认识带向一个更为开阔、更为全面的境界。这是一个可以预期的现实性。

　　伦理思维的实质，一言以蔽之，是在回归生活世界的意义上，寻求伦理普遍性，即要见证一切人类的表面纷争在其背后隐蔽着某种深刻的统一性。人类是对话的存在。尽管世界各国都有属于自己的语言，甚至同一个国家使用多种语言的情况也不在少数，但使用各种语言的国家或民族进行对话解决全球共同面临的紧迫问题将是一个不可抗拒的趋势。人类禀有语言并不是为了建立一座自我封闭的"围城"，而是为了在不同语言之间、不同文明之间展开"对话"、进行"沟通"、寻求"理解"。这是人类的"道"，是人类统一性的起点与终点。人类因此"道"而成为一个交往共同体。

第二章　何谓道德

进入"伦理思维"，我们面临一个不可避免的"道德之问"：什么是道德？道德是什么？

这两"问"，尽管"问"序不同，"所问"却是一样的。或许，有人会称之为是"两个不同的问题"，因为前者总已经设置了一个为"道德"下定义的期待，后者似乎更关注对"道德"的内涵作出某种诠释。然而，在我们看来，它们显然都属于我们要分析的"何谓道德"的"道德"之问。

哲学家也许会说，"道德"之问，如同"时间"之问一样，是一个无法获得最终答案的问题。然而，"问"本身开启的某种哲学的凝视，似乎是当今这个时代"不合时宜"，但又最为"紧要"的行动。如果没有这样的一种凝视，我们没有办法平衡由感官世界而来的那种不可抗拒的繁多性、复杂性以及由现实利益的"冰水"所导致的痛彻骨髓的"寒冷"。特别地说来，在本体思维的哲学传统终结之后，我们如何从一种伦理思维的视角重新面对道德之问：

在一个日益"去道德化"的时代，还需要道德吗？

在"我们"已然成为某种缺乏"伦理"之"本体"或实体的稳固性支撑的利益联盟或者不稳定的"俱乐部产品"的"代名"的时代，人类还有可能对于"什么是道德"的问题形成价值共识，并作出决定性的回应吗？

问题的关键似乎是，人为什么要有道德？

这一"问"的重要性在于，它指向了对于我们的世界而言"我"和

"我们"到底"什么最为紧要"之类"问题"的道德内核。①

　　如果"道德"只是用作装点门面之功，那么道德之间便毫无意义。现代性道德的迷茫与困顿，使道德之"问"对于"我们"的世界不再是可有可无的多余之物，它产生了直指人心的力量。在理解"我"如何结合进"我们"的世界这一问题时，人们往往诉诸一种本体思维中"伦理"的一元统治。我们时代的智识之士洞察到救治现时代之"精神"迷失的关键在于"伦理之觉悟"。这大抵上是不错的。但在我看来，在这个问题上，"道德"无疑是理解现代人正确生活和正确行为的文明尺度，是达成"我们"之为"我们"的"伦理之觉悟"的智性要素，是我们进入一种道德上相互关联的伦理思维的契机之所在。现代人的道德世界在一种多元分裂中经受着瓦解和颠倒之苦，这使得现代人经历着人类有史以来最为躁动不安又最为鲜活疼痛的精神生活之"炼狱"。因此，"道德"之指引又确乎是一种理性化的现代生活不可或缺的。

　　我们从"伦理"与"道德"关系的希腊—罗马的词源上的"纠葛"说起，敞开"道德之问"的伦理思维的视域，此即与他者问题密切关联的"异乡人"视角。

　　我们从"异乡人"的视角出发，回应我们时代的"道德之问"。

一　从希腊人的"ethos"和罗马人的"mores"说起

　　"何谓道德"之问，指向对道德的反思。问题本身似乎取决于我们看问题角度。有两种基本的方式：一种从个体自由出发，它优先强调道德之自信；一种从整体承诺出发，它优先强调伦理之统一。于是，问题视域的清理，必然涉及伦理与道德的关系及其在词源上的关联。

---

　　①　"什么最为紧要？"这个问题是英国著名道德哲学家德里克·帕菲特（Parfit, D.）提出的一个重要问题。我们这里借用这个问题，指向了伦理（Ethic）和道德（Moral）哪一个更为紧要的问题。具体来说，这个问题"问"向了使一个一个分离的个体和孤独的"我"结合成为"我们"的那种精神结构，亦即一种伦理的普遍性的结构。这个问题的重要性在于，它促使我们去思考这种将"我"结合成为"我们"的一些基本的前提条件。我从这里衍生出来的问题是，如果"我们"的一体性中尚缺乏一种健全的使"我"得以与"我们"保持必要距离的文明要素和理性模式，以"我们"的方式表现出来的那种"野蛮"和"暴力"就会肆意膨胀，进而在一种极端的情况下甚至摧毁"我"的道德自信和"我们"的道德合理性。

　　道德和伦理的区分，一直以来，是道德哲学领域争议颇多的问题。我们有无必要对这两个概念进行区分？以及怎样对之进行区分？很多人不认为这两者之间有甚么本质的不同。以亚里士多德《尼各马可伦理学》一书中的"ethikearete"的翻译为例，在卷二中，亚里士多德说："伦理德性是从习俗而来，因此它的名字（ethike）也是从习惯的（ethos）这个词演变而来的。"① 依据罗斯（David Ross）的英文翻译，这里的"伦理德性"一词，罗斯译作"Moral Virtue"，廖申白译为"道德德性"，苗力田译为"伦理德性"。我们这里采用苗译。但实际上，罗译和廖译并无不妥，因为习俗（ethos）在拉丁文中是 mores，罗马哲学家（据说是西塞罗）把希腊文的"ethike"（即英文的 ethics）在拉丁文中译作"道德——mores"（即英文的 morality）。据此看来，伦理（ethic）与道德（moral）两个概念最初似乎只是希腊文和拉丁文的细微区别，二者是可以互换使用的。我们今天也有学者持此看法。例如，有不少翻译者对 Moral 与 Ethic 两词在翻译时要么不作区分，要么笼统地译作"伦理道德"。实际上，在日常语言用法中，或者在一些非专业领域的文献中，伦理与道德之不作区分是颇为常见的。但是，这并不意味着对两者的区分不重要，只是表明通常的看法并不曾深究这两者之间的重要区别罢了。

　　恰如维特根斯坦所言，一种说话方式（或语言方式）代表了一种生活方式。或者，反过来说也一样：人们如何生活，便如何说话。

　　希腊人说"ethos"，其原义是指生物的长久滞留地，后来引申为一种城邦社会中的道德风尚或习俗。据其字义，有"居所""聚集地"（即一群人共处某一居住群落）之本义，引申义乃指一群人的性格、气质及其所形成的风俗习惯。这就是亚里士多德所用的"ethike"所内蕴的语境。它表达了在希腊城邦社会中一群人长期共处和由共同生活所形成的具有共同经验、共同认知和共同约束力的风俗、惯例、礼仪和规范。其所强调的乃是"伦之理"，即在一种"共同生活"中形成的"伦常日用"之法则，没有了这些法则的约束，就是"无伦"了。以此观之，不能分享"共同

---

　　① See Aristotle, *The Nicomachean Ethics*, Book 2, 1103a16－18, Translated by Ross, Oxford：Oxford University Press, 2009. pp. 23. In this place, Aristotle said："…… while moral virtue comes about as a result of habit, whence also its name（ethike）is one that is formed by a slight variation from the word ethos（habit）."

生活"的异族人、异乡人，就是非我族类的"异怪之物"了。这种建立在"共同体"中的成员之共同生活基础上的"ethike"，中文译作"伦理"比较贴切，它既契合了孟子所谓"教以人伦"之用意，又以希腊人在城邦中经验人之共同本质为语境依据。这也是希腊哲学中有明确的"伦理"一词并有专门的"伦理学"之学术的缘由。① 这里要特别强调的是，当希腊人说"ethos"的时候，这些蕞尔小邦中的自由公民，用不着多费口舌，便能理解他们所熟悉的城邦风尚或习惯（包括法律）以及与之密切关联的伦理之意义。此等经验，乃是一种"存在论默契"②，即一种"小国寡民"式的"共同体"中的"精神气质"和"公序良俗"作为一种预定和谐式的承诺或者"承认"的存在论规定。正因为有了这样一种"默契"，城邦作为公民之属的共同体，也就具备了一种"伦理家园"的意义。从这一意义上，希腊人的"伦理"（ethike）一词的语用，主要对本邦人而言的——也就是说，它是城邦作为共同体对生活于其中的公民以德性（Virtues）提出道德要求并进行道德教化的一种形式。

当罗马人说"mores"的时候，以拉丁语为正式官方语言的罗马帝国中的"平民"与希腊城邦中的"公民"面临着迥然不同的道德风尚或习俗问题。

这突出地表现在，罗马人已经不再有希腊人所特有的与"居所""聚集地"相关联的伦理经验，他们面临的是孤独的个人在一个广大的世界中如何安身立命的问题。"罗马人统治的第一个结果便是，这种古老的制度（引者注：指古代城邦制度）走到了它的尽头。"③ 在罗马的征服下，当广大的被征服地的人们被迫宣读降辞，说"将他们的人身、他们的城、

① 关于希腊语中到底有没有明确的"道德"一词的问题，尚有待于向希腊语专家求证和请教。我这里要表达的看法是：至少从希腊人喜好使用"伦理"一词看，苏格拉底之"死"作为一种"伦理的悲剧"尤其值得认真对待。按照黑格尔的论述，苏格拉底时代的雅典人已经从一种主观精神的自我反省中开创出了"道德"概念，他甚至认为苏格拉底是"道德"的发明人："苏格拉底是有名的道德的教师，……有道德的人并不是那种仅思想、行为正直的人——并不是天真的人——而是那种意识到自己所作所为的人。"（［德］黑格尔：《历史哲学》，王时造译，上海书店出版社 2001 年版，第 267—268 页。）

② 田海平：《哲学为何在古希腊诞生》，《江苏行政学院学报》2004 年第 4 期。

③ ［法］库朗热：《古代城邦—古希腊罗马祭祀、权利和政制研究》，谭立铸等译，华东师范大学出版社 2006 年版，第 348 页。

他们的国、他们的水、他们的房屋、他们的庙、他们的神"都献与罗马人的时候，他们献出的不单是城邦政权，而是与这个政权相关联的整个世界。① 在罗马法学家的著作中，凡进入罗马帝国的民众，都属于外省人，即罗马统治者眼中的"外乡人"：没有邦国，没有家园，不受罗马统治者法律保护，不能享有罗马公民权利。作为罗马治下的外省人或异乡人，道德生活的环境改变了，以至于人们必须越过残破的家、国之伦理畛域，从宇宙中人的位置，而不是从社会和政治共同体的架构中，发现其道德环境。这意味着，随着"持久栖息地"的"残破"和"丧失"，人们只有退回到内在的道德主体并寻求内心良知和理性指引，才能获得某种确实性的依靠，并以一种泰然任之的"宁静"应对外部世界的纷扰。宇宙的广大浩淼，带给人的不再是一种建立在共同生活基础上的以存在论默契为前提的伦理经验；恰好相反，对一个陌生的广大世界的存在论恐惧，使得人们更倾向于由外返内地寻找主观世界的法则。于是，希腊人的"ethos"，被翻译成了罗马人的"mores"。

二　本土与异乡："伦理"与"道德"
彼此化约的两种视角

从"伦理"（道德）一词的古希腊语境及其拉丁化译读中，我们看到，伦理与人之居息的"本土本乡"及其与之相关的共同生活紧密相关；而"道德"一词似乎关涉某种"异乡者"的视域。然而，如果我们仔细分析一下古代希腊人和罗马人关于伦理或道德的经验，就会看到，有两种观点妨碍了人们对伦理与道德这两个概念进行必要的区分。

一种观点认为，道德（Morality）预设了在国家、城邦和社会世界中公共伦理与个人道德、正当行为的品质及其行为方式的相互一致。而"道德"所预设的这种一致性就是我们所谓的"伦理"，或者说是"伦理实体"，或曰："伦理的普遍性"。

这是一种基于整体或者全体的道德观，它将伦理与道德之间的一致视

---

① ［法］库朗热：《古代城邦—古希腊罗马祭祀、权利和政制研究》，谭立铸等译，华东师范大学出版社 2006 年版，第 349 页。

为一个理想模型。道德主体只有在伦理实体的环节上才有意义，否则它就是一种会将我们导向歧见的主观性。这种观点认为，善的标准真实地存在于一个现存共同体的生活之中，个人道德只有适应"善"的伦理普遍性规定才是有效的。这种观点的典型代表是黑格尔的实体主义伦理观。它的本源形态就是希腊人所理解的"伦理"。海德格尔从希腊人的"本源性"存在经验中洞察到这种能够化约"道德"的伦理类型，他称之为"原始的伦理学"。他写道："伦理学深思人的居留，那么存在的真理作为一个生存着的人的原始的基本成分来思的那个思本身就已经是原始的伦理学。"① 当然，现代人不再接受这种"伦理实体"对"道德主体"的扬弃或统治的理念，与"存在之真理"有关的那种原始伦理的和谐似乎是一个已然逝去的往昔，一种以"最高价值"的形式在个人的道德感与共同体的伦理实在之间建立起普遍必然联系的尝试总是会遭遇到"最高价值自行贬值"的"幻灭"，因而它隐蔽着关于任何形式的"伦理实体"或者"伦理普遍性"最终被证明为"虚妄"的所谓"虚无主义的病症"。当这种"普遍性的丧失"一旦公开出来，它逻辑地包含了对任何伦理普遍性尺度的排拒。

于是我们可能遭遇到另一种相反的观点，即认为道德主观性或者道德自由优先于伦理普遍性，且伦理普遍性只是某种形式或者某种类型的"道德主观性"获取"统治权"的"话语权杖"。如此，我们遇到第二种不利于对伦理与道德做出区分的观点。这种观点认为，道德概念根本就不涉及"伦理普遍性与个人德性"之间的关联。

从道德这个词的特性看，当我们说"道德"或者"不道德"时，在语境上总是与特别具体的个人生活的主观性或者主观价值尺度有关。也就是说，道德是人们对于"善/恶""是/非""好/坏"进行判定的"直观"或者"情感"。这种观点认为，对道德的判定要视具体主体的实践境遇，因而道德似乎总是相对于特定的主体自由或主观经验；除此而外，我们只有一种可能性去坚持一种绝对的道德，即作为绝对主观尺度的道德：动机是其形式原理。例如，在日常语言中，"道德"和"不道德"的概念在与

---

① ［德］海德格尔：《关于人道主义的通信》，熊伟译，见孙周兴编《海德格尔选集》上卷，上海三联书店 1996 年版，第 398 页。

"性爱"情景相关联时，它受到了在性爱生活中如何正当行动的"伦理"的"规范"或普遍界定；但是，由于精神分析学，特别是心理分析以及性心理学的原因，这些传统上具有普遍约束力的"伦理"早已成为过时的观念。这种观点将"道德"不论是从相对意义上还是从绝对意义上都置于绝对优先的地位，因为它与自由主体的主观偏好或意志预定有关，是主观价值的自立法度。从这种观点看，伦理普遍性不过是道德自由在"人为自身立法"的主体世界内通过绝对命令或情感直观而来的规范体系。这一观点的比较早的也是最为典型的代表就是罗马人所经验的"法"的观念。它后来在德国古典哲学中的最经典的表述是康德的《实践理性批判》。

这样一来，对于何谓"道德"问题的回应，在我看来，便关涉到"伦理"与"道德"彼此化约的两个极为不同的视角。

一个视角，我称之为"本乡人"视角。它以相对稳固而持久的伦理认同或伦理实体为前提，并且把"道德"界定为个人的"是非善恶"之主观性诉求必须与共同体的"是非善恶"之总体性诉求相一致的"德性"或者"品质（states of the character）"。比如说，中国传统儒家道德，在四书经典之一的《大学》中提出的"三纲领"（明明德、亲民、止于至善）和"八条目"（正心、诚意、格物、致知、修身、齐家、治国、平天下）就是把道德看作是践履伦理普遍性的一种"实践"。我把这种界定"道德"的伦理形式，归之于"本乡人"视角，其用意是以"本乡人"来隐喻或者表征"个体"归属"总体"（或道德本土）的实体伦理观。从"本乡人"所固守的道德意识看，道德感或者个人的道德主观性置根于道德"乡土"。它通常表现为"本乡人"的普遍意识。而倘使在"本乡人"中有某种"另类"的或者异于本乡本土的个体意识，即使它有可能会"见人所之未见"（也有可能会"开风气之先"），但由于其"特别"或"另类"，通常在其出现时并不为普遍道德意识所接纳或承认。因此，从"本乡人"的视角看，道德事实清晰可辨。它就存在于"本乡人"共同生活的人之常情的伦理经验和道德世界中，甚至构成了本乡人共同生活的公共知识。从这一意义上看，本乡人的道德就是本乡人的伦理，二者通常是不分的。然而，本乡人的幸福是以"本乡本土"的伦理实体的真实有效为前提的，这是一种个人与他所生活于其中的"乡土"的互相隶属关系所形成的一种单纯的幸福。毫无疑问，就"本乡本土"的普遍意识或者本乡人的伦理生存必须仰赖于某种同一性伦理实体的先验效准而言，"本乡人"的视角便是一种立足于本体论默契基础上的将道德义务化约为伦理实存的视角，本质上属于用"伦理"化约"道德"的视角。

　　另一个视角，我称之为"异乡人"的视角。它的典型特点是以孤独的单子式的道德主体的自我意识为前提，它把"道德"界定为一种与"人的自我意识"紧密关联并建立在对"自我的超越性"的体认基础上的一种"自由"和"自主"。这种"自由"和"自主"通常伴随着两种生存论境遇：其一是"自我"的"陌化"或"脱域"①；其二是"自我"的"人质经验"②。前者是指，"我"从归属于其中的"我们"那里逃离，"我"在"我们"那里成了"异乡人"。③ 后者是指，"我"自愿地成为"他人"或"他者"的"人质"，承担起一种"为他者的责任"——于是"我"总是作为一个"异乡人"在被"他人"或者"他者"所"绑架"的同时承担起"为他之责"。这两种情形，前者属于一种消极意义上的道德自我意识之"还原"，后者则属于一种积极意义上

---

　　① 这种生存论境遇以萨特、加缪所描绘的"存在主义类型的人"为典型代表。从某种意义上看，存在主义本质上可以被理解为一种"道德"的运动，（尽管在那里传统意义上被伦理化了的"道德"只具有否定的意义）存在主义思想赋予了个人对整体（特别具有伦理普遍性的整体）的反抗以一种"道德"的意义。

　　② "人质经验"是列维纳斯喜欢使用的一个概念，它形象地表明了"我"在为"他者"承担责任的过程中成为"人质"的一种经验。

　　③ 法国存在主义哲学家加缪对这种"道德意识"的描述值得关注。他写道："有时，诸种背景都崩溃了。起床，乘电车，在办公室或工厂工作四小时，午饭，又乘电车，……星期一、二、三、四、五、六，总是一个节奏，在绝大部分时间里很容易沿循这条道路。一旦某一天，'为什么'的问题被提出来，一切就从这带点惊奇味道的厌倦开始了。"（［法］加缪：《西西弗的神话》，杜小真译，天津人民出版社 2007 年版，第 13—14 页）加缪描绘的这种存在主义类型的人，涉及个体对某种占支配或统治地位的伦理普遍性（总体）的反抗中所体验到的一种荒谬感，"我们在一瞬间突然不能再理解这个世界，……世界逃离我们，因为它又变成了它自己。"（［法］加缪：《西西弗的神话》，杜小真译，天津人民出版社 2007 年版，第 16 页）这种存在主义的"反抗"，典型地反映了"道德意识"对"伦理实体"的抗争。于是，关于正确生活和正确行为的道德观念被还原为：人的行动要与之经验的存在之"真"相一致。人应当按照自己的本性去生活，这就是单纯的"这一个"存在。亦即，人就是他自己的那个"我"，而不是被"我们"所"造就"的东西。

的道德自我意识之"扩展"。它们代表了从"异乡人"视角呈现出来的两种道德趋向：第一种趋向，是一种倾向于逃避过度责任的"消极道德"；第二种趋向，是一种倾向于承担有限责任的"积极道德"。在这两个极端之间，"异乡人"的道德形象得到了刻画：道德观念作为一种正确生活和正确行动的观念，存在着一种从漂泊无依的生活（脱域）到固定于某个地方的生活（人质）之间的形态分布，这使道德的宣称总是难以穿越从主观心灵到客观精神之间的"丛林"，而呈现出一种多样性的断裂。从"异乡人"的视角看，人们反对把"道德"定于"一尊"或者归于某种伦理普遍性之整体的做法，产生了用"道德"化约"伦理"的尝试：道德的优先性，在还原到"底"的意义上，必诉诸主观心灵之代理，即人之"人格"；而在扩展到最后的意义上，必见诸客观精神之见证，即神之"位格"。当康德把后者写作"实践理性之公设"时，道德形上学的两个基础，即作为经验基础的"人"之人格和作为先验基础的"神"之位格，便得到揭示，但也同时透露了一种现代性道德基础之分裂的消息。这里面的深层问题在于，"异乡人"面临着传统总体化社会的"稳固根置"与现代个体化社会的"流动逻辑"之间"何去何从"的焦虑或苦恼。这是一个从一开始就涉及内在紧张和矛盾的领域。它关系到个人利益和幸福的道德诉求应当与某些客观的、对同类具有约束力的规范相一致的问题。在"异乡人"的自我"陌化"和自我"人质化"的双重经验中，现代性道德的紧张关系被"人格"基础上的"自我关注的伦理"和"位格"基础上的"他者伦理"（这是两种旨在标举个体性道德诉求的努力）漫不经心地从这个领域中删除，① 于是"伦理"被还原或化约为"道德"：个人仿佛在一定程度上只需要关注主观心灵自身、只需要与自己的本性相一致，而无需与那种"将个体归属于其中的伦理实体"建立起稳固的一致性关联，就能过上正确的生活。

　　由以上两个视角，我们得以管窥何者被视为"道德"的两条路线，以及"何谓道德"之问在"异乡人"视角上得以凸显的重要意义。概括

---

　　① 这里所说的"人格基础"上的自我关注的伦理，涉及从存在主义、精神分析哲学和福柯的自我技术的伦理学等。而"位格基础"上的他者伦理，主要以列维纳斯为代表的伦理学。

起来说，我这里试图表明：

第一，"本乡人"的视角，遵循着用"伦理"统一"道德"的路线，它无需给"道德"下定义，因为"本乡人"的普遍意识总是把个人在道德上的"成就"或"造诣"归诸"本乡本土"的伦理实体之下。如果人们的生活总是环绕着家庭、氏族、团体乃至国家，那么符合道德的行为也就是人们以一种伦理普遍性的方式行动。如果把这一点扩展为一条普遍性的法则，道德行为便是"……以自然而然地对待你的父母、子女或你的氏族成员的方式来行动"。① 这里至为重要的，显然不是固执地去追问"何谓道德"的问题，而是将之转换为"'伦理'要求人们如何行动"的问题。儒家所谓"老吾老以及人之老""幼吾幼以及人之幼"的"推己及人"的忠恕之道，正是这种伦理方式的体现。

第二，"异乡人"的视角，遵循着用"道德"化约"伦理"的路线，从这里产生了"何谓道德"以及"我们如何给道德下定义"的问题。因为，由于人的生活实践范围的扩大，跨地域、跨文化的流动以及现代生活方式将个人从"本土本乡"的稳固性关系中连根拔起之事实，使得遵循不同道德前提或伦理方式的人们相互之间成为"道德"的"异乡人"，这就使得依据何种理由给"道德"下定义或者以何种方式回应"何谓道德"的问题变得尤为紧要。

第三，"何谓道德"之问，指向由"伦理"与"道德"的差异在其现代性展现中呈现的"道德多样性"问题。这里的一个前提是，人们必须认识到，"伦理"与"道德"彼此化约的两重视角（"本乡人"的视角与"异乡人"的视角）只具有相对的且属于"隐喻性质"的意义。正如现实生活中并不存在纯粹的"本乡人"或纯粹的"异乡人"一样，人们实际上既生活在属己的共同体之中又对具有不同道德前提的他人而言属于"道德"的"异乡人"。而且，更奇异的情形乃是，现代生活可能使得本质上的"道德相异者"同属于某一伦理形式，或者本质上的"道德相符者"分属于不同的乃至相互排斥的伦理形式之中。这种复杂的情形，人们称之为"道德多样性"。

---

① ［美］罗蒂：《后形而上学希望》，黄勇编、张国清译，上海译文出版社 2003 年版，第302 页。

三　"异乡人"的目光：在与伦理的区分中衡量"道德"

我们一旦对"何谓道德"进行探问，就会遇到道德领域的历史性分化。在我所说的"本乡人"的视角上，会遇到一种苏格拉底式的问题（"我应该如何生活？"）和一种孔子式的问答（"克己复礼为仁。一日克己复礼，天下归仁焉。"）① 如此问答是以"本乡人"可以对自己的生活进行主动而完整的规划为前提的，它诉诸"伦理"的统一性。而在我所说的"异乡人"的视角上，则会遇到一种现代道德哲学的问题："我们如何在一起？"现代人或者现代人类型，在某种意义上可以视作为生活在罗马城中的"外邦人"的"后裔"。这些"异乡人"在面对非属己的"伦理统一性"的不容争辩的强求时，只能诉诸"道德"的规约，或者"道德"的统一性。这两个视角，虽然都存在着"伦理"与"道德"相互化约的可能趋向，但也各自界定了"伦理"与"道德"之区分以及基于这一区分解决伦理普遍性与道德主观性之间的矛盾甚至冲突的特有方式。

在与"伦理"的相对区分中衡量"道德"，产生了关于人类道德生活的类型学问题。在这一意义上，马克斯·舍勒谈到"伦理学"的两种意义：第一种意义的伦理学，是以伦常习俗为主，且"通常是所有伦理的持恒伴随现象"的伦理学，它无需进行道德的反思；第二种意义的伦理学，是一种哲学特质的伦理学，或者说，是一种哲学学科的伦理学，进行道德反省或道德哲学的反思乃至论证是其最为基本的特征。舍勒说，它是"一种相对罕见的现象"，"它的起源通常是与一个现有伦理的分解过程联

---

① 儒家学说中的"礼"与"仁"的相互关联，在某种意义上，可以说成是"伦理"与"道德"在中华传统文化中的一种具体而微的体现。说到这一点，我们可以指认说，孔子的全部学说的根本目标，其实就是要建立一个将"礼—序"之社会和"仁—德"之个体的连贯统一起来的文明之体系。所谓"克己复礼"，实际上就是指的这个"礼—仁"一体的文明统序。它预设了将"道德"的个体与"伦理"的整体的内在协调、相互一致的伦理道德系统。所谓"克己"，是指的个体成就仁德的基本功夫。所谓"复礼"，是一个国家或天下所要成就的一种最高的理想和追求。"仁"与"礼"的这种关联，具有一种目的合理性的意义。即是说，按照孔子的道德哲学思想，吾人为了实现"复礼"，就需要着力成就"仁者"之德。

结在一起的。"① 显然，舍勒对第二种意义的伦理学的阐释，刺痛了法兰克福学派哲学家阿多诺的敏感神经。他补正说，用"罕见"这个字眼描述第二种伦理学并不能令人满意，因为它实际上是历史上出现得比较晚的一种现象。② 阿多诺要求正视第二种伦理学的正确方向："……正是伦理习俗中的暴力和恶使得伦理习俗本身与德行相矛盾，……这种情况迫使哲学对这些问题作出思考"。③ 这里，我要立刻指出，阿多诺评论的重点乃是：道德反省或道德哲学反思与"伦理习俗"之间的距离，是不能随意填平的；道德反思并不意味着"现有伦理的分解"，然后在逻辑上祭出重建"伦理"的任务，因为它不能回避伦理中的暴力和强制，亦即伦理中的"恶"，或者伦理的"不道德"，它必须阐明这种本性上与"道德"相敌对的"伦理"之"恶"是如何产生的。如果考虑到阿多诺在评论中不断提及的那曾经被"纳粹"称作"民族形态"的伦理，尤其是在这种"民族伦理"的名下对犹太人实施的"大屠杀"，那么以道德反思展开的道德哲学问题就亟须认真地看待"异乡人"的"目光"。

于是，在一种"异乡人"的视角上，我们不可避免地遇到与"伦理"相对区分的"道德"概念。让我们想象一下历史上这些"异乡人"的形象：古希腊雅典城邦中的"智者"，中世纪的托钵僧人，西欧近代早期的商人，二战时期的犹太人，……这些"异乡人"几乎无一例外地在最初总是被视为"闯入者"或"陌生人"而为"本乡人"所厌恨。一旦人们意识到，这种"厌恨"的源头出自"伦理"之"欺罔"（或者自欺），那么，涉及正确生活和正确行为的道德反思就会与"伦理"拉开距离。人们为了认真地理解道德问题，理解作为德性与幸福之关系的道德问题，理

---

① ［德］马克斯·舍勒：《伦理学中的形式主义与质料的价值伦理学》，上册，倪梁康译，生活·读书·新知三联书店2004年版，第374页。

② ［德］T. W. 阿多诺：《道德哲学的问题》（Probleme der Moralphilosophie, Suhrkartip Verlag, 1997, Frankfirrt am Main），谢地坤、王彤译，人民出版社2007年版，第二讲。在这一点上，阿多诺进一步指证，"当一个民族对生活的反思已经是自由的和独立的时候，而这个民族的伦理习俗却又以曾经被纳粹称作民族东西的形态来保存自己，尽管这个时候个人的觉悟和对习俗概念的批判工作已经不再是统一的，但还存在'延续下来'的'伦理习俗'，那么，这个民族的伦理习俗就不再是古老的、善良的和真实的东西的简单残余，而是它自身已经接受某些有毒的和恶的东西。"

③ 同上书，第二讲。

解作为规范与自由之关系的道德问题，并且确实在一种道德反省或道德反思的意义上深思此种关系，就必须立足于这一"历史间距"。这正是历史上人们面临"道德"之问的机缘：它产生于这样的时刻，即当伦理普遍性在共同体（"本土本乡"或者"民族生活"）内部发生作用，已经成为理所当然，且习以为常，然而却又不再发生直接作用的时刻。[①] 这一时刻，"道德"之问，通常以两种方式敞开"异乡人"的视角并使"伦理"的方式不再是一种直接的经验性习俗，而是变更为一种间接的、需要道德反思或道德的概念进行化约（或者进行"过滤"）的方式进行。这两种方式分别与西方文明史上两大思想主题有关：（1）与"灵魂放逐"的"神话"有关；（2）与人的"宗教形而上学根基"的"丧失"有关。

灵魂放逐的神话，设置了灵魂的"本乡"与"异乡"的人类学二分："肉体"并不是灵魂本来的居所，而是其放逐之所，或者"囚禁之牢笼"。从这一意义上看，寻求灵魂之自由状态的人，有理由把人的现世生活看作一个过渡、一个桥梁或者一个通向某个目标的"孤独的旅程"，而人乃是"大地上的漂泊者"或"异乡人"。所谓"人生如寄"，比较准确地表达了人的这种"被抛在世"的生存境况。这种灵魂放逐的神话，在西方文明中是经智者和苏格拉底的理智启蒙和柏拉图的理念论哲学之奠基，来塑造哲学形而上学的"元"叙事的。它作为一种道德反思，通过一种柏拉图主义的哲学效应和深远影响，化约或变更了"伦常习俗"意义上的伦理之基础。特别是在基督教哲学传统中，例如在托钵僧人的禁欲主义道德中，赋予了一种以"拯救灵魂"为最高使命的超验道德的精神趋向以伦理普遍性意义。在这个与"灵魂之放逐"有关的哲学—神学形而上学的论题中，"人"被理解为一种本性上与肉体纠缠在一起的精神本性。作为灵魂的、精神的存在，人在现世形态的"漂泊"或"历练"只有一个目的，那就是"灵魂的得救"和"精神的回家"。灵魂放逐的"神话"设置了一种绝对的伦理，它将人的统一性归诸一种目的论的灵魂实体及其不朽之目的，人的正确思想和正确行为的道德理想皆由之推导出来。它将人的尘世历险的道德意义归结为一种"人在异乡"的伦理的"回归"，而现

---

① ［德］T. W. 阿多诺：《道德哲学的问题》，谢地坤、王彤译，人民出版社 2007 年版，第二讲。

世形态的道德觉悟被描述为一种道德形上学的努力，即在克服或化约习俗或伦常伦理的意义上返回普遍伦理的精神"本源"。

　　人的宗教形而上学根基的"丧失"，是由"上帝之死"引致的超验的伦理一元论的解体，以及与之相关的作为精神实体的伦理世界的"时空坍塌"。这是一个关于人的"失乐园"的现代性"故事"。人没有了彼岸的、超验的、精神的"家园"或"天堂"，也就成了一种没有精神皈依的漂泊在尘世中的"异乡人"。现代人作为"资本主义类型之人"，赋予了这种"失乐园"的"异乡人"以一种现代性道德的精神气质。舍勒称之为"怨恨心态"。他指证："从十三世纪起，市民伦理开始逐渐取代基督教伦理，终于在法国革命中发挥其最高功效。其后，在现代社会运动中，怨恨成为一股起决定作用的强大力量，并逐渐改变了现行伦理。"① 舍勒认为，怨恨作为在这种伦理变更中起作用的道德建构的动机，是使伦理的绝对性丧失"精神"根基并最终遭遇颠覆的渊薮。与舍勒诉诸"怨恨"不同，齐美尔从"异乡人"形象中获得了对现代性道德的形式化理解，他称之为"媒介象征"。齐美尔认为，异乡人的主题是"流动的"与"稳固的"两种生活形式之间综合的形象，它并非身处社会边缘的象征，而是一个社会团体中交换网络得以建立的中间人的角色，是"媒介"的代名词：由于异乡人没有根基，较少本位主义和偏见，较少受制于传统，因而能诉诸更客观的模式；这就是为什么异乡人（例如犹太商人）通常作为商人进入经济史的缘由。② 我们看到，舍勒的"怨恨"的模式，和齐美尔的"媒介象征"模式，从不同的侧面描绘了现代性个体作为从根源上丧失了宗教形而上学根基的"异乡人"，前所未有地遭遇到"伦理"的优先地位或绝对普遍性的瓦解所导致的精神失落：其消极的动机结构是舍勒勾画的以"怨恨"反抗"崇高"（又或者以"本能冲动"反叛"罗各斯"）的价值之颠覆；其积极的动机结构是齐美尔指证的以异乡人的"媒介象征"替代本乡人的"身份象征"的道德之建构。

　　不论是与"灵魂放逐的神话"相关的道德之形上反思，还是与"人

---

　　① ［德］马克斯·舍勒：《价值的颠覆》，罗悌伦等译，生活·读书·新知三联书店1997年版，第54页。

　　② ［法］达尼洛·马尔图切利：《现代性社会学》，姜志辉译，译林出版社2007年版，第304页。

的宗教形而上学根基之丧失"有关的道德之现代性建构，"何谓道德"之问都以某种方式在"异乡人"视角上得以凸现。道德问题经历的古代史和现代史的断裂，以及它从以"伦理一元论"为出发点的传统形态到以"道德多样性"为始点的现代性形态的演变表明："道德"概念既具有宏大和绝对不可蔑视的传统，又具有微妙而亟须认真对待的现代性。这彰显区分"伦理"与"道德"对道德哲学的重要性。前者涉及在人类的伦理轴心转向超验境域之际传统类型的人面临的"道德"之问，后者涉及在人类的伦理轴心转向经验境域之际现代类型的人面临的"道德"之问。这两种类型都涉及有关正确生活的问题，以及与之相关的"异乡人"的视角。它们在道德的概念中被描述得如此明朗和尖锐，以至于在现代个体的意义上与"总体"（或"绝对理念"）保持一致的伦理概念及其人类史预设被排除在外。因此，这里需要重点思考的一种情形是：对于人们可以称之为有关正确生活的问题而言，从"异乡人"的视角看，道德上的权衡与反思，不只针对"传统"意义上的伦理实体，而且关乎各种不同的伦理观。这提出了关于道德领域本身的问题。它在可能导致以"道德"化约"伦理"之趋向的同时，也摆明了进行"伦理"与"道德"之区分对于寻求"道德"之定义的重要性。如果没有基本的道德上的共识和有约束力的普遍规范（或抽象原则）来解决道德前提各异的"异乡人"之间的观点分歧，（想象一下现代政治中宪政模式所提供的解决分歧的理性形式）人们就无法面对"道德多样性"所引发的道德主观性的各行其是。毫无疑问，现代道德哲学是在面对"异乡人"视角上的"道德"之问的基础上，寻求规范论证或道德合理性之谋划的。事实上，"异乡人"的视域，先行假定了"道德的定义"的不同意义，以及人们用来定义"道德"的不同理由，因而辨识或论证何种意义或理由能够使得一条原则或规范、一条判断或理想、一条责任或义务才是"道德的"，成为人类生活以及实践推理无法回避的"道德"之问。这表明，区分"伦理"与"道德"，是人们理解现代道德哲学的一个不可或缺的理论前提。

四　在道德之问的时空坐标中，什么紧要？

透过"异乡人"的目光，不难看到，道德问题的复杂性在于：人们有可能在极为不同的问题范畴、问题层次和问题语境上遇到"什么是道德"之诘问。

它首先在人之时间性的"垂直线"上分布,设置了"今生—来世""世俗之城—上帝之城""肉体—灵魂""堕落—拯救",等等附带着末世论的"时间箭头"和"道德因果律"的心灵坐标,因而将现世的人类存在和欲望个体归结为一种本质上散落于"尘世"并在大地上漂泊的"异乡人"。这是一种柏拉图主义的"灵魂转向"式的道德设问。人只有在眷注自己最本己的精神本原并以一种"朝圣者"的角色赋予现世形态的生活以意义,才能够界定道德的基础和道德生活的正确"脚本"。它确立了一种"伦理一元论"范畴下的道德概念,遵循"伦理"优先的逻辑。

随着现代性社会的来临,道德问题在"人"之时间性的"垂直线"上的分布,逐渐地让位于一种在"人"之空间性的"水平线"上的分布。"我们"如何在一起?"我们"如何共同生存?"我们"彼此之间应尽什么样的义务?这类问题的凸显,使得道德之问"问"向了道德前提不同的个体之间的主体际性的联接。它使得道德问题日趋朝向人类生活形式和交往实践中道德合理化之架构。反抗"伦理"总体性,特别是抗击其中日益危险的"野蛮"和"暴力",是一个开放时代和民主社会的现代人类型的道德之觉悟。当然,它同时孕育了一种现代性意义上的"伦理之觉悟"。它是现代性社会在其动机结构形态方面确立"个人"面向"整体"的道德自信的基本样式。没有这种道德自信,"我"无法抗拒不道德(有时甚至是邪恶)的"我们"施行的伦理强制,也没有勇气甘愿以"他者"之"人质"来承担责任。在现代性日益增长起来的道德自由中,这种"自信"的张扬无疑有其合理性,代表了人的道德之进步。然而,它的"过度张扬"则隐含着深刻的道德危机:它会使得一种道德相对主义泛滥开来。由此,带来了一个值得关注的效应,即,它使得"本乡人"视域中"伦理一元论"的伦理优先性的逻辑面临"异乡人"视域中"理性多元论"的道德优先性的逻辑的挑战、反叛和颠覆。从这一维度看,现代性道德的"无"伦理,是一个清晰可辨的进程。它在消解"伦理一元论"的暴政的同时,带来了道德虚无主义的危机。"我们"的世界,在"伦理"之"无化"中,面临伦理精神之根基丧失的危机。

以上两条轴线上的道德问题,不论在时间性的"垂直线"上,还是在空间性的"水平线"上，都涉及对道德问题的形态学定位。人们通常将之概括成为老生常谈的两种类型的道德生活形式：传统的与现代性的。它们涉及道德范畴的问题层次和语境分殊：前者属于"伦理一元论"下的道德范畴，其价值排序遵循伦理优先的逻辑；后者属于"理性多元论"下的道德范畴，其价值排序遵循道德优先的逻辑。人们将在这两个"道德范畴"所界定的"时空坐标"中去辨识道德哲学的紧要问题。

（一）从普遍本质出发的伦理认同问题。它预设了"伦理一元论"的道德诉求，其历史性叙事形式以一种"灵魂放逐"的"异乡人"隐喻，表达了传统类型之人的价值基设及"道德乡愁"之趋向；

（二）从个体偶在出发的道德自由问题。它预设了"理性多元论"的道德诉求，它以"无根"的"异乡人"形象表征现代人类型的价值颠覆及"道德自信"或"道德自立"之趋向。

我们时代的道德之问，聚集在由这个"普遍—特殊"的坐标所刻画的现代人的"精神图谱"上。阿多诺注意到这个问题的复杂性，他说："在社会的对立中似乎总是出现这种现象，压迫和打击就是普遍的法则，而善良、人道的东西则表现在个人的要求和规范中。不过，我们有时也会看到不同的情况，在普遍的另一方面也总是保存着建立一个确实没有强制和暴力的正当社会的要求；而且我们还会看到社会的另一个侧面，即在特殊中、在个人的要求和个人的自我规定中也存在着实现同样的暴力和镇压的行为动机，虽然个人在其与社会的关系中总是遇到暴力和镇压。"①

如果考虑到"我们"的世界总是以一种随机变化的方式将"我"和"我们"进行联接，我们不可能以单一原则的道德理论公正地对待价值的多元化体系。因此，对于那个将"我"收纳于其中的"我们"的世界而言，一种思想的警醒和心灵的自由，将道德之问，导下如下设问：在道德之问的时空坐标中，对于"我们"的世界而言，到底什么才是紧要的？回答这个问题，只有从现代性道德的复杂性入手。

本文的回答是，对于"我们"的世界遭遇的现代性道德危机而言，两大难题的应对最为紧要：一是道德自由问题；二是伦理认同问题。

---

① ［德］T. W. 阿多诺：《道德哲学的问题》，谢地坤、王彤译，人民出版社 2007 年版，第二讲。

现代人在道德上的自由危机是指，"现代人类型"在精神上的孤独无依，使得现代人成为本质上的偶在个体和绝对意义上的"异乡人"。这使得现代性道德问题有着不同于其他价值问题的复杂性。这一复杂性被归结为：现代性个体是一种解除了形而上学意义上的"伦理"之实体性本源或超验永恒本质的世俗个体，是一种浮士德式的冲动型个体，一种没有"精神家园"的流浪者或异乡人。从一种消极悲观意义上看，现代性个体遭遇的是一个利益喧嚣、精神低迷、道德模糊、躲避崇高的时代。从一种积极乐观意义上看，现代性个体生活在一个呼唤道德、渴望良知、标举正义、追求幸福的时代。不论是悲观也好，乐观也罢，"伦理统一性"的变更与失落，是现代人精神生活中发生的重大事件，它以至为极端醒目的"上帝之死"的呼号呈现，彰显出人的欲望、需求在一种解放中的无限膨胀，而人的精神、人格又似乎在这一解放中日趋沦落。这使得伦理的重建对于现代性个体而言具有了一种"为承认而斗争"的"道德自信"之意义，然而却是一个明知其不可而为之的持久运动。

现代人在"伦理"上的认同危机，或许会通过规范合理化的文明设置获得一定程度的补救，但无法从根本上得到克服。在伦理一元论与道德多样性的对立方面，假如人们一开始就把道德问题的复杂性归结为"传统"在现代社会的瓦解，显然是过于简单了。事实上，传统的"伦理认同"往往是通过隐进到人的社会存在和社会生活的具体的道德前提之中，而在现代社会生活和社群生活中得以延续。这是一个延绵不断的进程，即使在一个高速变化的全球化时代，传统也仍然或多或少地以此种方式得以承续。这从一个侧面表明，我们只能从一种形而上学的超验抽象（即一种超感性绝对）的层面上来讨论"伦理"的瓦解或者现代性道德的无"伦理"之进程。从现代性（尤其是西方启蒙现代性）视野看，从来就不存在一种"无限"的伦理普遍性，任何建立在无边无际的伦理世界基础上的伦理一元论（或伦理统一性）只能是一种独断。它产生了关于道德的某种"暗淡的东西"。① 这种无限的普遍性，本质上是一种完全空洞的抽象。它隐含着如下事实："伦理"的界限使"伦理的普遍性"不再具备"唯一性"，而必然呈现为"多样性"。因此，对于"我们"的世界来说，

---

① ［德］尼采：《论道德的谱系》，周红译，生活·读书·新知三联书店1992年版，第43页。

使"我"结合成为"我们"的伦理方式，也必然是多元的。因此，现代人在伦理上的认同，只能通过"理性多元论"基础上的规范合理化的道德形式进行。

我们只有从"现代人"作为"异乡者"的独特的精神气质及其所呈现出来的视角出发，才能在与伦理的相对区分中回应我们时代的"道德之问"。事实上，在一个高度分化的现代社会里，个体的单子式的孤独存在，使现代人多少都会经历一种"他乡异客"般的孤旅落寞。如果不能从道德自主的意义理解现代人的这种"异乡者"之印记，我们就不可能在面对一个强大乃至窒息一切的"伦理实体"时，理解与那种庖代一切的"我们"保持适度距离的重要性和必要性。现代性的"自我放逐"既催生出个体自由的不可剥夺性和基于这种自由的道德自主与道德自信，同时也催生出它的一种强大的反向运动，即一种以资本的、权力的、族群的、价值观的，或者以宗教的、科学的、技术的、意识形态的，等等，各种形式，将分离的现代性之"我"粘合成为"我们"的那种实体的政治经济体系和社会文明进程。在对当下社会精神和道德现状的不断的拷问中，一种出自"异乡者"视野的道德之问，除了有一个指向"我们"的世界之为"我们"的"伦理内核"而外，还有一个指向"我们"的世界何以强调"我"之"自作主张""自立法度"的道德自信并以之为"前提"的"道德内核"。这两个方面构成了"伦理认同"与"道德自由"的解释循环。在这种循环中，"何谓道德"的坚持不懈的追问虽然不能给出关于道德定义的公认答案，但问之所问，将引领人们走向更为健全的道德自信。

第三章　谁是道德的"敌人"

　　道德哲学从"本体思维"到"伦理思维"的展现，凸显了道德哲学史上"伦理"从"超验"向"经验"转换中的文明作用问题。从这一视角看，道德史上的精神断裂可以表述为：从"超验伦理的世界构造"到"伦理经验的现代性谋划"。德国哲学家尼采以其谱系学审查揭示了这一断裂。

　　超验伦理用"神"的世界压制并反对人的世界，立足于宗教形而上学对世俗道德的敌视。伦理经验的现代性谋划在生活史层面，通过异乡人的生存悖论和身体转向的伦理经验，表现为以欲望的伦理、个体化的道德、物化的文明为基本标识的形态架构。在后伦理时代，无根基的异乡人如何面对四面受敌的道德？本章试图表明，一种道德辩证法基础上的"伦理的和解"，是伦理经验的现代性谋划的可能出路，它表征走向伦理思维的道德哲学的"伦理的醒悟"。

一　"本乡人""异乡人"与道德的"敌人"

　　"伦理"一词，不论在中国文化传统中，还是在西方文化传统中，都有一个共同的理解性的和诠释性的视角，即伦理之理解总是基于本乡人视角之预设。

　　何谓"本乡人"？一言以蔽之，就是生于斯、长于斯之人。他或她，你或我，或老或幼，或地位尊贵，或地位卑下，这都不重要。重要的是，他们（她们）或我们，都不是外来人，不是闯入者，不是异乡人，而是土生土长的"本地人""本省人"，乃至于"本邦人"或"本国人"。如果有一天，我们的生活中有了"外星人"的加入，这种"本乡人"的

"圈子"就会扩大到"地球人"。我们因了这"本乡"的关联,而成为兄弟姐妹、父老乡亲、远亲近邻,这一联系的纽带使我们成为"一家人"。它在伦理上的一个重要的认同前提,是通过一种自然地理或人文历史上的地缘、血缘或各种历史机缘的纽带,结成一种伦理上唇齿相依的联系。本乡人的伦理,遵循的认同推理是:

(1)凡是具有"X"特征的人,都是"我们"中的一员;
(2)"S"具有"X"的特征;
(3)所以,"S"是"我们"的人。

这里的"X"就是"本"。"本"于何?乃是关键所在,是伦理大问题之如春苗破土。本于乡,本于家,本于邦,本于国,如此类推者……就是个人对其承诺的共同本性或普遍本质的一种"正本",一种"清源"。"本正"则固,"源清"则明,个人对其"来自何处""去往哪里"的超验之问,会因为有所"本"而不至于迷失方向。我们由此体验一种特殊伦理经验的决断点,切近一个清清朗朗的伦理世界。因此,这里的"本乡"是一种"根本""本原"的"来历",是"归本还原"的地理想象或历史记忆,是在"本土"情节中人性和知识的情感凝聚和本体化书。它在较窄的意义上或在一种普泛所谓社会生活的意义上,是"乡土"(本乡本土)之"情",是"父老"之"脸"。而在一种较为宽广的意义上,或在一种形而上的意义上,尤其在一种精神谱系的意义上,则是人生在世的家园之感和归属之情,是苍茫大地上散落如尘埃的个体生命对其"来处"与"归处"的觉悟或体知。于是,在隐喻引申的深度延展处,"伦理"与"宗教"得以相通,"本乡人"在人类精神生活史的深度上铭刻上了"理念人"的标记。

当如此描绘构成"本乡人"之所"本"的"X"的时候,所附加的修辞与引申,显然使"X"呈现出"自然习俗""社会礼序"和"精神生活"三个层次。这三种意义的关联因其历史性的差异分布和现代性的多元分化,而成为现代道德哲学思考的伦理难题。

"本乡人"以一些基本的习俗、礼数、规范,共同的语言,乃至共同的信仰等,来传承并构筑一种公共知识,并且认同这种地方性公共知识。

这些公共知识要求人们所坚持的、所坚守的"正当行为"的标准、"好生活"的价值判断、"善"的目标预设，必须符合整体目的和整体的普遍性伦理之诉求。① 所以，从这个角度看，"本乡人"的道德，预设了一种"道德无敌人"的观点。以至于在本乡人社会中，人们可以躬行"以德报怨"之准则，有"无颜见江东父老"的耻感之叹，有"叶落归根""不忘根本"的望乡之情。

为什么"道德无敌人"？理由似乎异乎寻常地简单，因为在本乡人的世界里，"道德"就是人们在伦理上的造诣。人们习惯于从"本乡人"的伦理角度去界定道德。"本乡人"这个"本乡"，是一个共同体，是一个社群，即一个伦理实体——一个相对而言比较稳固的整体，而不是高速变化的流动的个体。它产生的一个结果是，人们在大多数情况下都能以"伦理"代"道德"，要求个体必须去与总体的规范、要求，也就是与共同体的要求相符合，与整体所确立的标准相匹配、相契合、相一致。于是，"道德的王国"往往被还原为"伦理的世界"。这里所谓的"道德无敌人"，是说道德的背后（或者道德面孔的背后）有一个强大的"本乡本土"的伦理世界。人们称之为"上帝""国家""民族""城邦"等等。由于伦理世界的存在，道德便获得了伦理的超验授权。历史地看，只要这个超验的"授权"仍然有效，"道德无敌人"就是一个自明的真理。

道德果真"无敌人"吗？这一问，初一听上来会令人感到突兀。如果道德无敌人，道德的败坏是如何发生的？如果道德有敌人，那么，谁是道德的"敌人"？问之所问把视野带向了另外一种情形。我称之为"异乡人"的视角，或称"陌生人"的视角。

所谓"陌生人"或"异乡人"是什么？就是相互之间不知道从哪里来，要到哪里去，不知道彼此之间的背景，不清楚各自秉持的价值观，等等。这就像一个人置身在一个拥挤的地铁车厢里，四周都是人或人流，但都是与己无关的陌生人。每个都有一种置身"异乡"或"异域"的陌化感或脱域感。人们彼此间保持着距离、礼貌和秩序，但却为一堵看不见的"墙"所区隔，形成了一种"热闹的人群"和"陌生的注视"之间的巨大反差。当你偶尔在一瞥之间，遇见一个"熟人"，会觉得分外亲切。在

---

①　田海平：《何谓道德——从"异乡人"的视角看》，《道德与文明》2013 年第 5 期。

一个"陌生人"的世界里，应该怎样去行动才是正当的？应该确立一种什么样的尺度才是正确的尺度？在陌生人的世界里，并没有稳固的习俗乡约能够提供公共知识之支持。本乡人世界的守望相助是特定共同体之伦理情节的"乡约乡情"的规定，因此"老乡"才成了一种具有"伦理情节"的情感语汇。而陌生人世界中无私奉献，或乐于助人，则属于"雷锋"式的"义举"。因此，对于"雷锋精神"而言，如何"学雷锋"的问题，在学理上的表述乃是：在"陌生人"世界里，如何守望相助？没有了共同的基础，没有了超验的本质，没有了牢不可破的信仰之支持，总之，没有了"伦理"，道德如何可能？

这即说，在陌生人世界里，道德主体及与之相关的道德自由问题，成了一个亟须进行合理性辩护的问题。在伦理的权威失坠或出离以后，道德代替了"伦理"，于是出现了"新道德"与"旧伦理"之对峙。这种"新"与"旧"的对峙关系，乃至敌对关系，往往以一种普遍性之"丧失"的文化样态表现出来。它不仅是一种人类的普遍性或者说人类普遍价值标准的丧失，在某种程度上，它是指构成一切普遍性之根基的丧失。这个时候，人们前所未有地感受到了一种"被抛到"一个陌生人世界的不知伊于胡底的"虚无"。

实际上，在社会急剧变革的时代，"伦理—道德"之间的紧张关系，以"道德"对"伦理"的反抗表现出来，它同时也表明，"伦理"以某种方式成了道德的"敌人"。因此，我们看到，近代以来道德问题为什么会凸显？道德为什么变成了一个需要对它进行辩护和论证的东西？这实际上是和现代人所面临的形而上学根基的丧失有关。这是一个"伦理世界"的"失乐园"的重大精神事件。当"旧伦理"不再能够支撑"新道德"之时，"道德"在一个无法给出奠基性的理由的世界境遇和人类状况中，面临与"伦理"相"敌对"的悖论性处境，即以"伦理"的世界构造为本源"反对道德"。

那么，"我们"——在现代生活的变革潮流中，在当今多元、多样和多变的思想文化和道德发展的大趋势中，构筑幸福生活的现代性自我，面临一个"归本还原"的重要且亟须治理的伦理大问题："伦理"如何成了"道德"的敌人？怎样的"伦理"成了"道德"的敌人？

从人类精神生活史的源头上看，"伦理"原本不构成"道德"的敌人。在初始意义的伦理世界中，"本乡人"的"伦理"是指一群人共同生活的聚居地，个人在道德上的知识来自伦理的本源性规定。它具有无可争议的普遍性。何者为善，何者是恶；什么行为正确，什么行为不正确；怎样行动受到赞誉，怎样行动受到谴责；……一切都清楚明白，不存在任何歧义，也不需要对它们进行论证。这是人类文化或文明的一个重要的特点，它通过一套伦理理念建立起指导人们正确行动的有约束力的规则体系。尽管不同的文化或文明体系诉诸的伦理系统有所不同，但在同一文化或文明体系中，"伦理—道德"之间的一致性由"伦理同一性"所支持。"善恶"之知，"是非"之辩，"曲直"之权衡，俱由其定夺。

然而，人类精神生活的历史展现和逻辑展开，必然面临一些基本冲突。这是一个脱离原初状态之原始和谐的过程，是人与存在母体分离的过程，就其基本的展开维度而言，是在灵魂与肉体之间，个人与个人之间，个体与整体之间，人类与自然之间，不断地将个体的人或人类从一种"本乡人"的伦理根源中分离出来，成为大地上的"异乡人"。于是，人散落于现实生活的大地上，成为被多重矛盾冲突所扭曲或挤压的"现实人"。我们由此看到，伦理与道德之间一致性的精神链条呈现为多重的断裂，乃至于出现了相互背反的情况。这些冲突绽现了人类道德史上"反对道德"的两种文明作用的结构化要素：其一是"超验伦理"在人类精神史的神化谱系中的文明作用；其二是"伦理经验"在现代性物化逻辑中的文明作用。前者揭示了以"超验伦理"的世界构造为本源"反对道德"的文明构架。后者展现了以"伦理经验"的现代性谋划为原则"对道德进行辩护"或"捍卫道德"的文明进程。

二　"反对道德"：以"超验伦理"的世界构造为本源

"反对道德"的第一个理据，来自超验伦理的世界构造，它的基本叙事结构是用"神的世界"压制并反对"人的世界"，用"神的规律"重新规约并主宰"人的规律"，因而立足于宗教形而上学的"超验伦理"对"道德"的过滤，特别是对"世俗道德"的排拒或敌视。

这是一种基于人的生存论深度上对"道德"的"本源性的反对"。它将人描绘为两个世界的"居民"，是一个与身体纠缠在一起的精神本性。

在灵与肉之间，身体与心灵之间，精神生活与物质生活之间，个体生命的“灵魂之我”反对“欲望之我”的斗争延绵之断，从来不曾停歇。这种斗争彰显了人的自相矛盾的处境，是人的自我斗争的天命绽放。——人被描绘为：“一半是天使一半是魔鬼”。有限者由此在一种“天路历程”中寻求自我超越，并在一种超验伦理的世界构造中与“无限者”结成联盟。由此，它把此生此世的这一个生命，看成是一次尘世历险的孤独旅行，是一个“异乡人”在滚滚红尘中的心灵救赎。由于“伦理”的本源不再归结为人的自然生命的栖所，伦理的世界构造就不再是围绕礼俗教化或日常惯习的伦理生活的经验轴线展开，而是诉诸“超自然”的精神本源。这种超验伦理的世界构造，发出了反对习俗意义上的伦理（包括民族伦理）及以之为基础的世俗道德的强音，它在一种存在论的深度上使人类道德事务的紧要性变得无足轻重，真正重要的乃是拯救灵魂的事业。

以超验伦理的世界构造“反对道德”的基本理据，是说“道德知识”（“知善恶”）出自人的自以为是的傲慢。它使人偏离本源，陷入灵肉分裂、身心交战的本源性不睦之中，是一切不和、纷争和人之有限自我的人世沉沦的根源。人按照一己之“善恶”或一时之“是非”来衡量何为“善恶”、何为“是非”，从而把自身“一己”或“一时”之“是非善恶”理解成善恶之知、是非之辨的本源。这种明面上的道德知识，仿佛使人以一种“有本有源”的根据，“知善恶”，“辨是非”，然而这种道德知识实质上是人之本源性迷失的一种表征。因此，这里所说的“反对道德”，从一种积极方面说，是以“超验伦理”为本源对道德主观性或道德任性的反对——它诉诸更普遍、更本质的“伦理本源”的构造以区别于个别的或主观的道德知识。[①] 透过这种“本源性反对”，一种以“伦理”过滤道德任性（或主观性）的文化教化的机制得以发生。它在逻辑上的完备形态，是通过“超验伦理”的一元论谋划将一切世俗道德的纷争归结为与本源的脱离或不和。

在文明史上，这种“超验伦理”的世界构造，以基督教伦理谋划最为典型或最具代表性。我们知道，“知善恶”对于其他诸文明中的伦理系

---

① 应该看到，每一种文化都设计有这种“本源性反对”的伦理机制，这是不同文明之间以“对话”方式能够形成“道德金律”之共识的深层依据。

统来说，是一切伦理思考的目标，是出自部落的、民族的或地域的"伦理本源"的道德认知，是习俗伦理及日常道德的基本诉求。然而，在基督教伦理中，"知善恶"的道德知识被看成是使人以自身为本源的终极诱惑，这无可避免地使人从上帝的本源性"乐土"中失坠，成为尘世飘零的"异乡人"。这是一种脱离伦理本源或者在本源上与上帝不和的人类处境。"人唯有在反对上帝的情况下方能知善恶"。基督教伦理的首要任务就是抛弃这种知，因而是在反对一切以人自身为本源的道德中进行"伦理的世界构造"。对此，朋霍费尔写道："唯独基督教伦理学抨击所有其他伦理学的这一前提……基督教伦理学要求讨论所有伦理学课题的本源，并且通过批评所有伦理学而要求确立自己在伦理学界的主导地位。"① 基督教文明在这种伦理的世界构造中确立了通过超验伦理形态整合心灵的人类学的世界图景。

当基督教人类学将伦理本源诠释为"上帝之城"的时候，它设想一种把分散在千差万别的不同"身体"（或"物质"）中的心灵重新统一起来的神性本源，并以之构造"伦理世界"的预定和谐。从这一意义上，人的世俗生活的道德意义在一种超验伦理的世界构造中，特别是以超验伦理为本源对世俗道德的反对中，获得了一种道德形态学意义上的重建。美国学者韦恩·A. 米克斯（Wayne A. Meeks）对早期基督教道德的起源研究，揭示了其形态学重构的特质，他写道："最早的基督徒是皈依者，即改变信仰的人，他们的道德和神学语言带着转向的隐喻印记——脱离'这个世界''外邦人''偶像'和过去。"② 这种道德转向由超验伦理的世界构造来指引，或者断然脱离普遍的规范、将世俗的幸福生活当作邪恶加以扬弃，或者从一种较坏的生活转向一种较好的生活。③ 这两种情形使

---

① 基督教伦理引入"灵肉冲突"颠覆了人生在世的"本乡人"的伦理情节。人的尘世生活是一座炼狱。每个人都是大地上的异乡客。他（或她）的真正的使命是把人间历练当作是一条通往最终得救的"桥梁"。在这一拯救灵魂的神学叙事中，基督教伦理首次确立了一种反对一切"伦理"的"伦理"，从而使得一种超越一切宗教、文化或文明的"超验伦理"成为可能。基督教伦理对于作为"善恶之知"的道德知识的态度，与其他诸文明的态度有着根本的不同。［德］朋霍费尔：《伦理学》，胡其鼎译，上海人民出版社 2007 年版，第 39 页。

② ［美］韦恩·A. 米克斯：《基督教道德的起源》，吴芬译，商务印书馆 2012 年版，第 398 页。

③ 同上。

基督教道德打上了深刻的"移民"或"异乡人"的"在世"印记，然而究其实质，则是一种"伪移民"或"伪异乡人"的被抛在世。换句话说，表面上越过世俗生活的"家""族""城""国"的界域而在大地上漂泊的异乡人（基督徒），根本上是由"超验伦理"的世界构造而置根在"精神家园"之中，因而不是真正意义上的"异乡人"，（反而那些自认"本乡本土"的异教徒才是"反认他乡是故乡"的"异乡人"）这种"倒置"使基督教道德肩负着传播福音、教化"异教徒"的使命。"他乡逆旅"的被抛在世映衬着"灵魂故土"的本源栖居。这种双重性或两栖属性使得一种"道德人种志"的特征得到刻画，即一种既独立于又融合于所有其他群体的特殊性。"流动性以及共同语言使基督教的基层组织得以迅速分布于地中海周边城市……他们中有些人也许会说自己的城、自己真正的群体归属是在天堂，他们的家就是上帝的家，有些人会实际上或感情上寻求挣脱所有将他们束缚于现存社会之中的纽带。然而大多数人无法逃离生存在这个世界中、却又不属于这个世界两者之间的冲突。"①

　　历史地看，以"超验伦理"的世界构造为本源"反对道德"的文明史及其效应，既有其光明的积极方面，又有其晦暗的消极方面。究其合理性而论，它是一种既超越于民族、地域又融合民族、地域的"道德人种志"的发源，它的积极方面在于实际地开启了西方文明史上基督教伦理着力推进的道德转向的形态进程。这种道德谋划在把基督徒描述成为"万国"中"一国"之民（神的国度）时确立了一种反对世俗道德的"道德类型"。② 于是，"我们"与"他人"在"道德人种"上的类型化差异，不再是依据一种自然身份和族群共同体的认同，而是通过基督身份与

---

① ［美］韦恩·A. 米克斯著：《基督教道德的起源》，吴芬译，商务印书馆2012年版，第398页。

② 阿里斯底斯（Aristides），生活在罗马皇帝哈德良时代，是生活在雅典的一位基督教徒，是最早的基督教辩护者之一。他在《基督教信仰辩护词》中写道：基督徒，"超越世上所有其他民族，他们找到了真理，因为他们认识了万物的创造者上帝，他们只敬奉这个上帝。……他们不通奸，没有不正当的性行为，不作假证，不觊觎他人的财产，他们尊敬父母，热爱邻居，做事公正，凡事遵循'己所不欲勿施于人'的原则。他们向待其不公的人呼吁，努力把他们变成自己的朋友，他们善待敌人。……如果见到陌生人，他们会将其领入自己家中，像亲兄弟一样接待，他们彼此以'兄弟'相称是因为灵魂而不是血肉相连。"［美］韦恩·A. 米克斯：《基督教道德的起源》，吴芬译，商务印书馆2012年版，第16页。

基督教共同体的道德类型学之重建来完成。它在群属共同体关系中置入了
"文明—野蛮""上帝—魔鬼"的道德区分，在自我身份关系中置入了
"灵魂—肉体""精神—欲望"的道德区分。究其局限性而论，它的超验
形态的世界主义价值观反映了需要以某种超验制约因素为本源性依赖的非
独立的人类境况，它将上帝的"恭顺仆人"与一种"十字军"式的战士形
象重叠在一起，无论是从自我内心的深度上还是从辽阔大地的广度上，它
都祭起了"灵魂反对肉体""精神反对欲望""文明反对野蛮""上帝反对
魔鬼""神权反对王权"的"世界大战"的大旗。这是一种反对、仇恨和
敌视自然人性和世俗道德的"道德战争"，是一种永久性的精神纠结和意识
形态倒置，是一种否定生命、否弃生活的道德图谱。其消极方面在于，它
征服世界的历史，同时也是文明被贴上"黑暗时代"之标签的世界史。当
教会以"十字军"或"宗教裁判所"的名义涤荡上帝在尘世的敌人或异端
时，当所有古代文明的伟大智慧被归结为邪恶的知识或魔鬼的诱惑时，以
"超验伦理"的世界构造"反对道德"的"文明架构"不再具有任何"文
明"或"光明"的性质，不再是"过滤道德"的积极的伦理本源——它走
向了它的反面，成为野蛮、黑暗、愚昧、贪婪、残暴的根源，沦为道德的
真正的敌人。至此，我们不难看到，基督教伦理以"超验伦理"的世界构
造反对"世俗道德"的文明史效应，使整个欧洲文化（或西方文明）隐蔽
着一种巨大的危机：当基督教"超验伦理"的世界构造被证明为是人类最
"高超"的"起源幻象"，这种伟大的"反对"，即"反对道德"的"道
德"，必然再次遭到"反对"的命运——我们不难想象，这一过程的延展，
犹如一根引爆"价值颠覆"的导火索，它点燃的是一种普遍的幻灭，这种
如同瘟疫一样扩散的幻灭，随着"上帝之死"及"超验伦理"的世界构造
的失坠，最终将会动摇一切人类的道德信念。

三　"保卫道德"：以"伦理经验"的谱系学审查进行的颠覆

　　"超验伦理"的世界构造诉诸于人类精神史的神化谱系。然而，在
"神的世界"和"人的世界"之间架设相通的桥梁，终究会被证明为荒
谬——从现代人类型的"忧怨"目光看，那难道不是道德史上最宏大的

谎言和极高明的诱惑吗？俯瞰人类道德史，"超验伦理"致力于构造的起源幻象实际上并不能给人类的道德带来希望，反而在"反对道德"的"战争"中带来文明晦暗的重大灾难。于是，文明史上最大的伦理事件，乃是由启蒙运动挑起，并最后由尼采以寓言的形式表达的"上帝之死"。尼采这位擅长拆面具者，自我毁灭式的真理追问者，写下了这一伦理事件带来的历史性的挑战。他在《论道德的谱系》中写道：

"让我们来宣布这一新的挑战：我们要批判道德的价值，首先必须对道德价值本身的价值提出疑问——为此还需要认识这些道德价值产生、发展和推延的条件和环境，认识作为结果、作为症候、作为面具、作为伪善、作为疾病、作为误解而存在的道德，同认识作为原因、作为医药、作为兴奋剂、作为抑制物、作为毒药而存在的道德。到目前为止，这一认识既不存在也没有被看作是迫切需要的东西，人们把这些道德价值的价值看作是现存的、事实存在的和不容置疑的，人们也从未对'善人'比'恶人'价值高这一命题产生怀疑和动摇。价值高的意义在于对整个人类，包括人类的未来有所促进、有所裨益、使之繁荣。倘若真理与此相反，那么，怎样呢？……道德恰好是危险的危险，那又怎样呢？"①

尼采的这段论述，从"上帝之死"及"超验伦理"的失坠带来的文明症候出发，提出了重写"道德史"的谱系学任务。即在解"道德"之"蔽"中认识道德是如何演变成了"面具"、"伪善"、"疾病"、"误解"乃至于"毒药"，等等——一句话，演变成了它自己的对立面，成了道德的"敌人"。尼采看到，基督教伦理所支持的道德为了"来世"导致对"今世"的系统贬值，这难道不是一种反对所有道德的道德，摧毁所有价值的价值（甚至于摧毁基督教道德本身）？人类依靠这种自我欺骗的幻象，试图摆脱此世的"大地"引力，去赴一场来世的"神学天文学"的假面舞会，可能吗？问题当然不止于仅仅宣告"上帝死了"的消息。启蒙时代无神论者的激进批判没有触及到问题的实质，因为启蒙现代性的"祛神"运动遵循"上帝的人类精神化"的历史与逻辑。它在一种世俗化了的"超验伦理"的世界构造中绘制"上帝"的另外一副面孔并书写"上帝"的另外一种伟

---

① ［德］尼采：《论道德的谱系》，周红译，生活·读书·新知三联书店1992年版，第6—7页。

大的神奇：被视为最高价值的"人"或"人性"，被当作"新神"来顶礼膜拜的"人类理性"，乃至于不断地取得辉煌胜利的"现代科学"（或"现代技术"），取代了"上帝"原来的位置，人类精神史不得不再次经历另一种意义上的"上帝之死"。尼采的道德谱系学由此认定，当代病痛的中心是道德"病"，是道德价值的疾病，而症结就是基督教道德（包括它的各种变异形态）对古代世界（希腊—罗马的世界）的"胜利"和对现代文明的"遗害"。如此地，尼采走进了一个"道德真空"的虚无地带。麦金太尔评论说，在这个"道德真空地带"写作的尼采，有三个任务："揭示这个真空的历史的和心理的原因；为了新道德而揭掉虚伪的候选人的假面具；最后是，超越迄今所有现存道德体系的限度，通过'价值重估'以预言家的身份提出一种新的生活方式。"① 这是以批判或反讽的方式重审道德或道德史，重估价值或"重估一切价值"。这里要特别强调指出，尼采反讽的核心并不是彻底否弃道德或摧毁道德，其真实的图谋毋宁说是"保卫道德"——即通过反对说教的、虚假的、伪善的、弱者的道德，反对以基督教为代表的"奴隶道德"，弘扬一种"新道德"的觉悟。这是一场"道德"的"保卫战"。它为自己设定的任务或使命是捍卫"主人道德"，以反击道德的病弱、奴性和伪善等诸多的"疾患"。"保卫道德"的实质，是通过颠倒"道德与人"的主次关系，反对"超验伦理"形态中"道德"对人的统治和奴役，呼唤从一种"伦理经验"的层面焕发伦理生命的强力，在一种伦理生命力的昂扬激越中"做道德的主人"（或"主人道德"）而不是"做道德的奴隶"（或奴隶道德），以此诊断和疗治现代文明的"疾病"。为此——用尼采自己的话说，我们首先要做的就是一种道德谱系学的批判："批判道德的价值"；"对道德价值本身的价值提出疑问"；问及道德中隐蔽的危险或"危险的危险"。

尼采的话（"上帝死了"）被比作 19 世纪末德国哲学中的"地震仪"。它记录了"道德史"或"精神史"从"天上"落到"地上"所引发的骇人听闻的巨大的"地震波"。② 尼采所达至的独特的伦理经验，是一种预

---

① ［美］A. 麦金太尔：《伦理学简史》，龚群译，商务印书馆 2003 年版，第 292 页。
② ［美］A. 麦金太尔：《伦理学简史》，龚群译，商务印书馆 2003 年版，第 295—296 页。麦金太尔写道："托马斯·曼曾把艺术家比作地震仪，在他们的著作里，记录了还未被观察到的地震波。19 世纪的德国哲学家发出了远在社会表层之下的地震波的信号：他们告诉人们，大灾难即将来临。"

见精神世界将爆发"大地震"的"灾祸临头"的某个决断点。那么,会怎样呢?必然地,在这种伦理经验的决断中,唯有"强力意志"的道德谋划才可能抵抗巨大"虚无感"的全面侵袭,只有无与伦比的"精神伟力"或"生命的强力"才能经受这延绵不断的"精神"的"坍塌"。欧洲虚无主义露出了它的狰狞面目。"我们如何越过上帝的尸骸?"——这种令尼采深度困扰的伦理经验,一再地将他和他的同时代人推向精神分裂的边缘并最终导致了尼采之"疯"。尼采捍卫的"新道德"或"新价值"也因此冠上了"超人"(Ubermensch)之名。"超人"一词无论从何种意义上说都属于一种文学想象的"修辞",在学理上经不起严格的推敲,然而这个粗糙的概念却披露了一切"伦理经验"的现代性谋划的秘密:"超人"不是某种玄虚之物,而是"大地的意义"。即说,当"超验伦理的世界构造"无力从"本源"上为尘世漂泊的灵魂提供"精神家园"的时候,我们没有别的出路,只有诉诸"大地的意义",诉诸在伦理经验方面"自作主张"的精神和道德的意志之"强力"。尼采在简单粗暴的"反基督徒"的道德谱系学诉求中,隐隐传递着面对启蒙以来日益强盛的俗世文化的强烈不满,以及面对精神世界的全面颓败而决然而然地立意要捍卫"精神"或"道德"的"决心"。当然,诉诸"力"的伦理经验(强力意志),并同时展开两条战线上的"文化战争"——既反对"基督教道德",又反对启蒙运动以来日益高涨的俗世文化及其道德——使尼采的道德谱系学成为一百多年来质疑人类道德的一种最为激烈且最为尖锐的声音,由之预告了一种极端虚无主义的来临:在"强力意志"的名义之下,有什么事情是不能做的呢?[①]

　　无疑地,尼采发起的"道德战争",在20世纪以来的道德或价值的谱系探究方面有"精神标本"的意义。一方面,应当承认,很少有人赞同这种近乎偏执的"彻底虚无主义"的激进反叛;另一方面,不能

　　[①]　妥斯陀耶夫斯基在《罪与罚》中问,"如果没有上帝,一切都是可以做吗?"这与尼采的"强力意志"有可比较之处。由于"超验伦理"的失坠和道德基础的坍塌,20世纪遭遇到最为严峻的虚无主义危机。在这一点上,有指控者据此认为,尼采是德国纳粹主义的先驱,是后来反犹的"金发野兽"的预言家。……当然,严格说来,这种指控是没有根据的。然而,研究者们也注意到,尼采的超人概念和强力意志的学说,无疑为他的遗著整理者(最终是纳粹党人的尼采的妹妹弗劳·福尔斯特·尼采)的可耻窜改,提供了某种可资利用的"缝隙"。

否认，我们又似乎不能无视人类道德史上由于"超验伦理"的世界构造的失坠而引发的"上帝之死"及其所招致的"道德"的或"精神"的重大危机。因此，尼采激进的"反传统"（反基督教道德）和"后启蒙"（重审启蒙现代性道德谋划的基础）的双重颠覆，透露出不论何种类型的"伦理经验的现代性谋划"必然置身其间的某种深刻的文明悖论或深层的精神断裂——当现代性道德谋划试图通过"反对道德"的方式"保卫道德"，或者试图通过"颠覆价值"的方式"捍卫价值"之时，道德谱系学的自我审查就会陷入一种"自身挫败"的"逻辑怪圈"。

于此，透过这种自我纠缠的道德谱系学的审查，似乎可以观测到一种道德形态在现代条件下的展现。这种道德形态来自伦理经验的现代性谋划，从中产生了"反对道德"的第二个理据。它的基本叙事结构是"身体"反对"灵魂"，"欲望"反对"精神"，"人的世界"反对"神的世界"，"个人"反对"整体"，"物化"的逻辑反对"神化"的逻辑……由于这种"叙事结构"的共同特征是着眼于"经验性反对"——不是依托于某种"超感性绝对"或"超历史永恒"的本源或本体，而是将"本源"或"本体"斥之为"幻象"揭露其文明伪饰的真相——它在伦理经验上只能诉诸感性欲望、情感直观、个体主体和物质生活的逻辑和必然性，因此不可避免地面临精神根基的"无所依归"或道德基础的"普遍坍塌"。尼采先知般地用来"保卫道德"的"彻底的虚无主义"，反而成为当今名目繁多的"后现代"理论用来"反对道德"的武器。从这一意义上，他们都属于与尼采相类似的道德谱系学家。

四　伦理时代的终结：面对难以对付的"道德的敌人"

我们看到，在谱系学家那里，公开宣示的"与本源不和"的"经验性反对"，披露了现代性道德面临"论证道德"的困难。它标志着一个时代的终结，即伦理时代的终结。而理论上"论证道德"的困难，反映了实践上伦理经验的现代性谋划（包括后现代伦理在内）所陷入的深层困境：不可避免地遭遇诸多的"文明的悖论"，不得不面对越来越难以对付的"道德的敌人"。

　　伦理经验的现代性谋划是伦理时代终结的标志。它在结构化的形态展现方面，表现为"现代人"在"经受形而上学"的人之类型中面临"异乡人"的生存悖论。也就是说，它不是与超验形而上学无关的存在类型，而是必须"经受之"，并进一步"经受"由于它的（超验形而上学）失坠而"沉沦"的人之类型。他（或她）不是一种习俗伦理中的"经验之人"，而是从灵魂的、精神的、上帝的、整全的世界中被连根拔起，"被抛到"世界之中的偶在个体，因而是"本源"的失坠者，是彻头彻尾的异乡人。这种特有的对"形而上学"（包括超验伦理的世界构造）及其失坠的"经受"，使得"异乡人"在伦理经验上必然属于一种悖论性质的存在：在人头攒动的都市行走却感到从未有过的寂寞冷凄或孤立无助；在普遍怀疑中却要寻求信任或信念的支持；持有不同道德前提（找不到共同的道德权威）又必须寻求道德上的共识；在不属于自己的地方遭受"冷眼"却要燃烧一堆"无用的热情"……道德谱系学家（以尼采为例）是这种"异乡人"的代言者，他们在一种反讽式的写作中以"反对道德"的方式"保卫道德"的"自反式叙事"，乃是对这种人之类型及其现代性生存悖论的刻画——上帝死了，是否一切都被允许？看哪！一切被赋予最高价值的东西转眼之间都成了"浮云"……在这样一个巨大的精神断裂带上，伦理经验的现代性谋划面临的最大的"敌人"，不是别的，实乃是"异乡人"的这种悖论性生存。这是一种深刻地嵌入到"现代人"心灵深处的一种"没有故土唯有他乡"的"异乡之感"或"脱域之痛"，一种陌生人中的陌生人，一种"危险"中的"危险"。它标志着一个时代的终结，一个需要"超验伦理的世界构造"稳固人心秩序或宇宙秩序的时代的终结。人们突然发现，"文明的价值"正在变得愈来愈陌生可疑，变得愈来愈稀薄苍白，"文明—野蛮"的界限如同"上帝—魔鬼"的界限一样变得愈来愈模糊不清——难道不是吗，人们信奉的上帝是否可能是一个"恶贯满盈"的上帝？否则，他又怎么可能让奥斯威辛的灾难发生？乔治·弗兰克尔写道："两次大战带来的创伤，对奥斯威辛难以言尽的恐惧，在世界和欧洲大陆许多地方不断发生持续的自杀性的纵欲狂欢，以及对公民生命的摧残，这些无不让我们感受到文明的价值只不过是一层虚饰，往往不能保护我们免遭野蛮的侵害……这种文明，尤其是启蒙运动所倡导了二百多年的道德和知识结构，引起的不仅仅是失望，更多的是愤怒。"① 这是一种伟大的文明的"愤怒"！普遍的怀疑、不满、绝望乃至愤怒，源自文明史和道德史超验幻象的破裂，而建立在超验伦理的世界构造基础上的意义和价值、道德和知识、光明和梦想，随之遭遇瓦解。

　　伦理经验的现代性谋划在后伦理时代进行决断的关键环节，表现为与文明史上最强大的"超我"或"父亲"之间的跨越历史时空的"文化战争"或"道德战争"。它要质问，"柏拉图的灵魂马车究竟驶向何方？"不论是在古希腊的柏拉图那里，还是在基督教的柏拉图那里，"灵魂转向"都是超验伦理的世界构造的关键所在。道德史上对"灵魂转向"的伦理叙事的第一次最伟大的颠覆来自启蒙运动。它通过一种自洽的、合理化的科学的伦理法典为世俗化的"身体"（现代理性国家、现代科学和工业文明的进步）及其现代性文明确立了"方向"：现代世界在"具身化"的理念或精神的指引下，被预定为确定的、可控的、安全的、井然有序的。由此，启蒙理性在"身体"维度仍然延续着"灵魂转向"的神话。然而，随着各种伟大而崇高的"现代性工程"不断地宣告自身的失败，由理性主导的"灵魂转向"或"光源隐喻"最终走向它的反面，为"身体转向"的阴影所遮盖，所颠覆。尼采笔下的"醒悟者"如此呢喃："我完完全全是身体，此外无有，灵魂不过是身体上某物的称呼，身体是一大理智，是一多者，而只有一义。是一战斗是一和平，是一牧群与一牧者。兄弟啊，你的一点小理智，所谓'心灵'，也是你身体的一种工具，你的大理智中的一个工具，玩具。"又说："……在你的思想和感情后面，有一个强有力的主人，一个不认识的智者——这名叫自我。它寄寓在你的身体中，他便是你的身体。"②"身体转向"在当今哲学认知旨趣上获得了众多思潮或学派的表达，成为一股潮流。究其根源，则是由道德谱系学家发动。它并不是要敌视或排斥"灵魂"，而是要颠覆和改变"灵魂"与"身体"的主从关系：不是"身体"随"灵魂"转向，而是"灵魂"随"身体"转向。这是一场堪比"哥白尼革命"的伦理经验的转折，是后启蒙

---

① ［英］乔治·弗兰克尔：《道德的基础》，王雪梅译，国际文化出版公司2007年版，第7页。

② ［德］尼采：《苏鲁支语录》，徐梵澄译，商务印书馆1997年版，第27—28页。

时代的思想和文化对启蒙现代性的道德世界的彻底翻转：伦理决断点不只是"灵魂"的事务，而更为重要的，乃是"身体"之事务。"身体转向"就其本身而言，并非是"道德的敌人"，它的初衷是在反省"文明史"或"道德史"的意义上"保卫道德"，"捍卫文明"。但是，这一激进的伦理经验在一种"高度现代性"的谋划中却陷入了一种"过度批判"的"文明悖论"，即它在批判文明或理性以道德的名义对"身体"进行分类、监控、组织和利用的时候，并不能够提供一种取代启蒙现代性谋划的"建设性的方案"，而只能像米歇尔·柯福那样诉诸"自我技术"的伦理学。于是，一群犬儒主义的信徒（后现代思想家）在拆毁启蒙运动的"文明伪装"和"道德面具"之后，将"身体"从过去和将来中分离出来，孤立起来。它只能"转向"眼前，"转向"当下。

伦理经验的现代性谋划在生活史的现象展现方面，通过"异乡人"的生存悖论和"身体转向"的伦理经验，表现为以"欲望的伦理""个体化的道德""物化的文明"为基本标识的三重逻辑架构。

首先，以"欲望"为基础的伦理关系，为现代文明和现代生活涂抹上了一层暗淡的"底色"。欲望的解放不仅展现了被柏拉图主义的旧传统（包括基督教传统）和启蒙现代性的新传统有意或无意掩盖的伦理之"洞"，[①] 而且从这个吞噬一切又创造一切的无意识的"黑洞"中，一种伦理的他者（或者拉康所说的"大他者"）如同"黑洞"爆出"时空"（宇宙）一样，它既是诠释道德自由的根据，又是诠释伦理认同的根据。"欲望"是"身体"的本质，是"身体转向"的动力。它化身为"资本""权力"和"本能"（包括"性"）的总体性，揭示了现代性现身为一个"需求"的文明体系的本质内涵。在这一意义上，欲望是"个体—总体"之间转化生成的悖论性存在。循此思路，我愿意提及拉康对黑格尔的阅读。拉康从 1933 年开始跟随亚历山大·科热夫

---

① 这里所谓的伦理之"洞"，出自后精神分析哲学家拉康的思想。拉康认为，欲望总是被引向能指链条的"洞"，原初压抑反映了我们与永久丧失的母亲之间的联系。这是"伦理"的真正本质之所在，是一种回归存在母体的禁令，是一种"存在的缺失"，一种"存在的不完满"，它使人成为永久的"异乡人"，成为一种无法填充的欲望之"洞"，成为欲望的化身。基督教圣经中造物主耶和华说，人是"大地上的光"；而 20 世纪的精神分析学则告诉人们，人其实就是"大地上的欲望"。

（Alexandre Kojéve）进入对黑格尔的文本的阅读，"阅读课"持续了六年之久，而阅读的主线就是欲望问题。这是一种颇为独特的阅读经验，它映现了伦理经验从"绝对理念"的"光明顶"上向"绝对欲望"的"幽暗深渊"转换的某种"裂隙"。透过这一"裂隙"，我们会看到两者之间的相通之处。纳塔莉·沙鸥对此评论说："动物的欲望总是被生存、续命的欲望所决定，当欲望脱离了动物欲望，它就成了人的欲望。人的欲望建立在价值的基础上，如果价值没有被他人认可，那么欲望就迷失了方向。欲望一旦被点燃，主体为了得到认可便会铤而走险，甚至在斗争中不惜性命，这场斗争最终引发了主人与奴隶之间的辩证法。但辩证的演变最终会导致主人价值的丧失。"①显然，从"欲望的伦理"出发读出的"黑格尔"，是脱去了"绝对精神"面具后的黑格尔。在那里，实体化了的"伦理总体性"显露出"欲望"的本质；而"绝对知识"的自身运动，换个角度上看，其所表达的世界进程，实质上遵循的就是一种现代性的"欲望的逻辑"，一种为认可而斗争的意愿的伦理。

其次，"个体化"的道德及道德自由，为现代文明和现代生活描绘了多元的精神"彩色"。个体化是伦理经验的现代性谋划的现象表征，是"以物的依赖为基础"的个人自由的存在方式，是身体化的"欲望逻辑"在现实性上的展现形式，是"异乡人"被抛在世的生存样式。现代性社会在高速流动、高度分化和高度功能化的结构转型中日益趋向于个体化、单子化。个人在道德上（特别是在道德生活中）越来越张扬个性和自由，也越来越倾向于反抗各种形式的伦理专断。个体化社会为订制化的"时—空"分割、"亲—疏"配置和"生产—消费"链条提供了无限可能。现代人在"身体的亲近"和"精神的疏远"的巨大反差中，进入一种冷漠而孤独的自由之中。②由此，"个体化道德"的无伦理，通过齐格蒙特·鲍曼描述的"流浪者"或"观光客"的隐喻得到了某种程度的揭示。流动的现代性是"个体化道德"的文明载体，它摆脱了对日常生活和团体的

①　[法]纳塔莉·沙鸥：《欲望伦理：拉康思想引论》，郑天喆等译，漓江出版社2013年版，第13页。

②　[英]齐格蒙特·鲍曼：《后现代伦理学》，张成岗译，江苏人民出版社2003年版，第284页。

永久存在所负有的责任,从而获得自由。① 然而,"观光客"和"流浪者"作为在个体化社会中"流动"或"行走"的"异乡人",既身临其境又置身事外,是"没有目的地的朝圣者","没有旅游指南的游牧者"。② "他们都从他者居住地穿梭而过"。"这种生活的诱人魅力就在于它的庄严承诺:禁止身体上的亲近脱离轨道,滑入道德的亲近。"③ 于是,"流浪者的认知"和"观光客的审美","转变成了注定要垄断和塑造生活整体和日常性整体的模型:成为衡量所有实践的标准。"④ 它最大限度地压缩了个体化的道德空间,使道德良知的善良意志可能由于认知的或审美的意志而处于休眠状态,而道德责任由于"观光客"和"流浪者"都身临其境地负有责任而无人具有道德责任。个体化的道德和自由,因了"异乡人"("流浪者"和"观光客")面临的"无伦理"的精神症候,隐蔽着一种"道德冷漠"或"责任失重"的危机。它前所未有地呼唤"道德的自治"("道德的自律")和"责任伦理"的回归。这是"流浪者"和"观光客"之类的"异乡人",在伦理经验的现代性谋划中,面对四面受敌的"个体化"的道德困境时,必须预定的一条"回归线"。由于有了这条道德责任的"回归线",无根的"流浪"和"观光"作为一种"认知现象""审美现象"和"道德现象",尽管如同奥德修斯的旅途一样充满了数不清的未可预料的"奇遇或遭际",但是,一种实践总体性基础上的后伦理时代的"伦理的回家",通过现代文明中"流浪者"和"观光客"所隐喻的现代类型之人("异乡人")在面对他者之"脸"时的"责任之回归"和"良知之唤醒",仍然是可以期待,且是值得期待的。

最后,"物化"是现代性"伦理—道德"的文明体系的逻辑形式,它为现代文明和现代生活准备了"去道德化"的仪式或"渎神化"的节日。伦理经验的现代性谋划是以"物"的方式或者以"物化"的形态对社会关系(直接地包含了伦理关系和道德生活)和价值体系的谋划。这种谋

---

① ［英］齐格蒙特·鲍曼:《个体化社会》,范祥涛译,上海三联书店 2002 年版,第 244 页。

② ［英］齐格蒙特·鲍曼:《后现代伦理学》,张成岗译,江苏人民出版社 2003 年版,第 282 页。

③ 同上书,第 284 页。

④ 同上书,第 285 页。

划同样遵循着一种悖论性质的推理：没有了"超验伦理"构造的崇高和神圣，"物"或"物化"的逻辑，在一种世俗化的感性经验的"俗物的洪流"中不断地重新铸造经验形态的价值和道德，从而使"物"在一种符号化的象征体系和技术化、商品化的文明体系的展现中转化为"崇高"和"神圣"。于是，"道德"和它的"敌人"握手言欢，渎神者构筑起自己的神殿，而"去道德化"的物化逻辑则打出了"道德化"的旗号。由此，一种"物化的文明"集约了"欲望的伦理"和"个体化道德"的双重机制，既记录了欲望之欲望兼具"祛魅"和"附魅"的功能，又在个体化物象中赋予"这一个"同时具备"实体"与"虚无"的表象。"物化的文明"由一种"终结伦理"的伦理（即资本）执掌统治权。当"资本逻辑"独擅胜场时，一切伦理的温情的普遍性，都落入到了资本算计的物化的价值"冰水"之中。西美尔评论说："单调与冷漠的金钱变成了所有价值的公分母，它彻底地掏空了事物的内核、个性及其独一无二的价值。"① 一切存在的价值判定都被还原为货币价值，并视其能否带来资本的自我扩张和自我增值。"资本"化身为"伦理"，将分散的个人集合为社会化的生产者和相互合作、相互需要的体系，它突破一切界限，结成一切联盟，亵渎一切神圣，是一种成就一切又消解一切的力量。它将一切神圣的、伟大的、崇高的东西化约为商品价值，又将由之产出的物品装扮成超凡脱俗的存在，并用它换取真金白银。一言以蔽之，"物化的文明"构成了伦理经验的现代性谋划的逻辑形式，它遵循"资本"的虚无化逻辑。在资本的全球化扩张中，"一切固定的僵化的关系以及与之相适应的素被尊崇的观念和见解都被消除了，一切新形成的关系等不到固定下来就陈旧了。一切等级的和固定的东西都烟消云散了，一切神圣的东西都被亵渎了。人们终于不得不用冷静的眼光来看他们的生活地位、他们的相互关系。"② 尼采道德谱系学的批判虽然属于这种冷静的眼光，且自称看得"彻底"，但实际上只是从个体精神现象之坍塌的视角上揭掉了虚无主义这位"不速之客"的面纱，而没有也不可能，从实践总体的文明视角上

---

① ［德］齐奥尔格·西美尔：《时尚的哲学》，费勇等译，文化艺术出版社 2001 年版，第190 页。

② ［德］马克思、恩格斯：《共产党宣言》，《马克思恩格斯选集》第一卷，人民出版社1995 年版，第 275 页。

穿透资本逻辑的虚无本质。马克思的政治经济学批判看到了在"资本的虚无本质"中"一切神圣遭遇祛魅"的可怕之处，同时也看到了它的伟大的文明作用：它带来了一种精神上平等的状况。[1]

五　四面受敌的"道德"与"伦理的和解"

谁是道德的敌人？当人们设想一种明朗的"本乡人"的世界之时，人们实际上是在设想一种没有敌人的"道德的乌托邦"。在那里，道德的自我在本乡本土的伦理世界的摇篮中酣然入眠，茁壮成长。它被描绘为道德的原始栖息地，是伦理的家园，是一群人世代生息其间的"本乡本土"的天地。

在一种隐喻的意义上，这是一种文化的"本乡"，意义世界的"家园"，精神史的最初的本源。[2]

然而，如此设想的"本乡人"的世界只是一个想象的"乐园"。实际生活中，并不存在这种诗意而纯净的"本乡人"的世界。现实中的"本乡人"生活在习俗道德的规范之中，地方性知识及身份认同，总是倾向于将陌生人或异乡人排除在外，这是引发不同共同体之间道德争议的渊薮，是人与人之间在道德上的不和或不能相互联结成为"一体"的缘由。对内部而言的"本乡人"，对外部而言无一例外都是"异乡人"或"陌生人"。这种"不和"最终在哲学上被解释为一种本体论意义上的与"存在本源"的不和。于是，在文明史上，几乎每一种具有世界历史意义的伦理传统在其文明的奠基性工作中往往采取了大致相似的程式，试图解决人与人之间如何在道德上结合成为一体的困难——我们称之为"超验伦理的世界构造"。它在对习俗道德的"本源性反对"中试图以"超验伦理"

---

① ［美］马歇尔·伯曼：《一切坚固的东西都烟消云散了》，徐大建、张辑译，商务印书馆2003年版，第148页。

② 正是有了这个理由，儒家讲"仁者无忧"。为什么"仁者无忧"？因为，在"面对面"的那个领域，两个人在道德上的连结是一种天真纯一的亲近。这原本是"仁"之词语的释义，从"人"从"二"，是二个人"面对面"的道德上的联结。人们以此种胸怀面对一切"他者之脸"，推及一切存在者，"仁者"有何忧戚？当然，孔子也讲到了另外一种情形，所谓"乡愿，德之贼也"，即在本乡人的世界里，还是存在道德的敌人的，那就是"乡愿"。

的普遍性过滤道德的不纯粹。使伦理道德超越习俗或习惯的范畴，并最终超越俗世道德的范畴。这是一条使"道德"上升为"普遍立法原理"或"普遍道德法则"的道路。人与人之间符合道德的联结，与人们之间的现实关系特别是利益关系无关，它只听命于伦理本源的指令。这意味着，在"道德的王国"中，"道德"必须与习俗伦理或俗世生活拉开一段距离。立足于这一"间距"观之，身体的、欲望的、个人的、物质生活的幸福，被标记为"道德的敌人"。这是一个伦理的时代。西方基督教道德和启蒙现代性的道德谋划都属于这个时代。它们的道德隐喻分享了"光明战胜黑暗"的神话——不论这"光明"来自"上帝"还是来自"理性"。而在对道德的谱系学考查中，尼采告诫说，"自哥白尼以后，人似乎被置于一个斜坡上，他已经越来越快地滚离了中心地位——滚向何方？滚向虚无？滚向'他那虚无的穿透性的感觉？'"① 以尼采为代表的谱系学家，改变了道德史的"写作方式"。在揭破建立于"本源幻象"基础上的"超验伦理的世界构造"的虚无本质的意义上，不仅基督教的"上帝"进入了"黑暗"之中，启蒙的"理性"也同样进入了"黑暗"之中。在"伦理经验的现代性谋划"中，人类道德史遭遇它难以对付的敌人：伦理时代的终结与"虚无主义"的降临。

那么，到底"谁"是道德的敌人？显然，人类文明史经历的"价值颠覆"或"精神的断裂"，似乎越来越使得人们难以指认这个不确定的"谁"。有时甚至"道德"也会成为自己的敌人。如果"道德"蜕变成了一张文明的面具，而"伦理"演化成了一种权力的专断，它们就会变成自己的敌人。这在文明社会并不少见。而"反对道德"（即反对一种旧道德或面具化的道德）就成了在"道德之战"中"保卫道德"的行为。因此，当认定"什么是道德"的标准存在分歧，而这种分歧的背后又是由利益之争所支撑或固化时，指认"道德的敌人"就成了一种立场或态度的宣示。然而，谱系学家在一种反讽式的道德史重述中所表达的文明史视野中的"上帝之死"，则将这种"价值颠覆"推进针对文明史的全面的"道德审查"和"价值重估"。因而，使得这里的"谁"也就不只是一种

---

① ［德］尼采：《论道德的谱系》，周红译，生活·读书·新知三联书店 1992 年版，第 129 页。

与立场或态度相关联的某人或某物。它是一个代称,是一个不知其为谁的"谁"。由于它的到来,我们出离了被我们认可的道德的空间——在那里,一切他者都令我们牵挂,与我们唇齿相依。然而,从这里"出走",便是一种"伦理的出走",我们面对一个广大无边的世界,一个大规模的"异乡人"或"陌生人"的世界。从"超验伦理的世界构造"到"伦理经验的现代性谋划",道德史和文明史在一种巨大"断裂带"上,经历着如此这般的一种"伦理的出走"。在一个后伦理时代,"道德"已然置身于一种"四面受敌"的陌生的世界状况之中。

无论"超验伦理的世界构造",还是"经验伦理的现代性谋划",都指向"人"的觉醒。前者是"灵魂转向"之"人",后者是"身体转向"之"人"。如果说谱系学家扮演了"面具"的拆除者的角色,那么在面对"四面受敌"的道德时,我们要牢记,"面具"的后面是"他者之脸","伪善"的对面是"本善","疾病"的反面是"健康","误解"的另一面则是"理解"……而反传统或拆解道德史的深层的意图则是在文明进程中重新发现传统或重写道德史。从这一意义上,现代性道德遭遇"异乡人"困境的出路,在于回归"人"的根本。唯有如此,在一个无根基的时代,我们才会在为他者的责任中,在"本善"的激发下,在一种健康生活的召唤下,在人与人之间的相互理解中,结合成为一种唇齿相依的命运。这是后伦理时代一种可能的伦理生活。"异乡人"只有在探询"本乡人"之所本为"何"时,才会重新回到生活的大地上,回到"人"的根本。不可否认,"伦理经验的现代性谋划"在欲望的伦理、个体化的道德和物化的文明的逻辑展现中透露出一种回归人的生活世界的基本趋势,如果此论不谬,那么我们指认,它在文明进程中的实际指向乃是:欲望与合理性,道德的个体与实践的总体,物化的文明与"人"的觉醒之间的一种"伦理的和解"。

考察一下道德概念的历史发展及人与人之间相互关联的伦理形式,我们发现"伦理的和解"往往优先于"道德上的分歧"。首先,存在着"本乡本土"的习俗伦理;然后,产生了个体利益的诉求和个人在道德上的反省,以及"异乡人"的道德诉求。这一要求可能来自启蒙,或者可能来自一种关于"人"的革命性的观念(无论是"灵魂转向"还是"身体转向"),又或者产生自一种突破民族、地域、人种之藩篱而在文化上寻求融合的文明进程，但激发人们在分离中走向结合，在欲望的悖论性"黑暗"中走向合理化，在个体化中走向实践的总体化，最后在物化的文明趋势中走向人的"类"的觉醒的力量，正是一种"伦理的和解"，是"伦理对立面"相互融合的力量。

第四章　我是我兄弟的看护人吗

　　走向伦理思维进路的道德哲学在哲学思想道路上必然遭遇责任伦理方面的祛责挑战：他人的痛苦和贫穷和"我"有什么关系？我岂是我兄弟的看护人？从思想根源上看，这类诘问其来有自。它来自一种本体思维的伦理思考方式对责任问题的反诘与问难。因而，是一种面向他人之脸的伦理思维不能不对之进行回应的责任伦理问题。尤其是在今天，在这个全球化和互联网的时代，在这个既强调对人的单个责任进行精细划分又强调公开关注人类对后代或某个物种的"福利"（Wellbeing）承担责任的时代，我们必须在一种伦理思维进路上回应一个根本性的道德哲学问题：道德责任来自哪里？

　　在老人摔倒后，在地沟油上了餐桌后，在一切预定的信任变得不可信之后，这个问题变得尤其凸显。而更进一步，或者更令人感到忧心的，是当这一切都似乎不再是一种"个体行动者"的罪责问题或归责问题，而是一种"集体行动者"的理性选择上的技术问题时，我们面对那些更大的不负责任的行为，总是并且只能是一筹莫展。在每个人都基于一种职责行为的"有组织的不负责"的行为中，或者是在一种广泛存在的"伦理的不道德"的行为中，集体行动者的理性选择使"负责任的"决定和行动有可能发生逆转，它可能会造成"极其不负责任的"后果。问题出在哪里呢？问题是怎么演进的？

　　我们从一种古老的"祛责论"带来的挑战出发，以它因时而变的多形态呈现以及可能的应对为线索，对这个问题进行探究。这个古老的"祛责论"就是"该隐之问"："我是我兄弟的看护人吗？"

一　"该隐之问"的挑战及其道德哲学意义

"该隐之问"出自旧约圣经。[①] 然而，问题的挑战性及其效应贯穿整部人类文明史。特别说来，它对现代人类文明遭遇的日益紧迫的责任难题而言，尤其具有深层警示作用。"该隐"击杀"亚伯"之后，人类兄弟相残的故事一再重现。两次世界大战和今天不断爆发的恐怖袭击等，都可看作一种"该隐之问"（"我是我兄弟的看护人吗"）对文明的挑战。人们在沉默中，对显见的恶行不进行申斥或谴责，对公认的侵权行为不进行回击，就是在间接地造成"兄弟"的被伤和被害。人们在争吵中或对抗中，或在利益的纷争中，不是基于一种公正的或者以争辩性的对话方式寻求和解，也会直接造成"兄弟"的被伤或被害。不管是以直接的或间接的方式，渴望"人类团结成兄弟"的许多人，也以某种方式干着伤害"兄弟"的事情。在国与国之间，在"诸神"之间，在人与人之间，以至于在人与动物之间，甚或人与万物之间，都存在着、回响着这种良心的问询："你的兄弟亚伯在哪里？"而在我们今天生活的世界中周遭遇到的毒大米、毒馒头、豆腐渣工程、污染的江湖、雾霾的天……这些高频词所指涉的不负责任的行动或行动者的背面，却总有不可见的"该隐们"在重复着那句"祛责"之问："我岂是我兄弟的看护人？"

让我们读一读这则古老的故事：

> 该隐与他兄弟亚伯说话，二人正在田间，该隐起来打他兄弟亚伯，把他杀了。耶和华对该隐说："你兄弟亚伯在哪里？"他说："我不知道！我岂是看守我兄弟的吗？"耶和华说："你做了什么事呢？

---

① 据《旧约·创世记》，该隐和亚伯同是人类始祖亚当和夏娃所生之子。该隐是兄（其名寓意为"得"），是种地的。亚伯是弟，是牧羊的。他们各自以所生产之物供献给耶和华。耶和华看中了亚伯和他的供物（羊），只是看不中该隐和他的供物（地里的出产）。于是，因嫉妒而愤怒的该隐，杀了他的弟弟亚伯。这就是《圣经》中"该隐杀亚伯"的故事。"该隐之问"在这之后出现。耶和华询问该隐，"你的兄弟亚伯在哪里？"该隐反问："我岂是看护我兄弟的吗？"本文所说的"该隐之问"的问题源自这一记载。我们据此，将"该隐之问"意译为本文的正标题："我是我兄弟的看护人吗？"

你兄弟的血的声音通过地里向我哀告。地开了口，从你手里接受你兄弟的血。现在你必从这地受诅咒。你种地，地不再给你效力，你必流离飘荡在地上。"（创世记 4：9—12）

"该隐之问"涉及道德责任的来源问题。对此问题，人类一直充满困惑。应该说，这个问题至今没有明确公认的答案。

道德责任在超验的维度关涉"存在者存在"。因此，从本体论上的互不相属看，吾人为人，唯一不能祛除的，乃是存在之欠缺或存在之不完满。在这一点上，道德责任涉及人对本己"罪责"的体认。而从本体论默契看，则人与他的周围世界结成了唇齿相依的命运也正是基于人之存在的脆弱性和不完美性，道德责任因而先在地指向周围世界中的他者之脸。

道德责任在实践理性上关涉"行动者行动"。从"如何行动"看，道德责任的首要关切是"质询行为动机"或"顾及行为后果"的"归责伦理"问题，① 简称为"归责论"（theory of responsibility attribution）。它属于以行动为中心的规范伦理问题。从"何种行动者"看，道德责任最优先关注的，则是如何成为一个"负责任的人"，即在责任担当的意义上成为"有德之人"的"责任伦理"问题，简称为"责任论"（theory of responsibility）。它属于以行动者为中心的美德伦理问题。责任的经验来源于这两大问题谱系中，导致伦理学类型的分化。前者是"归责论"的规范伦理，后者是"责任论"的美德伦理。

面对各种界定道德责任的方式之间的紧张，"该隐之问"出现在"超

---

① 关于"归责伦理"或"归责伦理学"（ethics of responsibility attribution）的用法，参见黄裕生的论文《论自由与伦理价值》，《清华大学学报（社会科学版）》2016 年第 3 期。本书这里使用了"归责论"（theory of responsibility attribution）与"责任论"（theory of responsibility）之间的区分，是基于对"权利—责任"关系的两种不同的观点。一种是基于自由的权利观点，强调从自由意志出发看待道德责任，并将自由意志看作是使一切行为得到归责的基础。在这一点上，黄裕生的推论是我们的行为之所以存在"应当/不应当"（或"正当/不正当"）的问题，是因为我们的行为是建立在自由意志的基础上，因而是可归责的行为。另一种是基于需要的权利观点，强调从人与人之间的善（或利益、需求）出发看待道德责任，由于我们很多时候都必须面对责任主体不明以及责任大小不确定的情况，行为的归责并不能在这个意义上获得解决，责任伦理的核心因此就是关于"如何做一个负责任的人"的问题。如果不避简化之嫌，我们可以说，"归责论"的伦理是以行动为中心的伦理，属于规范伦理之范畴。而"责任论"的伦理则是以行动者为中心的伦理，属于美德伦理的范畴。

验/经验""自我/他者""规范/美德"之间的道德模糊地带。毫无疑问，它属于一种"渎神"的"祛责之问"。然而，"祛责"的投机性与"归责"的必然性，以及与这深切关联的"责任"的坚定性，在自由意志的前摄下，彰显了责任之"由己性"的一面，进而推动人们思考行动者在自由决断的行动中面对不确定的道德时如何界定不可推卸的责任，从而勇敢地面对责任的"为他性"。

"该隐之问"的道德哲学意义具有现代性祛魅的意谓。

一方面，对于西方本体思维而言，超验形而上学的"罪责论"面临挑战。"存在者存在"的纯粹性，使单个人在自由中领会并承担本己的罪责，这是从超验者视角对"该隐之问"预设的答案，却并不能使"该隐们"在经验的意义上信服；另一方面，规范论基于自由的"归责论"与德性论基于需要的"责任论"，则进一步凸显了责任的现代禀性，即经验意义上关于责任的规定。它推动人们思考道德责任的"由己性"和"为他性"之两面所造成的张力。

从这个意义上，我们必须在"由己"和"为他"的张力中起程，在行动的"归责论"伦理维度和行动者的"责任论"伦理维度的交织地带，重新面对"行动者行动"视域中的"罪责论"的质询。责任伦理的前提，需要对"该隐之问"给出有力的回应，以应对任何"祛责论"的挑战。

二　超验的罪责论及其"现代性转换"

责任的"由己性"源自人的自由意志。它是人在个体自由的存在中为自由意志的自我决断和行动承担责任。它给出的是一个"为我"的道德责任之范畴。然而，责任的召回，是面对"祛责论"问题的首要的第一步。在"罪责论"范畴下，它属于意志的纯粹先天规定。而在"归责论"范畴下，则是实践理性的自由定律或自律意志的自立自主。这两种关于道德责任的理论，都给出了对于"该隐之问"（"祛责论"之问）的回应。

"罪责论"（theory of responsibility owe to sin）关涉到一个宏大而复杂的基督教伦理学传统。在这里，我们不再赘述它的概貌。它的核心信息，在前述引文中，其实早已经凝聚在基督教的上帝对"该隐之问"的那一段震慑心灵的回复之中："你做了什么事呢？……你必流离飘荡在大地上。"这话是说："你做了什么事就应该为你的行为承担相应的责任"。人的本己的孤独，既是兄弟相害之因，也是其行动之后果，是"目无兄弟之人"对罪责的领承。人的"流离飘荡"，不是无缘无故的。他只有不再为这片大地接纳时，才会永久地立起背负自己行动的罪责。这在基督教伦理学传统中被诉诸于一种超验的根基，即根源于一种超验的罪责。它给出的理由就是人类之"原罪"。

"该隐"不服气的地方在于，他的"祛责之问"其实并没有得到认真对待和回应。他问的是"我岂是我兄弟的看护人"。这是一个关于我们人类彼此之间应尽何种义务（owe to each other）的问题："我有义务或责任看护我的兄弟吗？""该隐"式的人在这个问题中预置了一种本体思维，同时也暴露了这种本体思维的"漏洞"：我是我，我的兄弟亚伯是亚伯，他是他，我的"存在"在"存在者"的意义上与我的兄弟的存在是分开的。这难道不是一个显见的事实吗？从一种本体还原的意义上，有什么特别的理由将这两个不同的存在或者不同的意志联系在一起呢？"该隐之问"，实质上是需要给出一个"为他性"责任的理由。显然，在这里，问题本身遵循的本体思维显豁出来的裂隙（或漏洞）昭然若揭：它在超验的意义上给出的回答仍然是作为"由己性"的"罪责之责"，而不能说明"我们彼此之间应负的责任"，即不能说明作为"为他性"的"归责之责"。再说一遍，"罪责论"解决的是"一个人"的道德责任问题，是"罪责之责"，它既不能在多个主体间进行分配，也不能依靠经验的方式确定大小。而从"至少两个行为者之间"之相关性意义上谈道德责任，就会涉及一个"为他性"的责任之分配（attribute）和界定（define）的问题。从"存在者存在"的超验视域，我们不能给出关于这个问题的充足理由。

这使得"该隐之问"最终留给了现代。进而，它是我们在面对各个层次的"祛责论"，为责任提供的理据和辩护。这种要求得到辩护的特性，构成了责任的现代禀性。

总体上看，现代文明进程是建立在一种个体化原则充分展开的伦理基础上。一方面，在现代性条件下，该隐的"祛责之问"（"我岂是我兄弟的看护人"）所具有的魔性，由于缺失先验维度的罪责论的制衡，没有了

"超验存在者"来压住阵脚，它就成了一种肆意蔓延、侵蚀心灵的"病毒"。无论从何种意义上看，现代性伦理文化的独特之处，都可以说是开启了一种"祛责"之进程，神圣的戒律不再受到颂扬，它被视为一种矫情或者干脆被废除。克己的美德，自我牺牲的意义，以及关于责任的道德说教，都遭到了前所未有地平抑。现代人在欲望解放的潮流裹挟下，必然经历权利的泛滥和责任的落寞；另一方面，在现代性的意义上，"我岂是我兄弟的看护人"的"祛责之问"需要在"行动者行动"的层面上予以回应。这从事情的另一个侧面，表征着我们时代伦理复兴的征兆：责任的失落是现代性的病理征候，在这一点上，它又彰显我们的时代是一个呼唤责任或复兴责任的时代。于是，"我岂是我兄弟的看护人"的"祛责论"之问，就需要在正题层面转换成"我们相互之间亏欠什么"或"我们相互之间应负的责任是什么"之类的建设性问题。在这个意义上，道德责任不再被理解为一种本体思维框架下的"罪责之责"，它是一种可以译作为"归责"的责任（responsibility attribution），即"至少两个行为者之间"就行为责任的归属所形成的某种约定或规矩（通常以规则的形式体现）。

在问题转换的这一向度，隐含着罪责论在道德哲学的意义上可能经历的一种"现代性转换"。它在思维方式上的突出表现，是从本体思维到伦理思维的思想进路上的改变：本体思维是从"存在者存在"的向度思及人之存在；伦理思维是从"行动者行动"的向度思及人之行动。

就前者而言，存在问题要面对如下诘问："山存在，水存在，我存在，你存在，一切存在者存在，这到底是为什么？"进一步的问题则可以写成："我存在，亚伯存在，一切存在者存在。'我'这种存在又岂是'亚伯'这种存在的看护人吗？"当然，一切存在问题都要以一个形而上学的先验预设为前提，如"上帝存在"或"灵魂不死"。伦理脱离宗教，以叛离上帝或渎神的形式呈现，它是现代性文明进程的第一步。"该隐"可以看作这种现代性的"鼻祖"。这意味着某种实践进程突然之间超越了责任的神圣性或者祛除了那不可讨价还价的责任。人们不再承认对别的什么事情或对别的什么人负有责任，而只承认对自己负有责任。社会的个体化在这里难免流露出一种深层而令人无所适从的迷茫。这意味着人这种存在者将存在于根本的孤独之中。个体的偶在特性及其实存面临因自由意志而独自领承至深之"罪责"的历史性悲怆。它根源于人之傲慢。如此一来，一种基于自由的伦理面对"该隐之问"，必然触发一种原始伦理的枢机（一种海德格尔意义上的"存在的家园"），以便于个体自由在存在的深度上重新领会罪责，聆听良心之召唤，进入与整全存有之结合的畛域。吾人在此，才不凭借先验的天梯而单凭个人的存在经验就可重返归责之路。

　　就后者而言，行动问题的要害是界定责任主体和责任大小，即行为归责的问题。若无先验的"天梯"（上帝或灵魂）提供连通，则"存在者存在"的深度就成了可有可无之物。重要的问题是使得实践理性中的"行动者行动"的事情本身得到彰显。应该说，康德是深谙此理的。我们在实践理性领域并不需要超验者提供担保。"超验者"之所以是必须的，乃是因为自由是必须的。而自由无须任何担保。换言之，存在者的各是其是，各美其美，不能不有所顾忌，它不能够是纯粹的任性的自由。行为的"归责问题"因此就是责任落脚到存在者的应该或不应该、正当或不正当的问题，此即合于规矩的行动者的"行动"。而存在之权力（强力）与虚无相对而立。这意味着责任之召回无须启用超验的罪责程序（关联到人与神之间的超验联结），而是在面对虚无时人的存在之勇气。自由赋予了责任以"由己性"（它可以反过来写成"由自"），即"由着人的自由意志去行动"。然而，它的普遍性并非来自人之存在的任性妄为，而是自主决断的意志听命于人的自立法度。在这个维度，产生了应该还是不应该、正当还是不正当的问题。责任的"由己性"突破了自我的坚硬的外壳，而与"他性"和"他者"发生本质性的关联。这就是说，自由定律要求一个理性存有者在自立法度的行动中为行为提供"归责"之理据，以摆脱它自身存有的主观任性，去建立或回应与他人的意志相关联的自主。①

三　日常的归责论及其隐蔽的"现代性盲点"

　　道德责任来自人们相互之间的约定吗？如果是这样，那么，我们期待

---

　　①　在这一点上，"归责论"强调行为的"克己性"，强调用礼俗规矩对人的行为进行约束的意义。由此视角看孔子所说的"克己复礼"，可以对中国传统儒家伦理进行一种归责论的诠释。

一套明确的规范或准则，以构筑我们共同生活的行为法则，进而使责任在其"现代性禀性"中不仅仅是自由意志的"由己性"的规定（即不仅仅是我们要对自己行为负责任），而且是其"为他性"的规定，即自由意志指向与他性或他者意志的关联。在这个意义上，行动与行动的后果之间的距离，成为我们思考责任伦理的一个关键性变量。

谈到行动与行动的后果之间的距离问题，我们这里借用德国哲学家汉斯·约纳斯的分类，大致上可以将伦理学看问题的视角区分为"近距离伦理"和"远距离伦理"两种类型。① 这里所说的"归责论"（Theory of responsibility attribution, or Theory of obligations）属于一种"近距离伦理"，而"责任论" （theory of responsibility）则属于一种"远距离伦理"。②

"归责论"在常识道德的意义上，关注的是一种日常意义上基于约定的"责任"。在现代性条件下，日常意义上基于自由的规范伦理，以行为的归责性要求为前提。它的理据在于，人是一种意志自由的存在，人的行动的自由决定了其行为是可以进行归责的。也就是说，行动者行动的特性使人的行为关联着一个具有多种可能性的行动领域，这就使得人的行为存在着正当或不正当、应该或不应该的问题。归责的行为规范就是将责任归于行动的规范，它不仅是由己而生的（具有"由己性"），而且是为他而设的（具有"为他性"）。它接受的第一条归责论约束是：当如此行动时，我们应当尊重同等条件下他人也有如此行动的权利。这即说，我们的行动不应是与他人的行动无关的孤立的特权或唯一超验的授权，我们应该顾及"如此行动而不如彼行动"的效应。这似乎构成了对"该隐之问"的一种有效的回应。它自然而然地将"至少两个存在者"之间的责任转换成行为者之间的相互联结，以"必须如何"的形式明确界定行为的责任。人

----

① 汉斯·约纳斯在谈到他关于责任伦理的理解时，将之归类为一种"远距离的伦理学"。

② 将"归责论"看作是一种"近距离伦理""责任论"看作是一种"远距离伦理"是笔者本文中提出的一个重要观点。这一看法与约纳斯的看法大体上一致。关键之点是关于"责任"与"职责"的区分上。约纳斯认为，"责任是职责的一种更为特殊的情况，职责完全可能存在于一个行为本身之内，而责任指向行为之外，有一个外部联系。"（［德］汉斯·约纳斯：《技术、医学与伦理学——责任原理的实践》，张荣译，上海译文出版社 2008 年版，第 53—54 页。）约纳斯将责任界定为指向行为之外，而职责指向行为之内，其本意是为了凸出科技时代的"责任"的新特点。

们通常把这种得到明确界定的责任称之为"义务"（obligations）。"义务"这一范畴，指涉一种固定确立的任务或功能领域。即说，"义务"是使"责任"归于明确之主体和明晰之任务的行为领域。① 它表达了基于规则的责任论是如何突破单纯"由己"的自由，使自由以人们相互之间的需要为前提，并把自由约束在人们的相互关系之中和特定的社会框架之内。于是，责任就显示出一种广泛的"为他性"的一面。在这个意义上，该隐的"祛责之问"（"我岂是我兄弟的看护人"）失去了本体论根基的支援或担保。每个人不是彼此孤立的、互不相干的孤独的存在，在"行动者行动"的实践理性领域，人们通过行动的相关性或"为他性"的责任之召回，建立起彼此之间守望相助、唇齿相依的义务性联结，使责任归于具体明确的行动主体的行为之中。人们彼此之间的相互照料、关护、互助、亲情、友爱等自然义务（natural obligations），在现代性的意义上，特别是在启蒙以来的整个历史时代，被日常道德视为一种"归责"，一种具体生活情景中的规矩。

在这个意义上，基于规则的责任涉及行动的"归责"向度，其问题之核心是：我们要如何行动才是负责任的。这就是一个使飘荡的不确定的责任概念回归到具体的行动之中的责任之召回。日常的"归责论"提供的道德解释是："尽责任"或"守规则"。而在这种常识道德解释中当然包括了"尽心尽力"的动机论原则和"顾及后果"的后果论原则。前者是一种"积极性归责"，依于行动者的动机或信念，与行动的动机直接相关。按照这一"归责"进路，道德考量要计虑行动者行动是否出自善念，它所使用的伦理工具是"劝告"或"谴责"；后者是一种"消极性归责"，依于行动的效用或后果，是对行动的后果及其持续效应的计虑和归责。它遵循权利与责任的对等性原则来界定行为的"义务"。

近距离伦理视角下的"归责论"伦理，主要是在行为和行为后果之间建立可靠的规范性联系，属于一种"消极性归责"的范畴。即说，它的重点不是从主观意图上由"正念"来端正我们"如此行动而不如彼行动"的规范，从而使行为合于归责性的普遍要求，即从行为效用或行为后果上由"正行"来矫正我们"如此行动而不如彼行动"的规范性要求。

---

① 甘绍平：《伦理学的当代建构》，中国发展出版社2015年版，第398页。

当然（我们在后面还要谈到）它在这一点上隐蔽着一种"现代性"伦理视野的短视或盲点。然而，从一种更开阔的背景看，"归责论"是使责任落脚到具体行为规范的一种行为理论，它对"该隐之问"及其隐含的"祛责论"的回应，关联到一种现代意义上的理性生活方式或者合理化生活方式之建构。

例如，我相信，在商店购买的食品会是安全的，虽然我不可能一一查验。我相信，我的孩子在学校会受到负责任的对待，虽然从他或她上校车那一刻起，他或她不再处于我的监护之下……这样的生活日复一日，使我们相信一个朴素的真理：责任就像是一种软件程序一样被写进了我们的生活和工作的系统之中。一切商品、公共物品、基础设施和一切制度安排、社会交往、文化教育等，都具体展现着责任的意义：负责任的行为和为了达到某种行为后果或效应的行为是一致的，也就是说，都是守规则的行为。

我们的生活和工作借助于这个系统与他人关联在一起。不管我们自己和他人的行为动机和意图如何，也不论人们如此行事或如彼行事到底是何居心，我们已经做的、能够做的、必须做的是遵守规则，并且相信约定的规则有居先的意义，我们相信我们早餐的牛奶里没有三聚氰胺，我们撰写的学术论文中不会掺进伪造的数据。我们之所以信赖这样一种生活和工作的系统，并不主要是基于对人的良心之纯洁的信念，也不主要是基于对善良意志或良心的质询（当然这种信念的积极性意义是毋庸置疑的），而是因为我们知道：一种合理化的生活安排或制度安排必须考虑"不如此行动"会造成什么样的后果。

　　该隐对耶和华说："我的刑罚太重，过于我所能当的。你如今赶逐我离开这地，以致不见你面。我必流离飘荡在地上，凡遇见我的必杀我。"耶和华对他说："凡杀该隐的，必遭报七倍。"耶和华就给该隐立一个记号，免得人遇见他就杀他。（创世记4：13—15）

如果说"你的兄弟亚伯在哪里"的质询关乎良心及"为他性"的责任，是兄弟间的一种自然义务的归责要求，那么，合理的生活安排和行为规则，应该是对这个义务作出回应，这是"应如此行动"的合理化"归责"之体现。而该隐的"祛责论"之问（"我岂是我兄弟的看护人"）则表现出对这个义务的拒斥和漠视。那么，"不如此行动"的后果是显而易见的，它透过"兄弟相害"的后果表现出来。这就是该隐的抱怨："我的刑罚太重，过于我所能当的……我必游离飘荡在地上，凡遇见我的必杀我。"可见，这个行为的后果是要行动者独自来承担的，它是该隐的"祛责论"引出且超过了他所能承担的。因而，该隐的"祛责论"走向了它的反面，他要求更广泛的责任为之提供担保。常识道德的解释是："你做了这事就必担着做这事的责任"。"归责论"在"顾及后果"的意义上，含有对事后过失的问责之意，它以责任主体之明确和责任大小之清晰为前提。

近距离伦理关注的重点是对具体行为的"归责"，它往往以常识道德的形式（如"爱邻如己""不伤害"之类的规则）呈现。其视角限定在人们现实当下的行为，因而在强调一种有约束力的关系之建立及即合于规则的行为之正当的同时，也隐蔽着一种现代性伦理的"短视"或盲点。即说，它使得这种近距离的"归责论"看不到"祛责论"对责任伦理进行挑战所具有的深远的道德哲学意义，而只是将"该隐之问"当作一种无聊的"祛责论"的说辞而予以轻易地打发掉了。

现在，我们设想，如果行动者的行动既无法明确责任主体（即无法明确行动者是谁），亦无法衡量责任之大小，而且短时期内甚或在相当长一段时期内我们都无法确定行为后果的性质以及应该由谁来承担行动的后果，也即说，我们的行动完全进入一种无法用经验方式进行归责的状态，或者说，面临归责的不确定性状态。那么，这也就意味着，我们的行动已经出离了近距离伦理的视力所及的范围之外。那么，我们随即就会发现，在"归责论"不起作用的地方，"祛责论"又重新开始抬头。

在这种情况下，对于我们的行动而言，现代性伦理遭遇众多无法避免的道德责任的悖论。比如说，每一个单个行动者的"负责任的行动"的"叠加"，并不一定构成（或者确保）"负责任的集体行动"，而极有可能造成整个集体行动的不负责任。这种情况在现代社会可以说是屡见不鲜。在政治行动、经济活动和环境保护等问题上，都大量存在"道德的个体和不道德的整体"之间相悖谬的事情。在每个人都在认真地履行他的职责的地方，在每个人的行为都是道德上无可指责的情况下，伦理灾难却因此而发生了。有些灾难甚至是惨绝人寰的人类浩劫。这是集体行动可能面临的一种"归责"悖论：

（1）在个体行动的层面上最有效的"归责"，有可能在集体行动的层面导致一种无法归责的最大的"祛责"。

（2）人类各种组织起来或动员起来的集体行动的力量越大，"人类团结成兄弟"所产生的友爱、团结、分工、协作（生产与合作）的能力越强，就越有可能产生深远的、持久的、重大的影响（这就像人类建造"巴别塔"的故事所警示的那样），而对于这些行动的后果，在多数情况下，我们既无法清晰地感知到或观察到其效用的基本性质，也不能对之进行精准的预测或归责。①

（3）因此，正是在这个意义上，从一种远距离的伦理视点看问题，就会发现，一些尽责任和守规则的行为，既可能是在锻造一种现代性的标准化、理性化的"铁笼"，也可能会造成一些不可预料的后果，会窒息有良好意图的目的，并且带来"任何人都不希望或者不能预料的灾难和痛苦"。②

这涉及我们前文所说的现代性伦理的"短视"或"盲点"。说它隐蔽着一种"短视"，是说它只顾及当下现实的可归责的行为规范问题，而看不清延伸更为广阔辽远且影响至深的行为者的美德问题。说它隐蔽着一种"盲点"，是说它看不到"规则和责任之间的异质性断裂"及其可能会带来的严峻的集体行动的道德悖论。

从近距离伦理的视角看，"对规则不信任"，会使人们得出现代性道德陷入危机的结论。然而，从一种远距离伦理的视角看，则有可能发现，这或许预示着一种美德伦理视域中的责任伦理之觉醒。因为，在由"归责论"诠释的自由（该自由是以约定的有约束力的关系的建立为前提的）中，日常道德将守规则等同于尽责任，这使行动者的责任感易于忽略内部

---

① 比如说像建造核电站或大型大坝进行水力发电等工程行为，就涉及对环境的不可逆的破坏性影响。这种影响对于未来世代的人类生存而言会产生什么样的后果，当代人是无法预料的。而通常的一种说法，"我们的后代会有更高的智慧来处理这类难题"，则反映了现代人的"祛责论"的思路。

② ［英］齐格蒙特·鲍曼：《后现代伦理学》，张成岗译，江苏人民出版社 2003 年版，第 20 页。

良知的支持并缺乏外部道德判断的敏感性，可能使得一些"平庸之恶"借着"尽责任"的"归责程序"而"聚变"成为更大范围的不负责任的行动（甚至灾难性的行为）。另外，用日常的"归责论"诠释人的责任，必然导致对"责任"范畴作过于"窄化"的理解。这是由现代社会分工对人的责任进行分割或肢解的一种方式。于是，一切行为都只是一种被"归责"到特定行动中的能够被问责的行动。事实上，"责任"一词有比可分解的"归责"更为宽广的或更完整的含义，它不仅关联到行为规范，还更为深远地关联到"行动者"的美德，关联着最为一般意义上的"人的责任"。

四　反思的责任论与绝非"大而不当"的责任伦理

道德的世俗化以及对行为的"归责"，导致了道德世界的碎片化，引发了人们对现代性道德危机和现代伦理学理论危机的关注。"归责论"隐蔽的现代性祛责（用规范去搪塞紧要的责任），集中体现为只注重当下的行为归责而缺乏长远的责任担当，或者说，它忽略了更为根本的应该成为一个什么样的人的美德伦理问题。事实上，从现代性的变动不居的特性看，人们不难发现，责任的现代禀性，就其自身而言，或者在其本身内，就隐含了对这种"归责论"的反思或批判。它推动着人们必须不断地扩展自己看问题的视野。当代责任伦理的倡导者汉斯·约纳斯在谈到这一点时，写道：

> "……以长远的、未来和全球化的伦理视野探究我们的日常的、世俗—实践性决断是一个伦理的创举，这是技术让我们承担的重任。用伦理的范畴（主要是就这种新事物的呼唤）说就是'责任'。这个范畴前所未有地回到伦理学舞台的中心，这开启了伦理学史上的新篇章，它反映了权力的新量级，从现在起，伦理学不得不考虑它们。对责任性的要求按比例地成长为权力的行为。"①

---

①　［德］汉斯·约纳斯：《技术、医学与伦理学——责任原理的实践》，张荣译，上海译文出版社 2008 年版，第 27 页。在这段论述中，约纳斯提到了责任伦理的基本定位，即基于技术文明时代人类行为对子孙后代及大自然的深远影响，我们需要一种前瞻性的、远距离的伦理，相比较而言，以往的一切伦理可以说是一种近距离伦理。

约纳斯认为，在科技发展日新月异的今天，与人的权力的扩展相对应，从人类作为"行动者"的视角来看待人的责任，必须且亟待展开的是一种远距离的伦理视野。由于跨越了时空的近距离视界，"人的权力的已经扩大的势力范围打破了大部分早期伦理体系的人类中心论的垄断地位"①，这预示着一种新伦理的诞生，它建立在对"责任"的一种"远见"或"反思"的基础上。我们称这种远距离伦理视野下的对"人的责任"的反思，是一种"反思的责任论"。

"反思的责任论"立足于由人类整体（而非个体）的意义上去理解人的责任。按照约纳斯关于责任原理的论述，一旦从人类生存的全球性条件及长远的未来看问题，或者将伦理的视角推展到地球生命中其他物种的道德地位问题，那么，我们不难发现：一方面，"变得贫穷的非人类生命、退化的自然也意味着一种贫困化的人的生命"②；另一方面，一种扩展了的视野要求将与这种贫穷相反的"富裕的生存"引入人类的善中，因而把对它的保持纳入人的义务，这使人类的善和整体的生活事件联系起来，从而"保证了非人类生命拥有自己的持有的权利"③。这两个方面，使得美德伦理学的一个新出现的趋向得以围绕"责任"概念展开，而"责任原理"预设了将非人类生命纳入人之义务以及由此带来的"兄弟"内涵的伦理扩展。④ 这意味着，我们面临着一种视野的扩展和转换，即从更为开阔的全球化或大地共同体的视野和更为长远的子孙后代的意义上，去回应该隐式的"祛责之问"。

这种扩展的视野，不再强调"归责论"（规范问题）的中心地位，而是将责任看作人类美德的重要范畴（美德问题）。

这一方面表明，与作为人类美德的责任相比，行为规范及与之相关的"归责"问题居于次要地位；另一方面表明，扩展伦理视野的一个重要的

---

① ［德］汉斯·约纳斯：《技术、医学与伦理学——责任原理的实践》，第 27 页。

② 同上书，第 28 页。

③ 同上。

④ 2016 年 5 月 28 日，在美国辛辛那提动物园内，一头名叫"哈兰贝"的珍稀大猩猩被园方应急小组射杀。该行动是为了营救一名落入猩猩池中的 4 岁男童。事件发生后引发公众的义愤。脸书等社交网站上的大量留言，表达了对人类的"兄弟"哈兰贝被人类杀死的质疑和愤怒。此事件可为"兄弟"内涵的扩展作一注脚。

效应，是使"行动者行动"的重心落脚到了以"行动者"为中心的伦理类型。因此，在美德伦理学基础上复兴"责任论"的机缘，盖涵蕴于此。而一种基于"行为者的责任"与"行为责任"的区分，使伦理学更重视前瞻性的、整体性的人的责任，并在新的时代精神背景下面对"应如何生活"或"应成为什么样的人"的问题。

在这个维度产生了对"该隐之问"的一种可能的回应，这就是：我之所以是看护我兄弟的人，那是由"我之为人"的责任使然，而不是某种规范性的"归责程序"使然。在这样的回应中，当我们把"兄弟"的范围从家庭成员扩展到"四海之内皆兄弟也"，从人类同胞扩展到"动物同胞"，从这一代人扩展到"未来世代之人"，那么，"该隐之问"激起的一种责任伦理的回应就包含了深层的意蕴。倘如此，则必然使"责任论"进入当今时代"伦理学舞台的中心"。

这种居于伦理学中心位置的责任论，可以通过反思责任的另外一种情形来思考"该隐"的"祛责之问"。这就是"依赖性关系"的意义。

无论从何种角度看，作为人类美德的责任总是关联到"为人之道"。它甚至是人一生的功课或修行。人类繁荣的秘密在于，人类生活如同一场责任的"接力"，而人的脆弱性或依赖性是驱动"接力"持续进行的动力。年幼或年老时我们接受他人的照料，感受到他人的"为我者的责任"。年长及壮年时我们照料年幼和年老的人，体认到我们的"为他者的责任"。我对一只受伤的鸽子有帮助的义务，那是因为一种依赖性关系使我产生了对这只鸽子的责任。相互看护和相互依存的"依赖性关系"，使我们与家庭、社群、国家以及与自然、环境等实质性的关联体现着"责任"的相互性的道德要求。

在某些条件下，我们的确可以从一个规则推出另一个规则，但立规则者（或立法者）永远不可能是规则，而只能是人，是实践者或行动者，是在历史中、在世界中生存的依赖性的理性存在者。守规则者也同样如此。他或她仅只是在一种行为的"归责"的层面"尽责任"是不够的，还必须在"人之为人"的层面上尽到"做人"的责任。这意味着，一种负责任的行为，从根本上来说是由负责任的人发出的行为。这一条保证了行为者基于长远目的和长远责任决定他所追求的目标为何是"善"而不是"恶"，从而将一种整全的责任立为行动的法则。

　　反过来看，关注行动之归责问题的规范伦理学如果申言是建立在自由意志的基础上，那么，归责的前提就应该是以负责任的行动者为前提。从这个维度，我们进入"归责论"（及与之相关的规范伦理学）的前提反思。这产生了在个体与整体之间建立本质关联的责任论问题：当我评估善或益处是如何被我预设为目的时，我首要的关切在于，考虑它们在人类的繁荣中扮演什么样的角色，以及对于作为人类的我的繁荣中可能会起什么作用。①

　　反思的责任论由此彰显了对"反思"的特别强调。它不满日常"归责论"的非反思性所带来的短视和盲目，试图解决规范伦理学"目中无人"的弊端。那么，其反思性的关键在哪里呢？一言以蔽之，在于将行动者或实践者（而不是行动或实践）看成是实践推理的起点和终点，且总是回过头来端正将起点和终点相连的"善"，反思"我们如何才是一个负责任的行动者"。

　　当然，从一种远距离伦理的意义上寻找牢固的、普遍性的道德（它能确保按规则办事总是负责任的）的努力，似乎总是遭遇失败的命运。行为与行为的效用之间的距离越远，不可预测的效应或后果演变成为一种归责难题的概率就越大。在环境责任问题上，这一代人的行动造成的灾难性后果却要下一代人来承担，代际正义意义上的"归责"变得不可能。然而，这不能成为"该隐们"的"祛责之问"的理由，因为，一种基于反思性责任论的实践推理要求将环境责任归为行动者的美德。同样，这一国的行动造成的后果却要那一国来承担，国际正义意义上的"归责"同样变得不可能。而在集体行动中，特别是技术时代的集体性的科学研究中，会出现一种"有罪过，但无犯过者；有犯罪，但无罪犯；有罪状，但无认罪者"的情况，② 即说，对行为后果的"归责"出现了主体空缺或主体不明的情况。即使是人们的某个约定成为普遍认可的规则，我们也不能确定它是否能够确保我们的行为在整体上是负责的行为。正是这种不确定性，使得实践推理要求将基于理性反思或前提反思的责任归为行动者的

---

　　① 这段话参考了麦金太尔在一次访谈中的谈话。［英］艾里克斯·弗罗伊弗：《道德哲学十一讲》，刘丹译，新华出版社 2015 年版，第 211 页。

　　② ［英］齐格蒙特·鲍曼：《后现代伦理学》，张成岗译，江苏人民出版社 2003 年版，第 21 页。

美德。

谈到这一点时，麦金太尔曾经指出，"人类的繁荣问题""……类似生物学的问题，类似于问题'狼的繁荣是什么样子？'或'海豚的繁荣是什么样子？'在每种情况中——人类、狼、海豚——每一个个体繁荣所需要的是开发其作为自己物种的一员所独具的力量。"① 这一看问题的视角，将责任论的关切指向"人类所独具的力量"。那么，人类所独具的力量是什么？这个问题让人想起帕斯卡尔名言"人是能思想的芦苇"。帕斯卡尔在谈及人的脆弱性时用了"思想的芦苇"的著名隐喻。他想说的是，人尽管脆弱如苇草，但人的全部尊严和力量就在于"能思想"。也就是"能思想"、具备"反思能力"使人能够承担作为人类一员的"责任"。因此，一种反思性的责任，即对支配我们生活的那些规范、所参与行动的"归责"方式及其性质以及我们经历的生活或历史进行反思，是人的尊严和力量之所在。

从这个意义上看，"归责论"基于对规则的信任，似乎并不足以给出关于道德责任的"为他性"的充足理据。存在太多的令人感到安慰的行为规则来界定行动者行动的责任。而情况往往是：一种行动所赞同的规则，往往是另一种行动所谴责的；或者，换句话说，一种规范把另一种规范所拒绝的东西奉为权威的约定。"不久事情就会变得很明确，遵从这些规范，并不能使我们免除责任，尽管这些规范很有道德原则。"②

从根本上看，一个约定，一句承诺，一种对行为后果的计算和评估，往往牵连"与行动者相关"的责任，而不仅仅是"与行动相关"的责任。因为，它与我们"做人"的观念和原则密不可分。

于是，道德责任问题并不是如创建某种软件程序那样确定无疑且简便易行。行动者之间的约定会改变。由约定所界定的责任也有可能被延迟或得不到认真地对待。做一个负责任的人甚至要贯穿于我们做人的一生。在我们的生活中，不可靠的或不靠谱的行动者大量存在。一方面，守规则或按规则办事的人，或者谨守规则的人，可能是"平庸之恶"的同谋者或

---

① ［英］艾里克斯·弗罗伊弗：《道德哲学十一讲》，刘丹译，新华出版社2015年版，第111页。
② ［英］齐格蒙特·鲍曼：《后现代伦理学》，张成岗译，江苏人民出版社2003年版，第24页。

参与者。道德悖论在这里出现了："最负责任的行为（某种职业性的责任）"却使行为者成为"最不负责任的人"；另一方面，代理人或机构（包括集团组织）成为责任主体的效应，隐蔽着两种"祛责论"：一是在集体行动层面，"组织起来的不负责任"，构成了整体性的祛责论；二是在个体行动层面，"规则的不适者——不守规则的人——无视规则而不负责任的人——挑战规则的人——祛责的人"，构成了一条"归责自败"的逻辑链条。在这个意义上，"归责论"之所以面临棘手的问题，是因为人们很多时候并不知道：（1）如何约定责任；（2）在什么范围内约定；（3）这些约定是否会导致冲突；（4）如何坚信他人会按照约定的责任行动；（5）如何应对规范的多元状态；（6）如何为一个行为选择负责任；（7）在专注于一种行为之责任时如何顾及其他的行为责任……这些问题可能使得"责任"问题演变成异常琐碎的日常事务，反而遗忘了那本己的更为重要的事关全局性或整体性的"做人"的责任问题。

因此，"反思的责任论"与"日常的归责论"之间的张力，是责任的现代禀性的具体而微的体现。一方面，"反思的责任论"所扩展的那种远距离伦理的"远见"，具有平抑"归责论"过于"近视"或"琐碎"的功能，因而并不像人们批评的那样，即不是某种"大而无当"的伦理①；另一方面，告诉行善的人哪些行为是善的，告诉负责任的人哪些行为是负责任的，在日常道德的层面，又离不开"如何行动"的"可归责"的可细化的行为规则，因此，"反思的责任论"又是以超越的方式，端正并成全"日常的归责论"的一种方式。

五　责任的现代禀性

责任的现代禀性，需要我们在双重视野中面对我们时代的"该隐之问"。它包括"超验维度/经验维度""由己性/为他性""日常的归责论/

---

① 对约纳斯为代表的责任伦理学的批评，通常是指责这种理论的"大而无当"。也即是说，责任伦理更多地像是一种无法落实为具体的行动方案的"对当代人类整体的道德呼吁"。它提出了如此行动的方向，但又不能做出任何细化或有限化的规定。笔者认为，责任伦理的"远距离"恰是为了平抑对责任的过于细化的"归责"所导致的方向感的迷失，因而，并非"大而无当"。相关讨论可参见甘绍平《伦理学的当代建构》，中国发展出版社 2015 年版，第 399 页。

反思的责任论"等一系列的"两分",以及由此导致的双重视野。然而,现代性责任难题在这种张力的作用下,使"祛责论"(或"该隐之问")成为整个现代时期挥之不去的伴生现象。不断频发的"大规模不负责任的行为"已经和正在危及某个行业、某种职业、或某一群体的前途命运。乃至一国之文明,也将因此而陷入伦理灾难之中。其产生的巨大的破坏力足以撕裂并不稳固的社群。个体生命存在及其尊严在日益滋长起来的"祛责论"的支持下,已成为某种巨型"社会绞肉机"下的原料。伦理的沉默(关联着道德的沦陷)直接或间接纵容了"祛责事件"的发生。如果没有一种伦理的觉醒,我们就听不到那使我们不得不面对的质询:"你的兄弟亚伯在哪里?"这询问的声音,质询每一个人的良心。它在历史上、在大地上回响。那杀死或伤害自己"兄弟"的一些人,也一直都是在历史上、在大地上繁衍生息的人类。然而,问题的症结到底在哪里?我们实际上对此并没有一个清晰的理性的判断。迄今为止,尤其是自启蒙以来的整个现代历史时期的各种不同的责任理论,并不能有效地回应"该隐"的"祛责论诘问"。

如果说该隐式的"祛责之问"是现代文明的必然伴随现象,那么,责任的现代禀性就必须接受"祛责论"的挑战,并对之予以回应。由此,我们至少应关注"责任"的三种探究方式。

1. "罪责论"的现代转化。现代性的纵向转折源自"超验"与"经验"之间的张力。在这一方向上,"祛责"属于一种实质性"祛魅",它提出了对罪责论进行现代转化的要求。从而推动人们在重新理解"过去"时思考责任的生存论根据。"对历史负责"蕴涵个人与其历史性生存之间的责任关联。

2. "归责论"的现代性展开。现代性的横向展开形成了"自我"与"他人"之间的张力。一种日常的"归责论"所表明的"非如此不可""不如此行动不行"的"强"的规范性要求,在揭示自由定律或自由意志的归责性诉求及其"为他向度"时,显然是将责任的概念收纳到一种近距离伦理的视域中。这不可避免地使"归责论"对"祛责论"的回应受制于现代性的短视或盲目,即着眼于当下现实的行为归责问题。然而,尽管存在这样那样的短视或盲目,强调单个行动对"当下"负责任,凸显自由意志为"行为"承担责任,却是现代性展开其责任的规范性维度的最有力的一种方式。

3. "责任论"的现代性反思。"日常的归责论"与"反思的责任论"之间的张力，构成了人类从一种"近距离伦理"与"远距离伦理"的辩证关系中应对"祛责论"挑战的现代性形态。责任伦理强调以人的未来视野和长远眼光重新审视个人的历史性的责任，以及人们彼此之间应尽的义务，进而在人类整体的意义上反思与人类繁荣和地球繁荣相关联的人的责任。它通过把责任确立为"行动者行动"的根据来重新理解过去、合理应对当下的现实、前瞻性地反思未来。

第五章　如何看待道德与幸福的一致性

如何理解道德和幸福之间的关系？这是道德哲学的一个中心议题。以伦理思维对该问题进行学理探究，必然涉及两种针锋相对的观点。

一种观点认为，道德与幸福应当是一回事，二者是一致的、不可分割的，没有幸福的道德是不完整的，也不合人性的本质和人之发展性的需要，而没有道德的幸福则不是真正意义上的幸福。

另一种观点认为，"道德"是一回事，"幸福"是另一回事，两者遵循不同的逻辑——人们谋求幸福，通常是指寻求某种类型的欲望（或需求）之实现和偏好之满足。而人们听命于道德，则更多地是指遵循人之自立法度（人为自己立法并遵循之）的行为准则——因此，成为一个幸福的人，与成为一个道德的人，只有在一种理想的情况下是一致的，在现实生活中两者不一致甚至相互妨碍的情形是屡见不鲜的。

这两种观点，在当今的社会生活中均有代表性。它带来了人们在道德与幸福关系问题上的一系列的困惑。不论朴实无华的日常言说，还是修辞严谨的哲学话语，这两个概念所产生的主观性歧义则是颇为常见的。那么，在现代性条件下，着眼于一种伦理思维，我们要问："人们追求幸福生活，能否抛开道德上的考虑？"

显而易见的是，道德与幸福的一致性，是一个有着多种可能性的难题：对于幸福生活的目标预设而言，何种可能的环境提供了人们生活得更好或者更幸福的道德上的条件？对于人所过的现代生活而言，如果没有一种德性或者德行的光辉对人之行为进行范导或引领，使一种生活成为一种"好的生活"或者"幸福生活"，可能吗？或者，更一般地说，使一种生活成为有价值的生活（正如苏格拉底所说的"值得一过的生活"），在道德上值得肯定的生活，是否可能以及如何可能是一种值得追求的"幸福的生活"?

我们看到，当今之人（现代人）对这些问题是有着各种极为不同的解释和不同的回答的。人们可能基于各种不同的立场来界定一种生活何以是"幸福的"或"道德的"。但是，究竟是什么促成了或者构成了"道德与幸福"的一致，以及我们如何理解"道德与幸福"之一致性，无疑是一种伦理思维的道德哲学探究必须最先问及的问题。

一　以主观性看待"道德与幸福"之一致性

毫无疑问，作为打上了悖论性印记的道德哲学议题，如何看待"道德"与"幸福"的一致性问题，是一个自古以来就与人类道德生活史和精神生活史相伴始终的基础性问题。对于这个问题，我们当然不可能先进行一番调查，去问"你幸福吗"或者"你道德吗"，进而以获取一种对问题进行回应的统计数据来回答这一问题。然而，"幸福"在主观性维度与道德的联结，又是我们无法回避的，是该问题的"症结"所在，且是其最难理解又最为重要的方面。

美国学者托马斯·斯坎伦（Thomas Scanlon）列举了与主观性相关的比较典型的三种提问视角：

（1）从试图决定如何生活的个人的主观性立场提问题；

（2）与从一个能够理解这种主观性立场的第三方（譬如父母、兄弟、朋友等）提问题；

（3）以及，从一个负责任的管理者（或代理人）的角度提问题。①

我们看到，这三种主观性程度不同的提问视野，可能关乎"道德"或"幸福"以及二者联结的不同的向度。一个人在决定什么生活才是一种"好"生活的时候，他最大限度地根据他自身的主观条件及主观性诉求。而作为父母、兄弟、朋友等具有同情之理解力及仁爱之意愿的第三方角色，在如何过一种"好"生活问题上所进行的提问，可能既要考虑到主观立场和主观条件，同时又要兼顾到相对客观的境遇、条件和客观中立

---

① ［美］托马斯·斯坎伦：《价值、欲望和生活质量》，龚群等译，［印］阿马蒂亚·森、［美］玛莎·努斯鲍姆主编：《生活质量》，社会科学文献出版社 2007 年版，第 195 页。

的诉求。而作为一个管理者（或代理人），则更多是从一群人的利益或与自我利益有别的他者利益出发，而不是从自我关注的个人利益出发，提出什么是幸福生活的问题。我们从这三种关涉到幸福或道德及其相互联结的主观性方面看，"主观性"程度，是随着责任感的逐步增强而依次减弱的：人们总是依据其所承担的责任与义务的范围，来划定好生活或幸福生活的界限。孤独的个人以偏重于自我关注的幸福或道德为中心，往往以一种比较强的主观性将责任与义务的范围压缩到最小，但作为处于特定社会关系中的个人，比如父母、兄弟、朋友和特定职能的管理者，则必须以适当的方式避免这种主观性之"过度"，以适应相应的社会角色所赋予的责任与义务之诉求。因此，如何成为一个幸福的人，或者换个方式提问，什么能使一个人的生活变得更加幸福美好，诸如此类的问题，通常产生于关于我们的责任和义务的道德论证的过程中。托马斯·斯坎伦写道："……既然这些责任和义务至少在某种程度上是根据使人们的生活变得更加美好的需要来确定的，或者至少根据防止它们变得更加糟糕的东西来决定，那么就要论证我们的义务和责任是什么。"①

在看待道德与幸福之一致性问题上，从一种强主观性的自我关注到一种强客观性的他者关注之间，存在着论证道德（义务和责任）和界定一种好生活（幸福生活）问题上的强弱程度不同的主观性（或者作为其反面的客观性）的层次分布。这似乎或多或少地支持一种多样性地看待"道德与幸福之一致性"的主张，即允许对该问题有各种不同的解释与理解。换言之，这意味着，从简单地断言二者之"同一"到明确声称两者之"不一致"之间有各种可能性的观点。由此看来，幸福在主观性维度与道德的联结问题，与托马斯·斯坎伦提出的问题是紧密相关的，托马斯·斯坎伦如是问："对于人们的生活而言，是什么使得一种生活成为好生活？"② 从这一问题所触及到的主题而言，不论是谁提问，不论他（或她）站在什么样的立场上提问，也不论他（或她）问及的是谁的好生活及何种好生活，都会产生与相关主体性或主观性的责任与义务的某种关联。

---

① ［美］托马斯·斯坎伦：《价值、欲望和生活质量》，龚群等译，［印］阿马蒂亚·森、［美］玛莎·努斯鲍姆主编：《生活质量》，社会科学文献出版社 2007 年版，第 195 页。

② 同上。

于是，"道德与幸福之一致性"的问题，可以表述为：是什么使一种生活（或行为）即合于道德从而使倡导这种生活（或行为）的世界成为一个更加幸福美好的世界。

从该问题牵涉到的主观性的三层次看，这个问题有三种可能的求解方式：

1. 自我关注的主观性；
2. 介于自我—他者之间的主观性；
3. 他者关注的主观性。

这三种可能的求解方式，除了对应于托马斯·斯坎伦列举的三种提问视角外，在伦理学史上也有相应的学术史支持，可视为一种可供选择的标准。

二　以亚里士多德为中心：从自我关注看"德福一致"

"幸福与道德"之一致性，首先在一种"自我关注"的主观性范畴中获得阐释。这通常是从试图决定如何生活的个人的主观性视野出发的。古代德性论伦理学持这样一种观点，其中，尤以古希腊哲学家亚里士多德的德性伦理学最具代表性。

自我关注的主观性，是从人的自我认识中，特别是从什么样的生活值得一过的反省中，产生关于道德与幸福的同一或联结的德性论题的。在古代德性论中，以亚里士多德为代表的传统德性伦理学，主张将道德与幸福的联结看作心灵的自由状态，进而用美德之心灵来阐明人生之幸福，从而得出"幸福就是德性的现实展现"的结论。

按照亚里士多德的观点，道德与幸福的一致（或"德福一致"）是必须在个人追求一种德性生活的现实活动中得以实现的。幸福通过德性的培养，通过良好习惯或持之以恒的训练获得，"……德性的嘉奖和至善的目的，乃是神圣的东西，是天福。"[①] 一个有优秀德性的人，总是为希求美好事物的自由心灵所指引而行为高尚，因而是那种在个人生活或城邦公共

---

① ［古希腊］亚里士多德：《尼各马可伦理学》，苗力田译，中国社会科学出版社 1999 年版，第 18 页。

生活方面以"活得好"为目的且在个人事务或城邦公共事务方面以"做得好"为目的的人。从这一意义上看，"幸福"就是一种合于德性的现实活动，就是人所追求的最高目的和"最高的善"（"至善"）。由此可见，以亚里士多德为代表的古代德性论，是在一种目的论主观性范畴下，理解道德与幸福之一致性的，它否认了道德与幸福之间不一致的情况，主张以德性作为联结道德与幸福之间的纽带。这是一种典型的传统形态的自我关注的幸福论，它诉诸心灵的功能、人格的完善和理智的思辨，将道德或德性视作幸福的内容和本质。

在这种目的论的至善幸福论中，道德与幸福不是构成"至善"的两种不同要素，而是相互一致、合二为一的：德性是通往幸福的桥梁，幸福是德性的现实展现，因此，人们完全可以按照同一律寻求二者之一致。然而，值得注意的是，古代德性论在主观心灵的目的导向的自我关注中存在着某些微妙的差别，导致了两种不同的德性论：伊壁鸠鲁派的快乐主义和斯多葛派的禁欲主义。伊壁鸠鲁的快乐主义认为，德性（或者德行）就是意识到导致幸福的准则，因此应当将"道德问题"还原为"幸福问题"；斯多葛派的禁欲主义认为，幸福就是意识到自己的德性（或德行），因此应当将"幸福问题"还原为"道德问题"。于是，"心灵"的两种趋向（自然的和超验的）便被归结为：在道德与幸福的一致性中，"幸福"与"道德"何者更为重要？这里透露出，即使在德性论传统中，也存在着对一种好的幸福生活的不同理解：趋向自然德性的快乐主义幸福论；趋向超验幸福的禁欲主义道德论。

三　以康德为中心：从自我—他者之间看"德福一致"

幸福与道德的一致性，在"自我—他者之间"的主观性范畴中也获得了某种系统阐释，该问题方式的产生涉及一个能够理解此主观性的"第三方"的立场。在西方道德哲学史上，康德义务论是其典型代表。

"自我—他者之间"的主观性，设定了主观性的两个来源：其一，是以"自我关注"为主观性根据。它的被还原形式为终极之"自我"，即一个不可再分析或再还原的"我"，哲学史上通常称之"心灵""灵魂"或"我思"。它的经验形态和感性形式，往往会产生一种"偏私"的自我关注，（借用佛教术语可称之为"我相"）即一种趋向自我愉悦、个人幸福的主观性；其二，是以"他者关注"为主观性根据。它的被还原形式为终极之"物"，即作为超验存在者的存在。以之为主观性根据，意味着赋予针对"自我"意欲和意志进行立法约束的准则以先验效准，且诉诸于"人为自己立法"的道德主观性（或道德自由）所必须具有"他者关注"的视野。主观性的这两个来源，形成了"自我—他者"张力之间的"道德与幸福"的复杂性关联，造成了思考"道德与幸福"之一致性的困难。在康德义务论中，这一难题被表述为"纯粹实践理性的二律背反"。我们看到，这涉及理解这种主观性的"第三方"的立场。

　　康德伦理学不赞同古代德性论关于"道德与幸福"之单纯同一的观点。他说："……德行的准则和自身幸福的准则在它们的至上实践原则方面是完全不同性质的，尽管它们都属于一个至善以便使至善成为可能，但它们并非一致的，在同一个主体中极力相互限制、相互拆台。所以这个问题：至善在实践上如何可能？不论迄今已作了怎样多的联合尝试，还仍然是一个未解决的课题。"① 康德通过分析表明，"道德"与"幸福"是"至善"的两个完全不同的要素，因此实践理性中道德原则与幸福原则之间存在着不可避免的"二律背反"：一方面，实践原则中的自身幸福准则，是感性存在者在一种自我关注的主观性中（出于欲求和偏好）诉诸人之自爱的偏向，因而是在道德之外且不能成为道德之动机的偏好法则；另一方面，实践原则中的德行准则，是理性存在者在一种他者关注的主观性中（出于道德和法则）诉诸敬重之必然性，是绝对的、无条件的道德法则。道德与幸福的二律背反，将心灵的两种关注（自我—他者）纳入到一种批判的主体性哲学的框架内，从主观性根据上分别诉诸感性和理性：作为感性存在者的个人，由禀赋、偏好和欲望抢先造就自我，由此产生一种自爱的偏向；而作为理性存在者的人，并不将"自身幸福"当作实践法则的必然原理，相反他（或她）应服从的是普遍性的道德法则。于是，一种好生活或正确行为的主观性根据，必然进入"介于自我—他者之间"的问题域，既受到感性存在者之自我关注的"自爱原则"的支配，又受到理性存在者之他者关注的"敬重原则"的支配。"在一切道德

---

① ［德］康德：《实践理性批判》，邓晓芒译，人民出版社 2003 年版，第 154 页。

评判中最具重要性的就是以极大的精确性注意到一切准则的主观原则，以便把行动的一切道德性建立在出于义务和出于对法则的敬重的必然性上，而不是建立在出于对这些行动会产生的东西的喜爱和好感的必然性上。"①这虽非意味着人应当否定照顾自己的感性偏好的使命，然而却要求在道德法则与偏好和欲望（自身幸福准则）发生冲突时，以理性的道德法则为根据做出决定。② 因此，康德义务论反对在实践法则中将幸福当作道德的动机，道德法则完全排除了以自爱为主观性根据的幸福对实践法则的影响，它通过自我意识贬黜感性个体而使道德法则在主观上成为敬重之根据。

我们看到，基于"自爱"与基于"敬重"，在分析视野中的区分，揭示了"幸福"与"道德"在感性（情感）的"自我关注"和理性（法则）的"他者关注"之间存在的类型分别及其综合联结之可能的问题域。这样一种介于"自我—他者之间"的主观性范畴，有其复杂性，在道德形上学的意义上，必须由"灵魂"和"上帝"两大"公设"确立其先验根据。从这一意义上，康德义务论冷静地指明了"道德与幸福之一致性"是一种缺乏经验的现实感而又先天必然且必须的实践理性的立法原理。尽管道德学不是一种幸福学说，不提供如何享有幸福的指导和获取幸福的手段，仅仅是处理幸福的理性条件，但这并不意味着"道德与幸福之一致性"不具备可能性，相反，它是人的自我关注（偏好、幸福）和他者关注（法则、道德）在"至善"中的先天综合。因而，道德与幸福，在综合视野中的联结，是使"至善"成为可能的两大要素的联结："……幸福和德性是至善的两个在种类上完全不同的要素，所以它们的结合不是分析地能看得出来的……而是这两个概念的综合。"③ 这种综合不是由经验综合而来，也不是基于经验性原则的任意联结，其可能性条件"必须仅仅建立在先天的知识根据之上"④，因而源自人心中先天综合的法则。显然，康德义务论诉诸人心中的先天知识（如"上帝存在"和"灵魂不朽"），以诠释遵循"德福一致"的道德因果律在实践法则中展现的与德行相比

---

① ［德］康德：《实践理性批判》，邓晓芒译，人民出版社 2003 年版，第 111—112 页。
② 韩水法：《批判的形而上学》，北京大学出版社 2009 年版，第 132 页。
③ ［德］康德：《实践理性批判》，邓晓芒译，人民出版社 2003 年版，第 154—155 页。
④ 同上书，第 155 页。

配的幸福之可能，进而从主观心灵的先验源头将"德福一致"理解为存在于一种理想的"至善"中的必然联结，从经验的源头上，以实践原则而论，又明确将道德与幸福区分开来，幸福在道德的意愿之外，道德也不一定带来幸福的结果，一种好的趋向理想的关联方式是在与德行相比配中确立配享的幸福。我们看到，这样一种明晰性，以实践理性之公设（上帝和灵魂）为前提，无疑从道德形上学的超验根基上为理解"德福一致"的主观性提供了"第三方"的立场：它要权衡"自爱"与"敬重"的精确比配及其关联方式，既要对"自爱"之人如何出于偏私而断言"我的兄弟与我何干"作出阐释，又要对"敬重"之人出于法则而断言"我是我兄弟的守护人"作出论证。

四　以列维纳斯为中心：从他者关注看"德福一致"

幸福与道德之一致性，还在一种"他者关注"的主观性范畴中获得系统阐释。这种形式的主观性，涉及一种负责任的"管理者"或"代理人"的伦理视野之敞开。在当代思想中，列维纳斯的他者伦理，是其中最具代表性的道德哲学样式之一。

他者关注的主观性，来自当代西方思想对自身传统的深度反思。以今日之眼光看，举凡被归诸"后现代"之名下的各派哲学，似乎都共享一个基本判断：西方思想以"主体性"或"自我关注"所施行的对他者的压制乃至剥夺，不仅仅是一种"思想病"，而且在它的现代性展现方式中，愈来愈演化为诸种"文明病"。这使得他者视域中的"德福一致"问题成为解构主义、后精神分析哲学、女性主义、人类学、后殖民理论、深层生态学、关怀教育学等名目繁多的后现代理论关注的重点。列维纳斯以当代法国哲学的特有语汇，探询人类事务中不可排除的由"他者"（Other）所展现的伦理事务领域，在那里，一种"面对面"的与他者相遇的主观性，成为阐释或理解"道德与幸福一致性"的重点。

列维纳斯在"二战"时期的德国战俘营中思考或设想一种"涉及善之难题、时间以及作为向善之运动的与他人之关系"的第一哲学。他写道："……引领一个存在者（existant）趋向善的过程，并非是存在者上升为一种高级存在（existence）的超越行为，而是一个摆脱存在（etre）以及描述它的范畴的过程，是一种出越。然而，出越和幸福都必须立足于存在（etre）……"① 列维纳斯指认："存在之问"在一种"同者"暴力中将西方思想引向虚妄之"真实"，即"至善"。它问向"存在之存在"，却无法理解，也不思及"他者之他者"。哲学据此将道德与幸福进行联结，显然错失了通往"善"的正确方向，而"摆脱""出越""外于"或者超越于"存在"，不是以存在之"光明"朗照异质他者，（若如此便是剥夺了他者而使之融入"同者"的普照光中了）或者通过将他者"同化"而实施对他者的压制和剥夺，而是通过关注"他者之为他者"而造就一种与寻常不同的主观性，乃是一门作为第一哲学的伦理学的基本任务。因此，重要的不是获得有关他者之知识，而是在与他者遭遇时，聆听他者，承担"为他者之责任"，这是一种伦理地"看"世界的"眼光"或"视力"。"道德经验并不来自视力——它造就视力；伦理学是光学。"② 作为一种精神的"光学"，伦理学既非正确行为的规则体系，也不思考幸福的条件，而是通过开启"他者"对"同者"的质疑，进而使"我"之幸福由他者外在性之"不同"而导入爱与责任之范畴。这是一种"别于存在"的眼光。由此，列维纳斯描述了一种他者视域中的"道德与幸福"的关联。他在《总体与无限》中写道："显然，'我'就是幸福，是家中自在之在场（presence at home with itself）。但是，作为一种在其不足中之充足，它仍然处于'非我'中；那是某种别样东西的快乐，而不是它自己的快乐。它是土生土长的，即说，植根于它所不是之物之中，而在其根系所及之处，它仍然是独立的和各别的。"③ 显然，"幸福"是与"我"之位置的伦理特性密不可分的，"我"也只有在让位于"他人"且是"为了他人"的历时性意义上，才会在"为他"的意义上表明"我"就是"义务"和"责任"，同时又表明"我"就是"幸福"。

在这种他者关注的主观性中，为他者的伦理，使道德与幸福、责任与快乐得以保持一致。伦理的主观性被设想成"同一个之中的另一个"，因

---

① ［法］列维纳斯：《从存在到存在者》，吴惠仪译，江苏教育出版社 2006 年版，前言，第 1 页。

② Emmanuel Levinas. *Totality and Infinity*. trans. A. Lingis. The Hague/Boston/London：Martinus Nijhoff Publishers，1979. Preface PP. 23.

③ Ibid.，pp. 143.

而是"同一"的自我拆散，在其中"同一个"与"同一个"不能相会，它只能作为"另一个"得以展示。于是，"同一个"的"自我"，进入他者关注的伦理境域，作为"另一个"的展示，而以忍耐，责任心，爱，良善，成为他者之"人质"，是出越而面向他者的"开门辑客"。因此，"我之在此"的自我呈献，既是"我"之展开的"充盈"和"繁盛"，同时又是责任心之急切需要履行而体现出的这种需要的"充盈"和"繁盛"。它见证"无限超越自身的方式"，标示出幸福与道德之联结的"伦理学的情节"。列维纳斯谈到"伦理学的情节"时写道：

> "无限超越自身的方式具有一种伦理学的意义，这并不导致制定一个伦理学经验的超验基础的建设计划。没有什么伦理学的经验；有的是一种伦理学的情节。伦理是一种与有限有关系却无关联的无限、由这一悖论描画出来的一个场。这样的关系没有什么包容，却有无限对有限的溢出，是它确定了伦理学的情节。"①

作为"伦理学的情节"，他者对同者的质疑是伦理之始点，它突出了爱的关系中他者外在性的基本地位和居先性，伦理主观性的发生在于他者的外在性。"爱"不是"我"的世界对他者的征服和占有，而是对他者的欢迎与责任。这一伦理"情节"，改写了"欲望"的道德身份。"欲望"不同于易于满足的"需求"，它是不可满足的，是"欲望之欲望"，因而是"形而上学的欲望"，就像是亚巴拉罕前往未知之地的"途中"而非奥德修斯历经艰难的"还乡"。欲望是在无限面前无限的忍耐、等待以及永不餍足的趋向盈余和繁盛，趋向并亲近于纯然异质之他者。于是，"我"之幸福、爱的抚慰和荣耀，不再出自一种"付出—回报"的对等交换，而是一种非对称性的单向流动，这种自我呈献（self-giving）的爱使人类成为人类，"我"通过爱他人而找到自身，通过舍己而成己。这表明，在伦理主观性环节上，幸福与道德不由自我关注的欲望而联接，而由他者的外在性之进入而相互一致。外在性的进入，通过与他人相遇而成为可能，

---

① ［法］列维纳斯：《上帝·死亡和时间》，余中先译，生活·读书·新知三联书店1997年版，第245—246页。

通过与他者"面对面"的相遇，伦理之人放弃了主体内在性及其占有性的强制。鲍曼评论说，值此之时，"我就是负责任的我，他是使我负责任的他，在这种他者因此为我之意义的创造中，我的自由，我的伦理的自由才形成。"①我们看到，对"他者"的欢迎和热忱好客，是列维纳斯伦理主观性的重心所在，是他所说的"超越的形而上学事件"的核心理念。② 这种他者关注的主观性，总是一再地且永不停歇地质询着"我"之自由并奠定了"我"之主观性的基础，它使责任心、爱和欲望成为有着丰富内涵的伦理情节和伦理事务，没有这种伦理主观性的涵养和滋润，"我"概无可能过一种"幸福的生活"。"伦理之人"，因此在爱之中，在为他者的责任之中，在自由之中，既是"幸福之人"又是"道德之人"。

五　与"幸福"关联的道德探究的形态学分布

由上述三种关涉"道德与幸福"之一致性的理解方式看，如果不避简化之嫌，那么不难看到，"幸福"向人们展现为必不可少的与道德相关的主观性联结的三种"形态学分布"。

1. 以亚里士多德为中心的德性伦理范式，代表了传统形态的"德福一致"的理解方式；在传统意义上，它诉诸"追寻德性"之人在"应当如何生活"问题上的一种自我关注的道德探究；

2. 以康德为中心的义务论伦理范式，代表了现代形态的"德—福"二分及其可能联结的理解方式；在现代性意义上，它诉诸"遵循理性"之人在"应当做什么"问题上的介于"自我—他者"之间的道德探究；

3. 以列维纳斯为中心的他者伦理范式，代表了后现代形态的"德—福"关系的理解方式；在后现代性意义上，它诉诸"面向他者"之人在"应当如何在一起"问题上的他者关注的道德探究。

由此，在道德探究的形态上，"道德与幸福"之一致性的问题，在三大问题域中获得了相应的历史定位：传统类型之人，从一种本体论形而上

---

① Zygmunt Bauman. *Postmodern Ethics*. Cambridge：Blackwell Publisher，1993. P. 86

② Emmanuel Levinas. *Totality and Infinity*. trans. A. Lingis. The Hague/Boston/London：Martinus Nijhoff Publishers，1979. PP. 84

学或者宗教形而上学的根源上，通过反省"应当如何生活"的问题，由一种德性至善论的主观性视野切近"道德与幸福"之一致性的理解，这确立了一种传统形态的或者传统条件下的"追寻德性"之人的（以德性为基础）"心灵自由"的趋向；现代类型之人，则是从一种批判的形而上学或者道德形而上学的基础上，通过追随"应当做什么"的问题，由一种道德自由论的主观性视野展现了"道德与幸福"的二律背反，因而确立了一种现代形态的或者现代性条件下的"遵从理性"之人的（以法则为基础）"意志自律"（"自律自由"）的趋向；后现代类型之人，在回应一种超越的形而上学或者欲望的形而上学的伦理情节时，通过面对"应当如何在一起"的问题，以一种伦理责任论的主观性视野重新思考"道德与幸福"的相互联接，这揭示了一种后现代性视域或后现代条件下的"欲望他者"之人的（以爱为基础）"对他人负责"（他律自由）的趋向。①

　　依据关于道德探究的形态学预设，以及关于"道德与幸福"之一致性问题的三种形态区分，我们获得了探讨使生活变得幸福美好的道德哲学的三种形态：指向"心灵秩序"的德性至善论；指向"行为法则"的道德自由论；指向"他者面容"（The face of the other）的伦理责任论。

　　我这里要立即强调地指出：与幸福关联的道德探究的三种形态，虽然对应于人的三种类型（传统类型的人、现代类型的人和后现代类型的人）且各自有相应的伦理学史上的重要代表及其"中心思想"，但这并不意味着可以在"传统—现代—后现代"的形态分布中抽绎出一条由"过去—现在—未来"标记的形态演变的线性历史轴线，相反传统德性论的强劲复兴和康德义务论的当代拓展表明：瞩目于"心灵自由"的传统德性论视域下的"德福一致"论的理解方式，与瞩目于"自律道德"的现代义务论视域下的"德福配享"论的理解方式，仍然是当今人们看待"道德与幸福"之关系的两种重要的主观性维度，二者与瞩目于"他律自由"的他者视域下的"德福相契"论一道，构成了三种看待道德与幸福之一

---

　　① "欲望他者"，被列维纳斯表述为一种"形而上学的欲望"，它是一种永不满足的为他人的伦理追求，"而不是缺什么就补什么、以占有或拥有为目的的需求。"参见杨大春《语言·身体·他者：当代法国哲学的三大主题》，生活·读书·新知三联书店2007年版，第286页。

致性的主要的道德哲学范式，且分别代表了"自我关注""'自我—他者'关注"和"他者关注"的三种主观性维度对问题本身的不同的理解方式。

我们从这里转换出来的问题乃是：重要的不仅是我们在伦理学史上罗列的三种看待"道德与幸福"之关系的主观性视角和对问题的理解方式，这无疑是我们要强调的，而我们要更为重点强调的是，从这三种主观性维度呈现出来的"德—福"问题方式所触及的道德探究的形态学分布，因为各种解题策略的合理性总是以其问题方式在与幸福关联的道德探究的形态学分布中影响着伦理的类型。因此，在"道德与幸福"之关系的讨论中，我们依据一种道德形态学的区分，至少得出一种与幸福相关的道德探究的形态学分布——然而，当我们指证传统德性伦理的代表亚里士多德从心灵自由的功能论证得出"德—福"一致论，抑或现代规范伦理的代表康德从意志自由的追随论证得出"德—福"配享论，或者当代他者伦理的代表列维纳斯从他律自由的转换视域中得出"德—福"相契论，我们实际上展现了"幸福"向人们所显示的道德形态学的三大"问题"：应当如何生活？应当做什么？应当如何在一起？这三大问题，构成了与"幸福"关联的道德探究的道德形态学分布的三条轴线，是我们今天理解道德与幸福之一致性不可偏废的基本问题视域。

第六章　人为何要"以福论德"，
不"以德论福"

在现代条件下，一种健全的伦理思维不能回避功利主义问题——对于功利主义这种道德理论，不论我们是赞成还要反对，我们都必须在伦理思维上面对它提出的这样一个问题：人，为何要"以福论德"，而不"以德论福"？

功利主义是一种简洁明了而又影响深远的道德理论。[①] 威廉斯指出，"功利主义的鼻祖主要把功利主义看成一个社会和政治决策的体系，并认为它为立法者和政治管理者的判断提供了标准和基础。"[②] 功利主义伦理学的核心问题，是关于我们如何使得自己所追求或筹划的幸福生活成为一种道德上合理的生活。它遵循用"幸福"来衡量"道德"的基本价值趋向，我们称之为"以福论德"。这一主张，得出了与道义论（特别是以康德义务论为代表）用"道德"衡量"幸福"（本文简称之为"以德论福"）之价值趋向针锋相对的观点。它更优先地强调把利益、快乐、福宁（Well being）、幸福收纳、包容到道德合理性的理性筹划和论证，因而契合了一种现代性道德架构中的实践伦理趋向。

对于功利主义伦理学的各种道德主张来说，具有根本性或方向性的大问题，也是当今道德生活和社会生活中必然遭遇到的不可回避的问题，乃是：人们为何要"以福论德"，而不"以德论福"？换句话说，人们为什么要从对幸福生活的追求出发，而不是从道德义务或道德责任本身出发，

---

① 田海平：《功利主义能为政治之"善"辩护吗》，南昌大学学报（人文社会科学版）2013 年第 6 期，第 1—8 页。

② ［澳］J. J. C. 斯马特、［英］B. 威廉斯：《功利主义：赞成与反对》，牟斌译，中国社会科学出版社 1992 年版，第 132 页。

来看待和衡量道德行为的动机和标准? 这个问题指向了幸福的道德性内涵,也就是指向了以幸福概念来理解行为、规则和制度的道德合理性问题。它涉及我们应当如何理解功利主义"福—德"趋向的问题。

一　功利主义的伦理思维还原: 以福论德

以幸福衡量道德的"福—德"趋向,虽然古已有之,[①] 但作为"功利主义"的根本主张则是与边沁和密尔的努力分不开的。边沁的论证基于一种哲学激进主义背景,认为人类理性必须颠覆荒谬的传统,而除"功利原则"以外的一切选择都是臆想的道德。这种"以福论德"的论证,以一种激进的修辞方式表明: 功利就是幸福,就是快乐的增加和痛苦的免除,若非如此,"幸福"一词就会变得毫无意义。"自然把人类置于两位主公——快乐和痛苦——的主宰之下。只有它们才指示我们应当干什么,决定我们将要干什么。是非标准,因果联系,俱由其定夺。"[②]

功利主义"福—德"趋向的哲学论证,典型地体现在边沁《道德与立法原理导论》中所作的上述论断。在书中边沁对"功利"一词的内涵进行了界定。他说,"功利是指任何客体的这么一种性质: 由此,它倾向于给利益有关者带来实惠、好处、快乐、利益或幸福 (所有这些在此含义相同),或者倾向于防止利益有关者遭受损害、痛苦、祸患或不幸 (这些也含义相同)。如果利益有关者是一般的共同体,那就是共同体的幸福,如果是一个具体的个人,那就是这个人的幸福。"[③] 边沁的功利原则旨在为英国的整个法律体系进行一种法哲学的辩护和论证。他认为现代的法律、国家制度、统治体系不应该建立在契约的基础上,契约实际上是一种非常含混的预设和假定;而应该建立在一些最基本的、大家都普遍接受的原则——幸福或功利原则——基础上。这种"以福论德"的"福—德"趋向的论证重点在于紧扣"道德现实性",其目的是使功利主义成为真正

---

① 例如,古希腊伦理学实际上就是一种德性论视域下的"以福论德"的幸福伦理学,尤其以亚里士多德的德性伦理学为集大成者。德谟克利特的原子论和伊壁鸠鲁的快乐主义是其中具有功利主义倾向的代表。

② [英]边沁:《道德与立法原理导论》,时殷弘译,商务印书馆2000年版,第57页。

③ 同上书,第58页。

系统的一种道德科学、法律科学和社会科学的奠基性的原则。密尔对边沁的功利原则的关键性修订集中为两点：一是认为对快乐的计算不仅考虑数量因素，还要考虑质量因素；二是认为作为功利标准的幸福不是行为者本人的幸福而是所有相关人员的幸福，也就是说，行为者个人的幸福并不优先于其他相关者的幸福。① 这两条修订，使功利主义更适合用作一种"福—德"趋向的道德推理。

通过边沁和密尔的努力，古典功利主义在其"福—德"趋向的道德推理中产生了一个"三段论"（P1、P2、P3）。②

第一，人性预设。这是功利主义"以福论德"的大前提。与17、18世纪启蒙道德论证的人性预设一致——而不同于传统神学观点（趋善避恶）对人性的超验预设，人性被理解为一个趋乐避苦的本性，这是功利主义道德论证（基于苦乐原理）对人性的经验预设，即一切生物都感受痛苦和快乐，最大限度地避免痛苦、获得快乐。按照人性的经验预设，"以福论德"的三段论以幸福论为大前提：

（P1）正确的行为或好的生活一定是追求幸福的行为或生活（即"追求快乐、避免痛苦"乃人性之使然）。

第二，合理性论题。这是功利主义"以福论德"的小前提。合理性论题涉及行为之善（好）和行为之正确的理据，并以此回应何种行为值得赞扬或鼓励。所有的功利主义者都会赞同：行动的合理与否不取决于动机而取决于行动的结果。功利主义在合理性论题上往往坚持后果论，认为行为的效用或后果是权衡行为的标准，因而坚持一种重内容的合理性。按照合理性论题的内涵尺度，"以福论德"的三段论以后果论为小前提：

---

① 密尔在他的《功利主义》一书中写道：行为者在自己与他人的幸福之间，"……更像公正无私的旁观者那样，严格地不偏不倚"。引自［英］密尔：《功利主义》，徐大建译，上海人民出版社2008年版，第17页。

② 这个三段论的记录方式P1、P2、P3以及对应的论断，与下文所述的关涉"衡量标准"的三个要点的记录方式K1、K2、K3及其对应的论断，是笔者在对功利主义的道德推理进行概括总结的基础上以"命题"的形式提炼出来的，目的是便于清楚直观地显示功利主义"以福论德"的道德推理。

（P2）好的结果（后果）比好的动机更适合用来衡量正确的行为或好的生活。

第三，最大化原理。这是功利主义"以福论德"的结论。最大化原理是将功利主义改造为一种道德理论的奠基性原理。没有这一改造，功利主义与快乐主义（主张最大化个人快乐）很难区别。边沁和密尔据此提出的原则叫作"总体最大化"，即最大化的整体的快乐。密尔的经典表述是"最大幸福原则"：

（P3）凡是有利于实现最大多数人的最大幸福的行为或生活，就是正确的行为或好的生活。

"以福论德"的三段论奠定了功利主义道德推理的逻辑：苦乐原理、效果论和最大幸福原则。它是功利主义作为一种系统的道德理论产生的标志。这个"福—德"趋向的道德推理使道德更具现实性。因之，这一道德推理又被归结为与"衡量标准"相关的三个主要的要点（K1、K2、K3）：

（K1）一个行为的对或错，由行为结果衡量，其他均不相关；

（K2）在以结果衡量时，依其产生幸福或不幸的总量，其他均不相关；

（K3）以幸福或不幸的总量衡量时，依每个人的幸福都同等重要来计量，其他均不相关。

于是，幸福和道德的一致性，在一种"福—德"趋向中转化为以理性方式进行衡量或核算的问题。如果不避简化之嫌，上述整理出来的"以福论德"的两类推理（P、K）可以化约为三种价值论上的强调。首先，（P1）与（K2）、（K3）内蕴幸福论观点：快乐或幸福的增加（不快乐或不幸福的减少）最重要；其次，（P2）与（K1）则表达了一种后果论观点：行为的结果最重要；最后，（P3）与（K2）、（K3）敞开了功利原则的价值维度：不偏不倚地计算每个人的幸福最重要。上述还原分析表明，功利主义"福—德"趋向问题在其奠基性的道德推理中实际上并没有脱去日常道德的"头脑简单"。不论赞成还是反对，功利主义"以福论德"的道德推理，实际地引发了一种持久的帕菲特式的问题："到底什么重要？"

功利主义"福—德"趋向上的道德论证，基于三个价值论上对"通行的幸福""行为的结果"和"不偏不倚的测算视角"的预设。因此，它必须在面对众多尖锐批评和广泛质疑时以更具说服力的理由回答三个问题：为什么"幸福"最重要？为什么"结果"最重要？为什么"不偏不倚地计算每个人的幸福"（功利标准）最重要？

二 对"以福论德"的道德推理的诘难

功利主义"以福论德"的道德推理，从其诞生时就不断地遭到诘难和反驳。两类反驳似乎宣告了功利主义的失败。一类是从语言形式层面展开的反驳；另一类是在思想实验层面展开的反驳。

追溯起来看，20 世纪初英国元伦理学的兴起揭开了从语言形式上对功利主义进行反驳的序幕，从而使功利主义遭遇长达半个多世纪的冷落。元伦理学通过对道德语言的逻辑进行分析，指出道德术语属于一种只是诉诸人的直觉或情感才能理解的"不可定义"的直觉语言或"不可普遍化"的情感语言，它们不具备普遍性和规范性的特点。这类反驳的一个突出特点，是偏重"形式"而忽视"质料"，即更强调从形式上拆除功利主义"福—德"趋向的推理架构，等于从语言形式方面取消了功利主义规范论证的合法性。

英国元伦理学的奠基人摩尔（G. E. Moore）在《伦理学原理》（1903）一书中指出，功利主义（以密尔为代表）给出的"为什么幸福最重要"的理据是建立在"自然主义谬误"基础上的：它从人们只欲求幸福或快乐，推出幸福或快乐是"唯一值得欲求的"，这等于把"值得欲求的"的价值问题与"欲求的"事实问题不加区别地混同起来，"从而犯了自然主义谬误"；[①] 而且说"人们只欲求幸福或快乐"显然是荒唐的，使

---

① ［英］乔治·爱德华·摩尔：《伦理学原理》，长河译，上海人民出版社 2003 年版，第 141 页。

之显得合理的唯一"修辞方式"是在"目的—手段"链中将幸福或快乐处理成"终极目的",而这显然不再是密尔所说的幸福或者快乐了。

摩尔的批评之所以重要,不在于他是否有效地驳斥了功利主义的大前提,而在于他运用的语言分析方法。也就是说,他挑起了话题的转换。——对摩尔来说,重要的不是质疑"以福论德"的道德推论,而是要问一问,当人们使用"善""幸福""正当"等语言的时候他们究竟在说什么?伦理学的重心由此转向一种更精致的学院化的道德哲学,即以语言逻辑分析为方法进路的元伦理学。这一方法进路,轻描淡写地使"以福论德"的道德推理变得失去了意义,因为它认为一切道德术语无非是情感或直觉的表达,根本上没有科学意义。功利主义由此被冷落了近半个世纪。一直到 20 世纪 60 年代,西方福利国家的实践使功利主义跃升为公众话语的主角,而英语世界专业哲学家圈子的讨论仍然在有意无意地忽略它。应该说,它不是被驳倒了,而是在学院派哲学家那里让位于更优先的"元"问题——道德命题的逻辑和语言性质问题。从道德哲学主题转换中产生的对功利主义的批评从一开始就隐蔽地容纳了某种价值态度。例如,同样诉诸直觉主义方法,摩尔强调"理想事物"引起的愉悦具有道德意义,而罗斯(Ross)则强调"显见义务"的重要性,前者容纳了功利主义"福—德"趋向,而后者则是在道义论"德—福"趋向上运思。然而,把道德语言归结为一种情感语言,则是公然地将道德视为主观偏好而沦为"臆想"。

功利主义之所以遇冷,除了元伦理学的勃兴带来的"忽略"外,还由于功利主义"以福论德"的道德推理本身存在不能自圆其说的难题。尤其对于古典功利主义的论证而言,它使用的"画笔"太大,适合勾画宏大的社会和政治蓝图,但不适合用于推荐个人视角上的正确行动。而元伦理学的分析旨趣,又恰好以"零敲碎打"的个人视角锻造了 20 世纪上半叶道德哲学分析的理论气质。

因此,随着 20 世纪 70 年代实践哲学的复兴,当功利主义重新成为道德哲学讨论的重大议题时,对功利主义道德推理的反驳虽然不再仅限于一种语言形式上的反对(直觉主义反对或情感主义反对),但是各种不同价值趋向上的道德理论显示出另一种偏好:通过设计或描述一些展现具体情景的案例进行思想实验,一方面既保持分析路线上道德哲学的思想敏感性；另一方面又力图超越元伦理学说离现实生活的形式化抽象的弊端。这种思想实验的要旨，在于暴露功利主义道德推理在价值预设中所隐含的不合理要求。这类反驳往往是从内容上通过具体案例的分析切入，进而扩展成为一般性的反对。

当代英国学者蒂姆·莫尔根（Tim Mulgan）在《理解功利主义》一书中搜集了那些用来质疑功利主义的 14 个经典案例。他通过分类分析后指出，功利主义的道德推理会遭遇两种关键性的反对：一种反对是"非正义反对"，是说功利主义会劝告人们对别人做不公正的事情，如把基督徒扔给狮子（基督徒与狮子的例子），杀死无辜者以平息暴动（警长的例子），谋杀一名叫玛丽的病人为五个濒死病人提供器官移植的供体（移植的例子），救"大主教"比救"女服务员"（甚至可以设想该服务员是施救者的母亲）更有价值的例子，复制一个更幸福的克隆体的例子，严刑逼供的例子，失控电车的例子，等等。① 另一种反对是"苛求性反对"，是说功利主义告诉人们不能做一些应该被允许去做的事情，如功利主义告诉人们在接到慈善募捐信后要立即把所有的钱都捐出，因为那样会产生更多的幸福，再如它会劝告一个人应该自愿献身 30 年的"慈善生活"，等等。② 这些精心设计的案例以叙事形式（讲故事）描绘了每一种具体情景下人们在进行道德选择和道德判断时的复杂性。功利主义用幸福衡量道德的方式，在这些案例中通常都会陷入荒唐可笑的失败中。例如在失控电车的案例中③，将一个陌生人推向电车的设想已经很不对了，如果碰巧他是你的朋友的话，这种设想就更应当受到谴责。在这种情景中，功利主义的推理只考虑到了"幸福的总量""行为的结果"和"理想的观测点"三个抽象要素及其逻辑关联，这种极简主义的论证既不考虑幸福是如何产生的，也不在乎到底谁的幸福岌岌可危的问题。莫尔根评论说："在每一个

---

① ［英］蒂姆·莫尔根：《理解功利主义》，谭志福译，山东人民出版社 2012 年版，第 121—123 页。

② 同上书，第 123 页。

③ 天桥下一辆载有 10 人的有轨电车失控，疾驶向一座年久失修的桥。除非有办法让它停下，否则车上 10 个人就会随车一起葬身悬崖。唯一的办法是把大胖子阿尔伯特推下天桥挡停电车，而阿尔伯特也会因此丧命。功利主义说，你应该把阿尔伯特推下去，因为他一个人的生命不及电车上 10 个人的生命重要。

案例中，无论警长还是医生，他（她）与所牺牲的人处于一种特殊的关系中这一事实都会增加其行为的错误性；他（她）有一种特殊的义务，要求不能以这种方式伤害他人。①"

这些精心设计的思想实验（案例）吸引着研究者或讨论者不断地增加一些"非典型"情节。比如设计诸多的"碰巧"和各种不同的"版本"，以使得反对或辩护的论争更具文学色彩，也更有戏剧性和思想穿透力。② 然而，从这种思想实验中衍生出来的针对功利主义的一般性反对，在学理上并不属于"非典型"孤例，而是具有代表性并主要集中在古典功利主义"以福论德"的"三段论"上。我们将这些"反对"的辩论（Debates）概括为如下三个驳论：

（D1）功利主义"幸福论"使用了"通用价值货币"，它忽略了"人的尊严"的重要性；

（D2）功利主义"后果论"从一种"得失计算"出发支持在特殊情景下"施行不正义"，它忽略了"个体权利"的重要性；

（D3）功利主义"最大化原理"从一种"不偏不倚的理想视点"出发对人们提出了过高的要求，它看不到"个人生活完整性"的重要性。

以上三条驳论，大体上是通过思想实验反击功利主义道德推理的代表性视角。（D1）驳论的要点是说，"幸福论预设"忽视了比幸福（或快乐）更重要的"人的尊严"。诺齐克举的"快乐机"的例子是这个驳论的经典案例。③ 迈克尔·桑德尔也问道："我们是否可能将所有道德上的善都转变成一种单一的价值货币，而在此转变过程中却不丧失某些东西呢？"④ 功利主

---

① ［英］蒂姆·莫尔根：《理解功利主义》，谭志福译，山东人民出版社 2012 年版，第 123 页。

② 例如，在哈佛公开课上，哲学家迈克尔·桑德尔（Michael J. Sandel）讲述了两个版本的"失控电车"的故事，既可以帮助人们澄清功利主义的价值预设，又有助于说明人们实际反对的是什么样的功利主义。见［美］迈克尔·桑德尔《公正：该如何是好？》，朱慧玲译，中信出版社 2012 年版，第 22—25 页。

③ Robert Nozick. *Anarchy*, *State*, *and Utopia*. New York: Basic Book, 1974, pp. 42 – 43.

④ ［美］迈克尔·桑德尔：《公正：该如何是好？》，朱慧玲译，中信出版社 2012 年版，第 45 页。

义得失分析认为"幸福"最重要，并声称能提供一种用来衡量、合并和计算幸福的道德科学。考虑到这是一种被现代政府和现代商业公司普遍采用的决策形式，这一驳论所蕴含的矫正时弊的努力也是异常明显的。事实上，"通用价值货币"的反对，从密尔开始，就是功利主义辩护的重点。它迫使功利主义的幸福论预设变成为一种愈来愈开放性的论题。当密尔指出幸福之间有质的差别时，他意在避免"通用价值货币"的指责，但这个辩护等于承认有比"通行的幸福"更重要的"人的尊严"（更高级的快乐）。（D2）驳论指出，"后果论"没有关注到"个人权利"的重要性。例如，布兰特举的"功利主义子嗣"的例子就形象地刻画了功利主义只重结果而忽视权利的问题。① 由于功利主义只看重行为的后果，它往往看不到"实施不正义"与"不能避免不正义"是有重大道德区别的。前者归于道德上要予以禁止的行为之列，后者则不能禁止。因此，主张通过"实施不正义"来"避免不正义"是荒谬的，它会导致赞同无视个人权利的行为。这种"非正义反对"迫使功利主义的辩护必须认真地看待"权利论"和"正义论"的道德诉求。（D3）驳论是说，功利主义"最大化原理"忽略了"个人生活完整性"的概念。每个人的生活（生命）都是独立的、不可替代的，与他的周遭世界结成牢不可破的"命运"，要求一个人从他所属的生活中脱离出来采取一种"非个人的""不偏不倚"的理想视点，是不现实的。因此，要求一个人为其他人的幸福做出自我牺牲，即使是为了"最大多数人的最大幸福"，也是不合理的道德要求。

　　无论是从语言形式方面，还是从思想实验方面，对功利主义"福—德"趋向上的道德推理的批评，都是由一种相对狭小的角度上展开的。前者指明，功利主义"以福论德"的道德主张，在话语形式上是一种信念、直觉和情感的表达，它不能提供完备的道德推理和道德原则的论证。后者则表明，功利主义对大众幸福、行为结果和功利标准三个道德哲学议题的价值论预设及由以展开的道德推理，存在着忽视"人的尊严""个体权利"和"个人生活完整性"的弊端，因而是一种失败的道德理论。莫尔根评论说，每一种对功利主义的反对都有一个简单的结构："功利主义是不可接受的，因为（a）它说 X，并且（b）没有任何可接受的道德理

---

① Richard B. Brandt. *Ethical Theory*. Englewood Cliffs, NJ: Prentice – Hall, 1959, p. 387.

论会说 X。"（X 是一些类似"警长应当杀死无辜者以避免暴乱""每个人应该把全部的钱都捐给慈善事业"等主张。）①

那么，以一种"狭小的视角"或"简单的结构"进行的反驳，是否能够足以支持一种一般性的断言——说"功利主义是一种失败的道德理论"呢？或许，这两类反驳产生了一种"新"的历史效应，它使人们不得不再次面对并重新审视功利主义的伟大传统，在掂量针对它的各种反对或驳论时深入思考"福—德"趋向上的核心问题——人为何"以福论德"而不"以德论福"？

三　从伦理思维上理解功利主义

不可否认，各种针对功利主义的反驳，自有它的积极意义。它们在两个层面揭示了功利主义隐含的危险：其一，在道德论证层面，元伦理学的反驳明确指出，功利主义不是一种在逻辑形式上经得起严格推敲的道德论证，它更多的是一种规范性的道德劝告；其二，在价值观层面，各种思想实验的驳论揭示了功利主义的道德推理容易导致的三种疏忽，即忽视人的尊严、个体的权利和个人生活的完整性。

尽管如此，功利主义似乎并没有像它的反对者所"宣判"的那些，成了一种失败的、不值得认真对待的道德理论。我们看到，有两个方面的原因，使得现代人无法避免功利主义，进而使得现代道德哲学无法避免功利主义"以福论德"的道德推理。

一方面，由于功利主义诉诸道德现实性原则，在出发点上，从人类大致追求相同的东西（或者人们大致希望自己的孩子们能够拥有某种相同的生活）并称之为"幸福"，来权衡道德或论证道德，因而它在致力于使道德概念契合于人性欲求方面比道义论推理（"以德论福"）更贴近现代人的道德经验和道德生活直觉。

另一方面，由于功利主义承诺了一种道德探究的开放性原则，即从非道德因素论证道德，这使得它不可能像道义论推理（而不是从道德因素

---

① ［英］蒂姆·莫尔根：《理解功利主义》，谭志福译，山东人民出版社 2012 年版，第 128—129 页。

论证道德）那样提供某种完备的道德理论，从而使得诸种"反对"和诸种"辩护"伴随着功利主义道德理论的不断改进和开放探索。

以上两点表明，功利主义不是一种视野狭隘的理论，而是具有广泛现实性和实践旨趣的理论。我们当然还可以补充说，功利主义有一个无法忽视的伟大的传统，它的道德主张为一些伟大思想家（如休谟、边沁、密尔、西季威克、摩尔、黑尔、布兰特，甚至罗尔斯等）所阐发。而那些反对功利主义的道德主张，则通常从一种相对"窄小的视角"或"简单的结构"上分析功利主义，指责它的模糊性及其产生的难题。他们并不能提供某种有竞争力的道德理论的系统建构。由此不难理解，为什么功利主义作为遭到广泛质疑或批评的道德理论，在现代道德哲学的多数时间内反而会占据着支配性的地位。

实际上，功利主义并不"纯粹"。它不是某种单一的自洽的道德理论。它的现实性和开放性的特点，往往使之混合了众多异质性的理论元素，如行为功利主义，规则功利主义，制度功利主义，双层功利主义，间接功利主义，等等。诸种改进的功利主义版本，往往针对不同的问题背景或道德诘难，有些理论容纳了元伦理学的理论要素（如行动功利主义或黑尔的双层功利主义），有些理论接受了契约论或道义论的理论前提（如规则功利主义），有些改进的理论甚至吸收了人权理论的原则（如波普尔的消极功利主义）。在这些理论中，有的坚持一元论，有的坚持多元论，有极端的功利主义，有温和的或消极的功利主义，等等。功利主义的各种理论探索，体现了一种包容性和开放性的理论气质。而功利主义的各种理论形态尽管千差万别，却有一个共同的内核，即遵循"以福论德"的道德推理。这是它的活力之源，是所有功利主义辩护的中心。

功利主义的最大特点是系统、清晰和简明。它所坚持的"以福论德"的道德探究路线，从幸福的道德性内涵出发，认为在任何情形下，遵循功利原则就可以做出一种合理性的抉择和判断。例如，行为功利主义的代表斯马特（J. J. C. Smart）在论辩中曾经明确宣告功利主义的简明态度。他说，他接受元伦理学的批评，把功利主义理解为一种基于普遍仁爱的道德劝告："为了建立规范伦理学体系，功利主义者必须诉诸某些基本的态度，这些态度是他和那些他正与之对话的人共同持有的。功利主义者诉诸的情感就是普遍仁爱（generalized benevolence），即追求幸福的意向，总而言之，在任何意义上都是为全人类或一切有知觉的存在者追求好效果。"① 功利主义"以福论德"的推理形式，反映了这种简明的道德现实性原则。

理解功利主义，无论在何种立场上进行，都是出于应对现时代道德现实性与道德理想性之间内在紧张的需要。如果丧失了"理想"，功利主义就会褪变成为一种"不见道德的道德理论"，一种麦金太尔式的追问紧随其后——"我们为什么要有道德呢？"如果忽略了道德现实性诉求，功利主义会走向它的对立面，即持一种超道德的主张。这在行为功利主义的道德推理中并不少见。这使它看上去与道义论的主张并无二致。然而，如果没有直觉主义和道义论的批评所形成的必要的张力，功利主义隐含的危险（忽视人的尊严、个人的权利和个人生活的完整性）就会得不到揭示和矫正。因为，以幸福衡量道德（"以福论德"）的基本原则只具有相对的意义，而"以道德衡量幸福"（"以德论福"）的基本原则始终是绝对的和无条件的。后者不主张在道德之外寻找幸福生活的目的或标准，因而逻辑必然地将幸福排除在道德的考虑之外，形成了"为道德而道德"的"德—福"趋向的道义论。② 前者主张从人之幸福所必备的条件或要素出发来衡量行为的道德性与合理性，认为道德的目的是"促进普遍幸福"。③ 两相比较，"以德论福"更适于理论逻辑上的论证，便于提供完备性的道德理论。然而，逻辑上的必然性，并不表明经验的或现实生活中的必然性。相反，"以德论福"的道义论原则，在道德现实性上并不适合用作日常道德的实践原理，它更适合作为关键时刻的伦理选项或作为圣贤道德（或道德英雄）的伦理准则：它倾向于先验地建构"德—福"趋向之理想而不是经验地实现"福—德"趋向之现实，因而适于建构道德理想而不是筹划道德现实。与之不同，"以福论德"的原则要比以道德衡量幸福

---

① J. J. C. Smart and Bernard Williams, Utilitarianism: For and Against, Cambridge University Press, 1973, p. 7. 参见 ［澳］J. J. C. 斯马特 ［英］B. 威廉斯《功利主义：赞成与反对》，牟斌译，中国社会科学出版社 1992 年版，第 7 页。

② 参见田海平《如何看待道德与幸福的一致》，《道德与文明》2014 年第 3 期，第 26—32 页。

③ ［澳］J. J. C. 斯马特、［英］B. 威廉斯：《功利主义：赞成与反对》，牟斌译，中国社会科学出版社 1992 年版，第 65 页。

（"以德论福"）的原则具有更切实的现实感，尽管它不是绝对的和无条件的。当然，从一种现代性道德视角看，尽管"以福论德"的功利论原则，有着显而易见的缺欠，例如它不能自洽地将说谎、强迫、拷问、背叛甚至杀人等行为纳入道德上应当绝对禁止的行为，且存在着逻辑上的自败，[①]但是，它却"几乎可被看成一种与政府具有密切关系的学说"。[②]

不可否认，直接以幸福为目的来论证道德或申言道德，多少会流于浅薄和"头脑简单"。[③]值得注意的是，功利主义的"福—德"趋向，并不否认"以德论福"的道德知识，却更为优先地强调"以福论德"的道德实践。概要言之，它是从行为、规则和制度如何有利于人之幸福或福宁的最大化的原则高度，来理解道德或论证道德。因此，这个问题的另一种表述是：对于人们思考和筹划一种好的幸福生活而言，为什么生活提出"何谓道德"的问题与人们对生活的道德要求之间不能一致，反而与人们对生活的幸福要求之间相一致？正确的行为，为什么是最大限度地增进幸福的行为，而不是最大限度契合于道德法则的行为？

"以福论德"诉诸于幸福之动力，而非道德之动力。它在删繁就简地将幸福之"目的和结果"等同于道德之"动机和标准"的时候，对于"人为何要讲道德"以及"何种生活要求构成了人遵循道德法则之动力"之类的问题，设置了一种"福—德"趋向上的解题路径。功利主义的理由，既非绝对正确，也非完全错误，但却在许多方面，尤其是在坚持"福—德"趋向最为强劲的制度伦理维度，凸显了现代人必须认真对待的那些紧要论题的重要性。

然而，针对功利主义的驳论表明，在功利主义强调"以福论德"的

---

① 从这一意义上，帕菲特称后果论是一种间接自败的道德理论，他谈到一种叫作"集体性自败"的可能，"如果几个人力图达到 T 设目标，而达到这些目标却将会更糟这一点为真时，我们称 T 是间接地集体性地自败的。"（[英] 德里克·帕菲特：《理与人》，王新生译，上海译文出版社 2005 年版，第 39 页。）举例说，一个医疗小组确信对病人说谎是一种最大限度增进病人幸福的行为，于是选择了集体说谎，然而在达到说谎这一目标时，却诉诸于更多、更大的谎言，且无助于病人的快乐，这使结果变得更糟。也就是说，由功利论支持的行为出现了对功利原则的颠覆或否证。

② [澳] J. J. C. 斯马特、[英] B. 威廉斯著：《功利主义：赞成与反对》，牟斌译，中国社会科学出版社 1992 年版，第 132—133 页。

③ 同上书，第 145 页。

地方,往往隐含着挥之不去的危险。过于现实或过于片面的功利主义,在"福—德"趋向上会陷入只见"幸福"不见"道德"的困境。因此,它需要"以德论福"的道义论予以警醒或进行平衡。因之,道义论的"德—福"趋向,与功利主义的"福—德"趋向,形成了一种相互制衡的必要的张力,共同构成了规范性的来源。前者诉诸道德理想主义,后者诉诸道德现实主义。二者相辅相成,互为表里,使得追求幸福生活的人们,在面对质疑和诘问时,必得检讨"福—德"趋向上的道德推理能否顾及到一种道义论的"德—福"趋向。从这一意义上看,理解功利主义的最好方式不是别的,而是认真地问一问:人为何要"以福论德"而不"以德论福"?唯有如此,在一个无法避免功利主义的时代,我们才会在坚持道德的现实性的同时不丧失道德的理想性,而在坚持道德的理想性的同时又能够兼顾道德的现实性。以这种方式,我们将功利主义理解为一种合理的"以福论德"的道德理论。

第七章 "伦理"，如何进入治理

"伦理"，如何进入治理？这问题的另一个问法是一种康德式的诘问："伦理治理"如何可能？该问题之提出，是相对于人类治理活动的领域区分而言的。它本身预设了一种面向生活世界的伦理思维的合理性。

在当今道德哲学、政治哲学和应用社会科学的讨论中，"治理"问题一般都会附加上特定的修饰词，比如国家治理，社会治理，公共治理，乃至环境治理，等等。这一类修辞总是已经先行预设了特定"治理"的语义内涵。

"伦理治理"似乎更复杂。一方面，伦理学作为实践的人文知识，它是面向实践的，既预设了治理的理想，又具有伦理的理念，内含"伦理"与"治理"的关联方式，因此有必要辨析现代性条件下"伦理治理"到底"是什么"和"为什么"，并对其问题域进行还原；另一方面，相对于具体实践领域中的治理问题，现代意义的"伦理治理"无疑有其特殊性，有必要对"伦理治理"治理什么的内涵进行澄清。通过这两个方面的探讨，本文尝试在厘清"伦理"与"治理"的关联方式的基础上，分析其面对的道德哲学难题，回应"伦理治理如何可能"的问题。

一 "伦理治理"："是什么"与"为什么"

首先要讨论第一个问题："伦理治理"是"伦理的治理"？还是"对伦理进行治理"？这是两种不同的理解，涉及是把"伦理"（或"伦理问题"）作为治理的对象，还是把"伦理"作为治理的路径依赖。在具体分析"伦理治理"是什么之前，让我们引入"巴别塔"的隐喻，从一种历史语境切近对"伦理治理"的两种不同的语义内涵进行阐释。

　　历史地看，一般所谓人类生活存在着两种值得关注的伦理方式：第一种，我们称之为"通天塔上的伦理"，属于一种整体建构的伦理；第二种，我们称之为"巴别塔下的伦理"，属于一种从个体出发的伦理。前者的出发点是"整体"，依从的路线是"从实体出发"。它视"总体"为最大的普遍性，"个体"不能偏离总体指引的方向，个体的存在意义在于归属于整体的和谐或建造。这是一种追求整体和谐的伦理。后者的出发点是"个体"，它视"总体"为一种暴力或压制，个体只有反抗和从"总体"的控制中挣脱出来才是自由的个体。个体的存在意义不在于服从整体的不合理强制，而在于为自己的行为立法。这是一种追求个体自由的伦理。这里使用了"通天塔上的伦理"和"巴别塔下的伦理"两种表述，分别描绘"从实体出发"的伦理和"从个体出发"的伦理。无疑地，这两种"伦理"关联不同的"治理方式"，因而在"伦理治理"的具体内涵上，特别是伦理治理"是什么"和"为什么"的问题上，有着极为不同的旨趣。

　　我们从"通天塔"的故事说起。"通天塔"的故事，出自基督教《圣经·旧约》。故事说，人类最早只有一个民族，只说一种语言。他们商量合力建造一座"通天塔"。由于只说一种语言，能够很好地沟通合作，"通天塔"的建造工程非常顺利，很快就要建成了。耶和华在云端中看到了这一幕，人类说一种语言的威力太大了，他们合作起来没有什么事情是做不成的了。这种力量令耶和华感到了震动。于是，耶和华变乱了人类的语言，让人类无法沟通，让他们各说各话。"通天塔"到最后无法建造起来。因为信息得不到有效沟通，人们不能相互理解，起了争执，工程无法完成。人类从此散落在大地上，这就是人类历史的开始。没有建成的"通天塔"无可挽回地倾颓破败，变成了"巴别塔"。"巴别"一词在希伯来文中的含义就是争吵和争执。所以，"通天塔"没有建成，最后变成了一座充满纷争的"塔"，一座争吵之塔的遗迹；后世的人们称呼它说，那是一座"巴别塔"。它仿佛是人类社会的某种象征，人类永远摆脱不了纷扰和争吵，同时又惦念着那曾经有过的原始和谐。"巴别塔"的存在，表明了一种深沉的历史洞察和文明憧憬——那原本就是人类建造的一座"通天塔"啊！这既是一个宗教隐喻，更是一种伦理叙事。

　　人类的建造活动被想象为经历过一个美妙和谐的史前史。实际上，各民族都有属于自己的这类史前黄金时代的诗意想象。这就是"通天塔"的来历。它以一种理想的伦理同一性的整体和谐为特征。它是不需要法律的，人们相互之间能够完美地亲密合作，不会产生纷争和误解，没有人会圈起篱笆说"这是我的"。个体存在的意义在于归属于他们共同的整体。这种想象，作为一种宗教隐喻，将人之散落于大地上的生活，刻画成了一座"炼狱"，一座回复到那原始和谐并通向最终得救的"桥梁"，因而在价值观上预设了"巴别塔下"的生活所要达到的目的地。它作为一种伦理叙事，则表达了个人从"整全"中分离所带来的两种效应：第一，以"通天塔上的伦理"，整合大地上的个人；第二，以"巴别塔下的伦理"确立大地上的个人。

"通天塔"是"伦理同一性"的象征。"通天塔"最后没有建成，但"通天塔"上的伦理，则成了人类的集体记忆。人类总是以各种方式筹划着以"同一种语言""同一个梦想""同一个民族"投身于"同一种伟大事业"的建造工程之中。这样的"建造活动"在整合大地上的个人方面，借助"通天塔上的伦理"，显示出甚至令"造物主"都会感到无比震撼的力量。在这一维度，"伦理"与"治理"的关联方式，是在一种超验层面进行的，因而是一种超验形态的伦理治理，属于"超验治理"的范畴。也就是说，那些以各种形式出现的"通天塔上的伦理"，实际赋予了"伦理治理"以一种形而上学的超验治理的旨趣——究其实质，这是一种确立超感性绝对和超历史永恒的伦理同一性建构，它将"一切是一"的本体论谋划转化成为一种"人类团结成兄弟"的伦理学情节。

这种"伦理同一性"的超验建构，无疑属于一个已然远逝的"伟大的传统"，一个需要某种超验实体（神权或王权的某种表征）进行统治或主宰的时代。从"实体"出发整合"个体"的超验治理，曾经带给人们"哲学王"王者莅临的"理想国"式的期待。然而，这样一种超验治理，到最后无一例外地都宣告失败了。任何一种伦理治理的超验想象，都设定了一种伦理同一性的"治理神话"。比如，柏拉图的《理想国》，中国古代的"大同""小康"，基督教的"末日审判"，康德的"永久和平"，等等。可是，我们又不得不承认，现实生活中人们为太多的不同的承诺、利益、歧见、偏见和价值表达所困惑，散落于不同的族群、国度、信仰、文化领域和人类生活的嘈杂背景之中。于是，虽然每个人心中都有一个

"通天塔"，但实际上他们彼此之间甚至无法用同一种"话语"（语言）理解或说出，人们又不得不面对"巴别塔"下的"诸神之争"。

人在大地上繁衍生息，却发明了一套由"应该"的话语编织而成的理论。然而，如果没有了某种伦理绝对的超验授权，"应该"如何具有约束力和规范性？这一难题源出自"巴别塔下的伦理"——从整全中分离出来的个人，如何超越个体之间的分歧，形成彼此之间的融合？这一难题又衍生出其他各种类型的难题或问题。实际上，形象一点说，"巴别塔"就是"通天塔"的"烂尾工程"。它的功能，既非用于居住，也非用于建造，更非用于"升至诸天之上"的阶梯，而是通过设置一段距离而生产"应该"的话语。当人们都争先说出"应该"的时候，"巴别塔下的伦理"面临众声喧哗、莫衷一是的"难题"。在这一维度，"伦理"与"治理"的关联方式进入一种经验的或生活的层面。在一种经验治理的旨趣中，伦理之"应当"是一回事，治理之"良好"又是另一回事。治理之良好可能诉诸于效率、结果等，它未必诉诸于伦理之正当。伦理之"应当"推动伦理寻求一种普遍性推理，但是治理之良好，则要求人们从事一种现实性之谋划。由于逻辑上普遍的推理并非实践上有效的谋划，而实践上有效的谋划有可能不是逻辑上必然的推理，于是伦理与治理在经验层面的关联必然遭遇（或困扰于）各种问题或难题。这始于"巴别塔下"一切人类生活的复杂性，即历史开始于人类具有归于统一行动的力量却无一例外的为个体或个别的利益集团的自行其是的差异所分散和瓦解。

"巴别塔"是一个"烂尾楼"。人类从上面散落。但是，历史告诉人们，它还在那里，一个历史的遗迹，一个隐喻，一个人类设想要去建造的伟大工程的"精神标本"，一个未完成的宏伟蓝图。

由这样一种想象的历史语境，"伦理治理"的旨趣被刻画成为一种面向"道德现实性难题"的经验治理。所有的问题可能来自一个问题——每个人都可能在极为不同的人类处境中遭遇"巴别塔"问题：面对这个亘古以来不可根除但又看不见的最大"烂尾工程"，我们该怎么办？我们还要有道德吗？这世界还有希望吗，还存在伦理同一性吗？我们面对冲突或分歧时在伦理层面上能达成一致吗？"巴别塔下的伦理"是一种在遭遇伦理难题时确立"大地上的个体"的伦理。究竟什么样的生活值得一过？人应该做什么？我们应该如何在一起？既然正义问题、德性问题、美好生活问题，价值标准问题，从一种绝对意义上看，是一些永远必须重新开始的问题，那么我们以什么方式确立大地上的个人呢？没有伦理总体性的指引，我们何去何从？

二　伦理治理的"问题域还原"

于是，从上述两类"伦理"（"通天塔上的伦理"和"巴别塔下的伦理"）及其与"治理"的关联方式中，我们进入"伦理治理"的问题域还原。在这里，我们首先要强调指出，"治理"一词是对英文"governance"的汉译，① 它本身是一个语义模糊的概念。我们从一种抽象意义上萃取其词义，认为它是"对合作关系或合作网络的赋义及合理化"。由此，"伦理治理"在现代汉语语境中与"公共治理"（或"政府治理"）等应用社会科学中的用法，呈现出不同的词义内涵。后者基本上被理解为一种经验形态上的治理，而前者除了有经验形态的治理外，往往还会被理解为一种超验形态的治理。

具体说，在构词法上，"伦理治理"包含了"伦理"和"治理"的两种逻辑关联，由此衍生两种不同类型的理解方式。

一种是以某种形式的"通天塔上的伦理"实施的超验治理。其特点是"从实体出发"，目的是构建伦理总体性或伦理同一性。在语义上，它把"伦理"作为修饰词，把"治理"作为行为类型，表述为"伦理的治理"或"伦理地治理"。也就是说，治理旨趣并不指向专门领域，如法律、政治或公共领域的治理，等等，而是依据伦理同一性或伦理总体性进行的一切人类治理（包括法律、政治或公共领域在内）。因此，它的要义，不在于限定治理的对象或范围，问题或类型，而在于表达或确立一切

---

① 丁煌：《西方行政学理论概要》（第二版），中国人民大学2011年版，第333页。这一概念在不同的语境中往往有着很不一样的内涵。特别是在当代公共治理理论的众多论题中，它的涵义是随着论题域的变化而不同的。例如：在企业管理的具体语境中，它是指导、控制和监督企业运行的组织体制；在政府公共服务中，善治是强调效率、法治、责任的公共服务体系；在社会控制体系中，是指政府与民间、公共部门与私人部门之间的合作与互动，而作为自组织网络的管理，是指建立在信任与互利基础上的社会协调网络。本文不在一种具体的应用社会科学（如管理学和行政学）的意义上使用这一概念，而是在一种哲学抽象的意义上将"治理"理解为"对合作关系或合作网络赋予意义并使之合理化的过程"。

人类治理活动据以发生的中心——"伦理化"是其典型的特征，而伦理中心论是其突出的治理模式。

另一种是对"巴别塔下的伦理"遭遇到的问题或难题进行"治理"。其特点是"从个体出发"，目的是要治理生活在大地上的人们面临的现实道德问题或伦理难题。它在语义上，把"伦理"作为治理的对象或宾词，是"对伦理进行治理"。也就是说，在现实生活中，"伦理"出了问题，遭遇到各种各样的"难题"，人们在伦理意义上的合作关系或合作网络不能发挥作用，它"失灵"了，"失序"了，"失范"了，等等。——它或者丧失了意义，或者出现了相互冲突、无法协调的情况，或者面临各种类型的两难困境。因此，"对伦理进行治理"，就是一种经验意义上的难题治理或问题治理。

以上借用"通天塔"／"巴别塔"的隐喻，将"伦理治理"区分为"超验治理"和"经验治理"两种形态。如果对这两种形态的语境再进一步分析，我们就会得出四种解题路径。

第一，"以伦理来治理"。它关注伦理同一性的寻求，以伦理实体作为第一位的治理原则。优势在于能够形成强有力的承诺和认同，在家庭、社会、民族、国家由内向外的伦理同质性扩展中，确立伦理中心主义的治理之道。儒家的"治道"和柏拉图的"正义城邦"，属于该范畴的伦理治理。这是典型的传统形态中"是"和"应该"不分的超验治理模式。在这里，本原存在（本体）拥有伦理上的超验授权，它是一切合作关系或合作网络的终极赋义者和合理化的根源。它诉诸一种超验的实体性的力量，而不是诉诸人的理性和对个人权利的尊重。

第二，"伦理地治理"。如果说"以伦理来治理"是传统的超验治理的原则，那么"伦理地治理"就是这种治理的基本形式。一般说来，以"伦理"发出"治理"，在表现形态上就是"伦理地治理"。它通常会产生两种情况：其一，当"伦理"是"治理"的精神本原时，它能有效化解"治理的不道德"，产生一种"治道"理想；其二，当"伦理"不再是支持"治理"的精神本原，比如说它外化为一种宗法制度或专制统治时，它甚至隐蔽着用天理（或"道德"）杀人的治理逻辑，因而使"治道"走向它的反面。这就是说，在它的道德理想主义的治理旨趣中隐含着道德虚无主义的危机。一旦支持"治理"的"伦理"失坠，这一超验治理隐蔽着的虚无主义危机就会爆发。

第三，"伦理即治理"。"伦理"与"治理"构成了相互诠释的关系。这是超验形态的伦理治理所能达到的最高境界。在伦理实体的绝对统治中，治理臻于完美，于是人类据之设想各种类型的"通天塔"的伟大工程。然而，正如"上升的路"换个角度看是"下降的路"一样，在"治理"的完美展现中，"伦理同一性"的实现，就是它的瓦解或终结，如同"通天塔"面临"巴别塔"的结局。"伦理"与"治理"的互释，在哲学上的表达就是黑格尔的世界精神的展开。黑格尔在耶拿时期写作《精神现象学》时，看到拿破仑骑在马上开进了耶拿城。他欢呼："你们看啊，马背上的世界精神！"他在思想中要表达的"伦理"，在现实中找到了"治理"的代理。这是超验治理达到的顶点，同时也是它的终结。

第四，"对伦理进行治理"。与前面三种表述不同，这是一种经验意义或经验形态的伦理治理。为什么产生了"对伦理进行治理"的问题呢？西方思想以尼采断言"上帝死了"作为标志性开端，揭开了"重估一切价值"的序幕。尼采要用"铁锤智慧"敲打一切"偶像"。他以一种警世的反叛表明，两千多年来西方思想所尊奉的伦理和文化出了问题。最大的问题是"上帝死了"，"伦理同一性"瓦解了。同样，中国自"五四"新文化运动以来，在一种"价值重估"的潮流中对"旧伦理"和"旧文化"进行清算。在这个过程中，中国思想同样面临伦理和文化上的困境。当鲁迅笔下的"狂人"指认整部文明史隐蔽着"杀人"真相时，中国文化中"伦理总体性"的失坠也无可避免。现代性表明了宗教形而上学根基的丧失，超验的"伦理治理"破产了，它被颠覆，被瓦解了。而以"民族伦理"的名义组织起来的法西斯统治及种族屠杀的大灾难，则永远警示人类：任何超验的"伦理治理"，无论设计得多么完美，一旦在大地上实现出来，那就是人类的浩劫。① 现代性伦理伴随着根深蒂固的个体化社会的认同危机。英国哲学家齐格蒙特·鲍曼评论说，"在整个历史中，我们的文化首次不再鼓励持久，还设法把一生分割成一系列片段，其意图

---

① 墨索里尼在 1925 年的一次臭名彰著的演讲中使用"极权主义"（英译为 totalitarianism）一词，意指"民族团结"。纳粹在德国掌权后，此语广为人知。于是，在纳粹的法西斯主义字典里，"民族伦理"与"极权主义"形成一种互释。田海平：《极权主义何以是一种伦理的"恶"》，载《江苏行政学院学报》2012 年第 4 期，第 12—19 页。

就是要避开它们所造成的持久的后果，并且避免牢固的约束……无限被简化为一系列的'此时此刻'；不朽成为对出生与死亡的无休止的回收利用。"① 这是从个体出发对伦理实体的超验统治和文化专断的反叛，它融入现代性社会和文化的个体化和流动性的世界洪流中，一切都流动起来了，"一切稳固的东西都烟消云散了"，我们如何还有伦理呢？这是一个散落在大地上的个人，在他的"巴别塔"下的发问。这是现时代伦理面临的最大问题或难题。在此前提下，"对伦理的治理"，还表现为对一些具体的伦理难题的治理，比如随着现代社会领域的高度分化，"人的完整性"被急速变化的时空分割成碎片，如果没有"人的完整性"的支持，伦理如何应对道德世界的碎片化难题？此外，随着现代科学技术的进步，科学技术在不断地突破人类原有的伦理底线，甚至改写"人"的概念或"文化"的概念，产生全新的急需治理的伦理道德难题。这些都是在经验层面上产生的必须应对的对伦理问题和难题的治理。

以上分析表明，"伦理治理"在语境上至少有四种理解。前面三种都属于超验形态的解题路径，是传统意义的伦理治理。它的特点是将"治理"问题"伦理化"，因而是"诉诸""依托"乃至"等同"于伦理同一性（或伦理实体）的治理类型。第四种"对伦理进行治理"则属于经验形态的解题路径，是现代性意义的伦理治理。它反对把"治理"问题伦理化，主张在明确区分"治理"与"伦理"之边界的基础上，将"伦理治理"诠释为对伦理问题或难题进行治理。

三　"伦理治理"：治理什么？

毫无疑问，对"问题域"的还原分析，预先设置了我们要探究的核心问题："伦理治理"到底"治理什么"？我们要在传统与现代性两者之间做出抉择吗？在当今时代，我们是否可能重构传统意义的伦理治理？那种致力于建造"通天塔"的超验形态的伦理治理在现代条件下还有效吗？或者还是，我们只能从一种经验形态将"伦理治理"定位为问题治理或

---

① ［英］齐格蒙特·鲍曼：《个体化社会》，范祥涛译，上海三联书店 2002 年版，第 329 页。

难题治理？

实际上，通常的理解并不深究这两者之间的差别，因而不去关注"超验的伦理治理"与"经验的伦理治理"之间的深刻的历史性断裂。因而，通常将它理解为"以伦理来治理"，或者"伦理地治理"，或者"伦理即治理"，而错失了其面向难题、求解问题的"对伦理进行治理"的真义。现代文明至为深沉的忧患乃在于"超验根基的丧失"——它使现代人不可能再去求助于某种超感性的"绝对之物"或超历史的"永恒存在"以便将分散在大地上的个人重新"粘合"起来。然而，"我"必须在"我们"中，自我必须在与他人的结合中，才会是一个"在世的存在"；"巴别塔下"的个人，必须在质询"我是我兄弟的看护人"的过程中，与他人结成守望相助的"人类存在"，否则人便与禽兽无异，不复为"人类"了。如果我们意识到，人类生命的精神史和个体生命的精神史都不能忽略掉"伦理"与"我们"同一这一基本事实，那么"对伦理进行治理"便是"伦理同一性"遭遇瓦解之后最重要且最紧迫的时代课题。

在现代性条件下，"伦理治理"的语境必须面对"通天塔"的失坠或"伦理同一性"的瓦解。一方面，"超验的伦理治理"无可挽回地成为"伟大传统"的文明遗留，成了现代意义的"经验的伦理治理"要予以治理的难题；另一方面，"对伦理进行治理"既是对现代性"伦理病灶"的诊断，又是让"伦理"从一种超验旨趣的"通天塔"回到经验旨趣的人类生活。因此，从现代性的本质方面择其要者而言，"伦理治理"的问题定位，就是告别传统的超验治理，就是面向生活世界的经验治理。从这一意义上，它要治理的伦理难题或问题，可从"中心议题"和"核心难题"两个方面进行勾画。

"伦理治理"在现代性境遇下的中心议题，就是对"伦理的现代性困境"进行治理。这近乎同语反复的论断旨在表明：当今时代最亟须的伦理治理行动，就是在"伦理的现代性困境"中"拯救伦理"。这里不是专门讨论"伦理的现代性困境"的地方。我们仅限于指出，在人类精神生活史的历史脉络中，现代时期与古典时代（或传统时期）的断裂是一个不争的事实——不论断言"上帝死了"（尼采）、"人死了"（福柯），还是断言"自然死了"（麦茜特）、"历史终结了"（福山），实际上都是立足于这一现代性断裂以表达我们时代的文明遭遇到的深层的认同危机：即由于"同一性"的丧失，人们已经不再可能拥有传统意义上完整的"上帝""人""自然"或"历史"的概念。① 与此相关，"现代人类型"和"传统之人"相比最大的不同在于：由于本源性伦理实体的失坠，现代人本质上是"巴别塔"下散落于大地上的世人的后裔，他（她）们期望在"通天塔"的"烂尾工程"下，重新结合成为"人类"，然而又一再地遭遇失败的命运。使个人结合起来的那种力量，在一种现代世界的"祛魅"中，又瞬间转化成为使人们彼此分离的力量。这里，"价值的颠覆"作为"伦理的现代性困境"的具体呈现形式，使人们在一种精神世界的认同危机中散落在物质生活的"广袤大地"上。如何在"伦理的现代性困境"中拯救"伦理"？现代道德哲学开出了许多治理的"药方"。然而，如麦金太尔所说，"启蒙谋划的失败"及其产生的效应更多地见证了"哲学的无能"：既无力洞察又无力治理现实世界中道德思想和道德实践的无序状态。② 人们各自从某种文明或文化的片断出发申言道德的普遍性，造成了道德观念上的不可公度或伦理普遍性的无法认同。③ 如果认识到这一困境是与现代性相伴始终的，那么在"伦理的现代性困境"中拯救伦理，就是"明知其不可而为之"的伦理治理行动。从罗尔斯不断地完善他的"正义论"和麦金太尔念念不忘回归亚里士多德美德伦理传统的两种当代思想的艰苦卓绝的努力中，当可窥见一斑。

这里的重点，不在于重建道德或认同的努力是否成功，而在于这类努力实际上所致力于推进的伦理治理效应。它在处理"伟大的传统"和"碎裂的现代性"之间的紧张关系方面，将实践理性的批判锋芒指向人类精神的"同一性"幻象——在那里，"伦理"，如同"巴别塔"废墟上一颗耀眼的"明珠"，它总能唤起一种超验的想象力，并以此进入各种经验类型的现代性谋划，即通过资本的、权力的、话语的普遍性暴力，重新附

---

① 这里要补充说明的是：或许，如同米歇尔·福柯所说，从来就不曾拥有过这类完整的关于上帝、人、自然、历史的概念，传统时期的人之类型之所以能够产生这样的信念，皆根源于一种"起源幻象"。

② ［美］A. 麦金太尔：《追寻美德》，宋继杰译，译林出版社 2003 年版，第 3 页。

③ 麦金太尔在谈到这一点时写道："当代道德话语最显著的特征乃是它如此多地被用于表达分歧；而这些分歧在其中得以表达之各种争论的最显著的特征则在于无休无止性。……在我们的文化中似乎没有任何理性的方法可以确保我们在道德问题上意见一致。"［美］A. 麦金太尔：《追寻美德：伦理理论研究》，宋继杰译，译林出版社 2003 年版，第 7 页。

魅并建立自己的统治权。由此，"拯救伦理"的"中心议题"，作为治理"伦理的现代性困境"的具体化，必然关联到对三个"核心难题"的治理。

第一个"难题"是祛去伦理之"伪"。当我们面对现代世界广泛存在的"伦理"与"伦理"之间的冲突时，我们怎么办？我们如何去伦理之"伪"？

"现代性"是一种人类现象的展现形式，与马克思所说的人的发展的第二个阶段即"以对物的依赖为基础"的个人自由紧密关联。由于"人"既"独立"又"依赖"的特性，现代世界中"各种完备性学说"往往抓住"人的概念"的某个片面予以发挥，由此形成了不同的"伦理"并陷入伦理间的冲突。马克思·韦伯形象地称之为"诸神之争"——现代性宣告了"诸神"的退隐，然而"诸神"没有消失，而是退隐于各种价值体系并在其相互斗争中呈现为一种现代性"难题"。"诸神之争"表明，现代人不再限于一种"伦理"，而是在多种伦理（甚至是相互对立的伦理）中面临伦理判断和伦理学理论的多元分裂。罗尔斯称之为一种"理性多元论"的事实。[①] 一方面，个人依据他的核心利益塑造生活计划；另一方面，现代生活的理性化又通过"物的支配关系"使个人融合到更广大的道德谋划中，以至于结成一种世界体系，而这一体系并不理会自我在认同上的情感偏好，而是将一种整体认同（或集体认同）以集体行动的意志展现出来。从一个无牵无挂的自我出发，还是从一种普遍的实体整体出发，代表了两种不同的现代性"伦理"谋划与斗争在价值始点上的分殊。这种无处不在的"个人—集体""私域—公域""自由—认同"（包括"个体权利—公共善""个人幸福—社会福宁""个人自由—社会秩序"）的内在紧张，成为现代道德哲学论辩的中心。自由主义与共同体主义之争，功利主义与权利理论（包括契约主义）之争，正义论（规范伦理学的代表性观点）与德性论之争，自由伦理学与认同伦理学之争，元伦理学与规范伦理学之争，等等，无不是这种"伦理"与"伦理"之间

---

① 罗尔斯在《政治自由主义》一书中写道："在现代民主社会里发现的合乎理性的完备性宗教学说、哲学学说和道德学说的多样性，不是一种可以很快消失的纯历史状态，它是民主社会公共文化的一个永久特征。"［美］罗尔斯：《政治自由主义》，万俊人译，译林出版社 2000 年版，第 37 页。

冲突的理论映射。

值得注意的是，现代道德论争中的每一种"伦理"学说，实际上都遵循着一个共同的前提，那就是：通过回归伦理的经验的生活世界以祛除某种超验形式的伦理"幻象"，因而预设了去伦理之"伪"的认知旨趣。它们或是诉诸人们在经验上的道德直觉，或是诉诸体现实践智慧的道德决疑法。有的理论试图通过重述传统以回归德性，有的理论强调通过反思平衡以建构可行的合理化的正义原则。有些道德哲学家执着于从事道德语言的逻辑分析，有些道德哲学家则强调具体境遇中的伦理叙事。我们如果单独地看每一种道德理论，在其立足于人类道德生活和伦理世界之实践的维度，都内含一种对道德推理或道德论证的"真诚"，而其去伦理之"伪"的认知旨趣盖源自对人类精神生活所经历的现代性转折的敏锐洞察。然而，当我们联系起来看，即透过各种相互竞争的伦理"学说"争夺话语霸权的"理性多元论"来检视各种理论批判的实践旨趣，就会发现：对于现代道德哲学的总体探究而言，伦理治理的更为深层的难题，应是在一种道德形态学意义上，从"实践总体性"维度，穿透"伦理"间冲突背后"资本""权力"和"话语"的运作逻辑。

第二个难题是化解"伦理—道德"悖论。当人们前所未有地遭遇现代性展现的"伦理"与"道德"之间的冲突时，如何抉择？如何才能化解"伦理—道德"悖论？

"伦理"与"道德"之间的冲突是广泛渗透到现代性社会的"伦理—道德"精神链断裂的症候表征。根据黑格尔对伦理和道德关系的阐释，伦理的本质是将个体结合成为整体的一种客观精神运动，是"为承认而斗争"（霍耐特语）的意志展现，它体现在社会关系中就是"认同"，而在本源的人类生存意义上就是"活的善"。伦理以道德的完善为前提，是道德通过主观世界的立法所要通向的"目的地"。这是一条"伦理—道德"的精神链，是传统"伦理同一性"的精神轨迹的逻辑表达。然而，随着现代世界的来临，"伦理同一性"的丧失使得伦理的现代性展现为"伦理—道德"精神链的断裂，出现了大量的"伦理"与"道德"之间相互背反和彼此冲突的情况。道德上合理的行为不一定能获得伦理的支持，而伦理上得到承认的行为不一定是道德上合理的行为。最典型的伦理与道德之间的冲突有两种：一是"伦理的不道德"——这可以称之为是一种"集团伦理"的悖论，即一种"不道德的行为"获得了"伦理的实体性"的支持，从而使集团行动陷入"伦理的不道德"的困境，比如"过度医疗"的例子（这种不道德行为通常由医院集团伦理支持）。另一种是"道德的不伦理"——这可以称之为是一种"个体道德"的悖论，即"个体"在道德上的坚持与伦理的实体性要求不一致，从而使个体行动陷入"道德的不伦理"的困境，比如由美国中央情报局前雇员斯诺登曝出的"窃听门"事件。① 从现代性伦理的精神结构层面看，产生上述两类"伦理—道德"悖论的原因，是由于伦理的普遍性在世界的理性化进程中已然从一种超验的"同一"转换或变身为经验的"多元"——由于这种转换，"伦理"的约束力不再建立在某种超验实体预设的基础上，而是建立在各种分化的利益集团和权力组织（乃至国家机器和文化共同体）所支持的"认同"的基础上；同时，"道德"的自主性也不再是听命于某种神秘的绝对命令，而是依托于流动的个体化自我所确证的"自由"的基础上。于是，"伦理—道德"相互关联的基础被现代性所重置，"精神链"断裂了。

在现代道德哲学谱系中，不同价值旨趣的道德"理论"，似乎呈现为一种由"自我"（个体）一端到"集团"（整体）一端的一种形态学分布。如果此论不谬，那么我们指认，这些理论或多或少都面临治理"伦理—道德"精神链断裂及"伦理—道德"悖论的难题。于是，在"我"与"我们"之间，在"自我关注"与"面向他者"之间，在"心灵秩序"与"大众福宁"之间，在"追寻美德"与"营造正义"之间……总之，在各种类型的"这一个"个体与"整个"的集团（集团的概念乃至可以扩大到"人类共同体"或"大地共同体"）之间，现代性伦理的碎片化透露出化解"伦理—道德"悖论的关键所在：这就是将处于"之间"

---

① 斯诺登的"自曝家丑"，如果仅从个人在道德上的坚持这一点来看，可归类为一种道德行为，甚至是一种"义举"，也就是在这一点上，他因之有充足理由获得他国政府或国际社会的庇护，但这一行为却是有悖于他所供职的组织机构的集体伦理的规范性要求（这些规范性要求有时甚至以法律形式出现），因而陷入"道德的不伦理"困境。古希腊哲学家苏格拉底遭遇同样的"个体道德"的伦理悖论，他面临道德上的坚持和伦理上对雅典法律的服从两者之间的两难，没有任何实践智慧可以高明地协调两者，他只能以伦理的悲剧（慷慨赴死）成全相互对立的两种诉求。

位置的两个价值始点（个体与集团）转化成为他们彼此的"中介"。从这一意义上，我们亟须一种道德哲学的洞见：即只有诉诸道德辩证法的理论自觉与实践探索，才能重建"道德个体"与"伦理整体"的相互促进与和谐一致，才能重建"伦理—道德"相互关联的"精神链"。

第三个难题是克服"道德虚无主义"的危机。当现代人在道德上遭遇"虚无主义"并深陷于"道德"与"道德"之间的冲突时，如何走出危机？如何克服道德虚无主义？

现代人类型的自我，在其现实性上，必定首先是一个欲望之自我或冲动之自我。这使它总是与虚无主义如影随形。尼采在1887年的一个笔记中以自问自答的形式对"虚无主义"特征进行了描述，他问："虚无主义意味着什么？"他的回答是："意味着最高价值自行贬值。"这个回答是用着重号的形式予以强调的，而且有进一步的说明："没有目的。没有对目的的回答。"① 那么，现代人在道德上与"虚无"相遭遇，意味着什么？显然，"伦理"的超验维度被瓦解后，道德世界的"最高价值"遭遇到了自行贬黜的命运，现代人最后发现，他必须面对一个分崩离析的道德世界——于是，道德虚无主义的危机降临了！现代人从传统中分离出来，他依靠什么穿越现代世界道德与道德之间无结果的纷争？这一危机在道德生活层面的表现就是道德权威的失坠和道德标准的丧失。于是，人们前所未有地深陷于"道德"与"道德"之间的矛盾冲突之中。一种普遍的幻灭和虚无感，也会随之而来："为什么要有道德？""为什么要讲道德？""奥斯威辛之后还存在道德吗？"

从本质上看，道德虚无主义与"伦理—道德"悖论是现代性伦理难题的一个硬币的两面。对它们的治理，理论上是现代道德哲学面临的长期而艰巨的任务，实践上是应对现代性道德危机的关键。从道德虚无主义产生的根源看，"集团伦理悖论"和"个体道德悖论"是催生"道德虚无化"的问题症结。因此，伦理治理的关键在于从"两端"进行"症候诊治"，而核心则是对四种"道德虚无化"的现象进行治理。从"集团"一端看，"集团伦理悖论"依存于两种无视"个体道德"的伦理专断，即

---

① ［德］尼采：《权力意志——重估一切价值的尝试》，张念东、凌素心译，商务印书馆1994年版，第280页。

"道德化约现象"和"道德平庸现象"。"道德化约"是指通过集团伦理之"正名"使不道德行为在道德话语上被化约，"不道德"因此名正言顺地被转化成了"道德"。"道德平庸现象"是指以服从集团义务（服从集团意志或组织决定的义务）的理由，使不道德行为平庸化，并因此变得合理化。这两种伦理专断分别从"名"和"实"两个方面使个体在道德上的坚持变得无关紧要，因而遭遇道德虚无主义的危机，它们在极端情况下可能演化为"非人化"。① 从"个体"一端看，"个体道德悖论"产生了两种漠视"集团伦理"的道德任性，即"道德暴力现象"和"道德冷漠现象"。"道德暴力"是指个体道德的自由表达赋予道德话语以"去伦理"或"不伦理"的想象力，而没有伦理的指引，道德表达就会由于责任的缺失而只剩下赞美或谴责的语符快感，这种任性在互联网域和大数据时代易于演变成话语暴力的放纵。"道德冷漠"是在一个大规模的陌生人社会里人们在伦理上无力与他人（陌生人）结成休戚与共的命运，这种"无力"或"冷漠"由此获得了一个虚无主义的命名："冷却的太阳"或"冷漠的人心"。② 这两种道德任性分别从"话语"和"行为"两个方面完成了"去伦理"或"不伦理"，并在一种"普遍性"的落寞中遭遇道德虚无主义难题。如果鸟瞰一下现代道德哲学在克服道德虚无主义问题上的深层关切，我们不难发现："反对伦理专断"的斗争和"防范道德任

---

① 比如纳粹对犹太人的种族屠杀就是通过将犹太人"非人化"完成"道德解约"。［美］汉娜·阿伦特等：《〈耶路撒冷的艾希曼〉：伦理的现代困境》，孙传钊编，吉林人民出版社 2003 年版，第 199 页。

② 2014 年的 8 月，网络上风行一种富人慈善活动的接力——"冰桶挑战"。这项国际社会用来援助"渐冻人"病患的募捐活动，经中国首善陈光标第一次以网络视频的形式公开后，一时之间俨然成为富人们参与的网络狂欢。慈善活动背后隐含着的深层的道德忧思，应该是这一活动最为引人瞩目的要素。它的流行当然自有其原因。比如说，它以一种无意识的话语形式和网络参与的游戏方式，触动了人们渴望温暖和关怀的内心。这一活动的关键词是"冰桶""渐冻人"。它以一种行为艺术般的视觉冲击效应使人们附会而觉悟到一种"道德想象"：我们是否可能在"冰桶"中生活？如果我们不想自己成为"渐冻人"，想一想应该如何援助或温暖那些罹患"渐冻症"的患者？这里，存在着一些基本的道德哲学的判断：（1）道德冷漠现象的成因，一是"冰桶"，一是"渐冻人"；（2）遭遇道德虚无主义危机的现代人，在某种意义上是遭遇"冰桶"的"渐冻人"；（3）彻底的虚无主义，就是让我们尝试做一次"冰桶"中的"渐冻人"，就是在先行到"冷"中的"热"；（4）一个"冰桶"般的社会是令人无法忍受的，因此一种道德上的觉悟对现代人走出道德虚无主义的危机是紧要且亟须的，那就是：拿开"冰桶"，我们不要做"渐冻人"。

性"的努力一直是贯穿各派道德理论的两根相互交织的"红线"。透过这些尽管不算成功的道德哲学努力，我们看到：只有通过精神的"回家"，我们才可能在一种原始伦理的意义上去过一种"反省的生活"——我们在"反省生活的意义"中，抗击各种形式的伦理专断；只有通过伦理的"回归"，我们才可能在一种责任伦理的意义上去过一种"面对的生活"——我们在"面对他者的责任"中，防范各种形式的道德任性。

四　"伦理治理"，有边界吗？

"伦理治理"，作为人类文明史或人类精神生活史中无可回避的重大课题，在现代性条件下经历着一种形态转变，即从一种超验的传统形态向一种经验的现代形态的转变。今天，理解"伦理治理"是什么和为什么的问题，在某种程度上就是从一种文明史或精神史的形态学勘测中寻找精神生活的"地标"。当我们打开人类精神史的"地形图"，"通天塔"/"巴别塔"（包括它标示的两种伦理及其相互性）就是以"地标"的面貌进入我们视野的象征之"塔"。我们的文化和伦理的最大难题，写进了这个体现着一切人类都会遭遇到的以"筑造—散落"为基本叙事形态的落寞而荒凉的记忆之"塔"中。因之，"伦理治理"作为一种现代生活的合理性架构的一部分，在问题域的表述上，就不是"以伦理治理"或"伦理地治理"，或者"伦理即治理"，而是"对伦理进行治理"。"伦理治理"因此必须面对现代人精神生活中的"通天塔/巴别塔"之问：散落在大地上的个人，如何在既相互独立又相互结合中，重建彼此之间在伦理和文化上必不可少的精神上的联系？

如果注意到，在"伦理治理"一词的细微的词义差别中，隐含着两类不同的问题域设定，那么将"伦理治理"定位为难题治理或问题治理就不是一种简单的咬文嚼字的释义游戏，而是在"伦理"的传统形态向现代形态转换的人类文明史或人类精神生活史的广阔背景上辨识伦理治理的问题取向——在急速变化的现代文明进程中，"以伦理治理""伦理地治理"或"伦理即治理"所标明的治理类型，显然不是现代性问题的关键。问题的关键乃在于，今天几乎最重要的道德哲学问题和最紧要的道德实践难题都是围绕"伦理""道德"自身的问题展开的。因此，对"伦理的现代性困境"进行治理，祛除伦理之"伪"，化解"伦理—道德"悖论，克服"道德虚无主义"的危机，乃是现时代最为重要且最为亟须的伦理治理行动。

与上述结论紧密相关，我们这里有必要对两个需要进一步探究的问题略作说明：第一，当"伦理治理"被诠释为难题治理或问题治理时，它有边界吗？第二，当伦理治理的中心议题指向"伦理的现代性困境"时，我们如何治理"伦理""道德"的自身问题？

毫无疑问，在现代语境下，伦理治理有它特定的对象，它不是一般意义上的社会治理，也不是一般意义上的国家治理，不能将伦理治理等同于传统意义上的"人治"（与"以伦理治理"相关联），不能将它的范围扩大或者混同为具体领域的治理。因此，伦理治理一定是有边界的，且必须清醒地认识到它的边界：即对伦理的现代性问题或难题进行治理。这一"边界"按现代性的"伦理问题"或"伦理难题"来界划，强调的重点是"问题域"上的分界，而不是"实践领域"上的分界。从"实践领域"看，现代性"治理"的各个实践领域（从家庭、社群、政府，国家，到公共领域，甚至企业，等等）都可能在其治理域限内涉及伦理道德难题，但这些具体领域的治理显然不能归结为伦理道德问题。从"问题"方面看，伦理、道德渗透到社会生活的各个领域，没有脱离社会生活的抽象孤立的道德世界，也不存在与社会生活实践脱节的抽象孤立的伦理世界。伦理治理的边界，只有通过回归现实生活世界，从问题类型上界划亟须治理的"现代性难题"或"现代性困境"，才可能通过难题治理或问题治理，促进伦理与治理的融合并使伦理治理成为协调合作关系或合作网络的建设性力量。"社会生活在本质上是实践的"。一切道德理论的探讨，特别是现代道德哲学对伦理、道德自身问题的治理所进行的探索，只有回归社会生活并落实为具体实践或具体生活方面的治理，才具有现实性。

在归根结底的意义上，伦理治理是人自身的治理，是现代人遭遇"巴别塔"下散落的命运，并因而面对差异、分裂、不和、倾颓、冲突的人类境遇时，对人自身的伦理难题和伦理问题的治理。这使我们想到了德国哲学家朋霍费尔在1941—1942年写作《伦理学》时的情景。当时人类文明的大地被现代战争机器所分裂，纳粹的毒气室里无数无辜的犹太人被集体屠杀。值此之时，朋霍费尔写下了这样的期待："不是人同上帝、同人、同物、同自身的不和，而是重新寻获的统一、和解成为谈论的基础，成为'特殊伦理体验的决断点'。人的生活和行为不具有任何成问题的、被折磨的、黑暗的性质，而具有某种自明的、欢乐的、确定的、清晰的性质。"① 这是一种伦理的和解，是一种伦理的希望，是"巴别塔"下伦理治理的人性和知识的觉悟。人不是一座孤独的岛屿。我们每个人都与周围世界的他人（或他者）存在着唇齿相依的伦理上的关联。在"互联网"和"大数据"将个人日益紧密地联系起来的今天，现代人越来越切己地领会到人不是孤立无援地生存着，他（或她）总已经生活在自己的同胞之间，生活在自己置身其中的社群和国度之中。伦理治理是对这一事实的回应，是对现代人从一种超验的总体性中分离而散落为现代性个体的文明类型所罹患的疾病的诊治。

---

① ［德］朋霍费尔：《伦理学》，胡其鼎译，上海人民出版社 2007 年版，第 45 页。

第八章　环境如何进入伦理

自 20 世纪以来，现代文明导致的日益严峻的环境问题，为一种应用伦理学范畴中的伦理思维的突破提供了契机，它的典型特点是扩展"伦理世界"的边界。从这一意义上，环境伦理学的道德哲学论题表征了一种伦理思维的勃兴。

环境如何进入伦理？这无疑是从伦理思维视角上产生的一个基本的和首要的环境道德哲学问题，我们称之为环境伦理的基本问题。从当今环境伦理问题激发的道德哲学论争看，几乎每一种环境伦理学都依据多种可能性的道德基础之一，回答环境进入伦理的可能，而每一个说明都宣称自己具有毋庸置疑的正当性。因此，这一领域的伦理对话、论辩和各种面向行动方案的议程、运动、制度和建制，包括政治党派、经济发展模式、环境保护运动、强制性的环保标准等，都见证了伦理思维的现实性及其改变世界的力量。

事实上，当代人权运动、环境保护运动或生态运动的基本纲领，就是在这种喧嚣纷扰的多元化处境中制定的。不容否认，道德多样性和价值多元性是环境伦理学理论和实践必然遭遇的背景"噪音"。从这种多样性的道德观和道德论证的"背景"上，我们如何才能寻获一种超越道德相对主义的关于环境伦理的道德哲学之奠基呢？一个走向伦理思维的道德哲学的前提性追问仍然有待展开。倘如此，我们问：（1）"环境如何进入伦理"在何种意义上是环境伦理的基本问题？（2）它是否以及以何种方式展现出一种意义深远的哲学改变？

一　环境道德哲学的奠基性问题

"环境如何进入伦理"的问题，不是一个一般性的设问，它涉及对那种将环境从伦理视域中分离出去的文化样态和文明类型的重新审视，进而是从文明之结构转型的视野上对人与自然关系的批判反思。同时，它又是对"环境问题"之构成"伦理问题"的理论思维前提的审理和时代精神条件的反思。因此，与随便怎样设想一种环境伦理学，或者介入当今环境哲学或环境伦理之论争不同，问题把我们带到一种为环境道德哲学进行奠基的理论视域。

那么，我们首先必须回答这样一个问题，即："环境进入伦理"，在什么意义上，是环境道德哲学的奠基性问题？英国著名哲学家 A. N. 怀特海在发表于 1925 年的题为"科学与现代世界"的系列演讲中对近三四百年来西方世界出现的文明方面的重要进展以及所面临的危机进行了比较恰当的论述，他说："把精神当成独立实体的学说，不但直接引导出个人自有的经验世界，而且也引导出个人自有的道德世界。道德直觉被认为只能应用于全部个人自有的心理经验世界……现在西方世界还受着前三个世纪狭窄的道德观念的危害。"① 显然，现代西方世界和西方文明的现代性建立在自由独立的精神实体之设定的基础上，它将个人和人的世界还原为一种单子式的孤立的实存。这种"个人自有"的道德世界和经验世界，排斥与异质他者或他物共属一体的世界经验。怀特海说，"由此产生的两个恶果是：（1）不顾每一机体与环境的真正关系；（2）不顾环境的内在价值，而在考虑终极目的时，环境的内在价值是必须充分估计进去的。"② 怀特海在八十多年前所说的这一番话，在今天仍然具有启发人们对环境问题深思的重要价值。考诸怀特海对西方工业文明之病患的诊断，我们看到，最早由西方社会发端的现代性，作为一种伦理形式的现代精神，是通过世界的主观精神化或人类精神化来完成的。它的辉煌与混乱皆深植于人类精神在此现代性展现中对主体自身及其"自有世界"的过度专注。应该看到，现代性的这种精神气质，作为现代世界之进步思想的源泉，其目的是宣告人的自由独立，使人摆脱蒙昧和盲从，成为世界和自然界的主宰和主人。这一核心纲领体

---

① 怀特海的这个系列演讲，在 1925 年 6 月以同名标题在剑桥大学出版社出版，原文为"Science and Modern World"，我们将之译为"科学与现代世界"。引文引自 ［英］A. N. 怀特海《科学与近代世界》，何钦译，商务印书馆 1997 年版，第 187 页。引文略有改动，即将何译的"前三个世代"改为"前三个世纪"。

② 同上书，第 188 页。

现在 18 世纪启蒙现代性的世界诉求之中，即通过确立理性的权威使世界变得更清醒。毫无疑问，认为战胜迷信的理性可以控制乃至指挥失去魔力的世界和自然界的看法，极大地推进了现代科学和技术的进步并为现代世界的主流理智形态和一般文化形式奠定了合理性基础。然而，这种以"理性控制"和"主体征服"为标识的现代思想，必然部分地或者全部地将环境从伦理世界中分离出去。现代道德建构中的情感主义、个人主义、自由主义、功利主义以及传统意义上或者现代意义上的人类中心主义，都是一种排斥环境或不顾环境内在价值的伦理意识。这是怀特海所指证的前三个世纪"狭窄的道德观念"产生的历史效应与逻辑必然。从这一意义上看，环境与伦理的关联以及环境进入伦理的问题，涉及人类文明在一种现代性总体精神运动中所蕴含的历史语境和观念取向上的变化。"环境进入伦理"，是在我们遭遇到日益严峻的现代性文明后果的意义上，成为环境道德哲学的奠基性问题的。怀特海列举的两个现代性之文明后果，在今天已然演变成为全球性的生态危机和环境灾难，思考"环境如何进入伦理"既是我们时代最为敏感的哲学意识的内在要求，也是人类文明发展到今天必须重新思考她所面临的各种现代性困境及其出路的时代意识的内在要求。

"环境如何进入伦理"涉及环境与伦理的二元论难题，它是对西方现代性一系列二元论观念设置和文化设定带来的文明后果的一种哲学审视。当代环境伦理问题是在人类文明或文化遭遇日益尖锐的二元论冲突的背景上产生的。它最初只是一种哲学上的一般知识论图景，当人类文明的发展将这种二元论设定为人类认知活动和道德实践活动的基本架构，它就必然迫使我们进入一种自然与道德二分的二元论处境之中。进一步，它通过科学技术的进步，建立起人对自然环境进行征服和控制的文明类型，如此一来，我们便习惯了在一种日益专业化和专门化的现代科学认知或现代技术营建的实践活动中接受环境与伦理二分的二元论观念。环境伦理学是在文明的现代人陷入道德观破碎的背景下，带着对西方二元论的观念设置和文化设定的坚定批判，出现在我们这个危机四伏的时代。它期待并倡导一种伦理改变或哲学转变，即不是在一般的意义上或通常的语境中探讨世界体系问题、自然生态问题和人类生活及其意义问题，而是在力图克服主客二分、自然—道德二分、环境—伦理二分的现代二元论的意义上重新界定世界、自然、人类生活以及我们所属的大地。我们如何看待我们原有的信仰、知识、科学、技术和政治经济，我们如何看待自己所属的社群和所珍视的自由，某种程度上是与我们如何进行这样一场伦理变革紧密关联着的。因此，环境进入伦理，最终指向对道德基础的批判审视与重新奠基以及一种新伦理的建立。我们再次重申，环境进入伦理的问题，是在一种克服现代西方二元论的意义上，成为当代环境道德哲学的奠基性问题的，它由此构成了环境伦理的基本问题并因此带来了意义深远的哲学改变。

二　"环境进入伦理"与道德世界观的转变

环境伦理学寻找道德基础的努力一直未曾中断。我们不可能抹去那里"道德多样性"论争已然呈现的含混而复杂的思想"地平"，但可以指证：在环境伦理的各种立场、传统和语境之间，在观点分歧的背后，呈现出显明的哲学改变，其中一大转变是带来了道德世界观的某种转变。

众所周知，"世界"之区分为"自然的"与"道德的"，是康德批判哲学的基本架构。我们所谓的"道德世界观"的思想，源自康德关于"自然"与"道德"二分的理性判析。康德曾用"在我之上的星空"和"居我心中的道德法则"的形象语言描述了这一基本的世界区分。"在我之上的星空"属于自然世界，而"居我心中的道德法则"则属于道德世界。在道德世界中，自我意识知道义务是绝对的本质，它只接受义务的约束，而义务之"绝对"就是它固有的不能以自我意识的异己物出现的纯粹意识。此即道德意识的一般设定。这表明，道德世界作为一种建立在自然与道德二分基础上的意识现象有其不可避免的主观性。康德对道德世界主观性的审查，实际上是在启蒙现代性的大背景下对道德实践的自由难题进行的最有深度的揭示。康德的问题是：主体自立法度（自由）的道德世界如何可能，它如何获得普遍必然有效性？他的回答是：我们必须预设"上帝存在"。如此，在一个道德世界中，我们才能听到类似的询问："你的兄弟在哪里？"然而，对于上帝提出的问题，人们也许会像该隐那样反问："我岂是我兄弟的看护人吗？"对于现代人而言，康德的预设并不起作用，一个现代的"该隐"完全可以无视这样的"预设"。因为，世界的渎神（祛魅）和现代人所经历的宗教形而上学根基的丧失是现代世界的基本面貌。现代时期道德筹划的基本主题是通过理性论证获得类似中世纪曾经许诺通过神恩和理性的作用得到的道德权威和道德真理。这样一种道德筹划是启蒙思想家、康德、黑格尔、功利主义思想家和情感主义者为代表的诸种现代性的道德世界观的基本诉求，其目的是极力克服道德世界的主观性，在道德领域获得类似于在认识领域获得的合法性与客观性。然而，正如北美著名哲学家麦金太尔（A. Macintyre）所指证的那样，这种努力无一例外地招致了自身的失败，现代思想并没有走出道德世界的主观性疆域，人们只是从各自不同的立场出发或者从对人性的某种描述出发寻找道德论证的起点，这导致了现代性道德领域众说纷纭、莫衷一是的危局。① 现代伦理学对道德普遍性的探求最终将寻求绝对知识范式和完美生活理想的哲学努力，分解成为各种相互匹敌、互竞互争乃至不可公度的道德主张。这种情形，乃是与那一般的哲学之命运和人之命运紧密关联着的，它意味着主体形而上学的哲学传统在道德主观性问题上隐蔽着的虚无主义的到来，人们发现道德本身其实是许多相互竞争的诸种道德。现代道德世界观所具有的这种独特的社会学状况表明，现代性道德问题总是处于特定的历史、文化、人类学、经济以及政治等诸多层面的背景之上。作为整体连贯的具有同一性旨趣的道德世界观的碎裂，使得任何一种试图以康德、黑格尔或者英国功利主义那种方式重建道德同一性的努力注定会失败。社会的现代性将个人的生活分割成极为不同的领域，每一领域都有其自身的行为规范和模式。同时，哲学和文化领域的后现代主义思想对同一性的排拒进一步强化了道德世界的多元化。在这样一种总体时代精神氛围或独特的现代性社会文化背景下，应对道德主观性的思想方式，必然是正视道德多样性与道德世界的多元化，正视道德世界不可克服的主观性，承认任何一个社会都包含着多种多样的道德观念和多种多样的道德世界的合理性。也就是说，问题的关键，不是像我们所熟悉的道德传统那样，通过一种观念设置和文化设定解决道德世界的主观性难题，并寻求或论证道德的客观性与合理性。问题的关键在于我们能否尝试两种类型的努力：其一，审视一切宣称具有客观性和普遍性的道德主张的主观前提或主观根源——这是对道德哲学的理论思维前提进行批判审查的一种努力；其二，在此审查中，我们面对各种各样的关于道

---

① 参见［美］A. 麦金太尔《追寻美德》，第 5 章 "论证道德合理性的启蒙筹划为什么必定失败" 的相关内容。

德的理由，甚至每一个人都可以基于自身的原因而相应地给出道德之理由，这意味着在单纯道德世界的范围内人们并不能成功地使某一种道德之理由具有普遍性和客观性，那么如何构造道德与自然的"和谐"并使之具有超越各种各样的道德世界观的理性权威，乃是走出道德主观性并真实地重新诠释道德合理性和客观性的关键所在。①

康德的洞见无疑是正确的，如果没有道德与自然的统一，一种具有普遍规约和范导力量的"伦理"几无可能，倘若如此，道德便只能是一种软弱无力的劝告。然而，如果道德世界观还执着于某种超验形态的观念预设和文化设定，那么它并不能完成从传统形态转身而出并真实地面对自身的主观性条件。从这一意义上看，道德世界观的转变有赖于两个前提：一方面，传统的道德确实性之丧失使道德领域的论争变得异乎寻常的尖锐；另一方面，通过"伦理的突破"超越"道德"与"自然"之二元论的努力使得道德世界观的转变呈现出一个基本趋势：它不再是脱离现实生活世界的抽象的形式建构和概念思辨，也不再致力于通过道德论证提供自以为是的道德真理，道德世界观向生活世界的回归以及那种使"道德的善"成为"生活的善"的伦理方式昭示着伦理学范式的变革。道德世界观之转变的两个条件，实际上根源于我们今天遭遇的日益尖锐的现实生活的伦理难题和道德悖论。我们面对日益扩大的臭氧层空洞、海平面的升高、登月计划、急剧膨胀的信息、珍稀物种的灭绝，等等，我们再一次面对"头上灿烂的星空"和"内心的道德法则"的日益紧张的关系。道德与自然的二分曾经是近三百多年来西方现代性道德世界观的基本概念架构。在这样的一个概念构架中，自然的形象被一种机械论范式的科学语言和一种主—客二分的哲学观念所描绘。一个生机勃勃的、进化的、充满着某种"精神彩色"的生态自然是这种科学和哲学所不能理解的。因此，像康德和黑格尔这样的哲学家只是从一种世俗生活（幸福）的角度来理解与"道德"相关的"自然"，而此语境中的"道德"与"自然"之预定和谐便只能或者诉诸于道义论的道德推理或者诉诸于功利主义的道德推理。② 我们看

---

① 这一努力是麦金太尔《追寻美德》一书中提出的当代道德哲学的根本论题。黑格尔在《法哲学原理》中关于"道德"与"伦理"的区别对于我们思考麦金太尔难题而言值得关注。参见樊浩《道德形而上学的精神哲学基础》（中国社会科学出版社 2007 年版）。

② 道义论立足于"道德"一端论证道德，功利主义立足于"自然"一端论证道德，两者的论争使得现代性道德哲学和道德理论愈来愈远离生机勃勃的"自然"和活生生的"道德"。

到，有两种"意识"对摆脱道义论—功利主义之争并真实地思考"环境进入伦理"的问题而言是必须的：一是在环境领域或者在人类今天必须应对的诸多环境事务中，人们意识到，自然概念不再是一种机械论范式下的自然概念，而自然律有比机械力学更高或更深的生态规律；二是在道德领域或者在与人的主观精神生活紧密关联着的道德世界观中，人们同样意识到，道德的概念也不再是一种形式的（意图）或者后果的（目的）道德推理，道德律产生于一种先于主—客二分、自然—道德二分、环境—伦理二分的人之生活的世界经验。这种意识现象的转变表明：在我们这个危机四伏的时代，意识领域正在集聚一种清醒而纯正的力量，它将我们遭遇到的日益紧迫的环境问题或自然生态问题看作是人类之命运、文化之命运和道德之命运的问题，并拓展出将自然与道德联结在一起的环境伦理之论域。

这种意识现象之转变即是我们所说的与"环境进入伦理"相关联的"道德世界观"的转变，它包括：（1）人类主要依靠科学技术的进步对自然实施征服和控制的广度和深度，已然造成了重新检讨与自然相区分的道德概念和人的概念的日益增长的需要，与自然无涉的道德概念被证明为过于偏狭，伦理学反思进入对现代道德世界之奠基性的二元论观念预设和文化设定进行检讨和质疑；（2）不断走向深层的全球环境保护运动和生态政治—经济之实践，（包括生态女性主义和深层生态学在内）使得不同民族、不同文化传统、不同精神资源和信仰体系下的人们，以自己的方式思考一种建基在生态世界观基础上的道德世界之"设定的和谐"成为可能，这意味着道德与客观自然、道德与感性意志以及道德与现实之间设定的和谐不再是一种形而上学的思辨，而是在全面检讨我们的道德主观性条件之基础上的现实运动；（3）人们应对环境问题的伦理方式和道德态度显然是多元化的，而道德作为一种现实意识由于其主观根源而表现为多样性的道德世界观，因为现代人总是基于不同的利益诉求和价值取向形成一种关于"道德"的现实意识；（4）值得深思的乃是"环境进入伦理"的世界历史效应，它使得我们前所未有地面临不同取向上的道德世界的斗争（例如，关于动物实验的道德性问题的争论，关于温室效应、物种歧视、城市化以及城市生态、发展危机以及代际公平等问题的道德论争）；（5）我们由此进入一种后现代性的道德世界，遵循生态学范式或许成为具有指导性意义的知识论自觉，反之，各种不同类型的控制论世界观或实体主义范式也变换着适应时代的"脸谱",而权衡各种不同的乃至相互异质的道德主张乃是一种后现代性社会学状况的基本要求。

三 "环境进入伦理"与伦理世界观的改变

"环境进入伦理"带来的重大挑战是道德谱系或伦理类型上的范式革命,矛头指向以往全部的人际伦理学。事实上,如果没有人之类型的转换就不会有一种伦理类型的转换,如果没有这两个转变,就无法回答环境如何进入伦理及其带来的更为深层的诘问:环境伦理是否值得遵循以及谁能够遵循?我们从此一维度思考"环境进入伦理"的另一面,也就是说,不仅仅要考虑与意识领域相关的主观精神方面的进展,即"道德"作为一种主体性的意识现象在环境—伦理论域中产生的变化;更要进一步思考与意志领域相关的行为合理性问题,这是"伦理"作为一种主体间的意志展现所内含的现实精神层面的进展。黑格尔曾以一种思辨的语言称之为"伦理世界观"。

按照黑格尔的论述,伦理世界是主观精神现实化或客观化的领域,它是对道德主观性的扬弃,是道德主观性的意识现象被转化或被过滤为伦理普遍性的过程。换言之,道德世界观属于个体主体之范畴,伦理世界观属于伦理共体或伦理实体之范畴。如果祛除黑格尔思辨体系的神秘外壳,就会再现黑格尔关于"伦理世界观"的合理内核,即其中蕴涵的"为承认而斗争"的社会伦理精神以及在伦理与自然的相互关系中呈现的人之觉悟、文明之觉醒与伦理之和谐。黑格尔"伦理世界观"的概念对"环境进入伦理"之论题而言有三点启示:其一,伦理世界观在起点上突破了道德自我意识,(伦理与自然之对峙)它始于"为承认而斗争"的动力结构,并依靠主体间相互承认的实践自我过滤道德主观性;其二,伦理世界观是一种从各种不同形式的相互承认中寻求文明形式之突破的世界观,如基于"爱情""权利"和"伦理"就有三种不同类型的承认形式。伦理世界的"设定的和谐"作为一种纯粹的伦理之承认关系,是文明的"道德文法";其三,它在实践方式上寻求突破,即伦理世界观完成于"伦理行为",表现为主体在一种主体间冲突与承认的辩证运动中不断地投身到"为承认而斗争"之中。"伦理"被称作"活"的"善"。伦理世界观落实到伦理行为，就是"为承认而斗争"的现实生态，是一种在相互依存与交互承认中呈现的伦理事实。毫无疑问，黑格尔之后伦理世界观之理论语境的变化给当代伦理学提出了更为复杂的任务。①"环境进入伦理"作为当代人亲历的文明进程，必然激起伦理世界观的转变。我们看到，"伦理世界观"作为"为承认而斗争"的主体间性的互动，从人的自我认识、文明的类型到人的实践方式（行为）三个方面带来了伦理之觉悟。与黑格尔关于伦理世界观的"三段论"相比照，我们看到，环境—伦理论域中的伦理世界观之转变包含了三个方面的内涵：

1. 起点：生态自我。"环境进入伦理"展开了以自然（环境或生态）为基础的承认关系，它要求我们从一种生态觉悟的意义上克服或扬弃道德自我意识的主观性偏狭，通过重构生态自我进入伦理与自然、义务与现实的辩证境域；

2. 过渡：生态文明。"环境进入伦理"，以生态自然与伦理的"设定的和谐"为中介来构建各种形式的主体间承认关系，其时代性意蕴指向了对现代工业文明遵循的"控制自然"的世界图景及其隐含着的"道德神话"的颠覆和消解，是在现代文明愈来愈远离自然并愈来愈与自然相对立的人类处境中，通过重新反省和检讨各种类型的伦理的承认关系，重建文明与自然之融合与相通的文明类型；

3. 完成：生态伦理实践。"遵循环境伦理"，是"环境进入伦理"的文明进程或文明觉悟通过伦理行为所要完成的伦理世界观之转变的关键。它试图使伦理世界观所设定的自然与伦理、现实与义务之和谐在一种生态整体性上实现出来，并成为通向环境伦理行为和生态伦理实践的"桥梁"。

"环境如何进入伦理"在伦理世界观上带来的哲学转变表明，我们不仅需要一个伦理学体系，而且需要一种切实可行的方法，俾使生态觉悟的伦理世界观落实为一种行为合理性准则。不论人们对环境伦理学持何种态

---

① 关于如何从黑格尔的思辨唯心主义的形而上学语境中转换出合理的伦理学思想，国内外少数敏锐的学者不约而同地将目光放到了黑格尔从耶拿时期的"精神现象学"一直到后期"法哲学原理"中关于"伦理世界"或"伦理世界观"的理论模式。代表性的观点可参阅阿克塞尔·霍耐特（《为承认而斗争》）、哈贝马斯（《现代性哲学话语》，梅茵河畔法兰克福1995年版，第3章）、罗伯特.R.威廉姆斯（Robert R. Williams：《黑格尔的承认伦理学》，加利福尼亚大学出版社1997年版）等人的研究。

度或何种观点，"环境进入伦理"至少在伦理世界观上使得一种基于环境整体性或生态完整性来构想世界和人类文明的基本范型成为可能，从而使生命和自然界的价值显而易见。这一世界观不仅要说明伦理学，还要说明人的实际行动，因而表明人类的行为必须遵循一些基本的生态学原则。例如，生态学告诉我们：在自然界中人们所做的每一件事都可能产生难以预测的后果；自然界的每一件事物都与其他事物相联系，人类的全部活动亦居于这种联系之中；人类产生的任何化学物质都不应干扰地球上的自然生物的地球化学循环，否则地球上的生命维持系统将不可避免地退化；地球生命维持系统能够承受一定的压力，但其承受力是有限度的；自然界不仅比我们想象的复杂，而且比我们所能想象的更为复杂。① 事实上，"环境进入伦理"所揭示的世界观并非什么新奇之物，而在某种程度上而言，是一种非常古老的世界观，在一切古老的人类文明中都有这种世界观极为简朴而富有诗意的表述。我们甚至可以说，环境伦理是与人类的原始存在经验相一致的一种世界经验或宇宙经验，而遵循环境伦理是对人的原生命体验的遵循。因此，环境进入伦理的问题域，最终指向我们对生命真谛的领悟，这是环境—伦理论域开启的伦理世界观之转变所固有的深层意义。

四　两种道德哲学方案：人类中心论与非人类中心论

从伦理世界观与道德世界观在环境—伦理论题域中展现的革命性方面看，"环境进入伦理"是伦理理论谱系之改变和环境道德哲学之奠基的契机。然而，仅仅表明这一点是不够的，这只是从理论逻辑层面进行的概念分析，而"环境如何进入伦理"作为环境道德哲学的奠基性问题在更深的学术史层面上关涉到环境伦理学史的基本论争。

---

① 美国著名环境学者、环境教育家泰勒·米勒（Miller, G. Tyler Jr）在其著作《生存在环境中》（Living in the Environment, 6th edition, Wadsworth Publishing Company, Belmont, California, 1990.）一书中从资源保护、污染防治、物质和能量转化、生态学、经济学、政治学及伦理学诸方面，提出了保证经济与环境持续发展所应遵循的基本原理，这里所引用的是他总结的生态学核心原则：生态偏移原理、生态关联原理、生态学第三定律、承受限度原理和承受范围原理。参见陈静生、蔡运龙、王学军《人类—环境系统及其可持续性》，商务印书馆 2001 年版，第 345—346 页。

　　一般认为，环境伦理学创立的标志是史怀哲的敬畏生命的伦理学和利奥波德的大地伦理学。史怀哲明确提出了一种当代意义上的生物平等主义伦理学，（1923）而利奥波德通过将"伦理共同体"从"人类"扩展到整个"地球"而奠定了一种生态整体主义伦理学的基础。（1947）以此作为开端，现当代环境伦理学从一开始就是在反对传统人际伦理学或人类中心主义伦理学的理论范式和世界观模式的斗争中成长并发展起来的，它同时也激起了人类中心主义伦理学对"环境如何进入伦理"这一论题的思考以及相应地对传统的人类中心主义价值观进行调整。环境伦理学史的这一核心观念之争不可能获得最终的解决，事实上它将随着"环境如何进入伦理"的基本设问而不断变换着时代性话语或实践性论题，呈现为环境伦理学的基本问题之争。从这一意义上看，人类中心论与非人类中心论在环境—伦理论题上的拓展，实际上是从伦理世界观和道德世界观的意义上，以环境问题为突破口，对西方传统观念及其文化设定进行的一种全新的审视。一旦环境问题被纳入哲学之中，它将使得哲学进入一种思想谱系的改变之中，哲学将会与它现在所是的状况明显地不一样。从这一意义上看，澳大利亚社会政治哲学家约翰·帕斯莫尔（John Passmore）关于环境伦理学与西方传统不协调的诊断尽管有太过"偏激"的嫌疑，但他关于"环境进入伦理"不只是作为应用伦理学的拓展而更乃是西方思想及其哲学传统之改变的论断，则是令人深思的。[1] 罗宾·阿提费尔德（Robin Attfield）回应帕斯莫尔的论题时指出（1983），人们完全有理由设想一种根植于西方传统中的环境伦理学，因为在西方思想史中有比"统治传统"

---

　　[1]　帕斯莫尔（John Passmore）在 1974 年出版的重要著作《人对自然的责任：生态问题与西方传统》（John Passmore, *Man's Responsibility for Nature: Ecological Problems and Western Traditions*, 2nd ed, London: Duckworth, 1980）一书是 20 世纪为数不多的讨论环境伦理学著述。在这本书中，帕斯莫尔断言，在应用伦理学中没有一个学科能像环境伦理学那样，从根本上处理哲学问题。环境伦理学对整个哲学学科而言，皆是一个严肃的挑战。他的理由是，被西方文明所接受的环境伦理学的许多基本观念，与西方哲学的基本观念肯定是不协调的。由此，许多哲学家看到了环境伦理学中的基本观念与西方哲学中的基本观点之间存在着不可调和的冲突，这使得他们认定环境伦理学不属于传统意义上的哲学。从这一意义上，环境伦理学如果能够获得成功，亦即它在人类中心论与非人类中心论的论战中能够成功地推翻并取代古典和早期现代哲学中那些有缺陷的观念，"其结果将是对我们所熟知的哲学的改造，或者哲学和环境伦理学将合二为一。"参见尤金·哈格洛夫《环境伦理学基础》，重庆出版社 2007 年版，第 2—3 页。

更为重要、更占主导地位的"托管传统",从这一传统出发建立一种环境伦理学更切合实际。① 阿提费尔德试图重新诠释"西方传统"与"环境伦理学"之关联,并为一种人类中心主义的环境伦理学辩护。应当承认,帕斯莫尔与阿提费尔德之争,只是人类中心论与非人类中心论之争的一个极为平常的例子;而作为"环境进入伦理"的两种道德哲学方案,人类中心论与非人类中心论之争无疑贯穿了整个当代环境伦理学史以及当今环境伦理学的各种研讨模式。透过这两种道德哲学方案对"环境如何进入伦理"之论题的回应,我们将探测到伦理学反思在环境—伦理之论题中可能达到的范围及其深度。

环境问题已经演变成为当今人类面临的重大而紧迫的文明问题,从这一意义上看,"人类中心论与非人类中心论之争"的实质,是从一种哲学世界观的轴线上为深陷于环境危机和生态困境的现代文明进行"诊治"或探寻出路。从中产生出来的两种针锋相对的道德哲学方案以及相关的补充性或替代性方案,并不能终结诸种道德主张或多样性伦理传统之间的彼此分殊或互竞互争。但是,从论争实际地从根本上在处理哲学问题看,"人类中心论与非人类中心论之争"折射出我们时代正在经历的文明之转变亟须先行解决某种"哲学之改变"的时代精神之诉求;而从"环境进入伦理"带来的"意识现象"与"世界进程"看,道德自我意识的转变和伦理承认方式的变革呈现为道德世界观和伦理世界观的哲学改变。其核心是围绕"人类中心论与非人类中心论之争"这根"垂直线"深入到对既定的文化传统、观念体系、价值尺度、思维方式乃至生活方式和实践类型的全面检讨。因此,"环境进入伦理"所依循的"人类中心论与非人类中心论之争"这根轴线,既是环境伦理学之多样性探究试图触发哲学之改变的"枢机",又是这种哲学之转变本质地进入对当前人类文明和全部文化观念及其实践方式进行价值重审和前提批判的"枢机"。

于是,我们在"环境如何进入伦理"的论题上,透过"人类中心论与非人类中心论之争",洞察到"哲学之改变"与"文明之转变"之间的

① 阿提费尔德在《关怀自然的伦理学》(Robin Attfield, *The Ethics of Concern for Nature*, New York: Columbia University Press, 1983.)中,针对帕斯莫尔的观点进行了反驳。尤金·哈格洛夫:《环境伦理学基础》,重庆出版社2007年版,第4页。

圆圈循环。这使得环境伦理学的道德哲学基础不再是某种抽象的道德论证的原则系统或"原理教条"，而是一种向现实生活世界敞开的实践哲学的奠基。在这种相互诠释的"解释循环"中，哲学思想在地球生态文明的层面上进入与文明的互动，它使那些封闭于自我内心的道德的或哲学的独白成为多余。它要求我们不断地在道德自我意识的维度着手修正主观价值尺度的偏失，这是进入道德对话并形成道德共识的前提；同样，它也要求我们认真地看待人类文明或文化在其现代性建构中展现的客观精神本质的"祛魅"，检讨我们业已习惯的伦理承认方式隐含着的缺失。因此，从一种全球化的人类文明演进和世界性的哲学思想突破的互动融合中，"环境进入伦理"对我们应否以及能否将"人"确立为伦理学之中心所展开的论争，将使环境伦理学奠基在一种实践哲学的哲学实践基础上：一方面，它在哲学与文明的互动中，推动环境伦理学的哲学实践进入更广阔的伦理精神境域，从而使得环境伦理学成为一种真正意义上的实践哲学；另一方面，环境伦理学在道德世界观与伦理世界观上实现的哲学转变，为当代思想经历的面向生活世界的实践哲学变革，示范了一种比较典型的哲学实践之范例。而从生态基础理解"人"和人的世界，理解理论意义与实践意义的人类中心论/非人类中心论的边界划分，进而"思"入人的主观性及其所属社群并"考察"私人生活及公共生活中的那些基本设定，是伦理学在"环境进入伦理"的论题上进入人之"生态实践"的"良机"。

　　人类中心论/非人类中心论之争，作为环境伦理学的两种典型的道德哲学方案，如果离开了文明、哲学、实践、人及其生态基础的整体背景及其相互关联的语境，或者如果偏离了文明史、思想史、人类史和自然史等历史领域所展示的"垂直线"之"深度"以及政治、经济、社会、文化、宗教、法律、教育等知识领域所展示的"地平线"之"广度"，就会陷入一种抽象的伦理学话语的两难困境。事实上，那种将内涵丰富的环境—伦理论题简化为人类中心论/非人类中心论之两难选择，从而将其染上道德上的黑与白，并不能在"环境如何进入伦理"的论题上有所作为，它充其量不过表明自己是"政治"而非"对话"。环境伦理学不是人类中心论与非人类中心论的两种"立场"之间的非此即彼，而是对诸种道德世界观和伦理世界观的权衡与审视，是"思"入"环境—伦理之论题"并进而探索道德世界观之改变与伦理世界观之转变的实践哲学或哲学实践。因此，如果我们从"环境如何进入伦理"之设问出发，问及环境伦理学的道德哲学之基础，我们必然面临理论上或实践上的诸多两难困境。作为伦理学话语，具体说，作为环境—伦理之论题，首先，必须寻求概念之准确与论域之明晰；其次，尽可能与具体的道德经验与伦理现实相结合，且通过这种结合在道德世界观与伦理世界观的层次上展现"环境—伦理"之关联的深度与广度；第三，哲学的传统并不能容纳环境伦理学之论题，借助某一种传统哲学范式对环境—伦理之论题进行解读，往往会造成片面性的或者抽象化的误读或误解。从这一意义上看，传统精神的、文化的和哲学的资源对于我们思考"环境如何进入伦理"当然至关重要。但是，更为重要的是哲学在"环境进入伦理"之论题上所呈现的革命性转变；第四，环境伦理学是一种处于对话之中的伦理学。我们如果从一种文明之对话、哲学之对话、人之对话和实践方式之对话来看待"环境进入伦理"的论题，就会看到"道德多样性"原本是与"伦理共同性"不可分割地结合在一起。它既是实践的哲学，又是哲学的实践，它在理论与实践两大谱系及其相互关系中回应环境道德哲学的奠基性难题。最后，让我们回到环境道德哲学的奠基性问题，该问题如是问：环境如何进入伦理呢？我们看到，在经过了近80年的探索之后，该问题的实践特质和实践特性一再地得到强化和体现，它对一种实践思维方式或实践批判精神的道德哲学基础的呼唤与探求将会进一步开启哲学探索的思想"地平"。

五　伦理思维的突破：从控制自然到遵循自然

如上所述，当代关于环境和生态问题的讨论，实际上是对我们的知识状况、理性能力、实践类型和生活方式的一种深度反省。我们的文明在寻找出路。我们的文明在寻求转变。这是一个总体的文明转变。这种转变是进步还是衰落，它将走向何方，目前下定论还为时过早。但我们可以确定无疑地看到，人类并不能够利用对自然的控制合理地管理他所生活于其中的世界，而对自然的统治大多数情况下只是服从于少数盲目的个人、集团和国家的自私自利。现代文明的最大难题是：它通过将"控制自然"的"哲学"和"观念"转变成具体的"实践"和现实的"世界进程"来谱写"现代性"之"乐章"。然而，在必然遭遇"自然之反抗"和"人之反抗"后，现代存在不得不面对自己的对立面——他们置身其间的现代文明。20世纪哲学呈现出来的现代存在的焦虑和现代人对荒野自然或生态自然的普遍"乡愁"是这一难题的集中表达。经过近百年来全球范围环境保护运动的深入展开和环境伦理、生态哲学的激烈论争，我们今天愈来愈清醒地意识到，现代文明或文明的现代性只是人类通往生态文明的一座桥梁、一个过渡，或者说一个转折，它更多地像是人类在漫长的自然史中进行的一场被刻画为"现代性"的"实验"。在我看来，作为向生态文明时代的"过渡"和"转折"，我们当务之急是要从一种仍然被现实地普遍尊崇的关于"控制自然"的伦理中摆脱出来，寻求从"控制自然"到"遵循自然"的伦理思维的转变。这不是一般环境保护政策、生态技术或生态经济形式等实践层面上的转变，而是哲学和伦理观念层面的转变。这也不是一般意义上的环境意识、生态意识和自然观念视域方面的觉悟，而是人类通往生态文明的伦理觉悟。

在某种意义上，人类历史可以看作一部通过控制自然获得解放的历史，即人类逐步从受自然的束缚、屈从于外部自然力量和人自己构想的各种对象化力量中获得解放。这是文明演进的逻辑，是人类文明从远古蛮荒时代起就必然具备的原始"冲动"。"控制自然"的思想或观点一开始就隐含于人类文明所固有的这种"解放旨趣"之中，且是一种与"文明"相伴而生的始源性的"冲动"。从人类制造和使用工具开始，人类的生命活动就是通过将自身本质力量对象化而改变身外自然和自身自然，这是人之实践本性使然，也是人的自由生命本质的体现。人是一种创造文明并不断地推动自身文明进步的地球现象；他既有自然的一面又有超自然的一面，总是在与自然相"分"相"合"的矛盾运动中创造人类社会的文明史。因此，在各个时代从而在我们的时代，人作为本质上自由的生命个体总是以"类"的形式站在"自然"的面前，人之解放的历史充满了对自然界进行控制和统治的冲动。因此，从最一般的意义上看，即在一种无条件或绝对的意义上看，"自然之控制"是文明隐秘的旨趣所在，是深藏于人的自由生命本质的"冲动"，是人的实践方式的历史呈现。从这种最为抽象的意义上看，"控制自然"和捆绑"普洛透斯"一样，并不构成伦理问题，人们似乎没有理由对之进行道德上的质疑，其实践合理性由人类文明之基本诉求或人类理性之基本诉求得以奠基。

　　其实，人类对自然的统治或控制始终隐蔽着某种毋庸置疑且未被反省的正当性。这种正当性由古代理性的、宗教的教条和近现代科学与技术的权威逐步地得到加强。但也只是到近代以后它才开始演变成为一种"道德的神话"，成为现时代"时代精神"压倒一切的"主题"。弗兰西斯·培根（1561—1626）是这个"神话"的奠基人。控制自然的观念被认为是培根世界观对一个长久时代的杰出贡献。① 加拿大当代哲学家威廉·莱斯评论说："培根的伟大成就在于他比以往任何人都清楚地阐述了人类控制自然的观念，并且在人们心目中确立了它的突出的地位。"② 在培根那里，控制自然的观念建立在新科学的基础上而不同于炼金术士的幻想，而且由于在文艺复兴的总体精神氛围中寻求与当时文化的支配力量即基督教的结合，这种观念具有了道德的神圣性。培根断言，控制自然是人在技艺和科学方面的发现与上帝游戏比赛的结果，是"最清白和最有价值的征服"。③ 这意味着，一种为了人类的利益而开发自然或控制自然的伦理被公开地宣告出来，并被认为是科学而神圣的事业。事实上，培根之后的思想家们在将控制自然的思想世俗化的过程中，进一步解除了人与上帝之契约的道德束缚和人控制地球的超验正当性的授权，这历史地奠定了现代性道德的逻辑，即通过"自以为是"的"人的概念"或"主体性的概念"来诠释"道德"。显然，控制自然的伦理蕴含着启蒙现代性关于"走出未成熟状态"的文明之觉悟，它构成了现代人类中心主义道德世界观的核心，其目的在于追求人的独立、人的至高无上和"类"的解放。控制自然的观点通过西方现代性关于解放、自由或进步的"酵母"使自己成为一个道德的"神话"：它以虚构"人类主体"的"中心"地位作为"人之形象"，并由此划定了道德世界的边界。

　　"控制自然"从一种隐蔽的文明旨趣到一种人类中心论的道德神话的转变，是文明发展进程中呈现的一种典型的现代性现象。这一转变最为成

---

　　① ［加］威廉·莱斯：《自然的控制》，岳长龄、李建华译，重庆出版社1993年版，第43页。

　　② 同上书，第44页。

　　③ 同上书，第45页。

功的形式是在观念的和哲学的层面上进行，即"一种科学和哲学的转变"。① 如果说现代性充满了对秩序和控制的不可遏制的欲求，并通过为自己确立一项不可能完成的"任务"使这种"欲求"成为可能，那么"控制自然"的观点作为一种科学和哲学的改变即是此"任务"之一。我们看到，从自然科学的方法典范和价值原理中抽象出一种普遍精神从而使哲学（形而上学）成为"科学之科学"，是近代以来人类文明从传统向现代性转变所经历的科学和哲学的改变。霍克海默尔称之为关于自然科学的"哲学的绝对化"。事实上，将自然"数学化"是一种古老的观念，而非现代性的杰作。然而，以机械力学和数学形式刻画自然之形象，并将之视为一切知识之典范，则是使现代性知识或叙事成为可能的社会形式。现代科学诞生于此社会形式之中，其蕴含的精神气质是"控制自然"。② 通过培根世界观的影响，且随着近代以来自然科学对宗教的胜利，其"典范"意义一再地被"哲学地""改写"或"放大"成为了一种"控制自然"的神话，并因其范导着现代存在的知识、理性、欲望、信仰、价值和有意义的生活而成为"道德的神话"。它一方面将知识与道德、认识论与伦理学融为一体，在一种体系哲学的"元"综合中，建构着各种兼具道德合法性与实体主宰性的人类理性和人类精神的概念；另一方面，它通过隐去人类内部的利益纷争和社会冲突而凸显人类主体的立法意志和主体性自由；以这种方式，它把实施统治或控制的人类主体设想成一种建立在道德形上学之抽象同一性基础上的"善良意志"或"自由"。事实上，康德对知识与道德的区分早已表明自然领域与道德领域遵循不同的立法原理。然而，这种对理性有限性的先知先觉并没能走出"自然之控制"与"人之规范"的相互关联的道德神话，我们在黑格尔关于精神的实体主义的"斗争"与"和解"和浮士德式的永不停歇的"探险"中，看到了这个"控制"的神话是如何成为"精神"的自身运动。作为一种科学和哲学的改变，"控制自然"思想的

---

　　①　这里引用了威廉·莱斯对"控制自然"的意义进行区分的观点。莱斯在《自然的控制》一书中指出了控制自然的两个意义：第一种意义是观念的、哲学的，即作为一种科学和哲学的转变；第二种意义是实践的、现实展开的，即与现代时期的社会冲突有关的现象。"科学和哲学的转变"与"实践和现实的展现"，虽然有着某种动态的关联，但两者是不同，在本质上是"断裂"的。威廉·莱斯：《自然的控制》，第105页。

　　②　威廉·莱斯：《自然的控制》，第102页。

革命性意义在于，它为现代工业文明的现代性转换奠定了合理性基础、确立了叙事话语。现代世界从科学的对象化知识结构（即它所处理的自然概念）中找到"控制自然"的"道德样板"，同时由弘扬人类主体精神的哲学将之发展为一种"道德神话"。控制自然的话语类型属于现代形而上学的"元叙事"或"总体叙事"，它与现代时期的意识形态有关，是世界的非神化或祛魅本质的一种哲学"绝对"。自然控制的现实展现属于现代性的实践推理，它通过"科技进步"向"社会进步"的应然推理为一种组织起来的世界控制和社会统治确定了合法性根据，这使得它总是与现代时期愈演愈烈的"自然之反抗"和"社会之冲突"有关。

实际上，一旦"自然之控制"由一种科学和哲学的转变进展到实践的和现实的展开，那隐藏在现代形而上学话语（以黑格尔哲学为代表的）背后的"人类理性"和"人类精神"的力量不受限制地被公开释放，它必然在自己招致的日益紧张的"自然反抗"和"社会冲突"中使现代文明面临前所未有的危机。作为一种实践推理，现代性需要哲学形而上学的"道德神话"（控制自然）来生产秩序，然而"神话"的实际运作又使其"梦想"总是被困难重重的冷酷"现实"所粉碎，人们不得不再次面对问题泛滥的现实世界；这使世界的控制和管理成为新的可能或新的目标。这样一种令人难堪的循环在不断地加深现代文明所面临的重重危机的同时，使现代文明建基于其上的"神话"谱系（各种控制的、人类主体的、人类中心论的、个体自由和人类解放的神话）最终遭遇被瓦解的命运。这意味着那种使"自然之控制"成为道德神话的现代叙事进入到一种自身否定性的运动，意味着"控制自然"的道德神话的终结。

20世纪初，面对人类控制自然的努力在自然和道德两个领域带来的令人震撼的文明冲突和恐怖集结，以马克斯·舍勒为代表的当代思想家敏锐地意识到自然之控制所带来的实际后果即是"人之控制"。舍勒指出，在现代文明的发展中，"人之物、生命之机器、人想控制因而竭力用力学解释自然，都变成了随心所欲地操纵人的主人"[1]。舍勒认为，这场"运用理智、技术、工业、语言的一切手段进行闻所未闻的野蛮行径"的运

---

[1]　马克斯·舍勒：《道德建构中的"怨恨"》，罗悌伦译，引自刘小枫选编《舍勒选集》上卷，上海三联书店1999年版，第528页。

动，是西方基督教文明价值论危机的总爆发，标志着"基督的山上圣训丧失效力"，是我们时代"道德倦怠的总体状况"的表征。[①] 舍勒的知识社会学提供了关于控制自然观念的历史和哲学基础的一种理想表达，此即自然之"祛魅"和世界之"祛魅"。他把控制自然以及由此带来的危机上升为一种欧洲价值论危机。海德格尔关于技术本质之为"座架"控制以及现代世界的控制论图景（对世界的科学和技术的支配）的论述得益于舍勒。同一时期的俄罗斯哲学家 H. A. 别尔嘉耶夫指证："现代文明人唯一有力的信仰是对技术，对技术的威力及其无限发展的信仰。"[②] 人们从现代技术产生的控制自然的奇迹中感受着这种"新"的信仰，而技术因素对自然因素的彻底克服或不断胜利意味着文化的"退化"或"毁灭"。[③] 因此，通过急速发展的技术进步来控制自然不再单纯是技术自身的问题，而已经成为人的命运与文化的命运问题。显而易见，控制自然的问题对于 20 世纪以来的哲学意识而言是十分令人不安的，尤其是："现代文明人"并不理解近一百多年来忧心忡忡的哲学家们关于"自然之控制"的"危言耸听"。我们面临一个悖论：没有自然之控制，就不可能有人类文化或文明的繁荣昌盛，而文化或文明的繁荣昌盛与通过科学、技术的方式控制自然的人类知识与实践有关，但是人类控制自然的胜利又使人和人类的文化或文明面临前所未有的危机。控制自然的悖论性质表明：建基于其上的现代性"道德神话"（人类中心论）的失效，它使得由培根世界观奠基的由科技进步毋庸置疑地确立社会进步的道德理念受到质疑并最终遭遇合法性危机。

今天，与自然和谐共生而不是控制自然的思想不再是一种诱人的新奇观念，它甚至似乎成为一种家喻户晓的常识。然而，人们实际上更多地将之作为一种流行的、时尚的口号用以表达对现代社会和世界之控制形式的普遍不满，而不是积极地由此寻求一种指导人类伦理生活和生态实践的道德之重建。有鉴于此，威廉·莱斯在 20 世纪 70 年代（1972 年）呼吁：

---

①　以上引文参见马克斯·舍勒：《基督教的爱的理念与当今世界》，李伯杰译，引自刘小枫选编《舍勒选集》下卷，上海三联书店 1999 年版，第 804 页。

②　H. A. 别尔嘉耶夫：《人和机器——技术的社会学和形而上学问题》，张百春译，见《世界哲学》2002 年第 6 期，第 45 页。

③　同上书，第 46 页。

"控制自然的观念必须以这样一种方式重新解释，即它的主旨在于伦理的或道德的发展，而不是科学和技术的革新。从这个角度看，控制自然中的进步将同时是解放自然中的进步。后者和前者一样，是人类思想的一个合理的观念，概念，成就；因此，从控制到解放的翻转或转化关涉到对人性的逐步自我理解和自我训导。"① 我们看到，威廉·莱斯试图矫正流行的"自然之控制"的观念，即将控制自然的任务理解为"把人的欲望的非理性和破坏性的方面置于控制之下"，而这种努力的成功将是自然的解放——即人性的解放。② 从"控制"到"解放"的转化有赖于一种人性之"自我训导"或"自我规范"的道德的进步。我们这里强调地指出，威廉·莱斯的分析尽管属于一种老生常谈的"解放话语"，但他指出的"自然之解放"在人性和道德方面的条件仍然值得我们深思：从"自然之解放"的意义上看，人性的自我规范亟须完成一种走出"控制自然"之迷误的伦理觉悟，即从控制自然到遵循自然的转化。如果说控制自然的观念是要确立人的主宰地位和统治地位，并通过将科技进步等同于社会进步来制造一种现代人类主体或人类中心论的道德神话，那么对这种已经在现代人类实践的各个方面得到强有力展现的流行观念进行纠偏或矫正，实际上是对我们现实遵奉的人的概念、理性概念和世界概念进行质疑，最终是对现代文明发展方向进行的一种伦理掂量。

1. 质疑"人的形象"或"人类主体的形象"。控制自然所体现的意志不是各种目标和目的的简单集合，而是包含着相互矛盾的部分的整体，其话语背后隐蔽着某个预设的主体，即某个"谁"。谁的控制？谁在操作？谁试图控制？是人类整体对"控制"的追求还是人类社会内部相互冲突的因素对"控制"的权力争夺？实际上，作为整体的人类或人类主体只是一个哲学的抽象，而只有后者才是"追求控制"的"历史动力的关键"。③ 因此，控制自然所预设的人类主体是作为道德论证的基础而存在的；而"控制自然"的现实展开则充分体现了在异常复杂的社会冲突和利益纷争中各不相同的价值立场和多样性的道德意志。这表明，控制自

---

① ［加］威廉·莱斯：《自然的控制》，岳长龄、李建华译，重庆出版社 1993 年版，第 168 页。

② 同上书，第 168 页。

③ 同上书，第 104 页。

然观念所隐含的与自然分离或对立的人的概念或主体形象是不真实的，这种"大写"的"人"只是日益膨胀的现代世俗权力和欲望的"伪装"和"代名"，通过它生产的"道德神话"只服务于某种意识形态的统治和控制。

2. 质疑现代"理性"或"合理性"。控制自然所体现的理性或合理性是一种典型的现代理性概念或现代合理性概念。在一个追求主宰、统治、强占、控制和权力操纵的理性概念中，理性（reason）而非"众理（reasons）"被等同于"主体"并进一步被看成是"实体"，而"合理性"则被诠释为一种"理性能力"或者理性的功能。一个寻求控制的理性是对"众理（reasons）"的克服，是让"众理"归属于"一理"，其基本特征是为承认主宰者或主人的权威而斗争，意味着"迫使服从"的一系列策略。现代"理性"或"合理性"是通过"真理""道德""科学""进步""自由""正义"等观念的生产，克服分裂的、碎片化的"众理"，并以科学作为"道德样板"与技术作为"伦理实在"使自身成为自明性的绝对权威。我们看到，对现代理性或合理性的批判或质疑是当代哲学和思想秉持的一种基本洞见和决断，它激发人们重新思考科学合理性的发展以及人类理性与自然的相互依存关系。当科学合理性的概念不再建立在一种机械论—控制论的科学范式基础上而是建立在生态学—有机论的科学范式基础上，我们将从技术理性的控制论统治中觉醒，从本原意义上切近一种"遵循自然"而不是"控制自然"的科学世界观。

3. 质疑现代"世界观"或现代"世界体系"。控制自然所体现的"世界"旨趣是一种控制论图景的世界旨趣，它试图通过"世界之祛魅"（disenchantment of the world）完成对现代世界体系的对象化设置并将之纳入一种技术控制的"座架"规定之中。然而，当人们从控制自然的迷梦中惊醒，从现代科学祛魅了的现代世界的迷梦中觉醒，一种"面向事情本身"的哲学意识要求我们面向"活"的自然和"活"的世界本身：不是设置控制的程序，而是从遵循自然的价值和道德旨趣中理解人和他生活于其中的世界。

如果说现代性是一个由"自然之控制"奠基的控制论"工程"或控制论的"世界图景"，那么现代人、现代理性与现代世界就是现代性"工程"的基本构建"支柱"。作为一个文明体系，现代性"工程"的世界历史意义在于，它在全球范围内确立了以控制自然为"解放旨趣"并由此诠释"社会进步"的"道德神话"。我们看到，对它的质疑伴随着另外一种"哲学的转变"，即关于"人的终结""理性的终结"和"世界观的哲学的终结"，一言以蔽之，形而上学的终结。当代思想呈现的这样一种对现代性及其宏伟"工程"的全方位质疑、消解、颠覆和终结绝非是一种纯粹的标新立异或玩世不恭，虽然它确有放纵"思想"之"任性"的嫌疑，但也无疑代表了一种文明的审慎和一种伦理的觉悟。主要体现在其中隐含着的关于伦理进步的诉求和关于遵循自然的观点。首先，它要求通过一种伦理的进步来平衡和消解现代科学技术的进步所推动的一种组织起来的自然控制或社会统治的"道德神话"。这里所说的伦理进步不是基于控制自然的道德理由，而是基于遵循自然的道德理由。其全部意义在于，它本身是融进到科学合理性中的人性，是科学和技术进步的一个基本前提，没有了遵循自然意义上的伦理进步，科学和技术的发展只能招致人类的自我毁灭。其次，它使得关于"控制自然"还是"遵循自然"的道德争论成为我们时代从根源处反省或审理人类文明发展方向的核心论题之一，是自弗兰西斯·培根所标举的有关控制自然的"科学和哲学的"现代性转变之后，必须进行且正在进行的"科学和哲学的"第二次转变，亦即一种后现代"科学和哲学"的转变。从这一意义上看，人们关于"控制自然"还是"遵循自然"的观点论争并不囿于环境哲学或环境伦理学领域，虽然在环境伦理学领域中人类中心论和非人类中心论之争最具代表性。然而，这一争论的革命性意义还在于，它是对更为广泛而深刻的人类文明诸领域的基础问题的思考。控制自然？还是遵循自然？这不是一个简单的或此或彼的问题。对它的回答关涉到一种更为深刻的伦理觉悟。这种伦理觉悟要求"控制自然"摆脱一种错误的历史关联。从道德进步来考虑，它将更有力地表明我们所面临的最迫切的挑战，不是征服外部自然、月球和外层空间，而是发展能够负责任地使用现成的技术手段来提高生活的能力，以及培养和保护这种能力的社会制度。① 从这一意义上看，一种负责任的"自然之控制"必定要以"遵循自然"为最高的道德诉求。

---

① ［加］威廉·莱斯：《自然的控制》，第169—170页。

六　遵循自然的伦理思维：文明进程中的道德哲学革命

不容否认，弗兰西斯·培根"控制自然"的世界观影响了三百多年来人类文明的基本价值方向，有它重要的历史贡献和合理性，这一点不能抹煞。然而，对这一信念的坚持，变得日益困难，因为"控制自然"已然成为维护特定组织和集团利益的手段。显然，一种负责任的"自然之控制"是培根世界观不曾思及的，它与人性的解放和伦理的进步密切相关，不寻求对外部自然的征服，而是对人类因素中破坏性的、非理性欲望的控制。由此，"控制自然"的旨趣指向了对人和人性，对理性和世界概念的质疑和重新奠基。"控制自然"在此意义上与"遵循自然"得以相互转换和彼此相通。当然，这里所说的"自然"是指那充满生机的进化和生态运动，即产生了我们这繁荣的有机共同体的"生态自然"，而非一般所谓的"宇宙自然"。从对这种转换中，我们见证到当代思想隐然呈现的一场"哲学的转变"，即一种关于从"控制自然"到"遵循自然"的伦理转变。

关于这一点，我们不惮累赘之嫌，要特别强调指出，美国当代环境伦理学家霍尔姆斯·罗尔斯顿（Holmes Rolston Ⅲ）在 1979 年发表的题为"我们能否和应否遵循自然"的论文，是这一哲学转变的最为明确的表述。罗尔斯顿分析了遵循自然的七种意义。据他的分析，在绝对意义上，人类除了依循自然规律而外，什么也做不了，在此意义上讲遵循自然无助于解决我们今天面临的问题。同样，在人为的意义上，人的一切活动都是人的本质力量对象化的活动，是对自然的人化改造或控制，在这一意义上劝说人们遵循自然是不可能有效的；我们只可能在一种相对的意义上遵循自然："我们多大程度地遵循自然，取决于我们在多大程度上改变我们的环境，取决于我们在多大程度上以一种鉴赏力将环境融入我们的生活方式，取决于我们离自然有多近。"① 罗尔斯顿所说的遵循自然，在相对意义上又可以分为四种具体形式。

---

① ［美］霍尔姆斯·罗尔斯顿Ⅲ：《哲学走向荒野》，刘耳、叶平译，吉林人民出版社 2000年版，第 47 页。

1. 顺应自然以便利用自然规律来增进人类福祉。这是自动平衡意义上的"遵循自然"。其中有要我们确定与地球生态整体健康相适应的生活方式的命令，而我们在很多方面可以使道德跟这一命令结合起来。①

2. 相信自然中可能存在某种或某些种我们应当遵从的"善"，当然也可能存在我们应当避免的"恶"。这是一种在道德效仿的意义上对自然的遵循。

3. 把自然看作有着自然价值而非仅有一些自然事实的领域，不是干涉它，而是让它以自己的方式运行。这是价值论意义上的"遵循"。它要求我们走进荒野自然，聆听之，沉思之。"一个人如果没学会尊重我们称之为'野'的事物的完整性与价值的话，那他就没有完全了解道德的全部含义。"②

4. 在接受自然指导意义上遵循自然。"自然是一种'引导的能力'，它能在我们心里激发出一些思想，给我们以教育，引导我们走出来，懂得我们是谁、我们在哪、我们的禀性如何，等等。"③

这是一种我们面向自然时的伦理思维，而不是我们面向其他人时的伦理思维，是我们适应环境的行为与道德态度。罗尔斯顿列举的这四种遵循自然的可能形式，包含着明显的道德哲学诉求。它的相对意义是指它要以某种道德观念的转变为前提。换言之，如果没有一种伦理的转变和道德的进步，谈论"遵循自然"，要么没有意义，（如在绝对意义上遵循自然规律）要么没有可能。（如在人为和实践意义上劝告人们完全放弃改造和控制自然）因此，对于当今生态运动而言，当务之急是要明了遵循自然的道德哲学意义。

不难看到，从培根倡导"控制自然"到罗尔斯顿明确提出"遵循自然"，三百多年的思想演变中蕴含着两次重大的哲学转变。与"控制自然"的道德神话及其解体相对应，我们今天正在经历"遵循自然"的哲学转变。它主要包含以下四个方面的道德哲学意义。

第一，"遵循自然"表明"人"在道德上的自我认识的革命。遵循自

---

① ［美］霍尔姆斯·罗尔斯顿Ⅲ：《哲学走向荒野》，刘耳、叶平译，吉林人民出版社 2000年版，第 51 页。

② 同上书，第 69 页。

③ 同上书，第 69 页。

然的"人"不再被设定为自然之主宰者和征服者，也不再被抽象地理解为"主体"或者"客体"。我们必须从我们与自然万物共属一体这一事实来认识我们自身的生态自我。从这一意义上，不是与自然分离的"道德"，而是与自然结合的"道德"，构成了人在道德上自我认识的根本。它实际上是"控制自然"的"人"或"人性"的迷途知返，是洞察人与自然在道德上休戚与共以及人对自然的终极性的归属、依恋和遵从。从道德上认识我们的生态自我，是人与自然关系的一种伦理觉悟。

　　第二，"遵循自然"意味着自然魅力的复现。遵循自然必须"复活"那被现代科学和技术处理成死的对象和资源的生态自然。这主要指"自然"在其"价值意义"和"精神意义"上的"复活"。自然不再是现代科学面对的客体对象和现代经济处理的资源。它获得了道德和精神的内涵。此乃自然之"复魅"。这是爱默孙所说的"总是蒙有精神的彩色的"自然。① 她是原初的丰富性。她是人和万物的养育者。她教导人们从她学习说话，从她学习鉴赏、品味和追随一切"美"的事物和"善"的事物。自然是如此具有精神普遍性，一切自然的过程是道德的文句和移译②，她用她的大智赋予万物以价值。"自然关系着不为人类所改变的种种本质"。③ 它是最大的伦理普遍性，正是在这一意义上人们奉"自然"为"神"。自然之"复魅"是对自然之"精神彩色"和"伦理普遍性"的回复，是关于"自然"之为伦理实体的一种伦理觉悟。

　　第三，"遵循自然"是与世界之"返魅"（即世界之魅力的复现）的进程密切联系着的。世界之魅力的丧失是现代世界的一个重要特征。④ 我们不可避免地经历世界两分：可数学化的科学世界与感性直观到的生活世界。现代世界的实质是通过一种抽象化机制使"活"的生活世界简化为"死"的"事实"。"活"的世界被现代世界体系抽离或分解的命运使现代人前所未有地遭遇生活危机。然而，科学世界自身并不代表日益增长的对外部自然和人的生活世界的强力，体现在科学世界中的合理性始终指向

---

① ［美］爱默孙：《自然论》，胡仲持译，商务印书馆2000年版，第14页。

② 同上书，第39页。

③ 同上书，第9页。

④ ［美］大卫·格里芬：《后现代科学—科学魅力的再现》，马季方译，中央编译出版社1995年版，第1页。

"遵循自然"的可能：遵循首先意味着精通并让其保持它自身的神秘，体验其要素间的和谐、完整与秩序，超越因无知而导致的对自然界的敌意和恐惧，避免将不合理的东西强加给大自然。"遵循自然"在回到生活世界（或活的世界）的哲学转变中展开着一场科学与意识的革命，它与生态学范式的科学世界观紧密相联，是世界之"复魅"的开始。生态学既是科学又是伦理的范例预示着科学回归自然、科学世界回归伦理世界的运动。此运动是世界由"复魅"而进入生态运动的伦理世界的伦理觉悟。

第四，"遵循自然"表现为理性的合理性形式的转变。现代理性的难题最集中地表现为：它作为信仰的对立面，在一种乌托邦式的道德想象中，演变成对技术的信仰和工具合理性的统治。"遵循自然"是要我们在道德上遵循生态合理性，它并非是完全放弃人的统治和人类对自然的控制，而是要将我们所统治的世界看作一个"共同体"，我们要促成它的所有成员的福利和完整。因此，遵循自然在合理性上所承诺的是人之卓越与自然之伟大的和谐一致，是自然史与人类史的交互见证。我们人性的根基深植于自然之中，我们深深地受惠于自然，也将永远地受制于自然。我们通过科技进步对自然的控制愈是纯熟有效，就愈需尊重它的价值。[①] 遵循自然不是一般地反对和否定自然之控制，它要反对和破除的是关于控制自然的独断论和"道德神话"，并从一种生态合理性的意义上，呼唤人们真实地面对那日益远离自然的文明所遭遇的困境，摆脱那种与自然分离的工具理性的绝对控制和统治。

归结起来，"遵循自然"的道德哲学意义在于，作为一种革命性的论题，它针对三百多年来占统治地位的"控制自然"的道德理由和道德神话，寻求从控制自然到遵循自然的哲学的转变。作为这种转变，它涉及对人、自然、世界、理性等基本概念的重新理解和重新奠基。"遵循自然"所寻求的是一种道德哲学的变革，是人类文明从工业文明向生态文明转变进程中的一种伦理觉悟。

---

① ［美］霍尔姆斯·罗尔斯顿Ⅲ：《哲学走向荒野》，刘耳、叶平译，吉林人民出版社2000年版，第93页。

第九章　如何以伦理看待生育

从伦理思维的现实性维度看，"生育问题"的伦理治理是人之生命存在和文明延续在"人自身的再生产"的意义上必须面对的具有普遍意义的生命伦理难题的治理。我们从这一视角上，对生命伦理学的具体论题中伦理思维之突破或呈现的形态特征，可以管窥一斑。特别是对于中国生命伦理学的语境勘测或问题诠释而言，一种伦理思维的自觉显得尤为重要。

实际情况表明，随着中国开始推行"单独二胎"以及现在全面放开二胎的生育政策之推行，一种道德哲学的反思已经提到了日程：如何以"伦理"看待"生育"？

我认为，这个问题，关联着一种由"生命"的视角，特别是从"生育"的视角，引向一种伦理思维的生命伦理（或生命道德哲学）之论题的进路。

一　生育伦理的中国难题

今天，中国作为基本国策的计划生育政策已经推行了近 40 年。联合国的有关统计数据表明，我国妇女总和生育率也由以往的每个家庭平均生 6 个左右孩子，下降到今天的 1.7 个。中国人口过快增长的势头得到了有效控制。然而，对于中国的生育制度和人口生产实践带来重大挑战的，还不仅只是关乎适度人口生产的生育控制的政策层面或技术层面的问题，更大的且更为严峻的挑战是由之带来的伦理后果或伦理效应。即由人口生产的计划生育实践所激起的生育伦理难题，及其对当代中国总体文明形态所产生的重大影响。我们称之为生育伦理的中国难题。它突出地表现在两个方面：其一，当代中国的生育政策具有显明的时效性，（尽管它是我国一项长期的基本国策）生育控制的伦理正当性只有在针对我国过度生育的人口生产活动进行"纠偏"时，才是有效的；而这至少表明，在"纠偏"之后，一个"后计划生育时代"的来临是可预期的，我们甚至可以说，它已然或正在呈现为某种客观历史进程；其二，适度人口的生育控制与中国社会的改革开放和现代化进程几乎同步而行，然而它在权利体系、人口生态体系、社会质量体系甚至总体文明体系诸方面带来的价值困惑和形态转变，则注定了令中国的"后计划生育时代"的文明进程染上深重的生育伦理"色彩"。

　　毫无疑问，人类的生育行为包含了"生"与"育"两个方面。它"自然而然地"是一种伦理化行为。然而，当今中国人口生育实践在道德标准、伦理方式和文明体系诸方面面临的伦理难题，表明我国的生育伦理在由传统向现代性转型过程中，已经告别了那种"自然而然"的伦理形式和伦理传统；它前所未有地面临生育伦理的诸多现代性难题。由于中国人口国情的复杂多变以及人口生态的社会、经济、文化背景之关联深厚，人口生产的道德性以及生育伦理的现代性难题也变得更为突出而艰巨。

　　当然，我们要特别强调指出的是，这里突出生育伦理的中国难题的重要性，主旨不在对我国计划生育政策进行质疑，它作为对传统形态的生育伦理观的一种矫正，是必不可少的；相反，我们认为，生育控制的政策和实践是中国人口生产活动和生育合理性构建的现代性之标志，且指明了生育伦理现代性的道德前景。从这一维度上，我们试图从一种伦理思维的视角指证：中国人口生产和生育合理性构建已经进入一个新的阶段，即一个可以回过头来反思一下计划生育政策及其伦理效应的历史节点。当然，中国生育伦理仍然面临着人口数量继续增长、人口总体受教育素质偏低、出生性别比居高不下、人口老龄化愈来愈重的四大难题；如何解决好生育伦理的中国难题，攸关中国人口生产、人口素质和生育生态的现代性道德前景。

二　生育的伦理传统与道德困境

　　按照马克思的观点，生产本身有两种：一是物资生活资料的生产；一是人自身的生产。它们分别受到劳动力发展阶段的制约和家庭发展阶段的制约。生育伦理与这两种生产方式紧密相关。它既包含了人口生产（生）的方面又包含了人自身成长或完善（育）的方面。由于它是从"人自身生产"和"人自身完善"的普遍本质中产生出来的"伦理"，因此它必然展开一种将人的物种规定（自然规定）和人的类生命本质结合在一起的伦理世界。从这一意义上看，生育的伦理传统总是受到特定的社会生产方式和交往实践的制约，且与婚姻—家庭制度、社会文化传统、医疗科技或公共卫生的进步以及人口生态等因素相互交织、密不可分。换言之，人类的"生育"实践，由于是一种时间代际上的文明传承形式，它受到生育实践周期长、生育功能相对稳固和生育伦理生态日益凸显的影响，必然关涉到民族伦理气质和文化风貌之构成。中国的生育伦理传统，在这一点上表现尤为突出。

中国的生育伦理传统，受到小农经济与宗法制度的影响，集中地体现为历史上占主导地位的儒家生育伦理观。儒家的生育观，可追溯到西周初露端倪的多子多福的伦理观，例如在《诗·大雅·假乐》中出现了"千禄百福子孙千亿"的颂词。孔子的治国纲领（"庶、富、教"）中居于首位的便是"庶"的纲领。（即"人口众多"的纲领）而儒家孝道伦理，把"有后"的生育观奉为最为优先的孝道，所谓"不孝有三，无后为大"。这种鼓励生育的生育伦理传统，在中国传统文化形态中既是一种功利主义的政治意识之诉求，又是一种自然主义的经济意志之体现，更是一种关系主义的文化教化之必然。

首先，中国生育的伦理传统有着明显的政治功利主义诉求。两千多年来，中国封建统治者从一种实用理性的价值导向出发，倡导"多生"。因为，"多生"会带来"户口滋多"和"赋税自广"。从一种政治意识的角度看，中国历代王朝的统治者都将人口看作是劳役、赋税、兵役的来源，认为它关乎国力强弱，财富多寡，因而中国生育的伦理传统与这种功利主义的政治意识诉求及其鼓励人口增殖的政治动机有着莫大的关联。

其次，中国生育的伦理传统植根于自然经济形态的经济土壤。在一种相对封闭的自然经济体系中，传统的小农生产方式遵循着"人口"即"劳力"的生产逻辑，因而鼓励"多生"（尤其是多生男丁）是这种生产逻辑的必然结果。[①]

第三，中国生育的伦理传统受到儒家关系主义的文化预定。儒家关系主义强调自己本位的"推己及人"，因而形成了一种"尊祖宗""讲孝道""三纲五常""男尊女卑"的关系秩序原理。这种关系主义的文化预定形成了重男轻女、多子多福和传宗接代的儒家"孝"文化的生育伦理观。

毫无疑问，儒家的生育伦理与中国前现代社会的社会经济状况是相契合的。中国人口生态在整个前现代社会还是比较平衡的。但是，这种鼓励人口生产的生育伦理到了近代就产生了令人担忧的情形。1712 年，清政府采取"摊丁入亩"制度，极大促进了人口增长。在半个世纪不到的时间里，人口突破 2 亿大关，后又突破三个亿，到 1834 年突破 4 亿大关。在清王朝统治的 200 多年里，人口翻了五倍。[②] 1949 年，新中国成立时人口总数约为 5.4 亿，目前接近 14 亿。可见，传统儒家的生育伦理旨在鼓励生育，它带来的人口问题使得"计划生育"成为一种必不可少的纠偏政策。今天我们面临的问题是：鼓励生育的文化传统以及控制生育的国家政策构成了中国社会的"新""旧"两种传统。它使当今中国社会遭遇到前所未有的人口道德困境。学者们注意到生育伦理在当代中国背景下呈现出无数挥之不去且令人困扰不已的难题。其中，最为重要且根本的道德困境是：

（一）生育伦理面临道德标准之困惑。例如，人们如何处理以社会总体价值坐标为参照的国家计划生育政策的道德合理性和以个体权利坐标为参照的妇女生育权的道德正当性之间的两难；人们如何权衡优生优育的生育价值和人的生命尊严的价值，换言之，人们怎样解决计划生育的必要性与生育人权的不可剥夺性之间的内在紧张关系。

（二）生育伦理在伦理方式上遭遇诸多伦理难题。这主要表现在：其一，由于存在着人口数量控制和人口质量提高之间的两难，我国的人口生产在生育的伦理方式上面临如何行之有效地贯彻优生优育的伦理原则之难

[①] 费孝通：《乡土中国 生育制度》，北京大学出版社 1998 年版，第 227 页。

[②] 王育民：《中国人口史》，江苏人民出版社 1995 年版，第 23—36 页；葛剑雄、曹树基：《中国人口史》第五卷（清代），复旦大学出版社 2001 年版，第 2—3 页。

题；其二，我国的人口生产实践在减缓人口高速增长的同时，也导致了人口老龄化的问题，从而造成了人口年龄生态的失衡，它从大的时间尺度上使生育伦理方式面临尖锐的年龄生态重建的生育伦理难题；其三，传统重男轻女的性别歧视和现代高新生殖技术的运用使得性别选择日益普遍，这对生育伦理是一种颠覆性的挑战，它的直接后果是人口性别比例之失衡，且从伦理方式的自然本原（男女）上导致了性别偏好选择与性别自然生态之间的矛盾紧张。

（三）生育伦理在文明体系方面卷入一系列的道德困境中。比如说，由独生子女政策引发的传统伦理关系的断裂，新一代独生子女无法理解传统的"兄弟姐妹关系"为五伦之一的文化意义；由生育质量控制引发的伦理困境，例如堕胎问题；由生殖辅助技术的应用引发的伦理问题，例如由"代孕"引发的伦理论争；由生育方式的变化（如通过克隆技术）而引发的婚姻家庭伦理问题；等等。

生育是人类自身的再生产，它体现着人的尊严、权利、自由和人类的福宁与希望，它本身就是一种最本原意义上的人类伦理事务。生育伦理不仅仅与家庭有关，它还与权利秩序和社会文明体系紧密相联。仅就出生性别比失衡问题看，它实际上是由性别选择性流产、溺弃女婴等违背人权的行为所导致的。然而，年轻夫妇通常认为，这只是他们自己家庭的事情，他们通过 B 超、染色体检测等技术，进行早期胎儿性别鉴定，并做出生育选择。这里存在着个体家庭（或个人）的人口道德与社会整体的生育伦理之间的尖锐冲突。当然，虽然面临这样或那样的困境，中国社会的人口道德，随着计划生育的普及，表现出一个共同趋势，即与传统形态的生育伦理相揖别。中国的人口控制政策在经历了漫长的探索与发展后，已为大多数人所认同，且成为国民调节生育行为的重要手段。因此，中国的生育伦理在今天面临的人口道德困境，是向"适度人口"的生态学目标演进过程中必然遭遇到的现代性难题，其中的关键是寻找生育的权利、生态和自由诸道德实践难题上的伦理"中道"。

三　生育伦理的中道：权利、生态和人之自由

适度人口的生育生态，是我国人口控制政策的伦理价值旨归之所在。

它的实质在于引导和规范人们自觉地进行生育控制，实现"优生优育"。因此，它涉及我国的生育政策和生育实践如何诠释、遵循和维护生育人权、生育生态和人之自由的伦理诉求，并有机地协调三者之间的关系。从道德标准看，人口控制和生育权的矛盾冲突，成为我国生育史上最为敏感的生育伦理的中国难题。有人甚至以西方的人权标准反对我国的计划生育政策。然而，如果说中国生育伦理必须告别那种鼓励生育的伦理传统，那么以适度人口的生育生态为目标的人口控制政策及其所倡导的生育实践，在回应有关人权问题的困扰的过程中，就必须在伦理方式上从实践中探索人口数量控制（生）与质量提高（育）之间、人口性别比以及人口年龄结构（尤其是人口老龄化）三大问题上的合理生态，此乃生育伦理在实践方式上亟须解决的中国难题。同时，在高新生殖技术或者人工辅助生殖技术日益普及的今天，生育伦理必须在面对生殖干预（或者生殖控制）时守护人之自由生命，这对于仍然纠缠于鼓励生育的伦理传统和控制生育的公共政策之两难境地的中国人口生产和生育实践而言，是一关乎总体文明进程的伦理难题。因此，中国生育伦理在道德标准、伦理方式和总体文明三方面遭遇的道德困境之实质是：以适度人口为目标的生育政策和生育实践，如何在权利、生态和人之自由三大主题上体现伦理之中道。

1. 生育权的伦理尺度：在人口控制与人的生育权利之间保持中道。

生育权是一项基本人权，其内涵是指为符合法定生育条件的自然人所拥有的决定是否生育、生育多少以及如何生育的自由或资格，包括生育的自由和不生育的自由。在人类生育史上，生育权观念的产生与人类生育合理化进程相伴而生。生育活动最初是一种自然行为，属于个人私事，他人基本上无权干涉。在私有制社会，出于宗祠或财产继承的需要，生育被视作义务，而妇女也因此沦为生育的工具。到 19 世纪后期，随着西方女权意识觉醒，女权主义者提出了要求享有"自愿成为母亲"的权利，此时现代意义的生育权观念才开始形成。此后，相关国际会议文件逐渐确认生育权。1968 年联合国在德黑兰召开的国际人权大会上，生育权作为一项基本人权第一次被正式承认。1974 年联合国通过了《世界人口行动计划》，将生育权的主体从"父母"扩大到"所有夫妇和个人"。1984 年联合国《墨西哥城宣言》和 1994 年《国际人口与发展会议行动纲领》，又重申生育权是"所有夫妇和个人"的基本人权。我国 2001 年通过的《人口与计划生育法》第 17 条亦明文规定："公民有生育的权利";首次认可男性的生育权。

有趣的是,国际上达成"生育权是一项基本人权"的共识,与中国"计划生育政策是一项基本国策"的实施,基本上同时进行。这并非偶然。因为,优先强调人口控制的计划生育政策,是以对生育权的伦理正当性的实践确证为前提的。从实践合理性的意义上维护生育权,不是要回到那种原始的不受任何约束和限制的自然状态下的任意生育,也不是倡导那种不顾及妇女福利和自由平等权利的工具性生育,而是要使得社会的人口生产和个人生育权的保护在一种合理化的尺度上运行。从这一意义上看,计划生育政策是从中国国情出发认真对待生育权的有效形式。当然,计划生育的人口控制在具体实施过程中,通过避孕、人工流产和绝育等措施,在控制人口出生率的同时,不可避免地产生了一些与生育权相冲突的个案,如堕胎、产前性别鉴定,等等;这亦招致了关于人口控制政策是否违背生育权的争议。但是,如果历史地看待计划生育的伦理正当性,就会看到,它通过诉诸实践合理性而提出了生育权的伦理尺度问题,即如何通过一种积极有效的人口政策体现一种"适度",一种在"过"与"不及"之间(在人口控制和生育权利之间保持适度)保持适度的"中道",此即我们所说的生育权的伦理"中道"。

有四种备选的道德标准,似乎可以应用到解决人口控制和生育权之间相互冲突的伦理难题上:(1)排斥生育控制的由个人权利出发的道德标准;(2)排斥生育权的由整体利益出发的道德标准;(3)既排斥生育权又排斥生育控制的道德标准;(4)既承认生育权又承诺生育控制的道德标准。第一种标准得到了西方以"人权"反对"生育控制"的人权主义者的支持,我们称之为"过度人权"的道德标准。这种观点由于过度强调个人的生育权,而忽视了生育权利的社会属性,因而指责政府有意识地控制人口出生的政策违背了基本的人权法则。第二种是典型的封建社会的生育道德标准,它是一种过度控制的生育伦理观,其实质是对妇女的生育意愿进行控制,把她们当作人口生产的工具。第三种是自然态度的标准,属于原始社会的生育伦理观。显而易见,第二、三种备选方案,分别代表了原始社会和封建社会的生育伦理观,它们属于过时的传统生育道德观。现代生育伦理以承诺个人的生育权为前提;因此,拒斥生育控制的观点对于强调生育权优先的人权主义者来说具有很大的吸引力，且迎合了一种将人口控制和生育权绝然对立起来的政治意识诉求。在这些备选方案中，真正需要认真对待且体现着现代性生育合理性价值的是第四种标准。它表达了生育权作为一种道德权利（人权）应该坚持的伦理尺度，即是在人口控制和生育权之间保持适度或中道。

从这一意义上看，生育权是一种以适度为标准的生育之自由权利，它诉诸一种实践德性的道德标准。此即古希腊哲学家亚里士多德所说的"明智"。其基本原理就是在"过"和"不及"之间保持适度。用亚氏的话说："德性是一种选择的品质"，"存在于相对于我们的适度之中"；①它是由逻各斯所规定的明智选择，是"两种恶即过与不及的中间"。②从亚氏"中道"智慧出发，一种"既承认生育权又承诺生育控制"的适度人口控制，既非是一种损害生育权的"控制过度"，也非是一种放任生育权的"控制不足"，而是这两者（过与不及）之间的中道。这里，视生育权的伦理尺度为"中道"或"适度"，似乎表达了人们到最后总是不得不放弃的一种形式标准。因为对于何谓"中道"或"适度"，我们并不能给出一个普遍确实之界定，只能诉诸一种形式标准，即"在适当的时间，适当的场合，对于适当的人，出于适当的原因，以适当的方式……"。③这似乎陷入了一种折衷论或调和论的观点，或者一种相对主义的泥淖。因为它允许保留实践合理性作为道德标准的基本规定，似乎是在支持一种"没有标准的标准"。而且，当人们按照这种标准寻找人口控制和生育权之间的中道时，却发现国家、个人、妇女等不同主体所理解的适度、适中或中道是各不相同的。于是，恰到好处的或不偏不倚的人口控制，作为生育权的伦理中道，又似乎是一种只可憧憬不可达到的绝对理想。这至少又从另一侧面表明，把生育权的伦理"中道"理解为在人口控制和生育权之间进行调和或折衷，无助于生育伦理的难题的解答。

如果对生育权的道德解释必须考虑到解释者的主观差异，包括文化、

---

① ［古希腊］亚里士多德：《尼各马可伦理学》，廖申白译，商务印书馆 2003 年版，第 47 页。

② 同上书，第 48 页。

③ 同上书，第 47 页。

宗教、历史和具体国情等方面的差异，例如，北欧人口增长呈现明显下降的国家对生育权的道德解释和南亚地区如印度对生育权的道德解释就明显不同，这些国家的解释又与中国有着很大的差异。那么，申言自己理解的生育权是出自唯一正确的普遍人权，就如同说对某人合脚的鞋子对一切人都是合脚的一样荒谬。当然，由此就断言我们在生育权问题上不存在共同标准，则又陷入另外一种荒谬。对于以适度人口的生育生态为目的的中国人口控制政策而言，如何在人口控制与生育权之间保持中道，是一典型的生育伦理难题；当然说中国国情与别国不同，无疑预设了对于自己适中或者适度的实践合理性。这使我们有理由优先重视作为生育权的伦理尺度的中道标准。如此，进一步的问题是：我们以何种方式保持在人口控制和生育权之间的中道上。

2. 生育生态的伦理协调：在总体人口素质、出生性别比和年龄结构上保持适度。

我们反复强调，生育伦理的中国难题首要且直接地与生育权问题紧密相关，它的道德前景有赖于：人口生产如何保持在人口控制与生育权之间的伦理中道上。如果这一判断正确，那么道德标准作为"中道"或适度的形式规定，就必然是一种不断地在实践合理性尺度上进行协调的伦理方式。存在两种协调形式：一种是从总体出发的伦理协调形式；一种是从个体出发的伦理协调形式。前者是有关人口生产的生育生态的伦理协调，后者则是有关人口生产的生育自由的伦理协调。从一种伦理的观点看，为什么"人口控制"对于支持或维护"生育权"很重要？可能的理由之一是：人们倾向于在权利的判定上附加上义务的限制，因此生育权的享有并非是无条件的绝对自由。我们看到，那些人口增长进入下降通道的国家通常采取比较优厚的福利政策鼓励适龄妇女生育，而像中国这样人口生产仍然呈现增长态势的国家，则采取计划生育的政策限制人口过快增长。这个问题与第一种伦理协调形式有关，它是以"人口控制"的观点来看待"生育权"的伦理之"中道"。

从这里我们引出对"生育生态"这个概念的特别强调。当一个国家或社会在面临是鼓励人口生产还是限制人口生产时，它必须考虑生育生态的合理性。人口控制的实质是以生育生态为伦理尺度指导并协调人口生产的生育实践，或是鼓励生育，或是鼓励节育，要视具体情况而定。早在

1957 马寅初针对中国人口生产的实际，在《新人口论》中第一次明确指出："我国人口太多""增值率太高""一定要实行计划生育、非计划生育不可。"① 很遗憾，他的远见卓识延迟了二十多年才为我们所重视。这使得我国 30 多年来人口控制的主要任务，一直是在与庞大的人口规模和人口增长率的"数字"进行战斗。强调这一点，在我看来是极其重要的。它足以使我们严肃地看待另一种意义上的"生育生态"的伦理协调实际上已经迫在眉睫了。我国目前的人口生产和生育实践的"国情"与马寅初当时面临的情况有所不同。断言中国人口生产和生育实践比以往任何时候都面临更为严峻的生育生态的伦理难题，可从总体人口素质、出生性别比和年龄结构三项指标获得支持。它们分别影响了生育生态之"善"的整体品质、伦理本原及其社会质态。这是我们支持从整体出发的伦理协调方式的基本理由，它们从生育生态的层面上关联着中国生育制度的道德前景。

　　第一个理由始于对人口数量控制所导致的人口质量的观察。对生育之"善"的生态权衡，与一国总体人口数量及其变化是否有利于提高总体人口质量有关。人口质量即人口素质。如果人口数量控制并不是明显地有利于总体人口素质的提高，相反带来人口质量下降，那么它就是一种不利于生育生态之"善"的人口生产的协调方式。"生育生态"的理念，强调一种从社会伦理普遍性的尺度上设想"好"或"适度"。它把一国或一个社会的人口生产和生育实践看作是一个相互关联的有机整体，且凡是有利于这一整体之完整、稳定和美丽的便是好的或适度的，否则便是"不好的"或"不合适的"。这意味着基于总体人口素质的伦理协调，必须以生育生态之善的整体品质为基准。从这一意义上看，中国生育生态的道德前景至少面临两大难题：一是人口密度与生态环境之间的协调是否符合总体伦理诉求；二是人口数量控制与人口质量提高之间的协调是否符合总体伦理诉求。

　　人口密度是指一个社会的单位人口容量，它与生态环境之间相互契合的程度是总体人口素质的生态伦理条件。据第五次人口普查的数据，到2007 年底，我国总人口达 13.21 亿，占全球人口总和的 22% 以上，约占

---

① 马寅初：《新人口论》，吉林人民出版社 1997 年版，第 68 页。

发展中国家人口总和的 1 / 3。世界人口密度为 36 人/k ㎡，我国则为 131
人/k ㎡，是世界人口密度的 3 倍多。至本世纪中叶，中国由于人口增长
所造成的人均耕地、人均淡水资源、人均粮食、人均森林资源、人均矿产
资源等等都将面临一个较长期的低水平。人口、资源、环境关系所形成的
人口生产与自然环境之间的伦理冲突在短期内还难以协调。因此，控制人
口数量的增长仍然是一个攸关中国生育生态之善的首选议题，它涉及人口
生产与生育实践如何与生态环境协调一致的伦理难题。

　　人口数量控制和人口质量提高之间的良性循环，是总体人口素质的社
会伦理条件。由于数量控制不一定带来质量提高，因此一种符合生育生态
理念的生育伦理必须倡导一种好的人口数量控制，即一种有利于人口质量
提高的数量控制。从第五次人口普查的信息来看，我国人口生产面临的重
大挑战是：人口数量控制并没有成为人口质量提高的助力，好的人口数量
控制尚有待形成。这导致人口生产出现了质量不高的问题。例如，我国文
盲半文盲人口的数量很大，且主要分布在农村和西部地区;① 就业人口素
质偏低;② 从事生产和研究的实际专业技术人员不足。如何在降低人口增
长率的同时提升人口质量，是我国生育制度面临的更为长远、更为艰巨的
伦理难题。

　　第二个理由与生育生态的伦理本原有关：生育制度以男女相悦（相
爱）的结合为前提，以生男生女、抚育子女，以延续人类自身和人类文
明为旨归，其基本的制度化形式是婚姻与家庭。家庭不仅担负 "生" 的
功能，还肩负 "育" 的使命，它是直接立足于饮食男女之 "本原" 的伦
理实体。从 "男女" 至 "夫妇"，然后 "家—国—天下" 的伦理秩序看，
生育之 "善" 的伦理本原始自 "男女" 之 "生态"。这也是中国古代思

---

　　① 据 2006 年 10 月在西宁举行的 2006 年度中西部扫盲工作会上，来自国家统计局的一份数
据显示，2006 年我国 15 岁及 15 岁以上文盲人口计 1.138 亿，其中女性文盲 8383 万，占到七成
以上。文盲 90% 分布在农村，且一半文盲在西部地区。（数据来源：http://www. si-
na. com. cn2006 年 10 月 17 日 14：30 新民晚报）

　　② 据教育部公布的统计资料表明，2004 年，中国 15 岁以上人口平均受教育年限仅为 8.3
年，劳动力平均受教育水平还没有到初中毕业。而农村劳动力的教育水平就更低。现有近 5 亿农
村劳动力中，小学及以下文化程度占 38.2%，初中文化占 49.3%，高中及中专文化占 11.9%，
大专及以上文化占 0.6%，受过专业技能培训的仅占 9.1%。（数据来源：http://finance. si-
na. com. cn/stock/t/20060313/0033591859. shtml）

想特别强调阴阳平衡之缘由。从这一意义上，无论何种意义上的人口控制都不应干扰或破坏社会总体的男女性别平衡；这是一条源自生育生态的伦理本原而来的道德命令。中国生育控制在应对人口爆炸之危机的过程中，产生了出生性别比失衡的负面效应。自 1982 年以来，中国出生性别比男女比例数据明显偏高，人口控制引发性别比失衡的症候明显。① 因此，中国人口控制的生育制度不能固守某种不变的传统或标准，它必须不断调整或警戒它所衍生的与生育生态不相匹配的伦理后果。对于中国生育制度的道德前景而言，改变以重男轻女为生育偏好的传统生育观乃是大势所趋。而适时调整生育控制的严格限制也是其实践合理性的基本要求。唯有如此，生育生态的伦理协调才可能以出生性别比为基准界定人口控制的适度或中道。

第三个理由源自如下观念：对于生育之善的生态权衡，使得人们在社会质态的人口学体征上不能忽视人口年龄结构的发展趋势。由于现代医学的发展和公共卫生体系的健全，特别是由于现代生活方式对传统生育制度和生育伦理观的巨大挑战甚至颠覆，现代社会普遍遭遇人口老龄化带来的各种社会伦理难题。在西欧、北美和日本等发达国家或地区，人口老龄化是一个与现代生活方式相伴而生的社会现象。中国至 2005 年年底，60 岁及以上老年人达到 1.5 亿左右，占全国人口总数的 11% 以上，占全球老年人口总量的 1/5。中国日益卷入到由人口老龄化带来的不利于生育生态之"善"的以"白发浪潮"为标记的社会质态之中。中国社会人口老龄化，既有一般意义的现代性社会结构转型方面的原因，也有中国特色的人口控制或生育制度改革方面的原因。因而，它对家庭、社会和国家三大伦理实体的生态改变，决定着中国生育合理化的道德前景，且从社会质态的层面敞开了生育伦理的中国难题。

---

① 据中国社会科学院发布的《2008 年社会蓝皮书》显示，我国 20 周岁以下人口性别比例严重失衡，未来可能会有超过 2500 万人面临"婚荒"。《蓝皮书》指出，20 多年来长期处于失衡状态的中国人口出生性别比，如今逐步表现为 20 岁以下各年龄段人口性别比的上升态势。根据 2005 年全国 1% 人口抽样调查得到的数据，20 岁以下的人口中，年龄段越低，性别比越高：19—15 岁者性别比为 107.88，14—10 岁者性别比为 114.20，9—5 岁者性别比为 119.30，4—0 岁者性别比为 122.66。（《2008 年社会蓝皮书》，社会科学文献出版社 2007 年 12 月版，数据见该书"中国当前的婚恋态势及其发展趋势"一文的调查。）

　　3. 生育自由的道德限制：在权利的应享上保持适度。

　　以上从总体出发的伦理方式及其支持理由表明，中国人口控制在生育生态之善的整体品质、伦理本原和社会质态上面临人口质量、出生性别比和人口老龄化带来的伦理难题，它实际地勾画出中国生育实践合理化的道德前景有赖于生育生态的总体伦理协调。然而，整体伦理协调要通过人口控制的生育制度作用于现实的人口生产和生育实践，这时它就与具体个人的生育自由建立起相互依存的本质关联。于是，一种"宏观"意义上的总体伦理必然会被一种"微观"意义上的道德意识所衡量或权衡。从这一意义上，我们遇到另一种类型的生育伦理难题，即从个体出发的伦理协调形式：它优先强调从个人自由的意义上"称量"权利之正当。这一类伦理难题，产生于人类文明的现代性结构转型之中，包括现代生活方式的"理性化"和现代技术的"座架化"。正如我们已经观察到的，生育自由作为基本人权，先行设定了对这种权利之应享的限制。在该领域的种种争论中，从个体出发的伦理，首先关心的是个人的道德世界，即个体良知的领域，它属于道德自由的范畴且并不直接受制于可由政治意志或者生育制度施行的制裁，又总是与由之而来的责任或义务不可分割地联系在一起。因此，一种遵循道德世界之自立法度的生育自由，决定了个人的道德自主必须在生育行为的合理选择问题上保持适度或中道。

　　生育自由在内容上存在着两种，即"生育的自由"和"不生育的自由"；在形式上也存在着两种，即"免于干涉"和"自主意愿"。① 个人的生育自由作为自由之一种，不论从其积极意义还是从其消极意义上，皆以特定生育制度的生育生态为前提，且总是受到时代的法律、政治、文化传统、宗教信仰、生活方式以及生育科技发展水平的制约。因此，生育自由的社会性和历史性前提决定了其受制于且表征着文明体系之"正当行为"的规范和基准。从结构上看，存在四种类型的"生育自由"的伦理正当性理念：（1）免于干涉的"生育的自由"；（2）免于干涉的"不生育的自由"；（3）自主意愿的"生育的自由"；（4）自主意愿的"不生育的自由"。我们以这四种理念为指引，可以初步从个体出发的伦理样态

------

　　① 这里对生育自由的形式上的区分参照了伯林关于"消极自由"和"积极自由"的理论。参见［英］以赛亚·伯林《自由论》，胡传胜译，译林出版社 2003 年版，第 189 页。

上，探测一下当代中国生育自由面临的诸种伦理难题及其呈现的道德前景。

第一种生育自由的理念，主要针对由传统生育制度、个体生育能力、个人生育心理以及生育主体间关系对生育的意愿和行为所施加的干涉或强制。生育自由作为一种道德上的进步，是一种"免于"此类干涉或强调的自由。我们看到，节育或避孕技术的成熟及其广泛使用，使得妇女的生育自由免于干涉或强制得到了技术上的保障。同时，现代女权意识的觉醒及两性平等权利观念在家庭和社会生活中的逐步加强，使得生育伦理建立在生育主体间关系基础上。由于这两个方面的原因，个体生育能力（比如不育症）和个人生育心理（比如同性恋）不再由于"较强"的外部干涉而成为道德问责乃至自责的缘由。

第二种生育自由的理念，即免于干涉的"不生育"的自由，显示出其重要性来。事实上，即使在西方发达国家，今天比较保守的基督教徒仍然坚信"生儿育女"不仅是夫妻的生育权利，而且是其应尽的责任，因为有意"不生育"被他们视为违背上帝旨意的事情。① 同样，受儒家传统影响的中国传统伦理，尚没有完全摆脱传统"孝道"对"不生育"的干涉。免于干涉的"不生育"的自由，主要来自生育责任的挑战。这里应当指出的是，以上由"免于干涉"所呈现的自由，属于消极意义上的"生育自由"。当然，绝对意义上的"免于干涉"并不存在，亦不现实。我们只能在一种相对的意义上设想在"不干涉"与"过度干涉"之间保持"中道"。而这里所说的"免于干涉"，也是指免于不合理的或者不正当的过度干涉及其对主体应享的生育权利的损害。因此，生育自由在一种消极意义上，预设了生育权与生育责任之间的平衡。

如果说，这种由外部而来的道德限制有赖于社会总体文明之进程，那么由内部而来的道德限制则指向了第三种生育自由：自主意愿的生育自由。对自主意愿的生育自由的限制，或者由生育制度而来，或者由生育能力而来。对于前者，道德正当性体现在"免于干涉"的自由中，它主要地不是因生育主体的自主意愿而产生的。因此，这里的重点与生育能力有

---

① ［加］许志伟：《生命伦理：对当代生命科技的道德评估》，中国社会科学出版社 2006 年版，第 135 页。

关。对于后者而言，道德限制体现在：人们如何保持"自主意愿"与
"生育能力"之间的适度。特别是在辅助生育技术（包括克隆技术）的应
用不断突破人的自然生育能力局限的情况下，对"自主意愿"的生育自
由的道德限制就更为重要。例如，当自主的生育意愿遇到"不育症"时，
生育自由是否能够借助生育科技的手段来实现，便是一个棘手的生育伦理
难题。问题显然触及到生育技术在拓展自由之"边界"的同时对人的自
由的干预，它同时也对责任提出了挑战。有人这样提问："……在选择为
人父母，包括采用生育科技达到这个目的时，人们究竟选择了怎样的责
任？"[①] 这问题将人们逼到了两难选择的境地，因为选择与责任的双重压
力使某些人产生了一种不合理的负担，认为要么生育一个完美孩子，要么
不要孩子。[②] 这种或此或彼的选择近似疯狂，但在独生子女政策下的中国
并非罕见的心态。于是，自主意愿的生育自由走向了自己的反面，生育自
由由于强加上太多的责任而造成了实际的"不自由"。这种自由之逆转时
常发生，其频率之高，足以使得年轻夫妇宁愿选择不要孩子。

　　于是，第四种生育自由，即自主意愿的"不生育的自由"，成了一
种可能的生育选择。一旦人们做出这一决断时，大多数情况下必须经受
一种道德合理性的辩护与反驳。这是一种典型的现代性生育自由理念。
它面临的道德论争主要围绕"避孕"和"堕胎"展开。毫无疑问，存
在着支持或反对"堕胎"的各种理由。这些理由主要基于对胎儿的道
德权利或道德地位的判定。事实上，现代医学技术直接针对胎儿进行外
科手术的进展，实际遵循着"胎儿也是患者"的观念，这一事实鼓励
人们把胎儿看作是独立于母亲的个体，且应该得到应有的医疗保护。然
而，人们关于口服避孕药的使用和宫内避孕器的使用是否具有堕胎潜能
的讨论，（即关于"避孕是否杀人"的讨论）以及关于终止意外妊娠是
否具有道德合法性的论争，（即关于"堕胎是否杀人"的讨论）尽管不
可能达成一致意见，但至少揭示出自主意愿的"不生育的自由"必须
在母亲自主意愿的"不生育的权利"与胎儿的生命权利或道德地位之

---

①　［加］许志伟：《生命伦理：对当代生命科技的道德评估》，中国社会科学出版社 2006 年
版，第 137 页。

②　同上。

间保持适度。

四　中国生育制度的道德前景

与世界各国的人口政策和生育制度相比，中国的人口控制和生育伦理表现出更为复杂的两难处境：

首先，如果我国人口生产和生育实践在生育道德标准问题上放任自流，只会导致更为重大的人口灾难，不利于生育生态的合理化；而人口控制的生育制度又必然导致生育控制与生育权利之间的紧张冲突，并在生育生态和生育自由两个方面引发影响深远的生育伦理难题；

其次，如果我们在伦理方式上片面强调总体人口数量控制或人口出生增长率的生育控制，必然导致日益严峻的生育生态失衡，这在第二代独生子女的生育实践中已初露端倪；与此同时，一种基于生育生态的总体伦理协调形式，则要求中国生育制度必须纳入伦理合理性的价值导向，在人口素质、出生性别比和人口年龄结构上保持生育伦理之中道或适度；

再次，如果我们从生育合理化的文明进程看待个体的生育自由与责任，就必然遭遇到由于生育制度变革和生育技术革命带来的现代性生育自由的伦理难题；因此，一种基于对个体生育自由进行道德限制的伦理协调形式也要求生育主体在权力的应享上保持伦理之中道或适度。

以上三个方面的探讨，是从生育伦理的"中国难题"（即中国生育制度如何诠释、遵循和维护生育人权的伦理诉求）出发，展现了其在道德标准、伦理方式和文明进程三大主题上面临的生育权利、生育生态和生育自由方面的伦理难题。

行文至此，我们一直偏重分析和揭示当代中国人口生产实践和生育制度变革在权利、生态和自由等重大论题上遭遇到的伦理难题；而如何看待这些伦理难题则未及深究。限于篇幅，我们这里引用费孝通《生育制度》一书中的一段论述聊为补充。在这部出版于20世纪40年代的著作中，费孝通为中国社会开出了"节制生育"的药方。他指出："……社会结构是有一定的人口容量。一个结构所能容纳的分子必须有地位安置，不然就格格不入了。社会里的个人并不是堆积而是组合。因之社会的容量受着结构的限制。"① 他由此得出，中国人口众多，"是病症，而不是病源"，"病源"乃在于一种社会结构的变化。② 费孝通对中国生育制度的社会学考察得出的这个结论，在今天仍然有着振聋发聩的意义。沿着这个思路，我们认为，中国人口生产和生育制度面临的各种伦理难题，只有从中国社会经历的从传统到现代的社会结构性转变的意义上才能够获得更为透彻的理解。

　　如果从中国生育制度的道德前景而论，这种结构性变化从两个方面架构了生育伦理的未来方向：一是社会合理化的前景；二是个人理性化的前景。前者表明，生育制度告别各种类型的传统乌托邦（例如柏拉图的优生学乌托邦、基督教的神启乌托邦和儒家的孝道乌托邦）和现代意义上的（建立在生育技术基础上的）歹托邦（如赫胥黎的"美丽新世界"），是生育伦理观向合理化或现代性方向演进发展的总体表征。它预示着我国生育制度将会向更为务实合理的生育生态的总体伦理协调的方向发展。同样，个人的生育自由也将在告别传统类型的生育乌托邦和现代意义的技术歹托邦的过程中，向着更为理性化的方向发展。

---

① 费孝通：《乡土中国　生育制度》，北京大学出版社 1998 年版，第 226 页。
② 同上书，第 228—229 页。

第十章　怎样才能让企业家"讲道德"

康德曾经谈到一种"理论—实践"的两难在道德哲学上带来的困惑，即人们常常抱怨说："这在理论上说得通，但在实践上行不通。"中国传统哲学用"知—行"范畴来表达这一困惑。本章从"企业家的道德血脉"这一经济伦理的焦点问题入手，从伦理思维的进路，对这个道德哲学难题进行解剖。

我们知道，近年来，中国企业家似乎激发了一种"道德知识"的自觉。企业家面临道德指责时会说，他们身上流淌着道德的"血液"。在2014年乌镇首届世界互联网大会上，马云说："利他主义是企业创造财富的法宝"。然而，实际情况表明，让企业家"讲道德"说起来容易，做起来难。那么，怎样才能让企业家讲道德呢？

一　如何信任企业家的"道德"

我们从企业家的道德面临的信任伦理的难题入手，进入对一种伦理思维的审视。

毫无疑问，今日的消费者或投资者对"企业家"的道德期望已由一些基本事件的"冷冻"而降至冰点。例如，三鹿奶粉事件，瘦肉精事件，地沟油事件，房地产开发中的"楼歪歪""楼倒倒"事件，等等。

当然，在许多情况下，人们可以对某些企业家及其经营的产品和服务选择"不信任"。但是，这种"不信任"的震慑力仅限于一种功能性的区分，即只有当人们能够将不信任的企业及其品牌从值得信任的名单中删除时，它才具备一种质询企业家道德敏感性的力量。然而，当不信任的情况，遭遇到由"行规"而来的辩护时，信任危机就会在一种结构性层面爆发出来：在"行规"变得可疑、而"制度信任"供给短缺的情况下，人们又如何能够信任企业家的"道德"呢？

　　一位远见而明智的企业家，不只是对各种各样的社会制度和经济制度的现状或变革趋势要有所了解，当他在发展新的目标和方法的时候，还必须为一种结构性的信任资源的优化，贡献一己之力量并以此为企业的文化着眼。然而，实际情况却是，一种结构性的信任危机在中国社会经济生活中的蔓延，似乎使企业家不再与"道德"沾上边，因而企业家愈来愈远离了这种"远见"与"明智"。于是，企业家"不讲道德"似乎司空见惯，以至于人们在将企业家等同于唯利是图的贪婪者的同时，很容易产生放弃信任企业家的想法。在这种情况下，"企业家"及其代理人开始向公众申辩和表白说，他们身上一样"流着道德的血脉"。

　　于是，我们在伦理思维进路上要讨论的问题是：企业家的"道德血脉"如何才是值得肯定和值得信任的？换句话说，我们如何才能使得"企业家身上流淌着的道德血脉"不仅只是一种善意的表达或道德的宣示，也不再可能是某种文过饰非的伪善的"托辞"，而是融入商品和服务以及企业社会责任中去的"制度信任"？

二　制度信任：解开企业家"道德"之结的枢机

　　这个问题的提出是基于对目前我国社会经济生活中出现的结构性信任危机的某种症候的"诊断"。它正在沿着两个方向扩展。

　　其一，是沿着人际—人格的信任之维扩展。

　　（1）人们对企业和企业家提供的商品和服务的不信任与日俱增；

　　（2）这导致对提供商品的企业家的不信任；

　　（3）进一步扩展到对所有提供商品和服务的"外人"甚至"自家人"（例如杀熟）的不信任。

　　其二，是沿着系统—制度的信任之维扩展。

　　（1）人们对企业家或企业提供的商品和服务的不信任与日俱增；

（2）这导致对相关管理者、执法者、仲裁者和具有公信力资质的制度供给或社会系统（如专家系统、中介系统、公证系统等）的不信任；

（3）进而扩展到对行业规范或法规制度的不信任；

（4）最后甚至会对社会的基本价值观产生不信任。

这两个方向上的信任危机的扩展或者扩大，是紧密关联在一起的。前者的中心是"人"，后者的中心是"制度"。

在"企业家的道德血脉"这一典型的商业广告式的"表白"中，隐含着企业家遭遇信任危机的特有"心结"：这样的道德话语直接诉诸"人心"，而最终诉诸"制度"；但是，基于人心（情感）之信任当其失坠之时，如果不能从制度层面获得重建的契机，那么该"道德话语"便只能是企业家的自说自话，并最终沦为笑柄。我们知道，即使在一个高信任度的社会，上述针对商品和服务的不信任也会时有发生，但这种不信任往往是作为一种个别或具体的信任危机出现，很少进一步扩展或扩大到损害一般意义上的人际—心理之信任和系统—制度之信任。然而，当一个社会中蔓延的不信任的情绪和心态，不仅仅是针对具体企业和企业家提供的商品和服务的不信任，而是扩大到对企业家及其企业赖以生存的一般意义的社会物品或社会服务的不信任之时，那么这种信任危机就会进入到一种社会结构层面。据我国一些社会学家的观察，当前中国社会经历的信任危机表现为一种结构性的扩大或蔓延的趋势：即，由浅层的不信任发展到深层的不信任，由局部的、个别的不信任扩大到普遍的不信任，由理性的依赖证据的不信任转变成情绪的、不自觉的、无条件的不信任。①

如此，社会经济生活中弥漫着的不信任的情绪和心态，无疑放大了转型期中国社会的复杂性，它使"企业家的道德血脉"之类的自我表白，遭遇"信与不信"的尴尬情形与矛盾"心结"：一方面，信任对企业家（组织企业）和消费者（组织自己的社会生活）来说，是一种不可或缺的生活必需品，其重要性如同"血脉"之于"生命"一样；从根本上看，如果缺少信任，企业家无法组织企业，而消费者亦无法组织自己的社会生

---

① 郑也夫、彭泗清等：《中国社会中的信任》，中国城市出版社 2003 年版，第 295 页。

活；另一方面，人们对企业家的不信任，如果不能进入阻止企业失信行为的"预警"或"惩罚"的治理机制，一种社会学意义的"破窗效应"就会发生，它将会导致更大规模且更为深层的信任危机的发生，信任作为社会必需品的意义就会丧失。这就意味着，如果缺少信任，企业家可以照样组织企业，而消费者亦无可奈何地继续组织自己的生活。前一种情形，企业家并不需要宣称他们"身上流淌着道德的血脉"，他们完全可以按照亚当·斯密的教诲说，"个人的利己行为成全了公共的德性"。后一种情形，企业家必须竭尽所能地说服公众柜信他的善意，相信"他们身上流淌着道德的血脉"；然而，面对公众的反诘，他们可能的回应是一种类似于流行的网络语录："别人信不信？反正我信了！"

以上分析表明，企业家的道德血脉，从两个方面关联着现时代遭遇到的一种结构性的信任危机：从企业家视角看，道德血脉之"有与没有"与不道德的事实无关，①它意在凸显一种道德话语，表面上讲的是"道德血脉"，实际上表征着社会经济领域日益严峻的信任之"瓦解"；从公众视角看，"信与不信"与任何"道德表白"无关，它实际关乎的乃是企业家诚实声望的信任资源"供给"。因此，在这场由企业家与作为消费者的公众进行的道德话语的博弈中，信任危机的症结在于：一方面，企业家显著地诉诸于人际信任，他邀请公众信任其人格或声望，但是我们看到，决定性的要素或根本性的改变并不能依赖这种人际信任，必须从基于制度的信任着手，企业家的道德才是值得预期的；另一方面，公众显著地诉诸于基于制度的信任，但如果制度供给不足以规范企业家的诚实德性和企业的伦理经营，那么在一种制度信任供给不足的情况下，人们也只能在怀疑中将信任"企业家的道德"作为一种权宜之计。

这两种情形，形成了不同主体在"凭什么信任"问题上的认知错位。这足以令企业家的"道德"成为难解之"结"。而解开此"结"的关键是：制度信任的建构与完善。这涉及传统社会的信任资源与现代社会的信任资源在总体供给形态上的结构转变。我国学者郑也夫指出，传统社会结构是以熟人的社区为基本单元的，其信任也是人际信任；"现代社会的最

---

①　实际情况表明，即使企业家的企业存在大量不道德的事实，人们也无法由此作为前提从一种逻辑必然的意义上推论得出"企业家没有道德血脉"的结论。

大特征是走出了熟人的范围，其信任建立在抽象的系统之上。而它所依赖的最大的两个系统是货币系统和专家系统。前者的最终逻辑是市场社会，后者则以学历社会为背景。"① 彭泗清也指证，在传统社会中，企业家经营的商品与服务往往由手工作坊提供，信任资源主要基于人际信任或人格信任，如具有浓郁个人特征的老字号和手艺精湛的"老师傅"是其典型代表；在社会从传统向现代转型的过程中，企业家经营的商品和服务必须以高度社会化的生产方式和交易方式为前提，个人化或人格化的特征愈益淡化，而由法制、规则、契约、程序等制度化机制提供信任资源变得日益普遍。② 由此可见，通常意义上的制度信任是作为一种现代质态的系统信任而与传统形态中占主导地位的人格信任或人际信任相区别的。这并非说人际信任在现代社会不起作用，而是说与现代社会质态相适应的制度信任有着更为显著和更为重要的功能。一般说来，人格信任是人际信任的核心，它以个人因素和私人关系为基础，主要依据人格上的熟悉、可靠、情感依赖、特征信赖和过程预期。而制度信任，则是社会制度和文化规范的产物，建立在法规制度和理性契约的基础上。人们可以基于非个人的规章制度，如专业资格、学历职称、科层组织、教育培训、中介机构和各种法律规范的制度或协议等的保证而给予他人信任并由此获得对他人的信任。因此，企业家在现代市场经济背景下建立信誉、维持信任的方式并不主要地靠他的道德形象，而是主要地靠制度因素：例如，企业内部的职业化管理，企业经营中设置的比行业标准更高更严的产品和服务的监督管理机制，企业外部的制度信用环境，等等。因此，在现代社会，企业家所宣示的"道德血脉"，不能简单地从一种熟人社会的人际—人格信任的角度来理解，它更主要地是要通过制度信任的中介，使"企业家的道德"融化为具体的组织化或制度化的伦理经营。

从这一意义上，解开企业家"道德"之结的关键，是借助制度信任的现代性资源，且通过将传统社会的人际信任资源进行现代性转化，注入制度要素或系统要素，解决企业家面临的信任伦理难题。择其要者而言，关键在如下两个方面。

---

① 郑也夫：《信任论》，中国广播电视出版社 2001 年版，第 170 页。
② 参见郑也夫、彭泗清等《中国社会中的信任》，中国城市出版社 2003 年版，第 296 页。

（一）以普遍主义信任逻辑，稀释企业家的机会主义信任。企业家创立企业的最初动机并不是基于"道德"上的考虑或者有着某种宏伟的计划，通常情况下是基于一个灵感，或者一种（产品或技术）发明，或者是发现了一个市场缝隙。他的成功就在于他抓住了机会。这往往使企业家易于偏好一种机会主义的信任。然而，企业家创立的企业要成长壮大，"就要由一个随机性的机会主义的创造变成一个深思熟虑的战略性规划的创造，就需要由企业家控制的企业变成职业化管理的企业。"① 因此，以一种普遍主义的制度信任作为企业管理文化和管理伦理的核心理念，是企业家告别机会主义信任的路径依赖，也是"企业家道德"从创业之"德"（德性）到治理之"德"（规范）的类型嬗变。

（二）通过外源性制度信任供给状况的改善，推动并优化企业内生性制度信任的供给，形成两者的生态互动和有机关联。企业外源性制度信任供给不足，是社会转型时期或者社会变革时期的基本特点。这使得以潜规则或心理契约所形成的次级制度信任或隐性制度信任，成了正式制度信任的替代品。企业家创业时所偏好的机会主义的信任逻辑往往吸附在这种"隐性制度信任"基础上。对企业家而言，摆脱这种隐性制度信任的阻滞，是应对信任危机并突破企业成长瓶颈的关键所在。因此，通过在外源性制度信任与内生性制度信任之间建立良好的生态互动和有机关联，为企业融合社会资本打开通道，是"企业家道德"的合内外之"道"。

三　制度信任与企业家的"德"与"道"

对于"企业家的道德"而言，"制度信任"是解开其"谜团"的关键。在现代企业的管理文化之组织建构方面，制度信任是形成"企业家道德"的充分必要条件。然而，企业伦理学和企业管理学的理论与实践很少谈到这一点。关于信任的研究，最初兴起于20世纪50年代心理学领域对人际信任的实验研究。70年代以后，经济学和社会学的研究形成了诠释制度信任的二种代表性的理论：一种可称之为"润滑剂"理论，以诺贝尔经济学奖获得者肯尼斯·阿罗（K. Arrow）为代表，这种理论认

---

① 张维迎：《竞争力与企业成长》，北京大学出版社2006年版，第85页。

为，现代社会中的信任是经济生活或经济交易中的"润滑剂"，是一项最为经济且不可或缺的"公益"；另一种可称之为"简化机制"或"抽象系统"理论，以社会学家卢曼（Lumann）和吉登斯为代表，这种理论认为，制度信任是现代性社会的一种降低或简化环境复杂性的机制（卢曼），或者是由现代性的货币系统结构与专家系统结构组成的"抽象系统"（吉登斯）。从信任产生和维持的机制看，我们认为，阿罗所作的润滑剂的比喻，吉登斯指证的制度信任的两大抽象系统（即货币系统与专家系统）以及卢曼揭示的制度信任的内在机制（简化复杂性），对于理解"企业家道德"问题提供了一个可资比照的视野。但是，他们并没有阐明制度信任与企业家道德之间的内在联系。下面，我们分别从企业家的创业治理之"德"与合内外之"道"两个方面，分析"企业家道德"与"制度信任"的相互关联。

（一）企业家的创业治理之"德"：从人际信任到制度信任

企业家的优秀和卓越，充分表现在企业家的创业治理活动中，它是一种与企业家精神相契合的创业和治理之德。一个已经成为行业共识的观点认为，优秀企业家创造的优秀企业一定活得比企业家本人的寿命长。因此，企业家从创立企业到在企业成长演进中实施职业化管理，经历了一个由"生产机会"驱动的主体到由"制度信任"建构的主体的发展过程。

当企业家创立企业之时，他总是尽一切可能追寻"生产机会"和"商业机会"。创业型企业家偏好一种机会主义的人格信任，并通过这种信任的积累完成生产要素的"新组合"，以提高产品和服务的质量，或者引入某种新技术或新管理，或者获得某个市场缝隙，等等。显然，在生产或交易领域，企业家创业故事大多与信任在人际上的扩展有关。当人们谈论企业家的野心、冒险精神、运气、创新才能、眼光、想象力和不可缺乏的激情之时，实际上必然涉及构成企业家创业德性的两个基本要素：其一，是"值得信任"，或者能够被他人所信任；其二，是"能够信任"，即有信任他人的能力，或者至少必须准备放弃其不信任他人的天性。一个不能扩展信任的企业家，是无法融合社会资本进而带来企业的成长或繁荣的。同样，一个不值得人们信任的企业家，不可能获得更多更好的生产机会和商业机会，且最终必然为其所在的市场、社会或共同体所抛弃或驱逐。

即使在这种人格信任中，企业家诉诸个人的才能、技术、机遇、运气、热忱等诸多机缘，且主要地信赖一种机会主义的可靠预期、心理认同、人格承诺、历史经验等，但几乎每一个企业家都本能地知道经济交易和商品生产比其他任何活动都更加依赖普遍主义的制度信任之力量。例如，由信任的普遍化机制产生的信用，就被视为"第二种货币"。① 今天经济生活中的信用卡消费和商家 POS 机系统的广泛使用，使得由货币系统表达的制度信任成为一种现代经济生活的常识。同样，任何一个企业家在企业发展到一定规模的时候，他必须建立一支职业化的管理队伍、专业化的工程师队伍（或技术型研究开发人员）以及受到正规培训的员工队伍，以完成一种组织化或制度化的内部治理。由科学、技术和管理等领域而来的经验或知识系统，由教育或培训等领域而来的文凭系统，由同行推荐、专家评议、机构鉴定等领域而来的证明系统，构成了企业家进行企业内部关系治理（同时也是其进行外部关系之治理）所依凭的具备普遍主义制度信任之功能的专家系统。这表明，由专家系统表达的制度信任，为企业家从一种创业型的企业家转变为治理型的企业家提供了形式要件上的信任之根据。

企业家类型从创业型到治理型的转变，标志着企业成长阶段的一个重要跨越。它表明企业扩大再生产不再立足于以企业家德性为中心建构起来的机会主义人际信任，而是建立在以企业家服务为中心建立起来的制度信任的资源供给的基础之上：即以"信用"为标志的货币系统，以及以"知识、文凭和证明"之三位一体为核心的专家系统。② 依此看来，创业型企业家的"道德"，主要诉诸于一种以特殊工具主义或机会主义为价值导向的德性伦理。这是一种特殊主义的或者机会主义的信任

---

① 安东尼·帕格顿（Anthony Pagden）：《信任毁灭及其经济后果：以 18 世纪的那不勒斯为例》，郑也夫编《信任：合作关系的建立与破坏》，王艳芳译，中国城市出版社 2003 年版，第162 页。

② 郑也夫称之为"科学、文凭、同行评议"三位一体的专家系统。我们依据郑也夫的研究，将专家系统的功能形态分别归结为科学化的知识形态、权威化的文凭资质、相对公正的证明证据系统三大类别，并将之简化为"知识、文凭和证明"之三位一体。参见郑也夫《信任论》，中国广播电视出版社 2001 年版，第 185—222 页。

逻辑。它积极的一面在于：有利于企业家在一种关系运作、人脉资源扩展、生产机会（或商业机会）之捕获和"企业生产要素新组合"之引入中获得成功。然而，它的不利一面是：它只适合那些规模较小、内部关系简单、灵活性强的中小企业，一旦企业规模扩大、内部关系变复杂、且企业的管理结构不适合企业的发展的要求，企业家直接控制的企业就需要在管理职能上转变为由职业管理队伍管理的企业。企业家职能的转变（从创业职能向治理职能），使企业家的道德更多地聚焦于一种以普遍主义或制度化（职业化）为价值导向的制度合理性或规范有效性。因此，治理型企业家的"道德要求"或"道德定位"，在于如何有效地运用普遍主义的制度信任资源，以稀释机会主义的人际信任或人格信任。

在这一点上，企业家职能的制度化，是普遍主义制度信任之构建的基本前提。换言之，企业家职能从具有创新美德的主体，转变成提供企业家服务且以制度信任为准则的规范设置，为企业的关系治理和职业化管理的发展奠定了基础。按照伊迪丝·彭罗斯的观点，当"企业家"变成"企业家服务"之时，企业才可能以一种职业化管理或制度化运行的方式成长或扩张。"企业家服务是指那些对企业的运营有贡献的服务，包括：引入和接受对企业有益的新想法，特别是关于产品、定位、技术上的重要变革、新的管理人员的引入、企业管理组织的基础性变更、融资，以及扩张计划的制定，包括扩张方式的选择。"① 当然，企业家服务与管理服务在职能上有着微细的不同。后者往往是对前者计划的执行和过程督管。但企业家服务是通过一种制度化或组织化的形式实施决策过程，因而它是一种使企业家职能建立在制度立法或制度信任基础上的企业组织形式。一旦企业的上层设计（或者顶层设计）确立起一种以普遍主义的制度信任为其企业管理和文化的基本理念，这就意味着"企业家的道德"是通过制度信任的路径表达或体现出来的。从这一意义上，企业家道德（和服务）从一种企业家个人的创业美德发展为一种由企业家服务系统供给的制度化规范，是以制度信任的内部建立与外部支援互为前提的；此即企业家的合

---

① ［英］伊迪丝·彭罗斯：《企业成长理论》，赵晓译，上海人民出版社 2007 年版，第 47 页注释。

内外之"道"。

（二）企业家的合内外之"道"：制度信任的外部供给与内部生产

一般而言，企业如果过度依赖企业家个人的创新与美德，将会面临巨大的风险。许多成功的企业随着创业企业家的"谢幕"而"离场"。而对于创业型企业家而言，往往失败比成功更为普遍。企业家创建的企业，多数情况就像熊彼特（Schumpeter）所形容的旅鼠一样，总是前赴后继地跳入大海而淹没。当然，一些企业能够适时地从创业阶段进入治理阶段，并在保持企业家创新美德的同时向职业化管理和规范化或制度化治理的方向发展。比如，欧洲、北美在 19 世纪下半叶开始了"企业时代"，许多成功的企业建立起来。有迹象表明，我国现阶段似乎正在开创一个"企业时代"；但是，如果企业管理或企业运行所必须的制度信任不能有效地建立和完善，真正意义上的"企业时代"的来临仍然是不可预期的。从这一意义上，我们的讨论进入到"企业家道德"的第二个层面，即企业家的合内外之"道"。

应该看到，企业制度信任的外部供给与文化传统、法律制度、国家政治经济宏观环境以及市场经济的发展水平等要素密切相关，尤其是与企业运行的货币系统与专家系统等环境因素密不可分。一个信任度高的社会，其制度信任的外部供给往往充足有效，且有利于催生企业内部制度信任的生产。相反，一个信任度低的社会，其制度信任的外部供给就会出现严重短缺，也不利于企业内部制度信任的生产。美国学者福山在《信任：社会美德与创造经济繁荣》一书中描述了华人企业发展的三个阶段：第一阶段，创业者（通常是一位有权威的家长）创建企业，并取得成功；第二阶段，创业者的某个直系继承者获得传承，他将面临复杂的内部纷争，或者导致企业衰败，或者幸运地在内部治理中使企业获得振兴；第三阶段，在此一阶段美国企业一般会进入社会化或管理职业化，但是只有极少数华人企业在使企业制度化方面取得成功，绝大多数的华人企业发展到第三阶段就走向灭亡了。[①] 这导致了华人企业的命运：公司不断地产生、发

---

① ［美］弗朗西斯·福山：《信任：社会美德与创造经济繁荣》，彭志华译，海南出版社2001 年版，第 77—79 页。

迹、消亡，难以有世界品牌或百年传承的大规模的企业。[①] 福山认为，导致这种情况的原因在于，华人社会是一个以家庭为本位而向外扩展的低信任度社会，由于华人企业家只信任与自己有血缘关系的人（而不信任外人），所以职业经理人阶层难以形成，职业化管理难以完成。[②] 福山对华人社会的信任格局的分析显然失之偏颇，[③] 但他将华人企业面临的信任伦理难题归结为企业制度信任的内部生产动机不足和外部供给资源短缺，则是发人深省的。

事实上，我们这里所说的企业家的合内外之"道"，涉及制度信任的外部供给和内部生产，通常这两个方面总是相互贯通在一起的，它们构成了一种生态关联之整体。首先，制度信任是由法律信任来维系的，它包括作为法治环境的信任资源和作为企业内部法治规范的信任生产。如果一个社会法治环境不佳，违法成本过低，法律信任的资源供给就会出现问题，而企业内部以法治取代人治的制度信任的产出动机就会遭遇动力不足。其次，制度信任是一种强调程序优先的形式信任，也就是说，人们是因为程序、规则等形式方面的原因而产生信任。它在企业内部的职业化管理中以"规则高于（或大于）人情"的价值理念确立企业管理的伦理与文化，而在企业外部的资源支持中它诉诸于一种以程序正义为内核的制度公正。反过来看，如果一个社会遵守公共规则或程序的企业或个人总是遭遇损失，相反那些一再破坏规则或程序的企业或个人反而总能侥幸获益，那么这个社会的制度信任就面临危机，这种情形也会鼓励企业内部的管理以人情取代规则。再次，制度信任是一种建立在能力本位的管理哲学或管理伦理基础上的普遍主义信任。一个好的制度安排，其之所以是合理的、值得信赖的，就在于不论是在企业内部的职业化管理还是在企业外部的社会劳动分工中，人们更多地是靠能力和品德获得相应的地位（或岗位），而不是靠人情、关系和出身。最后，制度信任在企业管理问题上具体地表现为以企

① ［美］弗朗西斯·福山：《信任：社会美德与创造经济繁荣》，彭志华译，海南出版社2001年版，第80页。

② 参见张维迎《竞争力与企业成长》，北京大学出版社2006年版，第87页。这本书收录了张维迎以"企业家与职业经理人：如何建立信任"为题在北京大学发表的演讲（2003年1月5日）。

③ 比如有学者（储小平）指证华人社会的信任格局是一种泛家族主义信任

业家服务之职业化（专门化）或社会化来代替企业家职能的信托体系的建立或委托—代理机制的设置。它在外部制度信任的供给上，或者主要地由货币—信用系统为企业提供可靠的融资环境，或者主要地由专家—中介系统为企业提供值得信赖的职业经理人群体，等等。在内部制度信任的生产上，最为典型的制度安排就是通过职业化管理嵌入委托—代理关系并由此确立制度信任的内部生产，它是企业家与职业经理人互信合作的基本前提。

以上分析表明，制度信任属于形式信任，它遵循的逻辑有二：一是以法治代替人治；二是以程序伦理代替实质伦理。它产生的管理伦理效应有两个重要导向：一是它在社会劳动分工体系中产生效应，即以"能力本位"的价值导向规范工作职责；二是它在实际的企业家的合内外之"道"的管理实践中，激发出问题导向，即企业家如何与职业经理人互信合作。① 然而，制度信任的形式化特征表明，它最终要通过人的因素才能成为一种有实质内容的信任。比如说，南京彭宇案的判决就曾导致法律信任的降低，有评论指出它使中国的法治建设倒退了若干年。社会生活中有法不依、人情至上的情况也会对企业管理的制度化或职业化产生不利的影响。另外，企业家如果单纯地依靠法律、契约、合同和规则等制度化的办法来维持或者生产信任也还是不够的，因为合同或契约的形式约束不可能穷尽一切可能，且易于将简单问题复杂化而违背了信任的简化复杂性之原则。因此，制度信任的实现机制，除了它所固有的形式原理而外，还必须依靠认同机制和声誉机制：认同机制是承诺或偏好的内在化，它与价值观和情感有关；声誉机制则基于重复博弈或长期合作。于是，企业家的合内外之"道"，在微观层面又表现为制度性的外在约束与价值观（或情感）的内在承诺之统一。

四　以制度信任开出企业家的"道德"

我们回到本章开始时提出的问题，企业家的道德如何才是值得信任的

---

① 关于这个问题的讨论，参见张珉《我国家族企业与职业经理的合作困境及其突破》，西南财经大学出版社 2008 年版。

呢？毫无疑问，企业家的道德总是与企业目标及其实现不可分割地联系在一起的。德国贝塔曼斯企业前任总裁莱因哈德·默恩对此进行的概括，有一定的启发意义。他说："今天，在企业文化的范围内，企业在法规中应按照下面几条来定义企业目标：（1）企业的最高目标是为社会做贡献；（2）在追求企业目标时，领导层、投资者和基层员工的代表应共同让企业创造贡献；（3）企业领导机构协调各集团利益，并在指导方针的框架内独立做决定。"[①]

在这三条关于企业目标的界定中，莱因哈德·默恩将企业中"道德、责任与利益"的生态关联作了简单明了的说明。其间的逻辑关系是，通过良好的制度信任融入精神内涵或者精神目标，使企业家及其领导的企业自觉地将企业的社会责任、企业的经济效益和员工的权益及其价值的自我实现结合起来。因此，企业家必须善于运用制度信任的外部环境推进企业内部信任（包括制度信任）的生产，以使和谐的劳动关系和负责任的企业文化成为企业目标得以实现的桥梁。然而，我们也应当看到，信任与文化一样，需要很长的时间才能生长或建立起来，但是破坏它则非常容易；同样，信任的使用并不消耗信任，反而增加信任，而信任的悬搁不用则不会维系信任，反而会使信任消耗殆尽。我们的分析表明，企业家的创业治理之"德"和合内外之"道"关乎制度信任的建立和完善，而唯有制度信任才能够开出"企业家的道德"。

为此，有必要梳理那些妨碍制度信任的最重要的干扰因素，这些因素包括。

（1）法律在惩治企业失信或违规问题上的无力，导致一定程度的法律失灵或法律失信；

（2）后单位制政府行政管理权对某些行业（特别是一些垄断行业）的操纵，使得交易活动所要求的市场公平得不到保障，导致某种意义上的市场失灵或市场失信；

（3）政府干预经济的方式，使二元经济体制下的国有经济出现

---

① ［德］莱因哈德·默恩：《企业家的社会责任》，沈锡良译，中信出版社 2005 年版，第 40—41 页。引用时对原文的排版方式作了修改。

了既当"运动员"又当"裁判员"的悖谬，导致某种程度的政府失灵或政府失信；

（4）行业商会、协会组织等中介机构为官方或半官方机构，其运行机制受限，其可信度和服务能力表现不佳，经常易于出现中介失灵或中介失信的情况；

（5）职业经理人的供给数量不够、质量不高，优秀供给稀缺，使得企业家与职业经理的互信合作受阻，企业内部制度信任生产动力不足，这使得委托—代理的管理机制失灵或失信；

（6）专家系统丧失独立性，有些专家利用专家身份和话语权为特定的利益集团服务，出现一定范围的专家失灵或专家失信。

面对上述妨碍制度信任的干扰因素，企业家如何通过制度信任开出"道德血脉"？今天的企业家们必须做出决定，而今天的经济界也亟须认真反思：企业可以建立在什么基础上，企业应当制定何种目标。这里有必要重提一下熊彼特给企业家所下定义：企业家是那些将新的生产要素引入并"实现新组合"的人们。[①] 尽管这是一个较窄意义上的定义，但我们从企业家的创业治理之"德"及其合内外之"道"的"道—德"维度看，企业家精神作为"创新"，其"精神"之本义即是将"道德"的要素组合进生产体系中来。企业家生产和销售的商品以及提供的服务，必须是"好东西"（Goods）才能占有市场并获取利润。否则其创新必定失败。即使最为简单的生产或交易活动，道德要素的引入也是具有企业家潜质的人（或者潜在的企业家）与一般商贩的根本区别。[②] 然而，令人深思的是，时至今日，我国众多行业的企业家们似乎集体遗忘了"企业家"的这一

---

① ［美］约瑟夫·熊彼特：《经济发展理论—对于利润、资本、信贷、利息和经济周期的考察》，何畏、易家祥等译，商务印书馆 1990 年版，第 83 页。

② 比如，在帕萨·达斯古普塔（Patha Dasgupta）描述的二手车店主的售车策略中，就存在是否将"诚实声望"的道德要素引入销售行为以"实现新组合"的问题。在该信任博弈中，具有企业家素质的店主必定选择诚实策略以"交付一辆可信的车"而不是"一辆柠檬车"，这是有进取心的企业家视诚实声望为企业之生命的表现。帕萨·达斯古普塔（Patha Dasgupta）：《作为商品的信任》，皮小林译，见郑也夫编《信任：合作关系的建立与破坏》，中国城市出版社 2003 年版，第 70—85 页。文中所说的"柠檬车"是指外观与可信的"二手车"一模一样，但却是存在问题的不可信的二手车。

"精神本原",同时也断然拒斥了"企业家"的"道德血脉"。① 不仅如此,一种对于企业家之"不道德"形象的误认或误识,甚至使得企业家们以"不讲道德"为时髦且以此作自我标榜。这使得今日经济界提出的"企业家的道德血脉"之论题遭遇严峻的信任"寒流"。从这一意义上,企业家为自己"正名"势在必行。

(1) 企业家有义务通过建构一种企业文化来诠释企业的精神目标和共同愿景。本文赞同如下洞见:"企业家的目标认知必须以人和社会为本。精神目标应帮助人们找到自己在社会中的位置和行为举止。企业家成功与否取决于正确处理同社会的关系。"②

(2) 企业家有义务在提供产品和服务时,以诚实、守法、良善、不伤害为原则,并以此为企业外部的信任供给做出贡献。因此,通过制度信任的内部生产,让所有职员对企业行为认同,就变得异常重要。这是企业家的合内外之"道"的精髓所在;

(3) 企业家有义务完成责任的转移。企业家的美德必须化为一种制度化的程序管理,以实现责任下放的同时仍能维系企业内部的信任。这是企业家的创业治理之"德"的内在诉求;

(4) 企业家有义务恪守绩效与人性兼顾的分配原则(德—得相通的原则),以增进制度公正和机会公平。

显然,我们列举的四个方面的内容,涉及企业家的义务列表或责任类型。事实上,在经济体制转轨的巨大变革与机遇中,今天的中国企业需要承担更多的责任和义务,同时也拥有了走向国际一流企业的机会。关键在于,企业家在制订和发展其精神目标时,必须以它的服务和义务,为社会信任的重建作出自己的贡献。从一种伦理思维的视角上,我们强调以制度信任理解企业家之"道德",并由企业家创业治理之"德"与合内外之

---

① 仅以食品行业为例,三聚氰胺牛奶、地沟油、反式脂肪酸面包、彩色馒头、毒大米、瘦肉精猪肉(羊肉)等等相继曝光,且屡禁不止。这些行业的企业家们似乎并不在乎企业的"诚实声望"和"道德形象"。

② [德]莱因哈德·默恩:《企业家的社会责任》,沈锡良译,中信出版社2005年版,第136—137页。

"道"出发，为"企业家的道德"正名，以凸显其经济伦理的重要性。而从中国企业和企业家的成长面临日益紧迫的信任重建之任务看，我们更愿意将"企业家的道德血脉"之论题，视为企业家群体的一种精神自省和精神回归之预兆。倘如此，转型期中国社会，以制度信任的建立和完善，开出"企业家的道德"来，当是值得预期的。此诚属中国社会经济发展之大道也。

第十一章 "水"伦理如何可能

　　伦理学通常是指研究人的行为和人的价值的学问。它要回答人的行为的善恶、对错以及正当与否的标准，因而是关于人的正确行为或人的道德行为的学说。[①] 这里所谓的"行为"并没有范围的限定，而是指人的一切行为。即凡是人的行为所及，只要产生了有关行为的善恶、对错及正当与否之类的问题，便是与伦理有关的行为，且理应成为伦理学研究的对象。不仅如此，当人们用语言描述这些行为时，便存在有客观描述与情感表达之区别，进而反映了人们对行为的态度、直觉、情感和偏好，于是便进入道德意识层面。

　　本章以"水伦理"为例，通过追问"水伦理"如何可能的问题，探讨走向伦理思维的道德哲学隐含着的形态学视域。从伦理思维看，由人的行为与水之交道性中呈现出来的伦理问题，我们称之为"水"伦理。[②] 然而，水终究是一种灵动的自然之物，虽然它具有滋养万物生命的德性，也有"有容乃大"的气度，但它属于无知无识之物，不可能有关于自身行为的道德意识。于是，我们首先面临一个前提问题：从何种意义上，人们可以讨论"水伦理"问题？

　　这问题分为两翼：其一，与水的重要性有关。为什么不是"风"伦理，"山"伦理，等等，而是"水伦理"如此重要？其二，与水的道德地位和道德形态学位置有关。水有道德意义吗？它具备独立于人而存在的内

---

　　① 雅克·蒂洛（Jacques P. Thiroux）、基思·克拉斯曼（Keith Krasemann）：《伦理学与生活》（第9版），程立显、刘建等译，世界图书出版公司北京公司2008年版，第4页。这个定义是一般伦理学教科书的定义。
　　② 本书使用"'水'伦理"一词，在标题和此处的"水"字上加引号是为了突出所探讨的主题"水"之伦理；为行文方便，以下内容皆使用不带引号的水伦理。

在价值吗？人与水有伦理关系吗？以及，我们是否且只能在将水视为"资源"的意义上探讨"水资源合理利用"的伦理问题？

如此问及一种水伦理的重要性及其道德形态学位置，在环境伦理学的眼光看来，是很自然的事情。水在天地万物或整个自然生态系统中的重要性及其在当今人类生活领域所占据的愈来愈显著且紧要的地位，无需我们赘言。然而，仅就水利学、水文地理学和生态学等科学或工程技术领域在水的资源利用、净化处理、供排节约、生态循环和环境保护等问题上与伦理学产生的众多交叉互渗的问题域而言，水就应当比其他自然物具备更为优先的伦理对待。

本章不拟展开对水的伦理重要性问题进行论证，这里更为关心的是在伦理思维的视域展现的与水的道德地位和道德形态学位置有关的伦理问题。

一　三种形态的区分与水伦理的生态定位

水对人而言，不仅用于饮用、洗涤、灌溉、滋养生命和净化环境，它还用于灵魂之净化或精神之圣礼，用于文明之策源或文化之哺育。任何人，任何文化，都不会只从一种纯粹自然的意义上理解与生命之本原紧密关联的水之为物的意义。正如希腊人谈起爱琴海，印度人谈起恒河，中国人谈起黄河，必然激起心中的那种致为深沉的崇敬之感和爱戴之情一样，水之江河湖海或涓涓细流都无疑渗进了人类文明之血脉、生命之本体和精神之本原。

水虽然是客观自然之物，但它显然也被人们赋予了社会的、道德的、精神的多重含义，甚至成为某种超越性之象征。如果我们认真思考水的多重意义，并询问水在其自然形态以外的存在样式，那么稍加思索便可梳理出这样一种认知，即从逻辑上看，水在道德上不外乎三种可能的基本形态：（1）水之为自然之物，且在一种自然生态的形态学意义上，具有道德意义；（2）水之为社会之物，且在一种为人类社会所控制或利用的资源的形态学意义上，具有道德意义；（3）水之为精神之物，在一种净化灵魂、完善德性的精神的形态学意义上，具有道德意义。

依据一种有关道德意义的形态学预设，我们可以思及关于水之道德意义的上述三种形态区分：自然生态意义上的道德形态；社会资源意义上的道德形态；精神象征意义上的道德形态。

第一种形态是自然意义上的环境伦理或生态哲学研究的主题，它的直接议题可以在大地伦理或生物圈伦理的范畴内思及到水伦理之可能，并从一种生态善的意义上探问水的内在价值和道德意义，这是一种"扩展形态的水伦理"，即它把伦理范畴从人的范围扩展到自然之物；第二种形态是人际意义上的社会伦理或经济伦理（包括技术伦理）研究的主题，它的直接议题是关于水资源的开发、利用、分配以及技术处理等社会现实层面上涉及的水伦理问题，是一种"应用形态的水伦理"；第三种形态是精神意义上的德性伦理研究的主题，其议题是从一种文化象征和人格隐喻的意义上将水之精神抽象进行移植且与个人在道德上的完善结合起来的德性伦理，是一种"隐喻形态的水伦理"。

以上三种形态的区分涉及伦理学作为道德形态学的一般规定及其相关知识谱系之支持。

一般意义上的伦理学的研究范围只是局限在处理人与人的关系，因而仅仅关注道德的人际形态或人类中心论形态。然而，道德形态学的一般规定，不仅仅是和人与人的关系有关，它更是人对世界、对他所遇到的所有自然存在和生命存在的态度问题，包括我们如何看待自己以及构成我们生活之必须的阳光、空气、水甚至荒野自然。由于道德形态学强调在一种形态区分的意义上论证、辩护道德，或者扩展道德，因而避免道德意义的混淆和道德要求的僭越是其题中应有之义。从道德形态学在当今人类知识谱系中所界划出的相关学科位置看，它与三大谱系的知识类型有着极其密切的联系：其一，是关于自然生态系统的知识谱系，包括博物学、生态学、水文地理学、生物学和生命科学，等等；其二，是关于社会人际系统的知识谱系，包括社会学、政治学、经济学、法学，等等；其三，是关于精神意识系统的知识谱系，包括心理学、精神分析学、宗教学、意识或心智哲学、价值哲学，等等。这三类知识谱系之所以进入伦理学视域且成为伦理学的知识谱系之支援，一般而言乃是因为它们分别与道德的扩展形态、应用形态和隐喻形态有关；特别说来，是因为它们分别与水在道德意义或道德地位上所展开的道德形态有关，它们涉及三种类型的伦理：与自然之内在价值有关的伦理；与资源之合理利用有关的伦理；与精神之德性教化有关的伦理。

换言之，我们要探究水伦理的道德形态学意义，思考水如何进入伦理且论证人的行为或态度在与水相交道或相关联时如何是善的或正当的，就必须诉诸于上述三类知识谱系所涉及的问题以及可能提供的依据。

如果不避简化之嫌，就会看到，上面的论述实际上已然涉及自然科学、社会科学和精神科学三类知识境域可能给出的对水的道德意义的不同诠释。从自然科学的进展由机械论范式向生态学范式的演进趋势看，水伦理的研究与生态学（或生态伦理学）的关联，代表了一种将水伦理的应用形态和精神形态建立在其自然（生态）形态的基础上且将三者视作一个相互联系的生态整体之可能。因此，对于理解水伦理的道德形态学而言，最为困难且最为重要的方面，是有关其生态定位的伦理之扩展和道德之论证。

二　根据三种形态的划分考察水伦理的学术史资源

我们拥有某种与水有关的伦理，这一点是确凿无疑的。

人们从资源或精神隐喻出发设想某种水伦理并非难事，困难在于如何确立水伦理的生态定位。如果认真审查历史上出现的各种伦理经验和伦理学理论，就会发现：上述关于水伦理的道德形态学的划分及其知识谱系支撑的观点，是有其历史合理性的。循此，可以初步梳理水伦理的学术史资源。其中，对于理解不同文化中水伦理的道德形态学位置的最简明的方式是勾画出"是"与"应该"（或事实与价值）之间区分的历史。

先以道德形态学的伦理学史为例。从事实与价值的相互关系看，道德形态在学术史上经历了三个重要的阶段：

（1）事实与价值之原初同一性的确立；

（2）这种同一性由于"是与应该"之区分而遭遇瓦解，并使人们面临论证道德的困难；

（3）通过对道德形态的伦理学基础的重新奠基，重建"是与应该"或者"事实与价值"之同一。

这三个阶段，在逻辑上构成了一个黑格尔式的三段论，遵循着否定之否定的规律。如果一门道德形态学的设想能够成立，那么基于"是与应该"之相互关系所界定的"正题、反题与合题",既是历史地又是逻辑地,可以为本论文所探究的水伦理提供一种学术资源考辨之线索。

最先映入我们眼帘的,是古代神话和哲学视野中的道德形态,它以"正题"为始点,以神话、哲学的形式确立"正题法则"为根本。这属于古代和中世纪时期的道德形态。水在这种道德形态学中的地位和意义,是通过宇宙论和本体论的知识谱系得以展现的。

在古神话中,诸神生活的世界和人类生活的世界并没有严格的区分,水作为洁净之物、万物本原和养育者,代表了自然的诸多"面孔"。首先,水为始源性的纯净之物。据《山海经》记载:"东海之外,甘水之间,有羲和之国。有女子名曰羲和,方日浴于甘渊。羲和者帝后之妻,生十日。"① 又记载说:"下有汤谷。汤谷上有扶桑,十日所浴,在黑齿北。居水中,有大木,九日居下枝,一日居上枝。"② 这两则神话讲述了甘渊之水为十个太阳之母"羲和"沐浴,而汤谷之水通过沐浴十个轮执的太阳使太阳每天都是新的。其次,水具有万物本原的意义。在古印度的吠陀哲理诗《梨俱吠陀》中有一首著名的《有无歌》,它的第一颂表明,水为万物本原:"无既非有,有亦非无;无空气界,无运天界。何物隐藏,藏于何处?谁保护之,深广大水。"③ 在古希腊诗人赫西俄德的《神谱》中,提出了由"混沌"而大地、星空、山脉、海洋,而后万物化生的宇宙起源论。同样,在古希腊酒神奥菲斯教的创世纪里,神是"万物的安排者",而水和一种泥状物质乃万物本原。④ 第三,水作为养育者母亲。将大地、江河、海洋比喻为养育者母亲的传说,在诸古代民族的神话中都有记载。如中国古代神话中将月亮、水和女性联系在一起,在西方古代诺斯替教义中也有类似的传说。在荷马史诗中,大洋之神奥克安(Ocean)和大海女神苔蒂丝(Tethys)是养育万物的双亲。这两位神凭斯底克斯

---

① 《山海经》,大荒南经,袁珂校注,巴蜀书社 1992 年版,第 438 页。

② 《山海经》,海外东经,汤谷十日,袁珂校注,巴蜀书社 1992 年版,第 438 页。

③ 见《梨俱吠陀》X. 129。见巫白慧著:《印度哲学中的场有思想》,载《场与有——中外哲学的比较与融通》第二辑,中国社会科学出版社 1995 年版,第 32 页。亦可参阅金克木《比较文化论集》,生活·读书·新知三联书店 1984 年版,第 15 页。

④ [法]莱昂·罗斑:《希腊思想和科学精神的起源》,陈修斋译,广西师范大学出版社 2003 年版,第 20 页。

（Styx 即地狱中的河，诸神通常凭它发誓）的名义发誓，并且说，既然人们凭它发誓的东西是最有尊严的，因此水是万物中最宝贵、最古老的。[①]当然，古代神话世界观对水的宇宙论想象中充满了对于水的拟人化描述，自然也包括对水的狂暴、野性的摧写。如《山海经》中记载"大荒"中的各种"水文"，其中就有关于黄河之神"河伯"的任性与贪婪的神话故事。古代神话对水的宇宙论想象，为"哲学的诞生"作了预备。

　　水成为一个哲学概念，在西方文明中是与希腊哲学之父泰勒斯的名字联系在一起的。首先是"始基"的观念；其次是宇宙正义的观念。前者表达了"一切是一"的哲学洞见；后者则表明了自然秩序与人事秩序遵循共同的准则。在泰勒斯提出"水是万物的始基"之后，阿那克西曼德表达正义与本原物（无限定）的内在一致。由此，水的神话谱系和哲学开端便转化为关于本原、本体、理念、太一、神的本体论探究。柏拉图、亚里士多德及整个中世纪的基督教哲学都遵循着"是"（本体）与"应该"（道德）同一的本体思维逻辑。在中国哲学中，具有文化元典地位的《周易》将天道与人道相贯通，从而奠定了"天人合一"的思维模式。"立天之道曰阴曰阳，立地之道曰柔曰刚，立人之道曰仁曰义。"（《说卦》）从《周易》确立的乾健、坤顺的伦理纲领看，它将参赞天地之化育的宇宙论（或存在论）与究人生祸福和德性论的伦理学合二为一，于是确立了一种"究人天之际""合内外之道"的道德形态学。"夫乾，其静也专，其动也直，是以大焉。夫坤，其静也翕，其动也辟，是以广生焉。广大配天地，变通配四时，阴阳配日月，易简之善配至德。"（《系辞》）以这种宇宙论意义上天人相参的道德形态学的眼光看，水既是"本原之物"又是"伦理之道"。以《易经》中"天一生水"之说为例可见一斑。据《尚书》和《易乾坤凿度》等文献："天一生水，地二生火，天三生木，地四生金。地六成水，天七成火，地八成木，天九成金，天五生土。"（《尚书大传·五行传》）"天本一而立，一为数源，地配生六，成天地之数，合而成性，天三地八，天七地二，天五地十，天九地四，运五行，先水次木，次土及金。"（《易乾坤凿度》）显然，在一种天生地成的

　　[①]　［法］莱昂·罗斑：《希腊思想和科学精神的起源》，陈修斋译，广西师范大学出版社2003 年版，第 38 页。

"五行"思想中,"天本一而立"而生的是水。这与泰勒斯的水始基论的思想有异曲同工之妙。"天地""阴阳""五行"是典型的宇宙论元素,但是从其诞生及其在先秦诸子和后世儒家、道家思想中的演变看,它同时也属于中国古代道德形态学的构成要素。

一般说来,现代性世界的来临,打破了古代世界建立在宇宙论或本体论基础上的道德形态。西方自近代以来,一种知识论旨趣愈来愈强调将知识之获得与心灵之净化这两种类型的工作进行分离。这一动向促成了自然科学的知识典范:它致力于明晰的、客观的知识之理想,致力于宗教的、政治的和道德的中立之意识形态。① 英国近代哲学家休谟注意到,以往的道德体系忽略了是与应该、事实与价值之间的区分,而事实上二者分属两个不同的领域。② 由此,道德形态被限定在人为自己立法的价值领域。近代以来一直占主导地位的道德形态学,即通过确立事实与价值的二分为前提而在一种"反题"(否定性)环节上面临论证道德之困难的:道德之基础总是遭遇自身挫败的论证。它表明,随着自然科学的兴起以及社会科学或人的科学纷纷从哲学中获得独立,人们无法再在自然中找到道德的基础,和伦理有关之事似乎必得推回人的主观性之中。康德道义论伦理学和英国功利主义伦理学的持久论争,不过反映的是这种道德形态学所立足的人类中心论的两翼(动机论和后果论)而已。

我们在这里只是笼统地论及目前仍然占主导地位的诸种人类中心论的道德形态学的基本特征。从其所代表的现代性道德意识来看,一切自然存在或生命存在只是在相对于人而言的意义上具备价值。从这样一种意义上看,天空、大地、河流、海洋、荒野、沼泽等诸形态的自然存在,和植物、动物等诸形态的生命存在,都只是构成人类生存的资源或环境。从这种道德形态学的视角出发,我们探讨的水伦理,只能从一种"关于"水的伦理问题的意义上才是可能的。例如,可以由功利主义诉诸人类利益的价值尺度上建构一种水伦理,也可以由道义论诉诸人类善良意志的价值尺度上建构一种水伦理。这样的探讨当然有其现实意义,而且实际上也成为各国处理治水、用水和管水等具体政策或事务的重要

---

① [英]唐·库比特:《太阳伦理学》,王志成译,浙江大学出版社2009年版,第32—33页。
② [英]休谟:《人性论》下册,关文运译,商务印书馆1980年版,第509—510页。

的伦理学理论支援。

不容否认，一种人类中心论的道德推理，似乎足以支持水伦理的道德形态学的生态定位。例如，按照诺顿的人类中心论生态伦理学的观点，理性的态度是按照一种功利主义价值观确立水伦理的基本规范：因为对水资源的保护和对其尽义务，来源于人类的需要或对人的需要的满足。

一种立足于生态学世界观基础上的有机论或整体论的道德形态学，并不满足于基于事实与价值之分离而建构的或强或弱的人类中心论的生态伦理诉求。史怀泽的敬畏生命伦理，利奥波德的大地伦理，奈斯的深层生态学，罗尔斯顿（Holmes Rolston Ⅲ）的遵循自然的伦理，等等，都试图尝试通过扩展人类对非人类世界的道德关怀，将一种生态主义的科学观与道德观统一起来，并重建"是与应该""事实与价值"的统一。尽管这种尝试面临诸多困难，但我们有理由认为，它代表了一种解决"事实与价值"之统一的"合题原则"，标示着一种非人类中心论（生态主义的或自然主义的）的道德形态学之构成。这种非人类中心论的道德形态学可能会改变人们对水伦理问题的工具主义的态度，从而将水的价值不再仅仅限定为人的需要的层次上，而是从一种更为广大的"究天人之际"的意义上，即从水的自然生态价值上，看待水伦理的生态定位。

三　三种形态的水伦理的道德意义之基本内涵

我们强调，对水伦理所涉及的道德形态学，从自然的、社会的和精神的三方面区分出"扩展形态""应用形态"和"隐喻形态"，乃是因为这三个形态各自有自己的边界和范围，且在历史上有相应的学术史资源之支持，它们彼此之间不可相互还原。

（一）精神形态：与精神之德性教化有关的水伦理

1. 精神形态的水伦理的主要特征是：在人与水的纯一的亲近与互镜中反观并提升人之道德境界。人在"诗意地栖居在大地上"的天地境界中，将水之美、水之情与人之存在之真交融为一。这是一种始源性的伦理经验。由此，形成了各种隐喻形态的水伦理：（1）水乃是各种文学、诗歌、艺术作品表达的主题，它隐喻人生境遇和人之情感；（2）以水喻道；（3）以水喻德。因此，这一形态的水伦理的道德形态学上的特征是：追求人与水的精神的纯一与互镜。所谓人与水的精神的纯一乃是：它不是在将水视为资源，而是在将水视为本源的意义上，使"水之在"与"人之在"于一种精神本原上相贯通。所谓人与水的精神互镜是：水为人之镜，映现人之德性；人为水之镜，见证水之精神。

2. 喻之于"道"的水之"道论"。水之道论的精神隐喻是指：（1）以水的交通、润物、处下、不争，喻指"上善若水"的自然之道，这是道家所持的自然无为的道论。如老子说："上善若水。水善利万物而不争，处众人之所恶，故几于道。"（老子《道德经》第八章）水的精神品性是由人悟出的。人之悟水，如能洞察到一种至柔中之至刚、至净、能容、能大的胸襟与器度，便可领会到天地之大美的自然之大道了；（2）以水的纯洁、空灵、浩淼，喻指一种洗净凡尘的解脱之道。这是佛教所持的圣净无生的道论；（3）以水的雄浑、精进、生生不息，喻指一种精进利生的有为之道，这是儒家所持的道论。如《论语》记述："子在川上曰：逝者如斯夫，不舍昼夜。"

3. 喻之于"德"的水之"德论"。在上引《道德经》中就有老子以水喻德的纲领："居善地，心善渊，与善仁，言善信，政善治，事善能，动善时。夫唯不争，故无尤。"即说，人的德性教化要以水为道德导师：（1）谦下自处，以立身处事；（2）容纳百川，以坦荡襟怀；（3）润泽万物，以无私为至私；（4）无欺潮信，以谨守诺言；（5）持平守正，以安邦治国；（6）圆融中和，以处事周全；（7）知机而动，以顺应潮流。再配之以基本道德原则：不与物争，不为物累；不与世争，不为形役；在任何境况下做到这几点，便能够泰然任之了。

再以儒家的以水比德为例。儒家理想人格是"谦谦君子"，而在水的运动变化中，可找到这种君子德性的表征。据《荀子·宥坐》记载：孔子观于东流之水，他的学生子贡问道："为什么君子见大水必观？"孔子回答："夫水，大遍与诸生，而无为也，似德。其流也，埤下裾拘，必循其理，似义。其洸洸乎，不屈尽，似道。若有决行之，其应佚若声响，其赴百仞之谷不惧，似勇。主量必平，似法。盈不求概，似正。淖约微达，似察。以出以入，以就鲜絜，似善化。其万折也必东，似志。是故君子见大水必观焉。"① 这段记载，表达了孔子以水比德的德性教化思想，其大义是：由于水的诸种形态和变化，似仁德，似仁义，似勇敢，似法度，似公正，似明察，似善化，似高远之志，故而君子见大水必观。

4. 从道德形态学视角看，精神形态的水伦理是一种隐喻形态的德性伦理。水伦理在精神隐喻形态上并非水之超验的精神思辨；相反，它是一种拟自然意义上的德性教化。它在古代德性伦理传统中有其典型代表。当然，这种以水之道论或水之德论显现出来的水伦理，在当今德性伦理之复兴的精神文化运动中也有其当代价值。

水川流不息，仪态万方，变化不定，它时而沉静，时而咆哮……总是以一种不断变化的形态，与人启迪智慧，涤荡胸怀，同时又能陶冶德性，隐喻大道。希腊神话中有一位放牧海兽的神，名叫"普洛透斯"，兼具了这种"不断变化"而又"预卜先知"的特性，成为水之象征。人类在与水之相与的历史性存在之镜鉴中，总是努力辨识着"普洛透斯"的面孔和话语。② 虽然今日之人，不再诉诸于关于水本原的神话或实体本体论的形而上学来参悟水之精神隐喻，但一种与精神形态有关的水伦理却是自始自终浸进了人之心智的圆成。因此，在与一种"古之又古"的始源性存在经验的邻近中，我们可以切近一种与精神之德性教化有关的水伦理。当然精神形态的水伦理面临的困难是：无论是儒家式的"观水"，还是道家式的"悟水"，与水本身无直接利害关系，人们所观所悟乃是人之道德自我的圆成，因而只能诉诸于水的精神隐喻。

（二）应用形态：与资源之合理利用有关的水伦理

从人类的需要出发，趋利避害，建构一种与资源之合理利用有关的水伦理，属于现代性道德的任务。我国学者徐少锦给这一形态的水伦理下定

---

① 王先谦：《荀子集解》，宥坐篇第二十八，见《诸子集成——荀子集解》，上海古籍出版社，第344—345页。

② 法国当代哲学家米歇尔·塞尔（Michel Serres, 1930）在其著作《万物本原》中讲到了海神普洛透斯的象征意义。海神普洛透斯是海神波塞冬的下属，是一位在海上占卜未来和放牧海兽的老人，因为他不断变化，因此常被人看成是创造世界的一种本原物的象征。普洛透斯被捆捆起来，于是他回答他的女儿提出的问题，而他的回答亦隐藏在无数的信息中。[法] 米歇尔·塞尔：《万物本原》，蒲北溟译，生活·读书·新知三联书店1996年版，第11—13页。

义："水伦理主要是关于调控人们与水环境之间关系的伦理要求，在利用、保护水资源和治理水患过程中应循的道德准则。"① 这是一种将人类中心论预设为不言自喻之前提的水伦理，是一种关乎人们在水问题上的伦理选择或道德决疑以及正确协调人—水关系的道德形态。其实质是人际伦理在水问题上的应用。

1. 应用形态的水伦理的核心价值理念是"以人为本"。其道德形态学特征是：以"人"为价值旨归（或价值始点）界定水之"利""害"，并据此思考依据何种道德原则（如功利原则或道义原则）处理水害治理和水资源合理利用等问题。"以人为本"，往往会涉及义利关系问题。与水伦理的生态形态不同，它着眼于人之目的而得出关于"水利"的价值评价，并着眼于水之为资源的有用性。这并不是说它没有关注到水的自身价值或者生态价值，而是说它将水的自身价值问题归结为与伦理无涉的科学问题和事实领域。因此，"水利"之"利"从其积极意义讲，主要是指水的经济价值（并由此构成其政治价值或军事价值）和精神价值之利用；从其消极意义讲，则主要是指水害之治理或水灾之避免。因此，其道德形态遵循一种简洁明了的道德推理：即由人之趋利避害的本性论证道德，并由此推论出一种旨在趋利避害的水伦理原则。

2. 该形态的水伦理所面对的实际上属于社会层面的伦理问题。其最主要的方面是人们在水资源利用问题上遭遇的伦理问题。水资源利用问题，通常涉及行为动机和行为后果两个层面可能产生的道德问题。由于水愈来愈成为现代社会和现代人最为基本的生活资料和生产资料，因此围绕水资源的合理利用产生了广泛的道德争议，主要涉及如下方面：

（1）水力发电（建造水坝）带来的环境伦理问题；

（2）水技术和工程带来的伦理问题，比如节水技术的使用以及大型水利工程（如南水北调工程）的实施所带来的关于水利工程伦理的讨论，以及围绕污水处理、雨污分流、大型水体净化等水技术或工程所产生的伦理问题；

（3）与水之使用相关所产生的用水的消费伦理问题；

（4）水资源的共享面临的分配正义的伦理问题；

---

① 徐少锦：《论当代中国水伦理》，樊浩主编《伦理研究》，东南大学出版社 2007 年版，第 408 页。

（5）关于节水实践（包括技术节水、管理节水、政策节水、工程节水、生产领域的节水等）的伦理问题。

3. 由于避免水"害"是水"利"的前提，因此，治水之伦理必定优先于用水之伦理。水资源供需失衡是造成水"害"的直接原因。治水伦理将减缓或应对旱涝灾害和治理水污染视为具有道德意义的行为。它上溯至古代治水英雄大禹所获得的道德赞誉。和用水相比，治水更能体现一种伦理性与道德感。因为，它使个人结合成为具备伦理普遍性的整体以抵挡旱涝灾害；同时，它迫使人类更为深刻地反省自己的行为，从一种水文生态的意义上对旱涝灾害和水体污染的原因进行道德审视，形成一种尊重生态科学的治水伦理观。

4. 应用形态的水伦理，必然会遇到是坚持道义论、还是坚持功利论的问题。这是人类在治水和用水问题上面临的主要的道德分歧。从一种公共性视角看，水资源的合理使用与水患的治理，主要属于社区、社会、国家乃至国际社会等公共领域之事务。功利论者认为，公共之效用是正义的唯一起源，因此对治水或用水的道德评价是对其有益后果的反思与权衡。与此不同，道义论者坚持，在治水和用水这类公共事务中，人们应该遵循自己的道德直觉，遵照显见义务之准则。这种分歧至少表明，应用形态的水伦理，由于不是诉诸道德亲证，而是诉诸道德推理，因此在前提上预设了道德作为一种人为约定的基本理念。

从道德形态学意义看，应用形态的水伦理，是现代规范伦理在水问题上的应用。比如说，它最为重视的规范性要素是：（1）关于用水或治水问题上的制度安排的正当性和道德性；（2）关于与水有关的法律问题（如环境法）的道德性；（3）关于水资源利用涉及的利益格局中应遵循的公平正义原则；（4）关于（个人或企业）在用水或保护水资源问题上的社会公德规约；（5）关于化"水害"为"水利"的生态治水和生态用水的制度伦理及其在水文化、水经济、水政治上的应用。

水伦理的应用形态是一种现实的或者务实的道德形态，它不是从一种宇宙论或本体论中推导出普遍适用的道德原则，亦不主张深入到水之自身价值之类的深层次的问题中去，而是从人与人之间相互关系的规约、合作与交往的层面上界定水之价值并解决用水和治水的伦理问题。这种形态的水伦理面临的问题是：它在强调道德论证的时候，由于涉及人们的论证总是基于极为不同的出发点，因此关于水伦理的道德推理可能会陷入不可通约的诸种道德分歧之中。

（三）扩展形态：与自然之内在价值有关的水伦理

非人类中心论的道德理论，遵循着一种伦理学扩展主义的逻辑。美国学者纳什写道："对历史学家来说，重要的是这一事实：近年来，许多人发现，非人类生命和无生命的事物也有道德地位，是令人信服的。"① 扩展形态的道德基于一种信念："伦理学应从只关心人（或他们的上帝）扩展到关心动物、植物、岩石甚至一般意义上的大自然。"②。从这种扩展形态的意义上，以当代生态科学和环境伦理学所展现的知识和观念变革为基础，我们可以思考一种与自然的内在价值有关的水伦理。

1. 这种水伦理的道德形态学特征在于：它是一种遵循自然的伦理。这是从"自—然"而非"使—然"的意义上亲证水之内在价值的道德形态。这一观点在中国传统的"天人合一""民胞物与"思想（儒家和道家）中有其根基。但是，从当代生态学意义上将"自然"之"是"与"自—然"之"应该"统一起来且有重要影响的道德理论，则以深层生态学（Arne Naess）和自然价值论（罗尔斯顿）为代表。其基本主张是：当今人类应该重新界定人与自然的关系，并由此推衍出遵循自然的伦理原则，以指导人们的现实生活。将这种主张具体落实到水伦理，则意味着：

（1）水在生态系统中的价值或许决定了人对大自然中（以及人和人类生活世界中）的水的义务；

（2）人必须尊重和保护自然水系或水资源的完整、稳定和美丽，不是因为自然水系或水资源对人有价值，而是因为人应该与它和谐相处；

（3）由于"水文""水系"（包括江河湖海池塘沼泽）或水的诸种存在形态是地球生物多样性和生命多样性的稳定性之根源，因此一种生态学视野中的水在"自—然"意义上具有自身（内在）价值，人类在使用或治理水的过程中应该在道德上关心水的自身价值；

_____

① ［美］纳什：《大自然的权利：环境伦理学史》，杨通进译，青岛出版社1999年版，第6页。

② 同上书，第2页。

（4）水的工具性价值或资源性价值不应该只是一种对短浅的人类目的之有用性，人类还必须考虑到水资源同时还是其他生命形式（如鱼类、贝类）的生存母体或环境资源；

（5）对"水系"的污染与破坏是不道德的行为，这不仅仅是因为它造成了对人类不利的后果，而更是因为它在无视水的自身价值的同时侵害了地球上其他生物的生命本原。

2. 也正是在亲证水之内在价值的意义上，人（或者人类）对水的道德关怀，才是人作为大地共同体中的一员应尽的义务。善待水，珍惜水，亲近水，爱护水，感受水之润泽与"养育"，接纳水之纯洁与宁静，是这种"道德关怀"的"亲证性"的体现。罗尔斯顿在探讨遵循自然的伦理原则时说："我们要皈依于我们的生存之地，而不是仅仅把环境理解为我们的所有物（就像我们的人工制品那样）。人必定是土生土长的。"① 从生命演化的观点看，人作为大地之子，是自然生命进化"涌现"的顶点。这意味着，人作为道德代理者而必得具备为其他生命形式或生物形式着想（或代理）的道德意识。因此，我们不仅仅在一种普遍的人类意识的意义上，而且应当在一种普遍的大地意识的意义上，将道德关怀推扩到水之领域或水的世界：不是基于道德推理，而是基于道德亲证，将人的存在与水的存在在一种自然价值的道德形态上贯通为一。

3. 由于诉诸于道德亲证，水伦理只能从回归人的生活世界的意义上见证其生态定位。水的价值多样性并不否定其内在价值，也不与其必然地产生冲突，反而是其自身价值之"成全"的表现。关于自然价值之多样性的讨论，适应用于从人的生活世界对水之价值的道德亲证。从这一意义上，辨识或区分水的多样性价值是必要的：例如，水的生态价值，生命支持的价值，经济价值，休闲价值（或消遣价值），科学价值，审美价值，历史价值，政治和军事价值，文化象征（精神象征）的价值，等等。② 水

---

① ［美］霍尔姆斯·罗尔斯顿Ⅲ：《环境伦理学——大自然的价值以及人对大自然的义务》，杨通进译，中国社会科学出版社2000年版，第450页。

② ［美］霍尔姆斯·罗尔斯顿Ⅲ：《环境伦理学—大自然的价值以及人对大自然的义务》，杨通进译，中国社会科学出版社2000年版，第3—21页。在此，罗尔斯顿列举了自然的多种价值形态。徐少锦教授在《论当代中国水伦理》一文中重点分析了水的四种价值：生命的价值与生态环境的价值；经济价值；政治价值与军事价值；精神价值。见樊浩主编：《伦理研究》，东南大学出版社2007年版，第406—408页。

之为物，遍及人的生活世界，其多样性的价值并非完全源自人之需求。人类完全能够领会到水之"自在"意义上的各种价值呈现。这表明，即使是从人类之需要的层面来衡量水之价值，也必须以水之自身价值为前提。

4. 水的内在价值在其多样性价值中具有前提性的地位。这标志着一种关于水伦理的基准或底线原则的确立，反映出人的生态良知对水的价值回应。从水的或者"水文的"现象学视角看，客观世界中的水总是对人显现的水，因此水的自身价值只有在对人显现的意义上才是一种表现形态的水之现象，这是水的其他价值得以可能的前提条件。我们称这种水意识为"良知"，即一种对水的内在价值的优先性体证和认知。它是人之生态良知的体现。按照这种认知，人类对水的需求和利用必须以承诺水的自身价值为前提和基准。由此可以得出水伦理的基准和底线原则：人的行为在与水相与的意义上，必须以尊重水之内在价值为基准。

遵循自然的水伦理，是一种建立在关于水的宇宙学、地质学、生态学、生物学、生命科学以及海洋学、森林学等的知识谱系基础上的道德觉悟。从这一意义上，我们将之归为一种道德形态，主要理由是：（1）利用水利学、生态科学（包括海洋学、森林学）等科学知识来把握关于水的自然规律以增进人类的福祉，避免水害或水灾。这是一种使科学成为道德的进路，其中有要求人的生活方式应保持与水之生态整体健康相适应的道德命令。（2）把水看作有自身价值的存在是一种人类应当具备的道德觉悟和生态良知，不是盲目地干涉水之自然，而是在一种诗意栖居中进入与水之交道。

这种形态的水伦理本身面临一个致命的问题：它很难给出自身的合法性证明。人们往往会给它戴上"自然主义"的帽子，而斥之为犯了"自然主义谬误"。因为，如果我们最终要将自然之是与道德之应该融为一体，就必须区分"遵循自然"的绝对意义与相对意义。一种绝对意义的遵循自然的水伦理是不可能成立的，因为这本质上与生态学或一切关于水的科学难以有所区别。① 而从一种相对意义论证水之自身价值，又很难有

---

① 据罗尔斯顿看，"遵循自然"有三种意义：在绝对意义上，人除了依循自然规律而外，什么也做不了，这无助于解决人类今天面临的问题；在人为意义上，人的一切活动都是对自然的人化改造或控制，在这一意义上劝说人们遵循自然是不可能有效的；我们只可能在一种相对的意义上遵循自然："我们多大程度地遵循自然，取决于我们在多大程度上改变我们的环境，取决于我们在多大程度上以一种鉴赏力将环境融入我们的生活方式，取决于我们离自然有多近。"霍尔姆斯·罗尔斯顿Ⅲ：《哲学走向荒野》，刘耳、叶平译，吉林人民出版社2000年版，第47页。

充足的理由。因为，它主要诉诸道德亲证，而非道德论证。由于道德亲证与个人的体悟或独特性有关，它在道德形态学上必然面临伦理普遍性难题。即说，在通过道德亲证所达致的遵循自然的水伦理中，如何把个人的生态觉悟或良知，推为一种具备伦理普遍性的道德意识，是其面临的最大困难。这表明，与自然内在价值有关的水伦理，虽然可能介入某种生态主义运动，但它不可能成为一种具备普遍主义特质的道德形态。

四　区分三种形态的水伦理的道德哲学意义

对水伦理的道德形态的三分，反映了道德哲学的不同进路。例如，传统德性伦理关注的是"好生活"与"好行为"之同一的本体根源，而一种精神形态的"以水喻道"或"以水比德"的观水、悟水、乐水的伦理学，为传统德性伦理视域中的道德教化或境界提升提供了契机。再如，现代规范伦理以"道德行为"为中心，它关注的是人的自立法度的道德合理性问题，因此一种人类中心论的功利论或道义论等道德理论，在析水、治水、用水、管水等重大问题上的应用，为一种现代性应用形态的水伦理的诞生提供了可能。最后，当代生态伦理以"伦理生活"为中心，其中非人类中心论的生态伦理将"伦理生活"的范围从"人与人的关系"扩展到"人与自然的关系"，这为寻找人与水的"共生互成"的新的共同体理念提供了一种将科学与道德结合起来的生态整体论视野。

区分三种水伦理的形态，并依据事实与价值的不同联结方式匡清其各自适用的领域界限和问题范围，是一门关于"水伦理"的道德形态学的基本任务。这一尝试在道德哲学层面上有方法典范的意义。我们可以将之推广到环境伦理、生命伦理等当代道德论争的一些重要的分支领域和前沿领域。以水伦理为例，如果水伦理的不同道德形态得不到清晰的阐明，我们便无法解决人类中心论与非人类中心论在水伦理问题上的无可救药的争论，也无法回应人们用以衡量水之价值的普遍价值标准问题，更无法客观地评估传统德性伦理中的"水之道论"和"水之德论"的当代价值。

因此，水伦理的道德形态学，预设了两项道德哲学的基本任务：其一，避免水伦理探讨中的形态混淆；其二，反对水伦理探讨中的形态化约。所谓形态混淆，是指将属于不同道德形态的问题不加区分地放在一起讨论，最常见的例子是将精神形态的"水德"与应用形态的"水德"混为一谈。所谓形态化约，是指将某一形态的水伦理当作唯一正确的，而排斥或者化约其他形态。这种情况极为普遍。从当今应用形态的水伦理所倡导的现代性价值观的道德推理中可管窥一斑。形态混淆或形态化约的结果是：人们往往只承认一种形态的水伦理，或者只从一种形态的水伦理出发，论证或阐扬关于水问题的道德主张，绕开或者遮蔽了其他两种形态的水伦理，因而造成了道德观念的混淆乃至混乱。

毫无疑问，水伦理的道德形态学视野之敞开，尚需从道德哲学层面进入人与自身、人与人、人与自然之相互关系所形成的更为广阔的道德实践和伦理生活之领域。这显然不是本文的任务。我们这里仅限于指出水伦理的道德形态学的初步区分所具有的道德哲学意义。主要表现在三个方面。

首先，水伦理的形态区分，至少揭示出它们各自的适用范围：（1）精神形态的水伦理在"人与自身"的德性教化实践中最为有效。水以其"精神"隐喻人生，因而人之自我得以在一种存在论境域中从水之"是"明察到或者领会到人之"应该"。从这一意义上，孔子观水与王阳明格"竹子"是一个道理。（2）应用形态的水伦理在"人与人"的现实伦理关系中最为有效。它探究的重点是：人类在控制、利用和治理"水"的趋利避害的活动中，只有协调好"人与人的关系"才能解决"人与水"的关系，因此其论证的核心是与水有关的人的行为的道德合理性问题。（3）扩展形态的水伦理在"人与自然"的伦理生活维度最为有效。这是一种强调价值论上的"尊重"和存在论上的"相与"的水伦理，是一种以遵循自然作为基本生活理念的道德形态，是在亲证水之自身价值的意义上，从生态学之"是"开出伦理之"应该"的水伦理。

其次，三种形态的水伦理的历史合理性，与其伦理思想史上的历史定位相对应，它揭示了水伦理的生态定位作为"合题"的重要意义。（1）水之精神隐喻的历史定位，呈现于传统德性伦理视域中；（2）水资源合理利用的历史定位，呈现于现代性规范伦理视域中；（3）水之生态价值或自身价值的历史定位，呈现于当代非人类中心论的生态伦理视域中。我们认为，这三种形态的水伦理遵循着正题、反题、合题的辩证发展规律，而水伦理的生态定位是前两种形态的扬弃。

第三，三种形态的水伦理构成了一个首尾相接、相互依存的逻辑圆圈，这个圆圈见证了水伦理的生态定位的重要性。（1）水之"精神"，在一种"道—德"隐喻中，必须首先解决"化水害为水利"的治水和用水问题，否则人们在泛滥狂暴的水灾面前不可能观出孔子所说的"君子"之德；（2）水之"用"，又必须以人与自然的和谐关系为前提，否则污水的任意排放、江河湖泊的过度养殖和海洋资源的无节制开发，必然使"水利"转为"水害"；（3）水之"生态"，在人与自然之和谐的意义上，要求人们亲证水之内在价值、遵循水文生态规律，否则人们在一种对待水的工具主义价值观下就不会进入到"水"之本原的道德亲证。

于是，我们有理由将水伦理的三种形态看成是一个不可分割的"三面体"。它们之间在适用范围和价值观上的分殊，形成了彼此制衡的内在张力。同时，其不同的问题方式和方法进路又构成了一种互为补充、相互依存的结构。其中，三种形态的相对区分与水伦理之生态定位的凸显，是这个"三元"结构中最为重要的两个方面。由此，水伦理在各种不同的形态位置中有其不同的价值呈现：比如说，它在德性完美方面，是人类的道德导师；它具有广泛的工具价值；它在地球生命体系中具有至为重要的生态价值或内在价值，等等。……对水之价值多样性的承诺与尊重，也是水伦理的生态定位的基本诉求。

有"荒野导游"之自喻的哲学家罗尔斯顿说："一个世纪以前，人们所遇到的挑战，是确定自己在地图空白点上的地理位置；但是，我们今天却在一直被确认为道德空白地带的地方迷失了哲学的方向。尽管我们的科学和文化驯服了荒野自然，但我们仍然是流浪者，不知道如何评价大自然的价值。大自然的价值被从地图上抹去了。"①

水伦理的道德形态学，即要打开一幅标记了"道德空白地带"的地图，我们的目的不是顺着传统或习惯的思维逻辑继续在那里"流浪"，而是通过水伦理的三种形态区分及其生态定位，至少确定水在道德形态学上的"地理位置"，以使大自然的价值透过水伦理的生态定位获得某种确证。

---

① ［美］霍尔姆斯·罗尔斯顿Ⅲ：《环境伦理学—大自然的价值以及人对大自然的义务》，杨通进译，中国社会科学出版社 2000 年版，序言第 4 页。

第十二章 "和谐伦理"的理论构想与实证调研

　　"现代性道德分化"与"伦理对立面和解"是我们今天在面临一系列的二元冲突的世界处境时建构"和谐伦理"的两个密不可分的方面。

　　和谐伦理作为一种建立在伦理思维基础上的承认理论的基本要义是：与"道德主观性"相关联的"主体自由"，它受个体化原理支配；与"伦理承认方式"相关联的"社群认同"，它受总体化原理支配。

　　从和谐伦理的两个基本原理出发，考察新时期中国人道德生活中出现的现代性转型，必须关注全球化、高技术、市场经济三大显性现代性因素对我国和谐伦理关系之构建产生的重大影响。

　　国家公务员群体、社会困难群体和青年学生群体，作为新时期中国社会中以不同形式并在不同程度上遭遇全球化、高技术、市场经济之影响的典型群体，是透视当前中国社会伦理关系作为"和谐伦理"之两面（伦理承认方式与道德自我意识）的最为典型的三大调研群体。

　　我们的调查表明，目前我国和谐伦理关系之建设，受到四种伦理普遍性规定（意识形态、市场经济、西方现代性和传统文化）而表现出"认同危机"和"自由危机"，新时期我国和谐伦理关系构建的趋势是"公私分域的伦理关系之建构"及其"德性之培育"。我们亟须从"提升德性"和"完善规范"两个方面应对转型时期伦理关系建设出现的各种危机，推进全球化、高技术、市场经济背景下和谐伦理建设。

一　伦理思维从"分化"走向"和解"

　　"现代性道德分化"是现代性社会之构成与现代性精神之遭遇同一性

危机与合法性危机的产物。每一种"道德主观性"都有实施符号暴力的能力和倾向，即通过符号化强求意义世界的纯粹与统一。

在此意识向度，它生产某种合理性与同一性"叙事"并借以隐匿那些成为其力量之基础的权力关系。由于道德主观性背后隐匿的权力基础并非总是道德的，一旦道德话语的生产、展布、辩护和反驳没有了超验同一性根基的授权，它就进入世俗化流动而复杂的生活世界"洪流"。

接受现代性之洗礼的"道德"，在一种多元价值诉求与多方权力博弈中，进入伦理对立面的冲突。从现代性道德分化的逻辑结构看，高技术、市场经济与全球化是"淘洗"现代性道德的三大显型现代性因子，它以同一性之现实展现的方式破除了道德同一性的梦想。

现代性道德危机和现代伦理学理论危机体现为：在一个道德世界观破碎的图景上重建道德的不懈努力。现代性道德分化前所未有地凸现了人类精神主观性的"自然状态"，这种精神运动的积极方面，不是放纵价值冲突、道德分化和伦理冲突（以伦理冲突的形式出现）的任意泛滥，而是走向伦理对立面之和解。

我们生活的时代不允许我们再去设想一种纯净的同一性。全球化、高技术与市场经济的直接效应，是将时间和空间以最大可能的形式加以压缩。技术、知识、信息，同商品或资本一样，一经产生就立刻进入一种全球流转的高速运动之中。以往相距甚远之物，即将消逝之物，现在只要愿意，就会成为近邻，成为即时呈现之物。"一切都旋转起来了"，"一切都在融合"！权威与反叛，本土与外来，正常与反常，特许与禁锢，甚至"我"与"你"、"我们"与"你们"……，这一切的界限似乎都在松动，在消解，或者说，在融解，在"被颠覆"。

同样真实的是，生产、消费和信息的全球化网络只是现代性的某种标记：人们可能看同样的电视节目，喝同样的饮料，穿同样的服装，甚至说同样的语言，讨论同样的话题，但他们彼此并不能真正沟通和理解，如果他们没有共同的文化与价值。一方面，以信息方式和控制论图景为典型塑造现今人类生活方式的高技术体系，与以市场或需求作为资源配置的现代市场经济体系，构成了全球化网络之基础的技术—经济范型；另一方面，世界化和全球化又总是带着明显的西方意识形态的政治经济诉求，扩张或强植某种超越地域、历史和社群的政治文化、同一性价值和道德话语。

只要我们耐心审视所遭遇的全球化之物，如市场上的消费品，全球物流或信息流，世界贸易体系，高度技术集成或知识集成的通讯手段、因特网、医药和工业制造技术，以及全球流动的资金或金融货币，我们就会发现，它们实际上是超然于个别组织的，也即是说，它们不专属其"本土"，也不只是和个别的社会或文化有关系。"……它们就像公众所喜爱的电视图像显示的那样，既有加油站也有骆驼；既有可口可乐也有安第斯山中的村庄；既有牛仔裤也有豪华别墅。"①

当我们指证全球化在其典型的技术网络（高技术）和经济网络（市场经济）方面存在着与本土社群或地方性团体的分离状况之时，不能忽视另外一个事实：全球化的这种分离作用，作为文化与经济的分离，技术工具世界与价值符号世界的分离，确实使一切社会都会陷入某种与历史传统的断裂之中；进而，基于此种断裂，全球化代表着人类共同体的某种宏伟筹划，即将一切"小社会"融入世界性的"大社会"，但是，由于人和他的生活和社会总是置根于某个传统，这种表面上的断裂并不能造就某种真正意义上的全球一体的社群，社会又重新从其传统的根基上要求回归各种社群。从这一意义上，技术世界和市场社会作为全球化的开路者，与政治的、文化的全球化一样，本身蕴含着道德现代性的宏伟蓝图，同时也激起了一种反向的运动：即文化或道德上的置根（embedded）运动。

我们试图要进入的问题域，即建立在高技术、全球化、市场经济三大显型现代性因素对当今中国人道德生活的这种影响上。此种影响的逻辑，是一系列的道德分化或道德二元化：传统与现代；本土与殖民；地方性知识与全球一体化；隔离与融合；根基的丧失与重置；等等。应当说，高技术与市场经济本身即是最具普遍性的全球化因子，我们将这三者并列是为了强调全球化作为一种现实运动和思想潮流的两面性。同时，这种影响的积极方面是一种伦理精神的融合，即这一系列道德分化和道德二元化以及多元道德取向在冲突、裂变中显现出来的某种相互影响和相互融合的客观趋势，我们称之为"伦理对立面之和解"，此乃我们界定"和谐伦理"的立足点。

---

① ［法］阿兰·图海纳：《我们能否共同生存》，狄玉明、李平沤译，商务印书馆2003年版，第4页。

二 和谐伦理的两面性

"现代性道德分化"与"伦理对立面和解",是我们今天在面临一系列的二元冲突的世界处境时建构"和谐伦理"的两个密不可分的方面。

"和谐伦理"之旨趣并非在道德主观性与伦理普遍性的变动不宁的关系中寻找某个稳固不动的点,实际情况不宁是:它本身即是包含着这两者于自身的精神运动。

一方面,抽象的道德分化在标举主体自由的道德意识或道德自我意识时聚焦于个人生活的设计。这种个体化原理,使个人为本能或欲望所推动,成为现代技术构架(高技术)和资本运作中(市场经济)某种类型的自我固持,并在一种使个人工具化(或终端化)的全球网络中成为熟悉的"陌生人"或匿名的"邻居"。从这一意义上,在一种全球化的伦理系统中,我们面临地方性知识及其储备之流失的危机,其后果便是现代人类型在远离"道德乡土"意义上的"流浪",现代人实际上是技术化生存或市场化预置的"道德异乡人"。

另一方面,道德生活在主体自由维度并不倾向于自利或自保的品德构造,个人生活设计之所以是道德生活,唯有承认他者也以同样的方式设计着个人生活,这意味着一种主体之间或主体间性的伦理承认才是道德自由的生活世界之普遍有效的规定。

从道德主观性和伦理承认方式经历的此种现代性精神运动看,和谐伦理作为一种承认理论关涉到生活世界之重建的思想基础。

毫无疑问,现代道德正在经历一种"疼痛"现象学的炼狱。"疼痛"的现象学成因,源自"分离""分裂"和变化中的"急剧冲突"。如果按照功能主义的理论假设,视"社会"为"有机体",那么我们就必须正视以"高技术"为代表的全球化技术网络和以"市场经济"为代表的全球化经济网络在一种现代性的文化与经济、工具技术世界与符号价值世界的分离作用中对维持"社会有机体"所必须的"社会团结模式"所产生的某种结构性瓦解、分化、转型和重建。

现代道德分化在个人生活和集体生活中进入分殊而多维的主体意识或主体自我意识界面,不再为某种绝对精神或超验权威的同一性道德意识所禁锢。这种分裂或分化使我们对于古老的或者新生的社群价值的怀疑或辩护以及对于个人孤独感或抽象自我生存之焦虑感的不可避免进入到一种前所未有的主观精神之自我折磨的二元处境中。

在互联网、基因控制技术或干细胞利用技术等高技术出现之后，我们不得不自问：还有哪些将引起我们的社群价值、个人生存和生活方式发生裂变的高技术及其产品将出现并进入平常百姓的日常生活？我们能否以及是否应该通过技术的进步来操纵我们的灵魂？当市场经济将价值—价格体系建立在货币或金钱的普遍性预设基础上，我们的医院、学校和政府组织是否能够摆脱货币化价值普遍性的操纵？

日益西化（欧化或北美化）的话语方式、概念系统和生活方式，也迫使我们不得不自问：我们是否已经丧失了依靠自己来说话、思想和生活的能力？当代中国社会在全球化技术网络和经济网络的激荡中，在由西方强势文化系统建立起来的全球化浪潮或全球化思潮的激荡中，如何走出一种日益严峻的社会文化系统的"产出危机"或"动机危机"？[①]

显然，与西方世界相比，当代中国社会经历着更为严峻的思想资源之断裂、文化价值之转型以及意识形态之重构的危机。

我们的思想文化愈来愈难于（甚至无法）依靠自身再生产出新的"动机"。因为当思想文化系统缺乏道德自我之"固持"与伦理传统之"置根"的双重坚定性，道德分化与伦理对立面的冲突就会将个人与社群（社会）卷入莫衷一是的"动机"生产的难局：一方面，分离中或孤立着的个人终究被证明为是"一堆无用的热情"；另一方面，扩展着的全球化网络又总是试图通过它所特有的符号化力量改变地方性知识或文化储备的原有面貌。人们无法拒绝大众社会的信息方式、技术创新及其产品的世俗价值之"强求"，却总是试图透过世俗生活（生产及消费的全球化网络和技术化产品）、技术理性和大众传媒的信息符码探求社群认同之道和社会重建（或保护）之道。

我们生活在一种"夹缝地带"：带着对美好社会的期望和幸福生活的憧憬，我们乐于接受现代性制造的"进步"神话；然而，当一种全球化

---

① 李佃来：《公共领域与生活世界——哈贝马斯市民社会理论研究》，人民出版社2006年版，第180页。

经济网络和技术网络通过现代性社会思想文化系统与政治经济体制之扩展浸进到人们日常生活并且成为一种大众社会的潮流或趋势时，我们又感受到个人的无能为力或个人自由的虚无本质，回归更为隐秘的私人生活或地方性知识似乎成为人们更为理性的选择。

阿兰·图海纳对此评论说："我们越是通过生产、消费或信息这几个环节参与愈来愈'全球性'的公共生活，就越感到需要在我们的私人生活中找到支撑点，才不致于被大众社会既诱人又庸俗的信息搞得心绪不宁。"①

追溯起来，现代性道德分化与"个人自有的精神实在"的文化设定有关。这种文化设定最典型地体现在西方启蒙运动时期（以 18 世纪法国启蒙运动为代表）的学者由个人自由与制度合理性（正义）的二元论框架出发对道德普遍性的论证。这种世界观的核心是个人自由和人民主权的观念。它通过主体自由的道德意识，将个人从对传统权威和神圣秩序的依赖中解放出来，又通过人民主权的观念要求在旧制度的废墟上建立保障个人自由和权利的理性的现代国家。因此，道德的个人化、社会的合理化和制度的功利化构成了启蒙现代性道德分化的三根不同的轴线。社会的合理化是启蒙现代性的总体诉求，它建立在一种工具主义的理性普遍性基础上。道德的个人化或个人主义是启蒙现代性的抽象原理，它通过一种"起抽离作用"的社会分化机制使人成为认识的、行动的、生活的自由主体。启蒙现代性的道德分化即是建立在道德的"个体化"与社会的"合理化"的紧张关系中：由于市民社会与现代国家的相对分离与分立，道德的个体在感受到制度安排与参与者越来越大的裂隙的同时，意识到个人只有作为公民进入集体生活或社会生活才能够成为真正意义上的自由主体。因此，解决道德的个体性与社会的合理化之间的二元冲突的方案往往诉诸于一种有效的制度供给。这是启蒙现代性道德论证隐秘的旨趣之所在：即推进一种政治社会基础上的理性国家变得更为"功利"、更为"务实"和更有"效率"，同时使得抽象的道德个体成为接受基于"公意"授权之制度安排的自由公民。因此，国家的功利化是调和工具主义社会合理

---

① ［法］阿兰·图海纳：《我们能否共同生存》，狄玉明、李平沤译，商务印书馆 2003 年版，第 26 页。

性与抽象化或单子化道德个体性之相悖相分的制度构架。我们看到，现代性道德分化的启蒙形式即是建立在道德的个人化、社会的合理化与国家的功利化的相互分离的基础上的，它推动着私人生活与公共生活的分离，并宣告了理性对传统、平等对不平等、民主对专制、自由对奴役等等至少在形式上的胜利。由于现代道德分化所产生的伦理形式是以"个人与社会""私域与公域""个体（自由）与集体（社群）""公民社会（市民社会）与国家"的二元对立框架为基础的，它在为社会正义、人权、自由、平等、民主等进步思想提供道德论证和道德推理的同时，也制造了自己的"他者"，即各种形式的权力操纵、社会控制、文化殖民、集体专制、技术强求、政治寻租、资本剥削和劳动异化。因此，启蒙形式的现代性道德分化在伦理对立面的冲突中寻找稳固不变的道德普遍性的努力最终证明了自身的失败。我们看到，虽然启蒙道德推理标举的那些高昂的道德理想主义"旗帜"一再地化身为从工业社会到后工业社会诸种社会斗争的信念，但 20 世纪以来人类在全球化经济网络和技术网络中所经历的形形色色的市场失灵、政府失效、生态失衡和道德失范，使得试图在个人自由与社会合理性之间、私人生活与公共领域之间保持微妙平衡的努力总是一再地化为泡影。我们今天比以往任何时候都面临启蒙现代性之后果：一方面，个人与社会、私域与公域、经济与文化之间的分离从来没有终止过，也从来没有像今天这样尖锐。社会制度的有效供给，实际上并不能提供终结伦理对立面之冲突的灵丹妙药；另一方面，西方模式以个人自由为核心价值确立的市场经济、代议制民主和文化宽容，在今天似乎获得了全面的胜利，以至于像弗朗西斯·福山这样的学者声称作为资本主义与共产主义之对立意识形态的"历史"终结了。他仿佛宣告了由西方模式主导下的全球化、高技术和市场经济已成为一种主导并改变全人类思想文化和伦理生活之基本构架的力量。社会领域、公共领域和文化领域的全球化结构转型也仿佛正在重写一种新的"历史"：即我们如何在反抗社群文化之专制、地域性公共权利之异化和文化资本之操纵的过程中重新诠释或捍卫个人自由。然而，文化认同、社会建构和公共理性并不能还原为单子式道德个体的"非历史的"或"终结历史"的抽象。社会领域、公共领域和文化领域并非单纯主观精神"建构"的产物，而是具体的社会历史过程。因此，"意识形态"的对立或冲突实际上并没有终结，它只不过从支配性的政治话语转向文化的、经济的、宗教的甚至知识的（包括科学与技术）诸领域，并隐身于此复杂的多样性话语体系和生活世界中。从这一意义上看，萨缪尔·亨廷顿指证当今世界之冲突将由文化差异或宗教冲突所界定，其分裂、对抗、冲突乃至诉诸武力战争之危险远比以往的民族战争或阶级斗争要大得多，且复杂得多。阿兰·图海纳同样指证："过去结合在一起的成分现在相互分离了"，"交换网络的世界" 和 "实际的文化经验的世界" 正在以越来越快的速度相互脱离。[①] 他说："经济及其制度的统一为一方，文化认同的分裂为另一方。在两者之间我们很难做出选择，这不仅是因为它们都发生得太突然，而且，尤其是因为它们双方所忽视的主要事实是两个世界的分离，即技术与市场世界与文化世界的分离，工具主义的理性世界与集体记忆（memoire collective）世界的分离，符号世界与感觉世界的分离。20 世纪末，我们的经验的核心是空间与精神的分离，用一句老话，就是经济与文化的分离，交换与认同的分离。"[②] 这种现代性分离机制，使全球化在高技术和市场经济为典型代表的 "交换网络的世界" 中获得了确证，然而却在以价值认同和精神生产为典型代表的 "实际的文化经验世界" 中遭遇危机。正如鲁格曼所说，"宣传全球化的文献过于简单。虽然存在着一些推动全球化的经济力量，但是更存在着极强的文化和政治壁垒，它们阻碍着单一世界市场的形成。"[③] 鲁格曼从一个管理学家的角度对跨国公司提出管理忠告："思维地域化、行动本地化；忘掉全球化"。[④]

　　显然，我们时代最为复杂或者最为棘手的伦理难题，是由上述两大世界的分离导致的现代性运动所彰显出来的个人自由与社群认同的两难。现代人对一个通过市场经济（或商品经济）和对市场经济运作的各种规则的遵守而统一起来的世界充满了怀疑，（这从马克思和布罗代尔等思想家对资本主义逻辑的揭示中可见一斑[⑤]）也不能接受各种认同的全面分化以

---

　　① ［法］阿兰·图海纳：《我们能否共同生存》，狄玉明、李平沤译，商务印书馆 2003 年版，第 35 页。

　　② 同上书，第 34 页。

　　③ ［英］阿兰·鲁格曼：《全球化的终结》，常志霄、沈群红、熊义志译，生活·读书·新知三联书店 2001 年版，第 21 页。

　　④ 同上。

　　⑤ 马克思揭示了资本剥削的秘密，布罗代尔则指证资本家是通过资本操纵掩饰其对游戏规则的破坏和有意做伪或不遵守规则。

及可能会使自我封闭的社群之间无法进行交流的绝对多元价值分殊或多元文化偏执。毫无疑问，现代性道德分化的积极理念是"自由"，而伦理对立面和解的先行原理是"认同"，这两者构成了一种承认理论不可或缺的"两面"。在"主体自由"与"社群认同"之间，各种不同的道德主张和伦理话语是在极为不同的思想文化、历史传统和现代性政治经济运动的问题域中思考一种兼顾"自由理念"与"认同原则"的伦理承认之道。现代性道德分化伴随着某种逆向运动，（我们称之为"伦理对立面的和解"）使得彼此相异的"道德异乡人"试图获得基本的伦理承认。我们认为，这种伦理承认的实践方式是我们时代最具生命力且最为引人注目的现代性运动之一，它不仅在全球性的政治经济秩序中寻求某种全球伦理或普世伦理之可能，而且在人与自然之和解的意义上寻求一种基于大地（地球）共同体的认同之道。与这两个方面相关联，我们看到，贯穿人类社会之现代性运动的是人类精神生活领域的双重危机：一方面，现代性道德分化在全球化、高技术、市场经济为代表的全球交换或交往的世界体系对各种传统文化和地方性知识为代表的文化经验世界的颠覆或冲激的过程中进入一种以社会转型、经济转轨和文化裂变为标志的现代性运动，它引发了或者带来了"认同危机"；另一方面，人们对文化、政治和价值观之认同的固执作为对这种现代性世界分化的逆向运动，总是倾向于另外一个极端，这就会由社群认同和民族认同为代表的诸种"认同"之偏执与封闭导致"自由危机"。如果我们再往深里追究，就会看到，"认同危机"表现为道德个人在一种主体自由的道德意识或道德自我意识的统摄下设计个人生活时必然经历的某种"世界之陌化"的隔膜与疏离感，而"自由危机"表现为伦理普遍性在一种以社群认同为基础的伦理承认方式中使总体性或权力扩展为独断或专制。我们所说的现代性运动的这两重危机，是指现代性道德分化与伦理对立面的和解为特征的现代性运动（包括其逆向运动）本身隐含着的两大精神危机，即自由与认同的危机。

我们在探讨全球化、高技术、市场经济影响中国人道德状况之论题下强调此"双重危机"，基于一个最基本的判断：我们过去那种建立在片面强调文化认同或意识形态总体性基础上的同一性社会建构原则已变得陈腐，而在（越来越既充分依赖着国家控制又总是想方设法力图摆脱这种控制的）日益开放的全球化经济网络与技术网络与倾向于自我封闭的个人认同或社群认同之间已经形成越来越严重分离的今天，寻求和谐社会建构所亟须的伦理智慧，不是通过宣判现代性道德危机或现代性伦理学理论危机就可获得的，我们必须进一步检讨道德主观性与伦理承认方式在一种"开放—冲突"的现代性精神运动中相互关联的诸种形式以及由此构建一种"伦理和谐"与"和谐伦理"之可能。这实际上关涉到现时代生活世界之重建的思想基础。

三　和谐伦理与全球化、高技术与市场经济的背景

和谐伦理作为一种承认理论的基本要义是：

1. 与"道德主观性"相关联的"主体自由"，它受个体化原理支配。

2. 与"伦理承认方式"相关联的"社群认同"，它受总体化原理支配。

对这两个概念之实质的更为深入的研究，要求我们重新看待黑格尔伦理学的伟大遗产。黑格尔对道德自我意识与伦理客观意志的思辨探索，天才地预见到了现代性道德分化与伦理对立面和解的现代性精神运动。他将这两者分别抽象为"道德世界观"与"伦理世界观"。然而，一旦我们思考全球化、高技术和市场经济背景下道德世界观与伦理世界观（或者道德主观性与伦理承认方式）所经历的由分化或裂变展现的"疼痛现象学处境"，我们就不能回避体现在"私域"与"公域"、"经济"与"文化"、"自由"与"认同"之两难处境中的"道德"与"伦理"悖反的道德哲学难题。此乃"和谐伦理"作为一种承认理论的基本问题。它通过三大显型现代性因素（全球化、高技术、市场经济）改变着中国社会的道德状况并真实地影响着中国人的伦理生活。

所谓"全球化"，不仅仅指经济贸易的世界化或者经济运行方式上的全球一体化，更指某种文化的、生活方式的和价值观念的全球化。这种全球化典型地体现在工业社会或者工业文明之现代性特质中，是一种试图将经济与文化结合在一起的全球化范式。然而，当它将经济合理化与政治权力结合起来的时候，它使得市场经济的道德正当性受两种既对立又互补的运动所瓦解：一是经济自身的独立运动，即经济从伦理或文化等非经济因素的束缚中解放出来，要求按照自身规律运行，由此人们按照通常的理论

逻辑得出"经济学就是不讲道德"的结论;二是经济活动又重新回到文化的、政治的或伦理的逻辑轨道上来。这使得市场领域中产生出来的"道德主观性"表现出两重性:一方面,由于市场领域并不是一个社会体系中相对稳固的因素,其道德合理性通常由人们在市场中所处地位来决定,并受到各种可能性、机会和风险的不断变化的影响;另一方面,技术—经济一体化的进程和高技术产业连同其商品市场的不断扩大和各种世界网络体系的建立,改变了物质生产方式的政治经济学属性,正如马克思所揭示的那样,金钱或货币的普遍性成为一种异己的总体化力量,而经济合理性不仅通过资本对劳动的控制进行,而且还更多地通过将一切价值转换成具有符码霸权的符号交换价值而成为具有一种同一性诉求的操纵形式。这两个方面的影响,都使得人们易于得出"经济因素 = 道德因素"的经济学话语霸权。

我们抛开经济的全球化是否一定会带来或者导致文化的全球化这一问题不论,全球化的实践理性方面实际上隐含着两个"道德神话":其一,是由一种进步的逻辑,即"科技进步 = 社会进步 = 道德进步"所构成的关于进步普遍主义的道德神话;其二,是由一种自由的逻辑,即"自由市场经济 = 自由社会 = 政治自由或道德自由"所构成的关于自由普遍主义的道德神话。当然,神话之为神话,隐匿着神话讲述者的某种主观故意,它通过一种虚构的意识形式试图完成某种具有明确信念指涉的符码生产,从而为文化霸权或经济霸权生产合法性的道德话语。全球化作为一种体现西方现代性精神的经济—文化运动,在不同历史文化传统、地方性知识话语和政治经济语境中产生的效应是不同的。但其共同特征则是,其主要由市场经济衍生的道德主体自由和典型地通过现代科学技术展现的伦理承认形式两个方面混淆了道德主观性与伦理共同性之间的界线。我们时代自由主义和社群主义的道德哲学努力,(我这里指的是"自由主义者对普遍伦理或全球伦理的寻求与社群主义者对德性伦理或美德的寻求")之所以不可能获得其预期的结果,与它们不能辩证地看待隐含在全球化、高技术与市场经济之中的现代性道德分化与伦理对立面和解的现代性精神运动有很大的关系。在我们看来,分析"全球化、高技术、市场经济"影响中国人伦理道德状况以及和谐伦理实践的首要的理论思维方面的准备,是对与道德主观性之自由难题相关联的道德世界观和与伦理承认方式之认同难题相关联的伦理世界观进行一种学术资源和概念谱系上的澄清，并由此梳理出和谐伦理作为一种承认理论的基本要义。

我们认为，今天现代人所遭遇的认同危机和自由危机的难题要求我们认真地看待康德、黑格尔伦理学的伟大遗产。"道德世界观"的思想源自康德关于自然与道德二分的理性判析，其核心是一种建立在自然与道德二分基础上的意识现象，有其不可避免的主观性。从今日道德主观性的时代精神状况看，一个趋势不可不查，即我们今天遭遇到的日益紧迫的认同危机是与全球化时代日益分裂的道德自我意识紧密相关的。人们由此将标举主体自由的道德置于一切伦理学理论的优先地位。如西格蒙德·鲍曼指证，我们无法对"道德"作"道德评判"。因为，道德自我意识作为一种主观性或意识向度，是绝对先行或先在的出发点，它在一种主体自由精神中受个体化原理支配，并表现在现代性道德分化的各种形式中，尤其是表现在经济（市场经济）与各种文化的分离和技术与各种文化的分离中。现代性道德分化起源于本能冲动（遵循个体化的原欲）对逻各斯的造反，或者是"最高价值的自行贬值"。此即道德自我意识对世俗道德多样性的某种确证。从现时代道德世界观裂变的基本意识向度看，其对传统道德观念产生重大影响的要素是：全球化、高技术和市场经济。道德多样性反思已经进入到对现代性道德之奠基性的二元论观念预设和文化设定的检讨和质疑，无论东方还是西方，文化反省和社会经济批判的要点是"一切价值的重估"和对建基于二元论基础上的同一性世界观的排拒；在一个高技术创新已经通过技术网络和经济网络的强大联盟楔入我们生活之基本构架的时代，人们的道德态度显然是多元化的，而道德作为一种现实意识由于其主观根源表现为多样性的道德世界观；现代性道德分化的世界历史效应使得我们前所未有地面临不同取向上的道德世界的论争；我们由此进入一种后现代性的道德世界。另外，体现在全球化、高技术、市场经济之世界历史进程中的人之类型的转变和文明的演进代表了一种正在展开的伦理世界观之转变。按照黑格尔的论述，伦理世界观是主观精神的现实化，是对道德主观性的扬弃。它依靠主体间相互承认的实践自我对道德主观性进行"过滤"，在各种不同形式的承认中寻求伦理之突破，并最终落实到"为承认而斗争"的现实活动。

"全球化、高技术、市场经济"代表了三种类型的"为承认而斗争"

的主体间性的互动模式，它们从人的自我认识、文明的类型到人的实践方式三个方面确立现代性伦理世界观的总体性诉求，带来了伦理世界观之转变。

1. "全球化"展开了以经济与文化之分离为基础的承认关系，它要求我们从一种现代世界体系的总体性意义上克服或扬弃道德自我意识的主观性偏狭，通过重构一种开放性的道德自我进入伦理与自然、义务与现实的辩证境域。

2. "高技术"使现代化必然面临技术社会的伦理实在，即作为"技术座架"的普遍物，它以技术化生存为总体性之中介来构建各种形式的主体间承认关系，其时代意蕴要求我们重新思考现代工业文明遵循的"控制自然"的世界图景及其隐含着的"道德神话"。

3. "市场经济"以货币的普遍物为前提生产各种类型的总体性认同，它试图使得伦理世界观所设定的自然与伦理、现实与义务之和谐在一种交换网络中实现出来。

市场经济越来越表现为一种全球化交换网络与技术网络的结合。只要我们想一想今天愈来愈流行的信用卡消费，我们就会发现，全球化、高技术与市场经济实际上是三大密不可分的现代性因素：信用卡技术依存于高度发达的计算机网络技术；它同时又将"货币的普遍性"转换成一种"信用符码的普遍性"；更为重要的是它使一种"信贷生活的逻辑"建立在一种经济全球化构架中的金融体系的基础上。

四　两种类型的伦理思维：自由危机与认同危机

自由主义与社群主义对"自由"与"认同"的道德哲学论辩，是我们今天思考和谐伦理作为一种承认理论最为直接的学术支援。它凸显了当代道德哲学最棘手的难题：追寻德性还是追寻规范？如果我们从道德主观性出发，就会得出重视规范（为自由之条件）的观点，从而得出追寻规范伦理的结论。如果我们从伦理承认方式出发，就会得出重视德性（为认同之前提）的观点，并得出追寻德性伦理的结论。

两种类型的道德哲学探索遵循不同的思维原理：规范伦理强调从主体自由的道德主观性出发，遵循个体化原理，思考的重点是道德自我意识如何接受义务的规定；德性伦理强调从主体间承认的伦理共同性或伦理普遍性出发，遵循总体化原理，思考的重点是共同生活或社群生活如何界定或提升个人品德。显然，这两种类型的伦理方式在全球化、高技术、市场经济背景下的中国"和谐伦理"建构中有自己的范围和各自的语境，它们构成了一种彼此开放且相互依存的辩证和谐，不可一概而论，也不可偏废。

从和谐伦理的两个基本原理出发，我们在逻辑上至少能够得出道德自我意识的类型学界定和伦理承认方式的类型学界定。比如说，由个体化原理支配的道德自我意识类型可分为：市场经济道德；传统道德（或地方性道德）；意识形态道德；西方现代性/后现代性道德。由总体化原理支配的伦理承认方式可分为：市场经济的伦理普遍性；民族传统伦理或地方性知识之伦理普遍性；意识形态总体性之伦理普遍性；西方（欧洲与北美）现代自由平等伦理普遍性。此种分类服务于某种权益之计，不可能完备，它只是用以透视我们时代诸种道德多样性和诸多伦理对立面的概念设定。

当我们指证"全球化"的概念中预设了某种普世价值或全球伦理，我们更多地是从一种规范的普遍性出发，而这种规范的普遍性界定了我们置身其中的社会控制形式。例如，在我们所说的信用卡消费的情况中，"信贷生活的逻辑"一旦在全球经济活动中获得成功的推广，它就会使得"基于节省、算计、禁欲、节制的旧的禁欲主义生产和道德积累"让位于"一种享乐主义的道德"，即一种"建立在信贷、花费和享乐基础上"的道德。① 其结果，不仅造成了价值的失落，而且创造出一个"没有未来的社会"。因为，经济的现实与人们的态度，摧毁了"人类生活的时间远景"。② 不容否认，对规范的寻求一直是现代性道德论证的轴心。规范普遍性构成了道德自由的前提，且在全球化、高技术和市场经济之现实活动中隐含着的制度供给和规则生产层面表现出某种自动调节或不受政治因素干预的假象。究其实质，这种非历史的、非物质的和纯形

---

① ［美］皮尔·波德里亚《区分》，转引自［法］马克·第亚尼编著《非物质社会》，滕守尧译，四川人民出版社1998年版，第219页。

② 同上书，第220页。

式的普遍主义，属于特定形式和特殊利益主体的道德话语，有其不可根除的主观性，且最终掩饰着某种政治经济的统治逻辑。然而，以计算机网络技术、基因技术、新能源利用技术为代表的高技术网络体系的全球发展使得规范的普遍性不断地被突破，人们总是一再地修改、重诠和质疑"正当行为的普遍标准"。因此，从基于社群认同出发对规范伦理提出的质疑成为当今伦理学理论的一个非常重要的研究进路。是追寻规范还是追寻德性？对全球化、高技术、市场经济背景下中国和谐伦理建构而言是一个无法回避的重大理论问题和现实问题。

当我们从现代性道德分化与伦理对立面和解的精神运动出发，考察新时期中国人道德生活中出现的现代性转型，我们是想把伦理关系与道德话语作为简单的和谐伦理的两个方面来对待并权衡其结构转型。更确切地说，就是透过"伦理关系"和"道德话语"的变化，分析全球化、高技术、市场经济三大因素对当代中国人的道德世界和伦理世界的深远影响。这种影响在客观生活形式上的表现，是由道德主观性与伦理承认方式的辩证运动构成的：一方面，它关涉到当前中国社会伦理关系经历着各种类型的伦理对立面的冲突与和解；另一方面，它关涉到当前中国道德话语及其权力谱系在其主体表现形态及其话语类型之分布。伦理关系上的"冲突与和解"使得伦理秩序表现为一种"不稳定样态"或"无序"，传统的伦理关系的结构被颠覆。道德话语及其权力谱系在道德自我意识向度的"多元分化"使得主流道德话语受到消解或削弱。伦理关系和道德话语是反映新时期我国道德领域新情况的两个重要的方面，也是和谐伦理作为一种承认理论在主观精神维度和客观精神领域的重要衡量指标。伦理关系上的"冲突与和解"与道德话语及其权利谱系上的"分化与整合"，使得人们前所未有地遭遇各种崭新的伦理难题或伦理冲突。个人、家庭、国家、社会的形式发生了重大的转变，结构转型的出现最集中表现在全球化、高技术与市场经济这三个思潮和浪潮中。当前中国伦理关系和道德话语的新变化，最终是社会合理性形式的变化与人的类型的变化的一种表征。

五　和谐伦理关系的实证调研

国家公务员群体、社会困难群体和青年学生群体，作为新时期中国社会中以不同形式并在不同程度上遭遇全球化、高技术、市场经济之影响的典型群体，是透视当前中国社会伦理关系和道德话语作为"和谐伦理"之两面（伦理承认方式与道德自我意识）的最为典型的三大典型调研群体。伦理关系的"变化"与道德话语的"动向"，预告了当代中国"社会合理性"与"个人主体自由"之类型的当代形态。伦理冲突中蕴含着和谐伦理的可能。同样，伦理关系表面的"分化或冲突"中蕴含着作为发展规律的"总体化"之趋势，现象形态的"变"中有着实质"不变"的"主弦"，"多元冲突"中隐含着"主流和谐"的趋势。本调查研究，依据对国家公务员群体、社会困难群体和青年大学生群体的调研数据考查我国当前伦理关系状况。

我们通过三大群体（国家公务员群体、社会困难群体、青年大学生群体）的大规模调研和访谈，试图对全球化、高技术、市场经济背景下我国"和谐伦理"之状况及其发展规律进行初步的实证研究。国家公务员群体的统计数据代表了"社群认同"与"伦理承认"在政治精英（或政治意识形态）层面的表现，其基础是正在形成中的对社会政治理性和国家公共行政产生重大影响的基本伦理关系。国家公务员伦理关系状况问卷有两个取样：一个取样分发地区是南京、镇江、常州等地，有效问卷291份，其中公务员291份；另一个取样分发点是江苏省委党校学员班，有校回收247份。总计取样为538份。社会困难群体（以进城务工者群体为代表）伦理关系状况的统计数据，代表了"社群认同"与"伦理承认"在民生层面（或草根形态）的表现。社会困难群体是指在全球化、高技术、市场经济带来的社会变革中处于不利地位和较差的获取资源或机会的能力、依靠自身力量无法保护个人及其家庭成员最基本的生活水准的社会群体。社会困难群体的伦理关系状况，从一种消极适应的意义上代表了一个社会应对"全球化、高技术、市场经济"的伦理能力和质量水准。2006年11月—2007年12月，我们把问卷分发给江苏盐城、苏州、南京三个城市的城市务工者。问卷共发放500份，回收有效问卷482份，（总体上高于50%的最低回收率）有效回收率达到91%。青年大学生群体伦理关系状况的统计数据，代表了"社群认同"与"伦理承认"在正在成长中的知识精英层面的表现。青年大学生群体尽管依所攻读专业不同而呈现出一定的差异，但是这是一个对全球化、高技术和市场经济的影响异常敏感的群体。青年大学生群体的伦理关系状况是从一种积极参与的意义上代表了一个社会应对"全球化、高技术、市场经济"的伦理能力和质量水准。2006 年 11 月—2007 年 12 月，我们把问卷分发给江苏苏州、南京两个城市的高校在读的青年大学生。问卷共发放 500 份，回收有效问卷458 份。

　　我们依"伦理关系"的如下概念定义为准：伦理关系是"个人对其普遍本质的关系"，它是一种建立在主体间承认基础上的社群认同，表现为各种类型的伦理承认方式或伦理世界观，是一种标举"主体性承认"的和谐伦理维度。伦理关系的原初表现是人伦关系，即个体与其公共本质之间的关系。其传统形式体现在个体与家、国两极社会形态上。孟子将其归为五种：君臣、父子、夫妻、兄弟、朋友。这五种伦理关系也构成了我国传统社会的基本伦理关系范型。伦理关系的现代形式是现实的人与其普遍本质的"实体性关系"。如个体与家庭、与公民社会、与民族、国家、政府之间的关系。据此定义，个体在一种主体间承认的关系维度确认或遵从的"普遍本质"大体上分类为："自我""家庭""国家""社会"。由此形成了"伦理关系调查"的四个关系维度。本调研以问卷与访谈为主。问卷与访谈的问题依照伦理关系的定义与分类获得确立，问卷数据全部采用 SPSS11.5 进行处理。

（一）　由"伦理角色认知"的调查透视以自我认同为主的伦理关系状况

　　从和谐伦理作为一种承认理论的意义上看，以自我认同为主的伦理承认方式最为集中地体现在伦理角色认知上。全球化、高技术、市场经济对主体自我认同产生影响的一个共同的重要方面是其作为一种使经济与文化、私域与公域、自由与认同发生分离的总体化（普遍性）力量。它使得人们遵循的传统自我认同以及基于此认同为社会的良序运行贡献才智，已经不再是一个令人满意的选择，甚至不是一个可以接受的道德指标了。在市场经济为主导构建的理性化的公共生活与传统的本位主义的个人生活之间经常出现的对立变得让人不堪忍受。高技术及其创新大规模地且迅速地进入公共生活或私人生活领域的直接伦理效应是：它以技术"座架"的形式促逼着人们进入某种"新"的认同，例如成为网络社区的匿名成员，或是被抽象为某种特定的符码存在（如信用）。个人生活愈来愈受到来自全球化的、高技术的或市场社会的大众文化的侵袭，而公共生活领域甚至将科学技术也转化为意识形态。与此同时，我们属于某个传统、某种共同记忆和某种存在或文化之固持的自我认同，又总是抵制着企图超越或破坏社会制度的全球化。在此，伦理角色认知成为焦点，通过它我们可以透视全球化、高技术、市场经济之影响下的以自我认同为主的伦理关系状况。

我们看到，越是远离传统社群，且与意识形态保持一定距离的群体，例如青年大学生群体，在伦理角色认知中便越是感受到市场经济伦理诉求与传统伦理诉求之间、西方现代性/后现代性伦理与主流意识形态伦理诉求之间的紧张关系。青年大学生群体对来自市场经济和西方现代性/后现代性之新事物和新浪潮的伦理诉求异常敏感，且容易受其影响而陷入一种自我认同危机。如我们问："您认为向西方发达国家移民在道德情感上说得过去吗？一个国内一流大学的女教授为了能够实现她的移民梦，宁愿在美国长期做保姆，您怎么看？"选择"说不过去"的占64.63%（458），其中选"说不过去"且"为她感到遗憾"的占28.67%（458），选"说不过去"但"能理解她的选择"占35.67%（458）。选"说的过去"的占35.2%（458），其中选"说的过去，选择移民不代表不爱中国，赞同这位教授的选择"的占15.10%（458），选"说的过去。这跟道德情感无关。但个人不赞同这位教授的选择"占20.13%（458）。另有0.66%（458）选"说不清"。这是一个隐含着"公民角色自我认同"与"劳动者角色自我认同"之两难的问卷题。"女教授"宁可放弃作为"教授"的劳动者角色也要完成移民梦，表明她面临的自我认同危机的重点不是在"劳动者"而是在"公民"。从调查数据看，64.63%的青年大学生在这一问卷情境中持"公民"角色优先的自我认同，而有三层以上的青年大学生则持"劳动者"角色优先的自我认同。这表明，在当代青年大学生群体中，由意识形态的伦理普遍性所要求的公民角色认同虽然是主流的承认形式，但它显然受到市场经济和西方意识形态的侵蚀，表现出自我认同的危机。

与青年大学生群体的伦理角色认知有所不同，国家公务员群体是一个代表主流意识形态的伦理普遍性而面对市场经济伦理、西方现代性伦理和传统伦理之总体化诉求的。国家公务员群体面临的根本伦理对立面是由公域与私域的分化所带来的伦理自我认同之难题。在538名被试的公务员中，伦理角色认知调查数据显示，27.3%公务员选"公民"角色，24%公务员选"公务员"角色，18.8%公务员选"父母、夫妇、子女等"家庭角色，11.7%的公务员选择"职业角色"，还有7.1%选择"领导、下属"角色，6.5%选择"个人"角色。在角色期待调查中，43.5%公务员最希望扮演好父母、夫妇、子女等家庭伦理角色，14.9%公务员希望扮演好公民角色，12.3%公务员希望扮演好公务员角色，10.4%选择职业角色等。对比角色认知调查，我们发现：接近一半的公务员将角色期待集中在"家庭"上，与家庭角色认知相比上升了24.7%；在角色认知调查中，公务员选公民角色和公务员（劳动者）角色分别为27.3%和24%，在角色期待调查中，只有将近14.9的公务员希望继续扮演好公民角色，而有43.5%公务员最希望扮演好父母、夫妇、子女等家庭伦理角色。公务员角色担当与角色期待的调查表明：（1）公务员主要担当了一种公民角色，而实际他们却期待扮演好家庭角色；（2）公务员伦理角色认知主要徘徊在"公民"和"劳动者"之间；（3）公务员角色、公民角色都是公务员公共身份的体现，表明公务员的自我认同是由意识形态伦理的总体化原理支配的；然而，公务员却把角色期待置于私人领域的家庭身份上，表明其伦理角色认同亦深深地受到传统伦理世界观的影响。伦理角色期待的家庭本位，表明公务员并不满足于从实际生活中主要承担的公共领域获得自我角色，他们更希望能够从私人领域尤其是家庭生活中找到自我。这一矛盾处境，反映出处于变化中的我国公务员伦理关系在"自我认同"环节上面临的两难。

以进城务工者为代表的社会困难群体是一个代表本土、地方和传统伦理之普遍性诉求面向市场经济伦理、西方现代性伦理和主流意识形态伦理之总体化诉求的。进城务工者面临的根本伦理对立面是全球化与地方、个人生活与公共生活、现代性与传统、经济与文化之间的分离。在482名进城务工者的被访者中，把自己看作中国公民的占36.3%，把自己看作劳动者的占36.3%，把自己看作孩子他爸或妈的占11.5%，把自己看作中国共产党员的占7.1%，把自己看作消费者的占5.5%，把自己看作其他的占2.2%，但该被访者未作具体说明，把自己看作兄弟或姐妹的占1.1%。数据对比显示，对社会困难群体而言，不变的是对于"公民"身份的角色担当和角色期待，变化比较明显的是对于"职业"和"家庭"

的角色担当和角色期待。对于社会困难群体中的个人，他们实际的"公民"角色担当和"公民"角色预期是一致的，他们不存在"公民"角色担当和"家庭"角色预期之间的矛盾。这表明，他们希望能够从"公民"角色中找到"自我"角色的认同和价值。综合调查数据表明：（1）社会困难群体中的个人对"自我"身份的确认，居主流的伦理角色担当和伦理角色预期是"公民"身份和"劳动者"身份，这两者大体相当。（2）尽管是社会困难群体，尤其是其中的外出务工人员部分，他们大都是远离了家庭，但是"家庭"对他们依然很重要，从伦理角色期待的调查和追求幸福生活的最低标准的调查表明，虽然社会困难群体中的个人对"自我"身份的伦理角色定位是"公民"身份，但是"家庭和睦""身心健康"是其定位幸福生活标准的两个最基本条件。社会困难群体作为社会的底层民众，在现代社会多样性分布的伦理角色担当中能够形成"主流"的伦理角色定位是"公民"身份和"劳动者"身份，这表明中国"公民社会"的悄然来临。社会困难群体在自我伦理角色期待的选项上基本与伦理角色担当的选项持平，即"公民"身份既是他们主要的伦理角色担当，也是他们主要的伦理角色期待，这表明，在公民社会的基本社会分域中，家庭领域（私域）与社会领域（公域）已经逐渐形成区分。

　　从三大群体（公务员群体、青年大学生群体和进城务工者群体）的问卷所获得的调查数据表明：（1）三大群体因其在四种伦理规定（意识形态、市场经济、西方现代性和传统文化）中所处地位不同，在伦理角色认知上表现出不同取向上的自我认同；（2）由于全球化、高技术、市场经济加速了中国社会的"文化分化（本土与全球化）"和"社会分域（个人生活与公共生活）"，它在三大群体的伦理角色认知中表现出"自我认同之分离"的共同趋势：即在多元的自我认同中呈现出两极分离的趋势，其一极为"公民身份"之认同，其二极为"劳动者身份"之认同；（3）由于基本伦理规定在三大群体中的伦理优先性不同决定了其自我认同之殊异，因而造成了我们时代普遍存在的自我认同危机。

（二）　基于家庭认同为主的伦理关系状况之调查

　　基于家庭认同的伦理关系，一般由夫妻、父母子女、兄弟姐妹等基本关系构成。今日的中国家庭伦理受到生育或教育政策（意识形态）、传统观念、市场经济和西方现代性四种伦理力量的影响，使得家庭总是在接纳现代技术之渗透和市场经济之陶冶的过程中建构某种与传统形态不同的现代性认同。由于独生子女家庭、空巢家庭、留守家庭、丁克家庭等新型家庭的出现，基于家庭认同的伦理关系也变得日益复杂。我们的调查侧重从伦理关系排序的情况反观基于家庭认同的伦理有关系状况。在538名公务员的伦理关系排序调查中，排在首位的是夫妻关系，平均得分1.49。父母与子女关系次之，平均得分1.34，紧接着是与上下级、同事与组织的关系。与传统相比，五种主要伦理关系基本没有变化，区别在于夫妻关系取代了传统君臣关系的首要地位，而从传统君臣关系中转换出来的上下级、同事和组织关系则居第三位。这样在全球化、高技术、市场经济背景下，"新五伦"更强调"私人领域"的优先性。对社会困难群体调查，同样验证了夫妻关系首位、父母子女关系次之的伦理重要性排序。这表明"公私分域"的新五伦正在逐渐取代"公私不分"的传统五伦。对"情与理"伦理情境难题的调查显示，22.8%（583）的公务员表明不会因谋取个人利益而损害社会公共利益，58.8%（583）的公务员了解相关法律后，看是否可以在不违法的情况下适当照顾一下个人与家庭成员或亲属的利益；约70%（583）的公务员在法理与亲情中徘徊，半数以上的公务员对是否检举犯过错的子女持十分犹豫的态度，而40%（482）的社会困难群体的被调查者则明确表示不会检举或装作不知道。这些都表明家庭伦理关系虽然能兼顾法理与亲情，却偏重家庭情感。

调查表明，当代中国家庭伦理关系受全球化、高技术、市场经济的影响主要表现为三个方面：（1）在家庭伦理关系排序中，夫妻居首位，父母子女次之；（2）"公私分域"的新五伦逐渐取代"公私不分"的传统五伦；（3）家庭伦理"兼顾"理性，但呈现情感主导特征。

（三）以"民生关注与民主建设"为基础的国家伦理关系状况的调查

在全球化、高技术、市场经济影响下，意识形态伦理、市场经济伦理、西方现代性伦理与中国传统伦理表现为四种类型的伦理力量，它们对国家伦理关系产生的"作用力"主要集中在"民主与廉政""民生关注与国家道德"两个方面。此乃"国家认同"的基本前提。在全球化、高技术、市场经济影响国家认同的问题上，我们经历了两种相反的运动：一是经济全球化使得经济活动不再把技术生产的社会关系与国内市场联系在一起，它把自己转变为一种国际化的市场；二是文化认同被用作意识形态，为国家制度或政治权力进行合法化辩护。前者通过削弱国家认同使经济成为市场，后者通过强化国家认同（通过文化认同）使文化成为意识形态。这两种相反的运动，将以国家认同为基础的伦理承认问题聚焦于政府伦理。

　　调查显示，在市场经济条件下，我国各级政府中存在不少危及其政府伦理的因素，"小团体伦理、集团不道德"就是典型。例如，28.72%（583）的公务员认为政府是有道德的，政府中的个体却是不道德的；半数公务员承认政府是有道德的伦理实体，15%（583）左右的人认为政府自身就是不道德的伦理实体。公务员最不满意的伦理关系是上下级、同事、组织关系。根据482名进城务工者问卷调查数据，生活困难者经常遇见的生活困难选项中，不公正占28.2%，不平等占23.2%，其他占18.2%，没有娱乐占9.9%，得不到尊重占8.8%，生计成问题占6.1%，家人不理解占5.5%；令他们最不安的选项中，官员腐败占47.5%，制度不公占27.1%，不讲诚信占16%。这表明，政府权力运作中的道德状况不容乐观，这直接影响到了人们的国家认同。

　　调查显示，"民主与廉政"是政府伦理或制度伦理建设的重点，是从政府权力运作层面争取认同的前提。当面临不道德的同事时，公务员保持沉默与检举揭发各占40%（538）左右，检举揭发稍多出4%。这表明廉政的制度供给还不利于政府伦理在国家认同层面获得承认。当公务员与他的直接上级领导就某件事情的处理出现意见分歧时，77.3%（538）的公务员选择与上级进行充分交流，如果不能说服上级，便保留意见，遵照上级的指示行事。"服从"观念占主流。约80%（538）的领导会选择与下属商量，倾听其意见，但"也只是做做样子"。这表明，"民主"或"平等"还只是停留在一种西方现代性话语层面，并没有从中国政治权力的"本土"中成长壮大，然而政治民主推进国家认同却是一个不可阻挡的大趋势。

　　调查显示，"民生关注"是国家伦理建设的重点。据482名进城务工者问卷调查数据，对党和政府的信任度与过去相比的变化情况的调查表明，与过去相比没什么变化，信任度一直较低的占32.4%；与过去相比，近年来对党和政府的信任度提高了的占 31.8%；降低了的占 23.7%；与过去相比没什么变化，信任度一直较高的占 12.1%。值得注意的是，进城务工者对党和政府的信任度是与生活的改善和经济收入的增长成正比的。进城务工者喜欢和需要的是能够为老百姓讲实话、办实事的政府和官员。他们最痛恨政府官员的行为选项中，以权谋私占 37%，"违法乱纪"占 20%，"瞒上欺下"占 20%，"收受贿赂"占 12%，"包二奶"占 9%，其他不端行为占 2%。

在全球经济一体化，市场经济网络和高技术网络的进步与发展愈来愈削弱人们的国家认同和伦理承认的现时代，"改善民生"和"完善民主"是从根本上推进国家认同的两个方面，唯有如此"文化认同"才是一种强化国家意识形态的力量。

（四）以"社会认同"为基础的社会伦理关系状况的调查

中国传统伦理在认同原理上以家国一体和人情主义为主轴，个体和社会（或市民社会）之认同明显偏弱。经过近 30 年改革开放的实践，随着中国现代化进程和社会主义市场经济的深入展开，全球化、高技术、市场经济已然成为影响中国社会重建的三大显型现代性因素。如果我们从和谐伦理作为一种承认理论所遵循的总体化原理或认同原理看，个人自我认同、家庭认同、国家认同和社会认同作为四种伦理承认形式是密不可分，虽然每一种认同或承认有不同的伦理普遍性诉求，但社会认同显然是这四种认同或承认的综合形式。

在对公务员群体与进城务工者群体的问卷调查中，538 名被调查的公务员有 61.7% 的公务员选择将伦理关系的重点放在"社会"，16.2% 的公务员选择了"政府"，9.1% 的公务员选择了"家庭"，8.4% 的公务员选择了"个人"。公务员判断与他人交往时遵循的基本伦理原则，55.2%（297/538）的公务员选择了"己所不欲，勿施于人"的伦理原则。在伦理关系难题上，30% 以上公务员认为是人情与法理的矛盾，19% 认为是"个人利益、集团利益与社会正义"之间的冲突，17% 选择了"敬业与尽孝"的矛盾，13% 认为是遵循潜规则与遵守规则之间的矛盾，约 8% 是权力与道义的矛盾、人与自然的矛盾。对进城务工者与城里人交往过程中"感受"的调查数据表明，认为城里人对乡下人有歧视或敌意占 38.8%

（187/482），认为城里人富裕时尚占 30.9%（149/482），认为城里人有文明礼貌占 30.3%（146/482）。社会困难群体中的大多数被调查者，同样也将伦理关系的重点视为"社会"，难点则是"认同感"和"归宿感"的建立。他们要融入对他们而言相对陌生的"社会"比其他社会群体更困难。对拖欠工资、延长劳动时间、违反劳动合同的相关调查表明，当前我国社会质量还不高、社会参与程度还偏低。

　　数据表明：（1）公务员中的主流，将伦理关系的难点视为"人情与法理"，将伦理关系的重点视为"社会"与"个人"而非"家庭"与"国家"。社会困难群体中的大多数被调查者，同样也将伦理关系的重点视为"社会"，难点则是"认同感"和"归宿感"的建立。（2）伦理关系的难点与重点表明，公务员感受到一种伦理关系在人情与法理、个人与社会之张力上的道义要求。伦理公共感的确立以及一种新型交往伦理关系的构建，对公务员而言，是个人与社会良性互动的前提和基础。社会困难群体同样也意识到公共伦理空间的重要性，它将为"交流"与"理解"、"社会共享"与"社会团结"提供可能。

　　调查表明：

　　（1）全球化、高技术、市场经济影响中国社会伦理的重点是中国社会之重建；

　　（2）"人情与法理"的矛盾是社会伦理关系的最大难点；

　　（3）由于传统伦理的影响仍然强大，意识形态伦理是社会伦理的主流，由全球化、高技术、市场经济的影响所要求的社会承认方式面临着社会质量（或社会参与程度）方面的难题。

（五）以青年大学生群体为例对高技术、全球化、市场经济影响中国社会伦理的调查

　　由于青年大学生群体是一个对高技术、全球化、市场经济之影响因子非常敏感的知识精英群体，从对他们的调查中获得的有关这三大因子影响中国社会伦理关系的数据具有重要的意义。在某种程度上，它反映了全球化、高技术、市场经济影响中国社会伦理建构或社会认同的发展趋势。

　　我们围绕网络技术影响当代中国社会伦理关系这一主题，对青年大学生群体进行了问卷调查。对网络安全感的调查表明：认为"网络没有安

全感且不打算开设网上银行账户"占 47.60％；认为"相信可以利用网络进行购物或投资，如果有必要将开设网上银行账户"的，占 41.92％；已经拥有网上银行账户且感觉很好的，占 8.08％；拥有网上银行账户，感觉不好，占 2.40％。基于因特网"人—机系统"中的人际关系的调查表明：认为它使人际关系更加自由，更易于沟通，占 32.82％；认为它使人际关系变得更加陌生，更孤独冷漠，占 17.07％；认为没有带来人际关系的任何变化，网络世界只是一个虚拟世界，它对真实的人际关系影响不大的，占 32.39％；选"不知道或说不清"的占 16.41％。"网上公示"、"网上公告"、"网络办公"和"网络舆论"等网络形式对社会公正影响的调查表明：认为"很好"的占 19.09％；选"有待提高的"占 59.74％；选"不明显"的占 14.88％；选"不好"的占 6.35％。各类中文网站对现时代的社会风尚和伦理关系产生影响的调查表明：认为有利的占 43.82％；认为不利的占 21.05％；认为没有多大影响的占 13.16％；选"不知道"的占 22.59％。57.42％的被试的青年大学生经常参与网上交流，且认为各种形式的网上互动应当有一个道德底线。调查数据表明：青年大学生是接触以计算机网络技术为代表的高技术影响最多最大的人群，他们中的半数以上经常参与网上交流，对网络安全持肯定态度，认为网络对社会公正起正面的影响且有待提高；虽然有近二成的被调查者对网络对人际关系和伦理风尚的影响说不清，但有 3 成左右的人认为它使人更自由，另有 3 成左右的人认为没有实质的影响，这表明网络已经成为影响社会伦理关系的一个最有代表性的高技术因素，有近二成的人认为网络对社会伦理有不利的影响；网络公共平台的合理使用对于推进人们的社会参与、社会信息的公开化、民主政治和社群构成都有不可替代的作用，它将极大地提高中国社会质量，显示出巨大的优越性，青年大学中只有 6.35％的人认为网络对社会公正有"不利"的影响。

在对青年大学生群体的调查中，我们针对全球化之影响因子进行了问卷设计和调查。我们问：您认为麦当劳、肯德基、家乐福、宜家等国外连锁店在中国运行的成功对中国人衡量"好"生活有何种意义？在四个备选项中，选"一种有益的文化挑战和价值渗透"占 35.15％；选"一种不利的文化殖民和价值强加"占 19.87％；选"对中国人的道德生活观念没有多大影响"占 12.23％；选"有所影响但非决定性的"占 32.75％。我们问：由于前日本首相小泉屡次参拜靖国神社以及日本右翼分子的言行伤害了中国人民的感情，您在购买相机或汽车时，是否会因此考虑不选择日货？32.17%的青年大学生选"不会"；而选"不受影响"的占39.8%；28.23%则处于摇摆不定的态度中。我们问：在您的社会交往圈中，怎么定位"老乡"？在四个选项中，老乡是一种乡情的认同占62.14%，有用就是"老乡"占5.03%，"老乡"是交友的一种形式占24.95%，不知道或不清楚占7.88%。我们问：当您所生活的城市为了"现代化"而克隆欧美风情街区或社区，而拆除悠久的古建筑，您是否认为这个"现代化"，是一种历史文化意义上使自己失去了伦理根基的行为？回答"是"的占68.49%，回答"否"的占20.35%，回答"不知道"的占11.16%。以上数据表明：青年大学生群体对全球化的态度是矛盾的，基本上是三成肯定、三成排斥、三成摇摆；然而，大多数青年大学生（6成以上）仍然依恋着传统和乡情，不愿意看到由于全球化使历史或传统之根基丧失。

关于市场经济之影响的调查表明，86%的青年大学生认为市场经济并不敌视道德。在关于市场经济条件下对价值观、人生幸福观影响较大的思潮的10个选项中，从高到低的排序是：功利主义（32.31%），个人主义（29.45%），人道主义（27.47%），传统儒家（21.76%），拜金主义（20%），享乐主义（20%），马克思主义（15.16%），利己主义（12.53%），道义论（1.87%），其他（2.64%）。在"为一种全球化的市场经济体制所承认的道德人士是谁"的四个选项中，选"追求利润最大化的人"（42.70%）与选"不知道"的人（42.54%）基本持平，而选"圣贤"（15.79%）和"雷锋式的人物"（8.33%）的人则属少数。关于市场经济对道德生活影响的调查表明：选择排在第一序列的三项"使人自私"（26.27%）、"更公平"（25.32%）、"更遵守规则"（24.72%）基本持平；选择排在第二序列中最多的是"使人懂得权益"（29.14%）。以上数据表明，青年大学生认为市场经济对中国社会伦理的影响主要表现为三个方面：其一，市场经济并不敌视道德，且在中国社会伦理之认同或承认模式中构建了自身的伦理类型或伦理规定，即市场经济伦理；其二，市场经济对当代中国社会伦理状况的影响表现为以功利主义、个人主义、人道主义和传统儒家为代表的价值多元主义取向，其中"追求利润最大化的人"是市场经济社会中的道德英雄，除此之外人们将面临道德楷模衰落的危机；其三，市场经济的社会伦理效应是：使人自私，但社会将更公平，人们将更懂得遵守规则。

调查表明：

（1）中国社会正以前所未有的热情接受或拥抱高技术及其生产出来的社会关系对社会生活的影响，虽然以计算机、互联网和信息技术为代表的高技术带来了许多新的伦理难题和道德问题，但技术进步对社会生活的影响也为中国社会伦理的重建提供了契机或公共空间；（2）中国的知识精英（或准知识精英）对互联网的态度是矛盾的，但总体上倾向于肯定互联网对社会正义、个人自由和社群认同的正面影响；（3）中国青年一代（青年大学生）倾向于以一种审慎的态度看待由西方现代性主导的全球化进程，他们虽然作为独生子女一代与传统文化渐行渐远，但对传统或乡情的眷念没有放弃，他们对全球化所导致的历史传统的根基丧失持明显的反对态度；（4）市场经济已经成为一种具有建构性或规范性的伦理力量并在社会认同中产生其伦理效应。

六 "和谐伦理关系"状况的分析及其对策

1. 目前我国和谐伦理建设，受到四种伦理普遍性规定（意识形态、市场经济、西方现代性和传统文化）而表现出"认同危机"和"自由危机"。这是全球化、高技术、市场经济背景下中国和谐伦理建设在伦理关系建构方面经历结构转型的重要表征。

以公务员群体、社会困难群体、青年大学生群体为调研对象进行的问卷与访谈表明，在一个全球化时代、高技术时代、市场经济的时代，伦理关系更多地是在各种特定条件制约下得以重构的。尤其是在传统"同质化"的社会样态和"差序结构"的社会关系终结之后，构成伦理关系的决定因素，不再是某种绝对同一性权威，而是经济与文化、公域与私域、自由与认同的分离所导致的非同一化或去同一化的精神文化运动，这使得我国和谐伦理建设面临两大主题任务：一是与个人自由相关联的道德规范建设；二是与社群认同相关的德性教化。

在调查中，我们从中国社会最具活力的青年大学生那里发现，中国社会正以前所未有的热情接受或拥抱高技术及其生产出来的社会关系对社会生活的影响。虽然以计算机、互联网和信息技术为代表的高技术带来了许多新的伦理难题和道德问题，但技术进步对社会生活的影响也为中国社会伦理的重建提供了契机或工具理性范例。中国社会未来的知识精英对互联网的态度是矛盾的，但总体上倾向于肯定互联网对社会正义、个人自由和社群认同的正面影响，他们倾向于以一种审慎的态度看待由西方现代性主导的全球化进程。三个趋势在青年一代大学生群体中开始引发警示：一是传统文化被改写成某种家园之认同；二是全球化在中国显示出导致文化失落的症侯；三是市场经济开始成为一种具有建构性或规范性的伦理力量并在社会认同中产生其伦理效应。

调查表明，目前我国伦理关系的现状是：（1）传统伦理关系不再是主流，它隐匿在一种现代性的伦理普遍性建构之中，并且正在经历一种现代性的转化，作为主导性的、主流的现代性伦理关系正在形成之中，其总的结构形态受四种主要的伦理类型或伦理规定（意识形态、市场经济、西方现代性和传统文化）的影响，体现为一种不稳定的结构形态。（2）在自我、家庭、国家、社会这四种主要的伦理承认和社群认同中，由于伦理普遍性诉求体现为个人取向，公共性普遍认同（或社会认同）只能诉诸意识形态话语，与个人取向上的认同相契合尚需时日，伦理关系表现为一种"认同危机"。（3）由于当前中国社会的伦理承认和社群认同在自我、家庭、国家和社会四个方面都受到相互对立的伦理力量或伦理类型的制约，伦理普遍性诉求在德性教化或培育方面呈现出转型期所特有的失序状态。

2. 在一种对立面冲突的伦理关系现状中，以公务员群体和社会困难群体两端为代表的伦理关系表现出了一种主导性的、主流的发展趋势，呈现为伦理对立面和解的基本态势。其中最为典型的发展趋势是：公私分域的伦理关系之建构。

公务员的职责是代表国家和政府机构为民众提供高效公正的公共服务，其伦理关系必须以严格的公共领域与私人领域的区分为前提。社会困难群体是中国社会现代化过程中出现的特定群体，它在当代中国的出现，本身就带着某种伦理希望，即"个人"或"家庭"（社会困难群体中的个人和家庭）"私人领域"对社会和国家"公共领域"的道义诉求。这实际上也是以私人领域和公共领域的区分为前提的。调查表明，以"公民身份"为主的伦理角色担当；以"核心家庭"为主的家庭伦理关系建构；以"民主""平等""公正"和"民生"为基本理念的国家伦理憧憬；以"社会""个人"为重点、"人情—法理"为难点的社会伦理难题之应对，是当前全球化、高技术、市场经济影响我国伦理关系发展的主导趋势。从国家公务员到社会困难人群，他们都着眼于一种正在成长中的公民社会来确认自我实际的伦理角色之担当，对"家"的重视属于个人情感领域。伦理角色期待的"家"之回归，是中国传统"家伦理"之根的延续。它从一个侧面表明，私人领域正在被"情感化"，体现为对爱情、亲情、友情的需要。而对法律的尊重（人情与法理成为首要的伦理难点）、对社会的重视、对个人权利的维护、对公正平等和自由权利的要求，则是全球化时代高技术网络世界和市场交换网络世界中社会公共理性开始成熟的表现。

应该看到，目前我国伦理关系已经表现明显的公私分域的趋势，但也存在大量的因公私不分而导致的亲情腐败和官员腐败。因此，从总的发展趋势看，公私分域的伦理关系之建构是一种体现时代精神要求的伦理关系之建构，是四种主要伦理类型或伦理规定（意识形态、市场经济、西方现代性和传统文化）中呈现出来的主流。它代表了时代精神的要求。

调查表明，新时期公务员主要的五种伦理关系的排序是：（1）夫妻；（2）父母子女；（3）上下级及同事；（4）兄弟姐妹；（5）朋友。这五种伦理关系在社会困难群体的调查中也得到确认。这五种主要的伦理关系与历史上孟子总结的五伦（君臣、父子、夫妇、兄弟、朋友）相比没有什么变化，只是在排序上"夫妻关系"跃居首位，而由"君臣"关系转化而来的"上下级及同事关系"居第三。私人领域中的"爱"与"关怀"在德性价值排序中变得最为重要，"平等"与"互助"则是公共领域中最重要的德性价值。这意味着，在一种公私分域的伦理关系建构中，传统伦理关系及其基本德性价值正在获得新的生命。

以上分析表明，新时期我国伦理关系建构的主流趋势是：（1）公私分域的伦理秩序；（2）"新五伦"（夫妻；父母子女；上下级及同事；兄弟姐妹；朋友）及其德性的培育。

3. 提升德性，完善规范，推进全球化、高技术、市场经济背景下我国和谐伦理建设。

　　根据伦理关系"公私分域"和"新五伦"初露端倪的现状，可以将全球化、高技术、市场经济影响当前我国和谐伦理关系的问题诊断为：伦理关系"公私分域"尚不清晰，"新五伦"建构及德性培育有待进一步发展成熟，这造成了伦理关系界划不明、难题迭现。我们建议，从"提升德性""完善规范"两个方面应对全球化、高技术、市场经济背景下和谐伦理关系建设出现的自由难题和认同危机。具体对策建议如下。

　　一是贯彻"社会主义核心价值体系"在新型伦理关系建构及其德性培育中的指导作用。

　　新型伦理关系建构的趋势是："公私分域"的伦理秩序与"新五伦"的德性培育。它反映时代精神与民族精神的要求；而社会主义荣辱观是新型伦理秩序与德性培育得以实现的基本前提。贯彻社会主义核心价值体系在新型伦理关系建构中的指导作用，意味着在公共生活领域倡导守法、公正、平等与互助的社群认同理念和德性培育，提高我国社会主义现代化建设的"社会质量"；同时，在私人生活领域倡导"爱"与"关怀"的伦理承认理念和德性培育。具体建议是：（1）普及公民权利与义务教育，通过良好的社会政策杠杆鼓励和提高公民参与国家政治和社会治理的热情，提升中国社会的"社会认同度"，这有利于明晰"公私分域"的伦理关系；（2）传统儒家思想不能担负起中国公共领域的伦理关系建构和德性培育的重任，应使其回归私人领域；（3）马克思主义信念和社会主义共同理想所标举的基本价值是中国现代性的出路所在，是中国公共事业和公共领域能够保障私人领域和个人权利的指导性的核心价值。这意味着在道德话语权建设和伦理关系建构方面要将马克思主义信念和社会主义理想通过具体的政治、经济、文化、法律等各方面的政策效应体现出来，使之真正具备伦理承认、社群认同和德性培育的功能。

　　二是由民生道德建设推进国家和社会认同，提升公民道德素养，优化社会公德生态。

　　调研数据表明，在公民社会日趋成熟的条件下，社会困难群体在私人领域中生活困难的原因主要是由于我国的社会质量不高和国家道德的民生关注方面尚不完善。社会困难群体伦理关系遭遇的问题重点是在公共领域即社会领域和国家、政府领域，在这两大公共领域中遇到的伦理关系的难题是民生关注和社会公正问题，如此反映出我国的社会正义没有完全体现，国家的民生道德需要不断的完善和发展。国家道德的民生关注方面需要进一步的完善和提高，民生道德将是我国国家和谐伦理关系建构的主导方向。国家道德通过民生关注得以体现。民生问题的解决要求国家在制定社会政策时，充分体现民生道德的两个基本目标诉求：其一，是民生道德关怀的自上而下的落实；其二，是民生道德建设的自下而上的展开。我们建议：将民生道德作为国家和地方各级政府或组织制订社会政策的指导原则；通过社会政策的杠杆，其一，使"自上而下"的"民生道德关怀"落实为具体有效的政府行为，改善国家道德形象，推进公民的国家认同和社会认同，提升公民道德素养；其二，使"自下而上"的民生道德建设成为提高中国社会质量的有效途径，优化中国公民的公德素养；其三，完善以行业规范、市场规范、制度规范、行为规范为主的规范体系，提供道德规范所必须的制度性支援。

附录一　以伦理之"公"造就道德之"民"

——当前我国道德现实问题的征候及治理对策

国内学界对道德现实问题的关注主要围绕幸福悖论、分配不公正、道德冷漠、公民道德提升四大问题。问题域的还原为四个主题的调查提供了概念工具。调查围绕四个主题展开，即公民道德素质提升的引导机制，集体伦理—个体道德的现代性断层，道德冷漠现象的治理，以公平正义涵养道德。从 391 份问卷中获得的数据表明，以公共伦理的重建造就道德的人民，应成为现阶段中国道德现实问题治理的路径依赖。

一　问题背景与文献综述

"全面建成小康社会"是新时期中国发展面临的新任务，是"中国梦"的核心内容，是必将产生重大方向性指引的理论创新。这里的重点在"全面建成"四个字。它蕴含着一个不可回避的问题：经济"小康"了，物质生活"小康"了，科技发展"小康"了，……我们还缺什么？我们的"道德"是否"小康"？换言之，如果只有经济富强、物质生活富裕，而"道德"仍然"贫弱"，乃至"积贫"、甚至"积病或积弱"，"道德领域"仍然不断有"滑坡"现象发生，"小康社会"能够全面建成吗？

从全球看，经济发展与道德发展之间的悖论性关联不只是当代中国发展面临的道德发展难题，它一直是一个棘手的世界性难题。美国前总统里根在退休后痛感美国社会的日益严峻的"道德滑坡"现象，撰写一部揭示这一悖论的专著，书名就是《我们的道德危机》。

从中国发展面临的现代性难题看，我国特别重视"道德领域突出问题"的专项教育和治理。2012 年刘云山就"道德领域突出问题专项教育和治理活动"作视讯会议讲话,指出专项教育和治理活动的重要意义、重点任务、原则要求、组织领导问题。十八大代表、伦理学家郭广银撰文指出:"十八大报告是一篇闪耀着伦理道德光芒的历史文献。"(载《道德与文明》,2013.1)十八大报告以重点突出的形式将"道德领域突出问题专项教育和治理"作为亟须"深入开展"的重大议题,反映了社会各界对"道德领域突出问题"的高度重视。

国内学术界近十年来对我国道德现实问题的跟踪调查和研究,主要集中在伦理学、教育学、经济学、社会学等专业领域。代表性的研究文献有如下五种类型。

(一)"经济增长与国民幸福感"的研究

中国人的幸福感是社会各界的关注焦点。它涉及"全面建成小康社会"必须解决的"德—福"协调(即"道德与幸福"一致)问题。社会学家孙立平(2011年)注意到各种社会问题(食品药品安全、房屋拆迁、贫富差距扩大等)对国民幸福感产生了不利影响。经济学家朗咸平(2011年)指出民生和社会正义是影响国民幸福感的两大主要因素。伦理学家樊和平的调查(2010年)指出"无伦理"、"没精神"是令中国国民感到不幸福的根本原因。张旭在《小康》杂志2011年第11期发表"一边是反思,一边是幸福:2011中国人幸福感大调查"一文,邢占军在《社会学研究》2011年第1期发表"我国居民收入与幸福感关系研究",此外,官皓(2010年)、罗楚亮(2009年)、王鹏(2011年)等人对经济收入与幸福感的相互关系进行了调查研究。这些调查研究,注意到了一个跨学科的重大课题,即"幸福悖论"课题:"'更多的钱'是否意味着'更多的幸福'?"刘军强、能谋林、苏阳在"经济增长时期的国民幸福感:基于CGSS数据的追踪研究"(2012年)的调查研究中,得出结论认为:经济增长可能是幸福感提升的动力,如果经济收缩,那么幸福感也可能随之下降。我们认为,不论这些调查研究的结论如何,"幸福悖论"作为当前我国道德突出问题的提出,是一个值得关注的重大现实问题。

(二)"收入不平等与分配公正"的研究

中国社会急剧扩大的收入不平等,使得"分配公正"问题成为异常突出的道德问题。这方面代表性的调查研究成果有张海东（2004 年）"城市居民对社会不平等现象的态度研究——以长春市调查为例"、怀默霆（2009 年）"中国民众如何看等当前的社会不平等"的研究。近年来的一项研究是李骏、吴晓刚（2012 年）基于"中国综合社会调查（CGSS2005）"项目的研究："收入不平等与公平分配：对转型时期中国城镇居民公平观的一项实证分析"。这些研究强调从分配公正的角度研究中国城镇居民的公平观，提出了三个值得进一步追踪调查的问题：第一，教育对不平等态度的影响到底是一种利己主义的，还是一种具有启蒙性质的？第二，公平价值观对不平等态度的影响是否存在？第三，实际的不平等程度与认可的不平等程度之间究竟是一种什么关系？

（三）"'道德冷漠'现象及治理"的研究

中国社会处于急剧转型时期，出现了比较突出的"道德冷漠"现象。中国伦理学会会长万俊人教授（2010 年）用"火车高速转弯"的比喻描述当前中国社会出现的比较突出的道德问题，他对当前我国道德冷漠现象的十大表现、问题成因和治理对策进行了系统论述。伦理学界普遍关注近年来道德领域存在的食品伦理、医患伦理、交通伦理、学术伦理等问题。"道德冷漠"现象引发人们反思道德良知、公民关爱他人、救助他人的道德能力，同时引发了人们对发展过程中出现的普遍的人际冷漠现象的关注。社会生活中"最美"现象的挖掘呈现方兴未艾之势。葛晨虹（2012 年）从"道德冷漠"现象出发，将中国社会道德问题的成因概括为：市场经济发展过程本身的原因、民众素质心态与社会舆论氛围方面的原因、制度机制和管理层面的成因、目前社会价值观理论文化交错影响方面的成因和"冷漠小社会"的特殊因素。田海平（2009 年）从社会变革时期的伦理关系与道德话语的调查研究出发，对这一现象进行了分析研究。当前道德领域出现了引领社会风尚的慈善、志愿服务潮流，民众"向善"，主张大爱、正能量的现象与道德冷漠现象形成显明对比。

（四）"道德教育与公民道德素质提升"的研究

随着 2001 年《公民道德建设实施纲要》颁布，"道德教育与公民道德素质提升"日益成为十余年来我国道德领域最为突出的重大课题和热点问题。陈延斌从 2004 年开始对徐州城乡 1050 名 8—17 岁未成年人进行调研，完成了《播种品德、收获命运：未成年公民道德养成的理论与实践》（2012 年）的国家课题，他的调查信息表明：我国青少年总体道德认知进步明显，在爱国守法、遵守公德、仁爱、诚信以及道德是非观等方面呈现积极正面的主观意愿和道德态度，但仍然存在道德认知和道德行为脱节、公德实践及道德能力偏弱等方面的突出问题。黄健、邓燕华（2012年）利用 2003 年中国综合社会调查数据与 2008 年英国全国儿童发展研究数据，比较了中英两国高等教育对社会诚信的影响，这项跟踪研究指出：中国高等教育以经济效应影响社会信任之形成，英国高等教育以非经济效应影响社会信任之形成，进而得出中国高等教育应更多地通过强化个体对价值规范与制度安排的认同而作用于社会信任的形成的结论。东南大学刘波（2012）通过对高校青年大学生的公民道德素质提升的调查，提出了教育要倡导"以道德看待发展"的价值观并通过融进德育应对道德突出问题的结论。

（五）中国伦理道德报告和大众意识形态报告

近十年来，值得关注的关于我国道德领域突出问题的综合性、大规模的调查研究成果，是由樊浩、田海平负责完成的《中国伦理道德报告》（2010 年）和《大众意识形态报告》（2010 年）以及与之相关的三十多篇公开发表的调查论文。这两项大规模的调查研究，分别属于国家重大招标课题（2005 年）和省重大招标课题（2006 年），前后持续 5—6 年，有近40 名专家学者参与承担了调查研究的任务。课题组共发放问卷一万多份，首席专家亲自设计并发放的总课题组问卷一千五百份，涉及江苏、新疆、广西、广东四省，可称万人大调查。国家重大招标项目组主要展开四大调查：伦理关系大调查，道德生活大调查，伦理道德素质大调查，伦理道德的影响因子大调查。调查发现，当前我国社会已经进入伦理道德发展的十字路口，具体表现"一个悖论，四大对峙"，即伦理—道德悖论，义利对峙、德福对峙、经济发展与幸福感对峙、公正论与德性论的对峙。伦理道德的十字路口，根本上是精神的十字路口，由此课题组提出伦理道德发展的"精神战略"的治理对策。省重大项目组调研的主题是：当前我国思想道德文化三大领域多元、多样、多变的特点与规律。其目标是努力发现当前我国大众意识形态中的"多"中之"一"、"变"中之"不变"。调研与国家项目组一样，以公务员群体，企业群体、青年知识分子群体、青少年群体、新兴群体、弱势群体等六大群体为对象，同样在以上四省区展开，并且同样发放问卷近万份。调研报告被作为 2008—2009 中国社会科学蓝皮书的意识形态研究的特约稿发表。

（六）国外相关研究主题

国外直接针对当前中国道德领域突出问题的调查研究并不多见。近几年一些国外中国问题专家和华人学者对相关问题的研究也开始逐步增加。例如，关于幸福感问题的调查研究，Simon Appleton and Lina Song（2008）的"Life Satisfaction in Urban China：Components and Determinants"一文，发表在《世界发展》杂志上，这项调查指证：中国城市居民生活满意度并没有随着拥有代表生活水平提高的电器和通讯用户的增多而提高，相反感觉生活幸福的人在 1994—2005 年间下降了约 15%。再比如，关于集团行动中的绩效伦理的调查研究，芝加哥大学华人学者赵鼎新的研究关注后单位制时代我国集团行为中的"绩效"（Performance）问题，他在"Mandate of Heaven and Performance Legitimation in Historical and Contemporary China"一文中指出：在中国历史上，政体合法性建立在天命基础上，但是，随着改革开放带来经济腾飞和物质生活的改善，政体合法性建立在不稳定的"绩效"上，国民幸福感标画出政府集体行为的绩效伦理的坐标。国际上若干重要的跟踪调查系列，如世界价值观调查、世界幸福数据库、盖洛普调查（Gallup Poll）等，越来越多地关注中国问题和中国现象。

大致说来，国外学者，特别是西方学者，对道德领域突出问题的关注，通常是大哲学家从道德哲学史中由学理开绎以回应现实问题。如麦金太尔的《谁之正义？何种合理性？》是从一种伦理学史的梳理中挖掘"德性问题"的重要性，并开绎出一种"社群主义"的观点。同样，纳斯鲍姆的《善的脆弱性：古希腊悲剧和哲学中的运气与伦理》，阿多诺（Theodor W. Adorno）的《道德哲学问题》（Problems of moral philosophy）等，也遵循着这样一种特有的问题意识。有七类问题的研究对当前中国道德现实问题有参考和借鉴价值：

美德问题（Virtues）。由一批当代德性伦理学家从复兴德性伦理学的问题意识出发，对西方现代伦理学理论进行批判，对现代性道德危机进行诊治。这方面的研究成果涉及伦理与运气、道德与幸福、德性与实践智慧、习性与教养、善与繁荣等方面的专题研究，对公民美德和公民道德素质问题的研究提供了一个很好的域外的借镜。

社会正义问题（Social Justice）。以正义为核心范畴进行的道德哲学讨论，如罗尔斯、诺齐克、德沃金、拉兹、桑德尔、沃尔策等人的论著，这是一个引发当代西方学术界广泛争论的议题，各种不同立场的哲学家、经济学家、教育学家、法学家都介入都这场争论中。其中最引人注目的讨论是围绕分配正义问题展开的。

公民道德问题（Morality of Citizenship）。德国哲学家赫费在《经济公民、国家公民和世界公民》一书最有代表性，在这本书，赫费中区分了三种公民角色与责任，从而拓展出对全球化时代公民政治责任的思考。

道德意识问题（Moral consciousness）。由现象学运动在道德哲学方法上的探索，所开启的从道德意识的角度对道德感知和道德判断的相关研究。如马克思·舍勒的《价值的颠覆》《爱的秩序》《伦理学中的形式主义与质料的价值伦理学》等著作，涉及对耻感、爱、怨等问题，以及对伦理禀赋、道德冷漠等道德现象问题的研究。

伦理精神问题（Ethical Mind）。由对黑格尔道德哲学的当代诠释所展开的基本道德自由和伦理承认的紧张关系而开启的相关道德问题研究，例如霍耐特的承认问题，泰勒的自我认同问题，哈贝马斯的协商对话问题，等等。

道德基础问题（Moral reason）。从一种道德理性视角对道义论和功利论之争的道德基础问题进行的研究。

信仰问题（Faith）。主要由基督教伦理学家从基督教道德哲学的问题意识出发，从事的道德哲学研究。

尽管国外学者直接针对中国道德领域突出问题的调查研究比较少见，但他们对相关问题的关注和研究则是值得我们借鉴的。国外相关研究基本上服从于不同传统和不同思想取向或价值取向的学者对其所体认、捕捉的重大道德问题的关注，大体上有两种倾向：一是站在"西方中心论"立场从事的相关研究。弗兰西斯·福山所著的《信任》一书，给出了一个"高信任度社会/低信任度社会"的二分模型，并以此为其西方中心论的价值观张目。马克斯·韦伯在《儒教与道教》一书中则从"社会合理化"的意义上对中国社会的宗教经济伦理不能开出现代性进行了诊治，也附带有非常明显的"西方中心论"色彩。边沁、密尔的功利主义伦理学，罗尔斯的《正义论》，麦金太尔的美德伦理学，都是立足于西方中心论对道德突出问题的不同的探索和深入的研究；二是站在"人类中心论"甚至"超越人类中心论"的立场从事的相关研究。发展伦理学的研究体现了对人类共同发展的深切关注，以及"以道德看待发展问题"的立场，如古莱的《发展伦理学的任务与方法》（1988 年）、《发展伦理学与生态智慧》（1990 年）、《发展伦理学》（1995 年）等著作对片面财富增长的批判，对发展中人的"非工具性"、人的主体地位的强调，对发达国家扩展霸权的批判，对发展中国家发展主体、文化主体地位的确认，即是努力站在一种人类中心论的立场立言。一批环境伦理学家，如奈斯的深层生态论、罗尔斯顿的内在价值论、辛格的动物权利论等，甚至走向了一种非人类中心论的立场。这种反映了西方学者对道德领域突出问题的关注已经走向了对西方中心论乃至人类中心论的质疑和批判。

综合起来看，国内相关研究重点集中在两种进路上。第一，强调"以道德看待发展"的研究进路。樊和平（2011 年）基于调查数据指出：中国道德领域突出问题的哲学表达是，"无伦理，没有精神"；它的具体问题症候是，"伦理—道德"悖论以及"伦理道德精神链的断裂"；因此，中国伦理道德处于一系列"二元对峙"的"十字路口"，十字路口的战略选择是："伦理道德的精神战略"。田海平（2008 年、2009 年、2010 年、2012 年）基于对全球化、高技术、市场经济影响当前中国人伦理道德状况的调查研究指出：伦理上难"认同"，道德上不"自由"，是当前我国道德领域突出问题的集中表现，这两大危机（认同危机和自由危机）作为"伦理—道德"悖论的具体体现表明，以"道德"看待"发展"是我们应对诸种现代性道德难题的实践智慧进路。王珏（2008 年）通过对我国组织伦理状况的调查，揭示了当前我国社会中普遍存在的后单位制时代组织伦理悖论，即"伦理的实体 + 不道德的个体"的伦理—道德悖论，具体表现为权力腐败高发、商业诚信缺失、公德失范等集团道德领域的各种突出问题。王珏认为，应当把这些集体行动中表现出来的道德领域突出问题，放到当代中国社会变革和社会转型的大背景下进行分析，揭示其中道德发展的规律。刘波（2012年）、马向真（2009年）、董群（2008年）、徐嘉（2009年）等学者的研究，从分群体的调查研究，对"以道德看待发展"这一研究进路进行了多方位的拓展。

第二，强调"以发展看待道德"的研究进路。万俊人的相关研究代表了这一研究进路，他在"社会转型期的道德问题、成因分析和解决对策"一文中，从当前中国社会发展的基本特征的分析出发，指出中国社会"加速转型"带来的道德领域的十大突出问题（道德理想信念淡化；基本善恶是非观念模糊、甚至倒错；社会诚信和人际诚信快速沉降；拜权主义和拜金主义盛行；世俗享乐主义和娱乐主义盛行；官德蜕化且长期不振导致公共道德示范力量严重蜕化；家庭伦理解构；职业道德严重沉降；个体品德修养缺失；社会风俗礼仪快速伤化），指出应当历史地看待、发展地看待道德领域的突出问题，认为"改进我们的道德文化和道德现状不仅需要确立正确的文化理念和文化战略设想，还需要有成套合理有效的策略和可操作的技术手段"。万俊人的研究无疑具有重要的理论意义和现实指导意义，且代表了国内学术界立足"发展问题"看待"道德问题"的基本倾向。以上两种路径上的研究，可以形成互补，是目前研究当前我国道德现实问题的两种典型的综合研究视野。国内伦理学家、经济学家、教育学家、社会学家的相关调查研究，大多在研究方法、研究主题和跟踪调查研究的整体谋划方面还处于探索之中。国内研究存在的问题：（1）伦理学领域的学者的研究，在调查研究方法和利用"世界价值观调查""世界幸福数据库""盖洛普调查（Gallup Poll）"等专业调查机构的跟踪调查成果方面，表现不够，甚至大多数调查研究尚没有注意到利用现有的权威调查数据库进行研究；（2）经济学家、社会学家和教育学家的调查研究，还只限于对相关事实的客观陈述，缺乏对道德领域突出问题的深刻的学理把握和学术分析。总体上，我们看到，国内已有的代表性成果向四大问题聚焦：公民道德素质提升问题；"道德冷漠"现象及其治理问题；集体伦理与个人道德的对峙问题；分配公正与社会公平正义问题。

国外学者对当前中国道德领域突出问题的关注，与世界转型的深入和中国崛起的效应这两大世界历史事件紧密相关。根据门洪华提供的与114名美国精英人士的访谈对话，美国学者对近30年来中国经济的发展以及国力的增强有比较客观的评价，认为"中国作为一个大国重新崛起势不可挡"。俄亥俄大学教授 Galal Walker（2011）认为，中国用三四十年的时间造就了一个完全不同的国度，这是中国拥有"软实力"的重要基础。华盛顿大学教授 David Shambaugh（2011）认为，中国虽然存在一些文化发展和道德发展方面的问题，但政府重视提高国家形象、促进文化交流，体现了开放和发展的理念与决心。有学者（Thomas Lum，2011）对中国传统普世价值观的失落造成的后果表示担忧。哈佛大学教授 Tony Saich（2011）指出，中国公职人员腐败可能导致灾难性的伦理后果。李侃如（2011）指出：中国社会为利益所驱动，如果不改变这一状况，当前中国政府便难以在专注经济发展的同时，教育民众，促进社会公德。例如，在桑德尔的《公正》一书中读到，中国特有的"雇人排队"现象被作为典型案例写进了哈佛教案，并成为哈佛公开课讨论的热点。

我们注意到，西方学者的研究在问题意识、研究方法和研究主题上的明晰与自觉，是出于他们在一个日益全球化的时代倡导西方价值霸权之需要，目的是为着进入他们自己的普遍主义伦理战略张目。西方学者的某些研究有非常鲜明的自我中心色彩。我们可以参考、借鉴他们的研究方法，但不可以照抄照搬地拿来就用。国外学者的研究只能是供中国伦理学家了解西方经验的一个背景支援，它对我们中国学者梳理和调查我们自己面临的道德领域的突出问题的意义当然不容低估，但是其问题意识、研究方法和研究主题对我们而言存在着明显的不足之处。其一，他们的研究仍然或多或少带着西方中心论的意识形式，在研究立场和话语布展上坚守着一种典型的西方中心论的意识形式，缺少异文化语境的互镜与对勘；其二，即使是一些重要的调查研究成果，其研究也染上了太多的主观偏好的成分，容易演变成某种价值观的宣示。如：查尔斯·H-特纳、阿尔方斯·特龙佩纳斯合作完成的《国家竞争力：创造财富的价值体系》（海南出版社1997年）对全球企业家进行的调查研究，布迪厄对法国教育场域中精英阶层流动进行的调查研究，就带有明显的主观成分；其三，在研究方法和调查方法上，或多或少存在着时代的、文化的或个人的局限。

以上综述和分析表明：国内在《中国伦理道德报告》和《中国大众意识形态报告》之后，尚缺乏进一步针对当前我国道德领域突出问题的全局性的、权威性的跟踪调查及治理方案的研究。西方学者虽然对世界转型的深入和中国崛起的效应有深度关注和学术研究，也确有比较精辟的评论，但并没有基于调查研究基础上的对中国道德问题的精深研究。

二　本研究的结构：还原分析、征候查勘、对策建议

本研究是在对国内外文献调研的基础上，对当前我国道德现实问题的征候进行描述并初步提出问题治理的对策建议，以推进对问题的更为深入的理论和调查研究。研究分为还原分析、征候查勘和对策建议三部分，围绕三个问题展开：

（一）对当前我国道德领域突出问题进行"学术还原"和"问题还原"，以描述当前我国道德现实问题的问题征候，澄清伦理道德的"中国问题"。

这一部分的研究，是通过对前期研究成果的进一步整理和反刍，结合世界价值观调查、世界幸福数据库、《小康》杂志的调查、美国盖洛普调查的相关数据和调查报告，对相关问题进行跟踪研究，通过学术还原和问题还原，围绕四大问题（公民道德素质提升问题，"道德冷漠"现象及其治理问题，集体伦理与个人道德的对峙问题，分配公正与社会公平正义问题）进行学理分析，为中国社会转型时期的伦理道德问题之求解提供学术参照。

（二）以"伦理道德的精神断裂"为总问题，贯彻到四大"突出问题"的分析梳理之中，形成一个前后相续的研究序列。

这一部分的研究围绕的总问题，是由前期调查研究发现的"伦理道德的中国问题"，即"伦理—道德"悖论，它表现为"伦理道德的精神断裂"。它形成了四根跟踪调查的主轴："义—利"轴线；"德—福"轴线；"集体伦理—个人道德"轴线；"公正—德性"轴线。这四根轴线，即我们所说的"四大对峙"。沿着这四根轴线，我们找到了四大突出问题的表达：公民道德素质提升问题（"义—利"轴线）；"道德冷漠"现象及其治理问题（"德—福"轴线）；集体伦理与个人道德的对峙问题（"集体—个人"轴线）；分配公正与社会公平正义问题（"公正—德性"轴线）。这一研究方案的推进，将使我们的研究能够准确承接前期研究，成为前后相续、彼此衔接的研究序列。

（三）以"社会主义核心价值观"为指导，探讨问题治理的对策，落

实伦理道德发展的"精神文化战略"。

　　这一部分的研究以当前我国道德领域突出问题（公民道德素质问题、道德冷漠现象问题、集体伦理与个人道德对峙问题、社会公平正义问题）的深入研究为对象，强调构建社会主义核心价值体系和核心价值观对于以引领我们社会的道德改善和道德文明建设的重要性，并在此基础上探讨问题治理对策。这些研究，重点是要形成以"社会主义核心价值观"为指导的道德发展战略，要着力推进强化政府和政府公职人员的道德示范作用的道德实践，以及探索公民道德教育或国家道德发展战略的合理形式。

三　对当前我国道德现实问题的还原分析

　　我们的调查研究表明，"伦理道德的中国问题"突出地表现为"伦理道德发展面临'伦理—道德'悖论"，它呈现为"伦理道德的精神断裂"。这一断裂，表明了中国社会在全面建成小康社会的过程中遭遇到各种道德突出问题的基本特征，它表现为一种"二元对峙"的特质：

　　　　"调查发现，当前我国思想道德文化正在多元中逐渐向二元聚
　　集，在许多重大问题的认知与判断，如德性与公正、义与利、善恶与
　　祸福、经济发展与幸福感的关系等方面，已经不是多元，而是二元，
　　一种'二元体质'已经开始呈现，标志着我国社会已经进入伦理道
　　德和意识形态发展的敏感期和关键期。"（樊和平，2010 年）

　　二元对峙的特质，突出表现在评价当前道德实践中两种截然不同的"声音"：一是赞美追求真善美、彰显"正能量"的道德现象，如"最美人物""最美现象"，它表明人们对道德模范所展现的正能量的社会认同；二是谴责一些领域存在的突出的道德问题，如"制假贩假""权力腐败""见死不救""见难不助"等。

　　那么，如何看待当前中国道德现实问题？或者，进一步，我们如何描述当前中国道德领域面临的突出问题？这涉及对当前中国道德现实问题进行问题域还原。在总体思路，我们既不能偏离"社会主义核心价值观和核心价值体系"的指导，更不能忽视伦理—道德悖论或伦理道德的精神

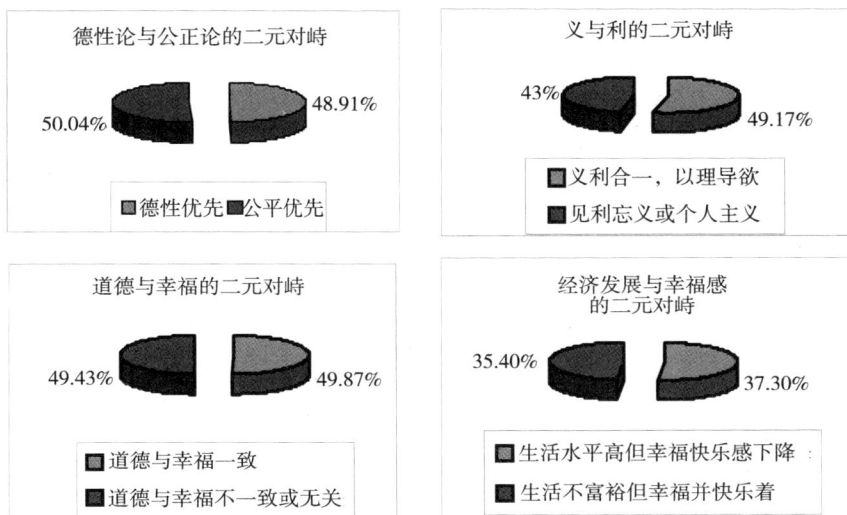

图 1

资料来源：樊和平等著：《中国伦理道德报告》，北京：中国社会科学出版社 2010 年版。

链断裂的现实所展现的伦理形态学视野。从图 1 描述的（"伦理道德的中国问题"）"四大对峙"看，当前中国道德现实问题可以看作围绕四个主轴展开的，它们分别是"义—利"轴线、"德—福"轴线、"集体伦理—个人道德"轴线、"公正—德性"轴线。这四个轴线之间在一种问题域上的逻辑关系是一种"1＋3"的关系。

所谓"1"，是指"当前我国道德现实问题"中的"突出问题"，处于优先地位的问题，即统领性问题。在"四大主题"中，"社会风尚与公民道德素质提升机制"，是四中之"1"，它包含了道德冷漠问题、集体伦理与个人道德冲突问题、社会公平正义的涵养机制问题，因而本身是一个影响全局的大问题。也就是说，在四大道德现实问题中，"公民道德"是最重要的核心问题。

所谓"3"，是指"当前我国道德领域突出问题"中对"公民道德素质提升"有重要影响的三个突出问题，即道德冷漠、集体—个体冲突、社会公平正义的涵养。这三大突出问题如果得不到治理，公民道德素质的提升概无可能。

通过"1＋3"的问题模式，形成"问题域还原"，可管窥当前中国道

德现实问题的重点分布——当前中国道德现实问题的第一位的关键词是
"公民道德"，第一位的"问题域"是全面建成小康社会必须实施的"公
民道德教育或公民道德素质的提升"，而要完成这一"道德领域突出问题
的专项教育与治理"的任务，当务之急，是要治理和解决日益严峻的
"道德冷漠"现象，而根源性的难题则在两个议题的解决之道的探索，即
集体伦理与个人道德的不一致，社会公平正义缺少分配公正的涵养机制。
上述"1+3"问题域的还原分析及深入调研，是探索当前中国道德现实
问题及其治理的一个角度。

这里，需要特别予以说明的是："1+3"的"问题域还原"是一种
连接"宏观—微观"论域的学术还原。对于"当前中国道德现实问题"
这样的宏观论题而言，通过道德哲学的方法进行一种问题域的学术还
原，以获取用以指导微观论域的项目研究的概念工具，是一个必经环
节。因此，在研究路径上，我们要运用道德哲学方法，尤其是运用道德
现象学方法，对当前我国道德领域突出问题进行还原分析。学术还原的
旨趣是萃取问题域上关键和重点，从纷杂的道德现象中看到问题的根
本，站在人类史、文明史、道德哲学史的视野上准确地把握调查研究的
对象和问题。从这一意义上看，笔者所拟定的"1+3"的"问题域还
原"，作为一种学术还原，其重点是关注中西方公民理论或公民道德问
题的探究，从公民道德的优先地位出发，提炼、深化对当前道德问题的
历史和现实的认知，透视现代处境下中国公民身份的变迁和公民道德素
质问题之发生的时代性内涵，进而将四大主题所涉及的学理依据进行结
构性还原。

还原分析的目标指向有两个。一是以道德现象学为基础进行的道德现
实问题的征候查勘，即通过道德现象学的研究路径指导具体的调查研究，
如在跟踪调查方面，关于耻感的调查，关于幸福感的调查，关于道德难题
的调查，都需要道德现象学分析的介入；二是以伦理形态学的路径进行综
合性或总体性的战略研究，从"问题域"切入，不仅关注道德现实问题
的丰富性，复杂性，即道德多样性，或者"道德"的"多"，更要注重伦
理形态的统一性，既伦理实体中的"一"。因此，在特定时段的道德现象
中，经过各种道德主张或道德思想的交锋和涤荡，最终会沉淀下不变的东
西，最终转换成人们的道德思维方式和道德实践方式，在这种意义上，它

就形成了一种伦理形态。在某种意义上，对当前中国道德现实问题的研究，就是要把握规律性的东西，即把握这些形态。只有把握了"形态"，才能找到解决道德突出问题的方法。

四　道德现实问题四大主题的征候查勘

本研究分"1 + 3"四大主题（公民道德素质提升问题、道德冷漠问题、集体伦理—个体道德的二元对峙问题和社会公平正义的涵养问题）对当前我国道德现实问题进行征候查勘。研究路线采取概念分析和实证调研相结合的方法，以沟通"宏观—微观"之间的断层，并对问题进行解析。

按照针对道德领域突出问题调研的逻辑架构，本研究重点以伦理—道德悖论为概念工具和概念分析的方法。伦理—道德悖论，是在现代处境中伦理与道德相互背反的现象，它包括伦理的不道德、道德的不伦理、伦理的实体与道德的个体，我们称之为伦理道德的精神断裂。在先期《中国伦理道德报告》中，课题组基于调查指认：伦理道德的中国问题，最典型地体现为"伦理—道德"悖论。典型的伦理—道德悖论有三种：（1）伦理与伦理之间的冲突。即有两种伦理，一种是从个体自由出发的伦理（它主要关涉权利问题），一种是从总体责任出发的伦理（它以义务为首要原则），这两种伦理在特定的现代处境中，存在相互冲突的情况。（2）一种伦理体系的内部存在着的道德与道德之间的冲突。即行为主体之间可能存在道德理由或道德主张上的分殊和相互冲突的情况，从而产生尖锐的道德冲突。（3）在一种集团伦理或组织伦理的特定境遇中存在着伦理与道德之间的冲突。比如在军队组织、医院组织、政府组织、学校组织、企业组织等现代组织中，对公民个体有普遍性的伦理约束，而公民个体的道德原则又可能存在着与组织的伦理规约相冲突的情况，于是在特定的行为中，出现了"道德的个人和不道德的组织"这样的伦理—道德悖论。

与前期调研获得的概念工具或概念分析方法相对应，课题组以随机形式对南京市391位市民进行了"公民道德状况"的问卷被试。问卷被试时间为2014年11—12月间，被试是在南京火车站，南京市新街口，以及南京市地铁和南京高校等公共场所随机抽样。有效回收问卷 391 份。①

（一）公民道德素质提升的引导机制

公民道德素质的提升，能否简单地通过经济上的奖罚机制进行治理？在"中国式过马路"的案例中，一味地指责中国公民道德素质不高，是否合理？在转型社会中，以非制度形式出现而具备制度性功能的社会风尚，是我们分析研究公民道德素质提升的关键。然而，不可否认的是，社会风尚又是一个各类利益诉求争夺和交战的场域。中国特有的市场经济和民主政治转型的节奏和过程，对普通民众人际关系的影响和冲击是全面而又深刻的，使中国社会伦理道德呈现多元和失范的特点。当个体在社会交往当中遭遇传统与现代、理想与现实、功利与情感等诸多选择的困扰时，不免会到社会风尚中寻求参照、寄托甚至规避。

我们设定了一个身份认同的问卷题，问卷问："您认为自己最优先的身份是什么？"列举有"村民、居民、市民、公民"四个选项。这是一道单选题，隐含了对被试者公民身份的"公"和"民"的偏向性的调查。391 份问卷中，选择村民选项的占 0.767%（3 人），"居民"选项的占 15.09%（59 人），市民选项占 36.06%（141 人），公民选项占 48.083%（188 人）。从获得的信息看，非国家或社会公共领域身份的类别包含了"村民""居民""市民"三项，这三项都偏向"民"的方面，我们大致可以将之归为"私人领域"的身份认同，三项数据相加为 51.917%（193 人），比公民选项多 5 人。而"公民"选项则偏向"公"的方面，也就是说，只有在国家或社会"公共领域"的问题域中才会有"公民身份"的认同。问卷中也有人补写："我只有居民身份证，法律上认可我是居民，而不是公民"；"我只是一位民，如果增加一个字的话，至多是'草民'。"问卷数据和相关表述透露出"公民"概念的两个方面，一曰"公"，二曰"民"，这两个方面对应着"公共领域"和"私人领域"。因此，"公民"在道德哲学的意义上，与现代性社会的公私分域及公共领域的现代性转型

---

① 由于问卷设计并不强调年龄、性别、职业等方面的分组对比，回收的问卷不显示这方面的信息。问卷的问题构成依照调查主题与分类确立，问卷数据的处理全部采用 SPSS11.5 进行分析。

密切相关。调研信息图 2 表明，公民身份认同出现了"公"与"民"的断层线，它进一步表明中国社会"公私分域"的形态趋向正在形成。有人（樊浩，2014 年）用"伦理之公"与"道德之民"的"分与合"来表达当前我国道德现实遭遇公民道德素质提升之难题的症结之所在："民"之为民，以"公"之为公为前提，是为"公民"；如果"公之为公"偏离了其"公共性"的本质，则"伦理之公"便名存实亡。"民"之为民，关涉到"私人领域"的成熟、完整和基本权益之保障，否则"道德之民"与"道德之公民"之间的距离便无法逾越，"道德之民"会沦为一种传统的教化对象而落入"臣民"范畴，不能过渡到"道德之公民"的主体性道德自我之确立。事实上，使"道德之民"的应然诉求落实为"道德之公民"的主体自觉的关键，不在"民"，而在"公"，即重点是公共领域的结构性转型使"伦理之公"能够造就一种培育"道德之民"的社会风尚。

公民身份认同中"公"与"民"的断层线

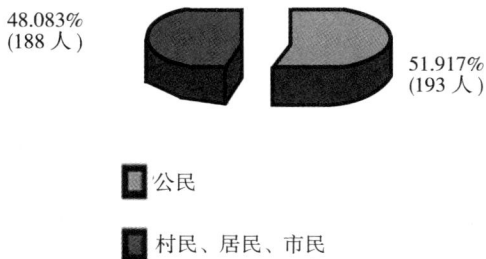

48.083%
（188 人）

51.917%
（193 人）

■公民

■村民、居民、市民

2014 年南京调查问卷题一："您认为自己最优先的身份是什么？"（四选一）1. 村民；2. 居民；3. 市民；4. 公民；如果您还有其他表述请补写＿＿＿＿

图 2

对比我们在 2007—2009 年间对青年大学生群体、国家公务员群体、进城务工者群体进行的调研（樊浩等著《中国伦理道德报告》2010 年版，第 308—311 页），我们发现：一般意义上的"公"与"民"的断层线也隐含在"公民角色—劳动者角色""公民角色—职业角色"之间的二元对峙中。对这些调研数据进行分析，我们得出一个基本的研判：当前中国道德现实问题的关键在"公民道德"，而"公民道德"的关键不在"民"，而在"公"。"公"与"民"的断层线，实际上一种"伦理道德精神链的断裂"，它表现为"伦理之公"与"道德之民"的二元冲突。问题征候在此隐约地透露出问题的解决进路。已就是说，问题的关键在于：使"公共领域"成为保障"私人领域"基本权益的前提，使"伦理之公"成为涵养"道德之民"的前提，进而使"公民之'公'"成为造就"公民之'民'"的前提；倘如此，以"公共领域的结构性转型"为着力点，是确立公民道德素质提升的引导机制的必然选择。以下两组数据表明了这一点。

"你认为影响公民道德素质的社会风尚方面的主要因素是什么？"针对391名被试者的随机调查显示，42.717%（167人）选择"领导干部或官员风气不正，贪污腐化"，39.9%（156人）选择"企业家或商人不讲道德、缺乏社会责任"，14.58%（57人）选择"网络媒体过度娱乐化，影视明星不良示范"，2.813%（11人）选择"公民道德素质不高"。在"官员、商人、影视名星和国民素质"四个选项中，最高选项指向了政治公共领域中政府官员或领导干部，第二高选项和第三高选项指向社会公共领域中企业家和影视明星。数据表明，影响公民道德素质的社会风尚方面的主要因素来自"公共领域"；如果将公共角色（官员、商人和明星）三项相加，得出的比例高达97.193%。这个数据进一步表明，公民道德素质提升机制的重点不在对普通公民的道德教化，而在对公共领域的结构性重建。

我们问，"你认为党中央习总书记的'打老虎''拍苍蝇''四风'建设等改革措施对淳化社会风尚、提升公民道德素质有什么样的作用？"有56.52%（221人）的人选择"公民道德素质的提高关键在党政干部的道德素质，因此这些改革措施是在源头或根本上解决问题。"有23.27%（91人）选择"'打老虎''拍苍蝇''四风'建设对公民道德素质的提升会起到一定的作用，但它在执行中会走样或流于形式，对社会风尚的改善和公民道德素质的提升有可能是治标不治本。"有13.299%（52人）选择"这是政治上的举措，对淳化社会风尚或提升公民道德素质影响有限。"另有6.905%（27人）选择"说不清"。抽样调查表明，超过半数的被访者认为，中央反腐和四风建设是从根本上起到了整肃社会风气、改善公民道德素质的作用；有近三成多的被试者则对此有所保留，且有所担心。这道问卷题隐含着对提升公民道德素质的引导机制的意愿性调查。调研数据表明，主流民意对"反腐""反四风"持支持态度，认为是解决公民道德素质提升的关键，并对制度性反腐和法治建设持有期待。

如何提升我国公民道德素质呢？在 2014 年 12 月的一次问卷中，被访者出示了一条标题为"一位医学教授的演讲"的微信，与调研信息契合。医学教授讲演说："……有一次我和撒贝宁在武汉对话，他问我'医疗行业怎么样？'，我则回应'先别说医疗行业怎么样，当中央电视台在播冬虫夏草含着吃''生命一号'等虚假广告的时候，说明整条河流都被污染，治理污染的办法就是治理上游。党中央习总书记现在正在治理上游，河流也许很快就能干净。'"

以上调研信息表明，当前中国社会风尚的价值观、行为方式和人际关系呈现出明显的"公私分域"的特点，社会质态的现代性特质正在形成之中。如何通过"伦理之公"的现代建构培育"道德之民"，是我国公民道德素质提升的关键，也是我们探索公民道德素质提升的引导机制的重点。因此，对公民道德引导机制的探讨，重在公共领域的道德治理，特别是官员（权力）、企业家（商品）和公众人物（话语）的道德素质的治理，这是"治理上游""澄清河流"的根本举措。

（二）集体伦理与个体道德的现代性断层

"伦理"一词的道德哲学意蕴指涉个体认可的"共同本性"或"公共本质"，因而具有社会性或公共性的特点。"道德"一词指涉个人主体上确定的应当、动机或义务，具有主体性或规定性的特点。在这个意义上，我们印证了前期调研得出的当前中国道德现实问题遭遇到"伦理—道德"的"精神链断裂"的困境。从"公民"一词内含的"伦理之公"与"道德之民"的辩证关系看，结合调研数据，我们不难析出一个重要的发现：中国道德现实问题的根源不在"道德"，而在"伦理"。一个明显的征候是：在当前我国道德现实问题的各种现象形态中，"伦理之公"不能支持"道德之民"。——这是一个总体性的问题征候，是"伦理—道德"悖论的表征，即"伦理—道德"精神结构的裂变。从这一意义上，它是当前我国道德现实问题的四大主题中（即"1 + 3"的问题域中）最为优先的问题。

　　"伦理之公"不能支持"道德之民"的征候之一，是以"集体伦理——个体道德"的二元对峙表现出来的"伦理的不道德"。这是与集团行为紧密伴随的道德领域的突出问题。集体主义道德确定了集体对个人在道德上的优先地位，然而当集体以集团行为规避个体责任的时候，道德的个人将何去何从？这是在诸如三鹿奶粉事件背后潜隐的集团伦理悖论。随着市场经济与多元文化对单位制度的反复涤荡和层层解构，后单位时代集体行为不道德的现象日益增多，集体不道德行为的稳定存在及重复再生已经成为道德发展的"中国问题"。前期调查研究表明，集团利己主义比个人利己主义具有更大的危害性，后单位时代的中国，克服组织的道德缺失成为迫在眉睫的道德建设课题。

　　从这一意义上，对当前社会集团道德问题的现状进行深度探究和总体性把握就变得非常必要。它有利于对集团道德问题形成的社会结构动因及其影响因子进行研究，从理论和实践两个方面为道德领域突出问题提供解释框架和治理方案。20世纪50年代以来，集体组织已经成为社会科学研究的一个公认领域，并在许多领域结出丰硕的成果，国际学术界主要从两方面进行相关研究：一方面是基于后现代视角对现代组织的伦理特征进行揭示，认为行业性、组织性不道德是现代性进程中组织伦理的异化所致，是社会生产道德盲视的结果（Hannah，1977；Zygmunt Bauman，1993）；另一方面是基于实践经验总结分析集团道德的影响因子和治理策略。国内学者越来越关注腐败高发、商业诚信缺失、公德失范等集团道德领域问题并进行有益的探索。我们的调查重点关注两大问题：个体与集团道德发展如何遵循不同的道德轨迹及规律；重大道德问题的解决除进行个体的道德教育外，是否更需要关注社会的道德治理和集团的道德管理。

　　在2006—2009年调查中，我们问："您认为个人行为的不道德与集团行为的不道德（如企业污染，组织为自己及其成员谋取不正当利益等），哪一个对社会风气危害更大？"有50.3%选"集团行为不道德危害更大"，13.1%选"个人行为不道德危害更大"，二者危害程度相同的选项是31.1%，另有5.1%选"说不清"。（樊和平等著《中国伦理道德报告》，第392页）这项调查表明：5成被试者认识到，集团不道德行为造成的危害大于个人行为不道德造成的危害；3成的被试者认为，两者的危害相同。

在本次调查（2014 年）中，我们设计了类似的问卷，问："教育部对高校招生出台禁令，禁止高校对本校教职工子女降分录取。如果你是高校教职工，而你的孩子又正好想进入这所高校学习，你怎么看？"50.895%（199 人）选择"虽然觉得个人利益受损，但整肃了社会风气，赞同这项禁令"。4.895%（19 人）选择"这项禁令没有考虑高校招生的自主权，是对高校集团行为的干涉。"4.604%（18 人）选择"禁令应当由高校自己颁布，而不是由教育部颁布。"39.386%（154 人）选择"如果我是高校职工，我的孩子正好想要进入这所高校学习，这对我是不公平的。"调查信息表明：5 成被试者赞同政府出台强制性政策治理高校招生中的集团不道德行为；4 成被试者认为自己在公共权力针对集团不道德行为进行治理中利益受损是有失公平的。这两条信息表明，集团不道德行为造成的危害已经为大多数人所意识到，而治理这一"伦理的不道德"仍然面临比较大的阻力和由社会风尚支持的行为惯性。

那么解决集团伦理与个人道德之间的对峙或冲突的关键在哪里？如何走出"伦理的不道德"或"集团行为的不道德"？求解该问题，必须先要弄清楚人们怎么理解"公民行为"。我们问："当你遭遇城管侵权、野蛮拆迁、单位或行业潜规则（如企业出售毒大米或医院进行过度医疗等）的时候，你所认同的'好公民'行为是什么？"26.087%（102 人）选择"在此境遇下，'好公民'的行为是顾全大局，没有必要出头较真"，24.041%（94 人）选择"在此境遇下，'好公民'的行为是服从，'反抗'会带来更大的麻烦"，38.875%（152 人）选择"在此境遇下，'好公民'的行为是抗争，我们要坚决地维护自己的权益"，10.997%（43 人）选择"在此境遇下，'好公民'的行为是不服从"。这一道问卷题是对"公民行为"的理解性调查，即当人们在遭遇城管侵权、行业潜规则等"伦理的不道德"或"集团行为的不道德"时，如何理解"公民行为"。前两项对"公民行为"的理解是"顾全大局"和"服从"，两项相加占 50.127%；后两项对"公民行为"的理解是"抗争"和"不服从"，两项相加占 49.973%。数据表明，人们对"公民行为"的理解呈现为"集团伦理"与"个人道德"的两极对峙，即服从集团伦理和坚持个人道德在"集团行为的不道德"境遇中基本上各占 50%。（见图 3）

　　这是一个非常有趣的发现，它表明人们在集体伦理与个人道德相互对立，进而出现"集团行为的不道德"或"伦理的不道德"时，对"公民行为"的理解出现了两歧。

遭遇"伦理的不道德"时公民行为的理解性调查

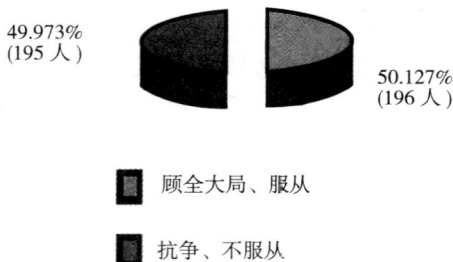

49.973%
（195人）

50.127%
（196人）

■ 顾全大局、服从

■ 抗争、不服从

图 3

　　上述针对"公民行为"的理解性调查，反映了当前中国道德现实面临一种集体主义困境：它派生一种虚假的"公民行为"的观念性理解，即将接受或服从"集团行为的不道德"或"伦理的不道德"看作"顾全大局"的公民行为。另外，一种真正意义上的"公民行为"的理解性观念正在形成，近半数的被访者认可反抗或不服从这种"集团行为的不道德"或"伦理的不道德"。这表明，由"虚假的集体主体"出发所形成的"伦理之公"与由"真实的集体主体"出发所期待的"伦理之公"之间的断层线已然出现。"公民行为"在面临"伦理的不道德"或"集团行为的不道德"时的理解性两歧，表明"伦理—道德"的对峙或"精神链断裂"已经影响到"公民行为"的标准界定。——人们对于"个体不道德"往往易于辨认，但对于日益增多的"集体行为的不道德"，却由于"道德/不道德"的界线日益模糊，而辨识不清。

　　49.973%的被试者选择"抗争或不服从"，反映了一种伦理觉悟正在形成，即只有当"伦理之公"支持一种反抗或不服从"集团行为的不道德"（或"伦理的不道德"）的公民行为时，（不论是企业公民行为、国家公民行为，还是世界公民行为）公民行为才是一种有利于提升公民道德素质的行为范式。

（三）"道德冷漠"现象的治理

发展伦理问题是为"21世纪的重要伦理问题"（Amartya Sen，2010）。与发展相伴随的众多问题，如环境问题、民生问题、平等问题、全球化问题、信任问题、信仰问题、教育问题，等等，都以某种方式突出了发展伦理的重要性。而在发展与伦理的关系中，道德冷漠现象则是发展伦理视域中最为突出的道德现实问题。发展，无疑给中国社会带来了繁荣，满足了人民对美好幸福生活的向往；然而，一个在道德领域不得不关注的突出问题是：发展，却一再地伴随着日益严峻的道德冷漠现象的发生。通过2006—2009年的调查，我们得出一个判断：当代社会的道德图景是多元、多样和多变的，我们的社会是一个现代性和民主化进程高速发展、公民权利意识隐然高涨的大规模陌生人社会——在这个社会里，传统的"伦理之公"经历着一种结构性转型，它不再能够支撑起一种给人带来温暖的道德之发展，于是出现了幸福悖论和道德冷漠现象。"发展了"，人们感到幸福吗？经济发展了，物质生活丰富了，为什么人们在道德上会变得"冷漠"？这个问题，是随着近十年来众多道德冷漠事件"变身"为公共事件而成为当前我国道德领域的突出问题。比如，南京彭宇案，汶川地震时范跑跑事件，佛山小悦悦事件，以及中华红十字会的郭美美事件，等等。

从发展伦理学视角看，与"公民行为"的理解性歧异相关联，"伦理之公"不能支持"道德之民"的征候，在道德形态上的典型表现是当前中国社会的现代性转型遭遇日益严峻的道德冷漠现象——由于伦理的"公序良俗"在一个大规模陌生人社会里处于传统与现代性的断裂带上，它甚至被连根拔起，亟须依靠制度的完善和法治的健全予以重建，因此陌生人社会的道德关切如何穿越"厚重的"道德冷漠的"冰冷铠甲"，是我们面临的现代性道德难题——这里姑且称之为"道德冷漠现象的治理"。"在一个博大的、以匿名为特点的陌生人社会，如何讲德性，如何提倡一种道德关切，怎样改善人的品格素质？当然这是一个全新的课题，对此，决不能再简单套用传统的做法。"（甘绍平，2012年）理由是，在传统的村落型、单位制的熟人社会，在意或帮助他人，是基于长期博弈所形成的"公序良俗"，且长远看，可期待获得回报；但是，在一个高速变动的大规模社会，"不要和陌生人说话"，"不必在意或帮助他人"，似乎成为陌生人社会的生存策略。

全球化、高技术（特别是互联网技术和信息技术）、市场经济造就了一个高速流动的、瞬息万变的大规模陌生人社会。率先经历市场经济洗礼的发达国家在治理道德冷漠现象时，主要依靠法律规范的建构与调节，辅之以宗教伦理精神。虽然实质性的人际间的冷漠依旧，但公共领域一种平等地指向每一位陌生人的"精神和行事规则作为一种价值导引却在默默地支配着人们的行为"，"这就是'在意他人'、'顾及他人'、'帮助他人'"。（甘绍平，2012 年）

以上对比，使"道德冷漠现象"作为当前我国道德领域突出问题或现实问题的征候，变得愈益明晰。为了对这一征候做进一步诊治，我们设计了二个问卷题进行调查。

第一道问卷题："假设有位陌生人向你求助，而你的实际情况不是不能够提供帮助，这时候你的选择是什么？如果选择'不提供帮助'，请在四个备选的选项中选其一。"有 17.136%（67 人）选择"不提供帮助"，有 13.043%（51 人）选择"提供帮助"，有 69.821%（273 人）选择"看情况再说"。这一调研数据表明：关怀和顾及陌生人，力所能及地帮助陌生人，在被试者中只占两成不到；近七成的人选择观望和犹豫；一成多的人选择"提供帮助"。调研信息表明，"冷漠旁观"成为我们这个大规模陌生人社会的道德形态特征。那么，人们为什么不愿意帮助陌生人呢？在选择"不提供帮助"的 67 人中，四个"原因选项"的单选比率分别是：31.343%（21 人）认为"'力所能及地帮助陌生人'不是我们社会的社会风尚"；29.851%（20 人）认为"有时帮助他人的风险是令人无法承担的"；22.388%（15 人）认为"我没有义务帮助陌生人"；16.418%（11 人）认为"陌生人是不可信任的"。调查信息表明，六成以上选择"不帮助人"是由于客观方面的原因（不利的社会风尚和高风险的助人成本），四成以上选择"不帮助人"是主观方面的原因（没有义务和缺乏信任）。如果考虑到近七成的被访者选择"看情况再说"的意愿中隐含着大部分人有"帮助他人"的主观动机，那么我们认定：在公共领域形成守望相助的社会风尚和"帮助他人"的风险规避机制，应当是当前我国道德领域突出问题治理在"治理道德冷漠现象"问题上的根本选择。

第二道问卷题问："你怎么看'雷锋'式的人?"调查结果显示:40.41%(158人)的人认为,"雷锋是'高大上'的道德英雄,是我们偶尔学习的榜样";24.81%(97人)的人认为,"雷锋是意识形态用来进行道德说教的标签式人物";22.76%(89人)的人认为,"雷锋是一个普通人,他做的事就是今天普通'义工'或'志愿者'的行事规范——力所能及地帮助陌生人";12.02%(47人)的人认为,"雷锋是传统社会邻里互助的典型"。调研信息表明:虽然有近九成的人认为,雷锋不属于传统熟人社会中的"好人",而是现代陌生人社会中的"好人",但有高达六成以上的人从一种政治语符或意识形态标签的意义上接受"雷锋形象",只有二成多一点的人透过政治语符或意识形态标签的遮蔽,看到了雷锋精神对现代陌生人社会的道德意义。

以上调研信息表明:作为政治运动的"学雷锋",或者以意识形态话语出现的标签化的"雷锋形象",显然不是治理当前中国社会道德冷漠现象的灵丹妙药;只有还原"雷锋精神"(或"雷锋式人物")的"生活史"意义,才能通过现代性公共领域的结构性转型,让"雷锋"成为高度组织化和制度化的社会构造的价值载体或伦理方式(如志愿者制度、义工制度、捐助制度、税收制度、个人信用制度等)。好的制度自然会推动每个人"学雷锋",而"恶制"则使"雷锋式"的人物变得越来越稀缺。健全良好的法治是保障。一次不合理的法庭判决(如南京"彭宇案")造成的危害,是对"伦理场"的消解。因此,从"社会风尚"和"制度建设"入手,是治理道德冷漠现象的重点。

(四) 以"公平正义"涵养道德

《中国伦理道德报告》表明,当今中国社会面临的基本伦理冲突居首位的是"人与人的冲突",主要原因是:"过度的个人主义65.7%,竞争激剧61.7%,分配不公59.9;价值、利益、制度三大原因同时并存,并且权重接近。"(樊浩等,2012年,第15页)这表明"伦理方式或伦理行为"受困于价值失坠、利益博弈和制度供给,这使得它很容易在碎裂中偏离"伦理"的本源,由此产生的一个后果是:处于裂变中的"伦理"不能成为涵养"道德"的实体。于是,我们面临的道德领域的突出问题是"如何才能涵养道德"——涵养道德，是当今中国发展最急需的伦理行动。

与上述调研信息相对应，当前中国道德现实问题的直观表象是："公民行为缺乏道德涵养"。——开车上路，不礼让行人；乘电梯上楼，不礼让女士；见老人摔倒，不伸救援之手……这些现象表明，道德涵养的缺失，使"公民行为"在"礼俗"、"尊严"和"责任"等方面，变得单薄而苍白，以至于它明显地不是人们期待和赞许的"公民行为"，因而不复为真正意义上的"公民行为"。

"学雷锋"，赞美"道德英雄"，这一不断再现的伦理情节表明，"涵养道德"作为当前中国发展最紧迫的伦理行动，其紧迫性警示："伦理之公"不能支持"道德之民"，它的典型征候是，"公民行为"由于缺乏道德涵养而走向自我失坠。

那么，针对这一问题征候，以"国家行动"一次又一次开展的"学雷锋"运动，为什么达不到"涵养道德"的目的，却总是遇到"一半是海水，一半是火焰"的时冷时热、甚至不冷不热的结局？究其原因乃在于，从来有两种涵养道德的机制：基于德性论的道德涵养机制；基于正义论的道德涵养机制。"学雷锋"作为以政治运动的形式组织起来的"国家行动"，只有还原为人的品质或德性之涵养或社会的公平正义之涵养，才能成为涵养道德的力量。"道德的涵养需要个人、社会和国家的积极作为"（杜耀峰，2012 年），国家和社会在制度设计层面体现涵养道德的理念至关重要，其中公平正义的制度构建是问题治理的突破口。

从世界范围看，西方自罗尔斯《正义论》出版，学术界围绕公平正义问题进行了广泛深入的讨论，虽然有"德性伦理"的当代复兴与之抗衡，但正义问题由于紧扣当今时代"伦理之公"的脉搏，而影响日盛。当今中国道德建设，在对公民道德教育方面，最典型的伦理情节是"学雷锋"。然而，我们的前期调查表明，社会诸群体对中国道德建设期待国家、政府和社会有更积极的作为，而不是仅仅停留在"运动式"的"学雷锋"。这是调查信息"公正论—德性论"二峰耸峙传递出来的真实消息。

面对问题征候，我们调研的问题是：以"公平正义"涵养道德，遭遇到的最大阻力是什么？

我们问,"对你影响最大的是何种人的话语?"调查显示,在话语影响力方面,公共知识分子占38.11%(149人),居首位;政府公职人员占33.76%(132人),次之;网络写手占17.14(67人),再次之;四种人中演艺明星占11%(43人),排最后。数据表明,人们对"公共知识分子"和"政府公职人员"的话语有很高的"公义"期待,希望"知识精英"和"政治精英"代表社会说"公道话"。然而实际情况表明,"公共知识分子"通常以西方话语研判中国现实,"政府公职人员"则通常与"主流意识形态话语"步调一致,因而使"伦理之公"遭遇到"正义"的"失语"。

在关于"最不满意的公众人群"的调查中,"党政官员"以41.18%(161人)的比率高居榜首,"企业家"39.13.02%(153人)次之,演艺明星10.74%(42)排第三,最后是传媒从业者8.95%(35)。这一数据与《中国伦理道德报告》中关于"党政官员"是道德上令人最不满意的群体的调查结论相一致。"官员腐败"使这一群体不能充当道德模范的角色,并使"公权力"的伦理正当性遭遇信任危机,因而使"伦理之公"遭遇到"正义"的"失灵"。

调查发现,正义的"失语"与"失灵",表征公权力的运用和公共话语的生产是妨碍以公平正义涵养道德的最大阻力。

五 当前我国道德现实问题的治理思路

"公共领域的结构转型"是本文透视当前中国道德现实问题的征候及治理对策的主导性视角。它从逻辑上梳理四大主题,即公民道德素质问题,"集团伦理—个体道德"二难问题,道德冷漠现象治理问题,以公平正义涵养道德的问题。每一个主题都贯穿着一种看待当前中国道德现实问题的道德哲学线索,即透过"伦理—道德"的断层线进行征候诊治。其中,伦理公序是公共领域结构转型的道德形态学描述,它与道德之人民的辩证关系,构成了理解现代意义上的"公民"概念的新视角。

由此,本调研得出一条针对当前我国道德现实问题的四大主题(或四种征候)的治理对策之思路,一言以蔽之就是:以伦理公序造就道德之人民。

第一，我国公民道德素质提升的关键，是通过伦理的公序良俗培育或涵养有道德的人民，重点指向公共领域的伦理公序之建构。

调研信息表明，当前中国社会风尚的价值观、行为方式和人际关系呈现出明显的"公私分域"的特点，社会质态的现代性特质正在形成之中。如何通过伦理公序的现代建构培育道德之人民，是我国公民道德素质提升的关键，也是我们探索公民道德素质提升的引导机制的重点。因此，对公民道德引导机制的探讨，重在公共领域的道德治理，特别是官员（权力）、企业家（商品）和公众人物（话语）的道德素质的治理，这是"治理上游""澄清河流"的根本举措。

第二，当前我国道德现实问题的典型征候是伦理的不道德或集团行为的不道德，它使得伦理公序不能支持道德之人民，问题征候的治理必须诉诸于"公民行为"的现代转型。

调研信息表明，面对集团行为的不道德时，49.973%的被试者选择"抗争或不服从"，反映了一种伦理觉悟正在形成，即只有当"伦理之公序"支持一种反抗或不服从"集团行为的不道德"（或"伦理的不道德"）的公民行为时，（不论是企业公民行为、国家公民行为，还是世界公民行为）公民行为才是一种有利于提升公民道德素质的行为范式。

第三，伦理意义上的"公序"不能支持道德的"人民"的征候，在道德形态上的表现是日益严峻的道德冷漠现象，从"社会风尚"和"制度建设"入手是治理道德冷漠现象的重点，核心是社会礼序的重建。

调研信息表明：作为政治运动的"学雷锋"，或者以意识形态话语出现的标签化的"雷锋形象"，显然不是治理当前中国社会道德冷漠现象的灵丹妙药；只有还原"雷锋精神"（或"雷锋式人物"）的"生活史"意义，才能通过现代性公共领域的结构性转型，让"雷锋"成为高度组织化和制度化的社会构造的价值载体或伦理方式（如志愿者制度、义工制度、捐助制度、税收制度、个人信用制度等）。好的制度自然会推动每个人"学雷锋"，而"恶制"则使"雷锋式"的人物变得越来越稀缺。健全良好的法治是保障。因此，从"社会风尚"和"制度建设"入手，是治理道德冷漠现象的重点。

第四，正义的"失语"与"失灵"，是伦理公序不能涵养道德之人民的社会形态意义上的征候，以公平正义涵养道德，必须从公权力的运用和公共话语的生产两个方面寻找出路，要点是以社会正义的制度供给涵养道德。

从世界范围看，西方自罗尔斯《正义论》出版，学术界围绕公平正义问题进行了广泛深入的讨论，虽然有"德性伦理"的当代复兴与之抗衡，但正义问题由于紧扣当今时代"伦理公序"的脉搏，而影响日盛。当今中国道德建设，在对公民道德教育方面，最典型的伦理情节是"学雷锋"。然而，我们调查表明，社会诸群体对中国道德建设期待国家、政府和社会有更积极的作为，而不是仅仅停留在"运动式"的"学雷锋"。

附录二 2014年"当前我国道德现实问题"抽样调查问卷

问卷题1:"你认为自己最优先的身份是什么?"(四选一)

1. 村民;

2. 居民;

3. 市民;

4. 公民;

如果您还有其他表述请补写_____

问卷题2:"你认为影响公民道德素质的社会风尚方面的主要因素是什么"(四选一)

1. 领导干部或官员风气不正,贪污腐化;

2. 企业家或商人不讲道德、缺乏社会责任;

3. 网络媒体过度娱乐化,影视明星不良示范;

4. 公民道德素质不高;

其他原因,请补写_____

问卷题3:"你认为党中央习总书记的'打老虎''拍苍蝇''四风'建设等改革措施对淳化社会风尚、提升公民道德素质有什么样的作用?"(四选一)

1. 公民道德素质的提高关键在党政干部的道德素质,因此这些改革措施是在源头或根本上解决问题;

2. "打老虎""拍苍蝇""四风"建设对公民道德素质的提升会起到一定的作用,但是,它在执行中会走样或流于形式,对社会风尚的改善和公民道德素质的提升有可能是治标不治本；

3. 这是政治举措，对淳化社会风尚或提升公民道德素质影响有限；

4. 没有影响；

其他，请补写_____

问卷题 4："教育部对高校招生出台禁令，禁止高校对本校教职工子女降分录取。如果你是高校教职工，而你的孩子又正好想进入这所高校学习，你怎么看？"（请四选一）

1. 虽然觉得个人利益受损，但整肃了社会风气，赞同这项禁令；

2. 这项禁令没有考虑高校招生的自主权，是对高校集团行为的干涉；

3. 禁令应当由高校自己颁布，而不是由教育部颁布；

4. 如果我是高校职工，我的孩子正好想要进入这所高校学习，这对我是不公平的；

其他，请补写_____

问卷题 5："当你遭遇城管侵权、野蛮拆迁、单位或行业潜规则（如企业出售毒大米或医院进行过度医疗等）的时候，你认同的'好公民'行为是什么？"（请四选一）

1. 在此境遇下，"好公民"的行为是顾全大局，没有必要出头较真；

2. 在此境遇下，"好公民"的行为是服从，"反抗"是"刁民行为"，会带来更大的麻烦；

3. 在此境遇下，"好公民"的行为是抗争，我们要坚决地维护自己的权益；

4. 在此境遇下，"好公民"的行为是不服从；

其他，请补写_____

问卷题 6："假设有位陌生人向你求助，而你的实际情况不是不能够提供帮助，这时候你的选择是什么？如果选择'不提供帮助'，请在四个备选的选项中选其一。"

A. 提供帮助；B. 不提供帮助；C. 看情况再做决定；

选 B 时的主要原因（四选一）

1. 陌生人是不可信任的；

2. 有时帮助他人的风险是令人无法承担的；

3. 我们没有义务帮助陌生人；

4. 陌生人与我有什么关系吗？

其他，请补写＿＿＿＿＿＿

问卷题 7：“你怎么看‘雷锋’式的人物？”（四选一）

1. 雷锋是“高大上”的道德英雄，是我们偶尔学习的榜样；

2. 雷锋是一个普通人，他做的事就是今天普通义工或志愿者的行事规范——力所能及地帮助陌生人；

3. 雷锋是意识形态用来进行道德说教的标签式人物；

4. 雷锋是传统社会邻里互助的典型；

其他，请补写＿＿＿＿＿＿

问卷题 8：“对你影响最大的是何种人的话语？”（四选一）

1. 公共知识分子；

2. 政府公职人员；

3. 演艺明星；

4. 网络写手；

其他，请补写＿＿＿＿＿＿

问卷题 9：“你在道德涵养方面最不满意的公众人群是哪一种？”（四选一）

1. 党政官员；

2. 企业家；

3. 传媒从业者；

4. 演艺明星；

其他，请补写＿＿＿＿＿＿

参考文献

著作

1. ［美］A. 麦金太尔：《追寻美德》，宋继杰译，译林出版社 2003 年版。

2. ［美］A. 麦金太尔：《伦理学简史》，龚群译，商务印书馆 2003 年版。

3. ［英］A. N. 怀特海：《科学与近代世界》，何钦译，商务印书馆 1997 年版。

4. ［印］阿马蒂亚·森、［美］玛莎·努斯鲍姆主编：《生活质量》，龚群等译，社会科学文献出版社 2007 年版。

5. ［德］阿克塞尔·霍耐特：《为承认而斗争》，胡继华译，上海人民出版社 2005 年版。

6. ［法］阿兰·图海纳：《我们能否共同生存》，狄玉明、李平沤译，商务印书馆 2003 年版。

7. ［英］阿兰·鲁格曼：《全球化的终结》，常志霄、沈群红、熊义志译，生活·读书·新知三联书店 2001 年版。

8. ［法］埃德加·莫林：《地球·祖国》，马胜利译，生活·读书·新知三联书店 1997 年版。

9. ［英］艾里克斯·弗罗伊弗：《道德哲学十一讲》，刘丹译，新华出版社 2015 年版。

10. ［美］爱默孙：《自然论》，胡仲持译，商务印书馆 2000 年版。

11. Aristotle. *The Nicomachean Ethics*. Book 2，1103a16 – 18. Translated by Ross. Oxford：Oxford University Press，2009.

12. ［英］边沁：《道德与立法原理导论》，时殷弘译，商务印书馆

2000 年版。

13. 陈静生、蔡运龙、王学军：《人类 – 环境系统及其可持续性》，商务印书馆 2001 年版。

14. 陈延斌：《播种品德、收获命运：未成年公民道德养成的理论与实践》，中国社会科学出版社 2011 年版。

15. ［美］大卫·格里芬：《后现代科学—科学魅力的再现》，马季方译，中央编译出版社 1995 年版。

16. ［法］达尼洛·马尔图切利：《现代性社会学》，姜志辉译，译林出版社 2007 年版。

17. ［英］德里克·帕菲特：《理与人》，王新生译，上海译文出版社 2005 年版。

18. ［英］蒂姆·莫尔根：《理解功利主义》，谭志福译，山东人民出版社 2012 年版。

19. 邓安庆：《伦理学与第一哲学》，《伦理学术（5）——存在论的伦理学：以海德格尔为中心的探讨》，上海教育出版社 2019 年版。

20. 丁煌：《西方行政学理论概要》（第二版），中国人民大学 2011 年版。

21. ［德］恩斯特·卡西尔：《人论》，甘阳译，上海译文出版社 1985 年版。

22. Emmanuel Levinas. *Totality and Infinity*. trans. A. Lingis. The Hague/Boston/London：Martinus Nijhoff Publishers，1979.

23. ［美］弗朗西斯·福山：《信任：社会美德与创造经济繁荣》，彭志华译，海南出版社 2001 年版。

24. 费孝通：《乡土中国 生育制度》，北京大学出版社 1998 年版。

25. 樊浩：《道德形而上学的精神哲学基础》，中国社会科学出版社 2007 年版。

26. 樊浩等著：《中国伦理道德报告》，中国社会科学出版社 2012 年版。

27. 甘绍平：《伦理学的当代建构》，中国发展出版社 2015 年版。

28. ［德］哈贝马斯：《现代性哲学话语》，曹卫东译，译林出版社 2011 年版。

29. ［德］汉斯·约纳斯：《技术、医学与伦理学——责任原理的实践》，张荣译，上海译文出版社 2008 年版。

30. ［美］汉娜·阿伦特等：《〈耶路撒冷的艾希曼〉：伦理的现代困境》，孙传钊编，吉林人民出版社 2003 年版。

31. ［德］海德格尔：《面向思的事情》，陈小文、孙周兴译，商务印书馆 1999 年版。

32. ［德］海德格尔：《路标》，孙周兴译，商务印书馆 2001 年版。

33. ［德］黑格尔：《法哲学原理》，范扬、张企泰译，商务印书馆 1995 年版。

34. ［德］黑格尔：《历史哲学》，王时造译，上海书店出版社 2001 年版。

35. ［美］霍尔姆斯·罗尔斯顿Ⅲ：《哲学走向荒野》，刘耳、叶平译，吉林人民出版社 2000 年版。

36. ［美］霍尔姆斯·罗尔斯顿Ⅲ：《环境伦理学—大自然的价值以及人对大自然的义务》，杨通进译，中国社会科学出版社 2000 年版。

37. 韩水法：《批判的形而上学》，北京大学出版社 2009 年版。

38. ［法］加缪：《西西弗的神话》，杜小真译，天津人民出版社 2007 年版。

39. ［澳］J. J. C. 斯马特、［英］B·威廉斯：《功利主义：赞成与反对》，牟斌译，中国社会科学出版社 1992 年版。

40. 金克木；《比较文化论集》，生活·读书·新知三联书店 1984 年版。

41. ［德］卡尔·雅斯贝尔斯：《现时代的人》，周晓亮译，社会科学文献出版社 1992 年版。

42. ［德］康德：《实践理性批判》，邓晓芒译，人民出版社 2003 年版。

43. ［法］库朗热：《古代城邦—古希腊罗马祭祀、权利和政制研究》，谭立铸等译，华东师范大学出版社 2006 年版。

44. 孔汉思、库舍尔：《全球伦理——世界宗教议会宣言》，四川人民出版社 1997 年版。

45. ［德］莱因哈德·默恩：《企业家的社会责任》，沈锡良译，中信出版社 2005 年版。

46. ［法］莱昂·罗斑著:《希腊思想和科学精神的起源》,陈修斋译,广西师范大学出版社 2003 年版。

47. ［法］列维纳斯:《总体与无限:论外在性》,朱刚译,北京大学出版社 2016 年版。

48. ［法］列维纳斯:《从存在到存在者》,吴惠仪译,江苏教育出版社 2006 年版。

49. ［法］列维纳斯:《上帝·死亡和时间》,余中先译,生活·读书·新知三联书店 1997 年版。

50. ［美］罗蒂:《后形而上学希望》,黄勇编、张国清译,上海译文出版社 2003 年版。

51. ［美］罗尔斯:《政治自由主义》,万俊人译,译林出版社 2000 年版。

52. 李幼蒸:《形上逻辑和本体虚无》,商务印书馆 2000 年版。

53. 李佃来:《公共领域与生活世界——哈贝马斯市民社会理论研究》,人民出版社 2006 年版。

54. 刘小枫选编:《舍勒选集》(上下卷),上海三联书店 1999 年版。

55. ［德］马克斯·舍勒:《伦理学中的形式主义与质料的价值伦理学》,倪梁康译,生活·读书·新知三联书店 2004 年版。

56. ［德］马克斯·舍勒:《价值的颠覆》,罗悌伦等译,生活·读书·新知三联书店 1997 年版。

57. ［德］马克思、恩格斯:《共产党宣言》,《马克思恩格斯选集》第一卷,人民出版社 1995 年版。

58. ［美］马歇尔·伯曼:《一切坚固的东西都烟消云散了》,徐大建、张辑译,商务印书馆 2003 年版。

59. ［古罗马］马可·奥勒留:《沉思录》,何怀宏译,中国社会科学出版社 1989 年版。

60. ［法］马克·第亚尼:《非物质社会》,滕守尧译,四川人民出版社 1998 年版。61. 马寅初:《新人口论》,吉林人民出版社 1997 年版。

62. ［美］迈克尔·桑德尔:《公正:该如何是好?》,朱慧玲译,中信出版社 2012 年版。

63. ［法］米歇尔·福柯：《尼采、谱系学与历史》，《福柯集》，上海远东出版社 1998 年版。

64. ［法］米歇尔·塞尔：《万物本原》，蒲北溟译，生活·读书·新知三联书店 1996 年版。

65. ［英］密尔：《功利主义》，徐大建译，上海人民出版社 2008 年版。

66. ［法］纳塔莉·沙鸥：《欲望伦理：拉康思想引论》，郑天喆等译，漓江出版社 2013 年版。

67. ［美］纳什：《大自然的权利：环境伦理学史》，杨通进译，青岛出版社 1999 年版。

68. ［德］尼采：《论道德的谱系》，周红译，生活·读书·新知三联书店 1992 年版。

69. ［德］尼采：《苏鲁支语录》，徐梵澄译，商务印书馆 1997 年版。

70. ［德］尼采：《权力意志——重估一切价值的尝试》，张念东、凌素心译，商务印书馆 1994 年版。

71. ［德］朋霍费尔：《伦理学》，胡其鼎译，上海人民出版社 2007 年版。

72. ［英］齐格蒙特·鲍曼：《后现代伦理学》，张成岗译，江苏人民出版社 2003 年版。

73. ［英］齐格蒙特·鲍曼：《个体化社会》，范祥涛译，上海三联书店 2002 年版。

74. ［德］齐奥尔格·西美尔：《时尚的哲学》，费勇等译，文化艺术出版社 2001 年版。

75. ［英］乔治·弗兰克尔：《道德的基础》，王雪梅译，国际文化出版公司 2007 年版。

76. ［英］乔治·爱德华·摩尔：《伦理学原理》，长河译，上海人民出版社 2003 年版。

77. ［英］休谟：《人性论》，关文运译，商务印书馆 1980 年版。

78. Robert Nozick. *Anarchy, State, and Utopia*. New York：Basic Book，1974.

Richard B. Brandt. *Ethical Theory*. Englewood Cliffs, NJ：Prentice –

Hall, 1959.

79. ［奥］塞利姆·阿布：《伦理学的自然和哲学基础》，《第欧根尼》1996 年第 2 期。

80. ［丹麦］索伦·克尔恺郭尔：《克尔恺郭尔日记选》，晏可佳、姚蓓琴译，上海社会科学院出版社 1992 年版。

81. 孙周兴选编：《海德格尔选集》上下卷，上海三联书店 1996 年版。

82. ［德］T. W. 阿多诺：《道德哲学的问题》，谢地坤、王彤译，人民出版社 2007 年版。

83. ［美］泰勒·米勒、［美］斯科特·E. 斯普曼：《生存在环境中》（第 18 版），张帆译，哈尔滨出版社 2018 年版。

84. ［英］唐·库比特：《太阳伦理学》，王志成译，浙江大学出版社 2009 年版。

85. 王育民：《中国人口史》，江苏人民出版社 1995 年版。

86. ［美］韦恩·A. 米克斯：《基督教道德的起源》，吴芬译，商务印书馆 2012 年版。

87. ［加］威廉·莱斯：《自然的控制》，岳长龄、李建华译，重庆出版社 1993 年版。

88. ［加］许志伟：《生命伦理：对当代生命科技的道德评估》，中国社会科学出版社 2006 年版。

89. ［古希腊］亚里士多德：《形而上学》，吴寿彭译，商务印书馆 1959 年版。

90. ［古希腊］亚里士多德：《尼各马可伦理学》，苗力田译，中国社会科学出版社 1999 年版。

91. ［美］雅克·蒂洛、基思·克拉斯曼：《伦理学与生活》（第 9 版），程立显、刘建等译，世界图书出版公司北京公司 2008 年版。

92. 杨大春：《语言·身体·他者：当代法国哲学的三大主题》，生活·读书·新知三联书店 2007 年版。

93. ［英］以赛亚·伯林：《自由论》，胡传胜译，译林出版社 2003 年版。

94. ［英］伊迪丝·彭罗斯：《企业成长理论》，赵晓译，上海人民出版社 2007 年版。

95. ［美］尤金·哈格洛夫：《环境伦理学基础》，杨通进等译，重庆出版社 2007 年版。

96. ［美］约瑟夫·熊彼特：《经济发展理论——对于利润、资本、信贷、利息和经济周期的考察》，何畏、易家祥等译，商务印书馆 1990 年版。

97. 张维迎：《竞争力与企业成长》，北京大学出版社 2006 年版。

98. 张珉：《我国家族企业与职业经理的合作困境及其突破》，西南财经大学出版社 2008 年版。

99. 郑也夫、彭泗清等：《中国社会中的信任》，中国城市出版社 2003 年版。

100. 郑也夫：《信任论》，中国广播电视出版社 2001 年版。

101. 郑也夫：《信任：合作关系的建立与破坏》，中国城市出版社 2003 年版。

102. Zygmunt Bauman. *Postmodern Ethics*. Cambridge：Blackwell Publisher，1993。

论文

1. 杜维明：《超越启蒙心态》，《哲学译丛》2001 年第 2 期。

2. 杜耀峰：《道德不需要涵养吗——关于雷锋时代化的思考之四》，《人民日报》2012 年 4 月 9 日。

3. Dingxin Zhao（赵鼎新），"*Mandate of Heaven and Performance Legitimation in Historical and Contemporary China*"，American Behavioral Scientist 53，no. 3（2009）：416 – 33。

4. 甘绍平：《雷锋的道德关切与陌生人的社会》，《党政干部学刊》2012 年第 8 期。

5. 葛晨虹：《"道德冷漠"及社会道德问题思考》，《苏州大学学报（哲学社会科学版）》2012 年第 2 期。

6. ［俄］H. A. 别尔嘉耶夫：《人和机器——技术的社会学和形而上学问题》，张百春译，《世界哲学》2002 年第 6 期。

7. 黄裕生：《论自由与伦理价值》，《清华大学学报（社会科学版）》

2016 年第 3 期。

8. 黄健、邓燕华：《高等教育与社会信任：基于中英调查数据的研究》，《中国社会科学》2012 年第 11 期。

9. 怀默霆：《中国民众如何看待当前的社会不平等》，《社会学研究》2009 年第 1 期。

10. ［法］列维纳斯：《伦理学作为第一哲学》，《世界哲学》2008 年第 1 期。

11. 李骏、吴晓刚：《收入不平等与公平分配：对转型时期中国城镇居民公平观的一项实证分析》，《中国社会科学》2012 年第 3 期。

12. Simon Appleton and Lina Song（2008），"*Life Satisfaction in Urban China: Components and Determinants*"，World Development Vol. 36，No. 11，pp. 2325 – 2340，2008。

13. 孙立平：《政府的第一要务是维护社会的公平正义》，《今日中国论坛》2011 年第 5 期。

14. 田海平：《历史地看待哲学的爱智梦想》，《学习与探索》2001 年第 4 期。

15. 田海平：《事件背后的哲学话语——论苏格拉底之死》，《开放时代》2000 年第 11 期。

16. 田海平：《哲学为何在古希腊诞生》，《江苏行政学院学报》2004 年第 4 期。

17. 田海平：《何谓道德——从"异乡人"的视角看》，《道德与文明》2013 年第 5 期。

18. 田海平：《功利主义能为政治之"善"辩护吗》，南昌大学学报（人文社会科学版）2013 年第 6 期。

19. 田海平：《如何看待道德与幸福的一致》，《道德与文明》2014 年第 3 期。

20. 田海平：《极权主义何以是一种伦理的"恶"》，《江苏行政学院学报》2012 年第 4 期。

21. 田海平：《社会变革时期的伦理关系与道德话语》，《东南大学学报（哲学社会科学版）》2009 年第 1 期。

22. 万俊人：《现代社会发展模式的伦理再反思》，《天津社会科学》

2011 年第 6 期。

    23. 杨大春：《主体形而上学解体的三个维度》，《文史哲》2002 年第
6 期。

    24. 张海东：《城市居民对社会不平等现象的态度研究——以长春市
调查为例》，《社会学研究》2004 年第 6 期。

后　记

　　"伦理思维"的问题缘起，可追溯到我在吉林大学哲学系读书时对自己隐约感兴趣的哲学问题的某种关注。当时，我的博士生导师高清海先生为博士生开设了一门研讨课，上课以一人作主题发言，然后大家一起讨论的形式进行。先生名下那些已经毕业多年而留校任教的老学生和在校的博士研究生都会聚集在先生家里上课。每一次的课堂就如同一次高水平的学术讨论会一样。我是1990年8月入学，新学期的课程就是在高老师家中进行的。师母会为我们准备好茶水。当时，我是所有参加课程研讨的学生中最年少的一位，也是当时唯一的应届博士生。虽然在此之前，在本科生和硕士生阶段的学习中，只要是高老师开讲的课程我都会参加，但这样一种研讨课的形式以及每次讨论所涉及问题的广度和深度，当时是第一次遇到，因而感觉到无比地新鲜，也有应接不暇之感。记得，轮到第一次分派我作主题发言时，高老师给出的题目是让我讲一讲"当代哲学思维的方向"问题。我至今仍然记得接到这一任务时忐忑不安的情景。后来读维特根斯坦"瓶中蝇"比喻时经常想到的就是那时的思想状态。我当时为自己找到的"出口"以及对问题的回应是"从本体思维到当代哲学思维"。主旨是对"哲学终结论"给出一种学理诠释，大意是认为：黑格尔之后，所谓"哲学终结"，其实是自柏拉图以来的"本体思维"思维进路的终结，而当代西方哲学诸派，包括马克思在内，是要开出一种不同于传统本体论思维的哲学思维路向。我认为，这是当代西方哲学思维路向的某种共同特点。至于"当代哲学思维路向"具体应该如何描述或表述，老实承认，当时头脑中仍旧还是一片"浆糊"，因而是"全无概念"的状态。但是，博士课程的研讨，则是将这个"问题"牢牢地在我的思想世界中种下了"根苗"。

　　后来随着我的阅读范围的扩展和思想探究领域的扩大，尤其是 1993 年工作之后开始系统讲授和研究伦理学（特别是多轮讲授西方伦理学史课程）的个人工作的开展，我开始越来越觉得有必要把一种不同于"本体思维"的"伦理思维"在哲学思维层面上区分出来，且以之为基础对伦理学理论问题和实践问题进行一种相对整体性系统研究。这项工作的开端，要从 2003 年算起。这时，我再次尝试对当代哲学思维路向进行批判或审理，这一年发表在《学习与探索》第 5 期上的论文，《从'本体思维'到'伦理思维'——对哲学思维路向之当代性的审查》，是这项工作的一个预备，也可看作是我自己对博士研究生期间遭遇的哲学问题的比较正面的回应。从那时开始，我着手将本体思维与伦理思维在"第一哲学"层面做出相应的区分。我们知道，人们通常把"本体论"（或者关于存在问题）的研究视为"第一哲学"，然而，却在"存在的自鸣得意"中混淆了事实与价值的界限。当代哲学的重要洞见之一，是在对休谟问题的响应中觉察到，受到本体思维进路影响的西方传统伦理学犯了"自然主义谬误"。那么，伦理学如何破解"自然主义谬误"？如何从"人与存在相与"的伦理关联性思维（而不是从"人与存在相分"的本体对峙性思维）中运思？这问题，既涉及一种本原伦理问题论域，因而在"第一哲学"意义上面临重审存在意义的诘问，又推动我们从理论理性和实践理性两个方面去思考或探究一种不同于本体思考方式的伦理思维方式之可能。我在此后的研究和学术探究活动中，对伦理学的理解基本上是在这一思想道路上进行探究的。我先是用了一年时间赴英国牛津大学哲学系进行访学，对英国道德哲学的发展进行了比较初步的考察。这期间以及回国后，我相继在《哲学研究》（2005 年第 10 期）和《江苏行政学院学报》2006 年第 6 期上发表了《道德哲学的伦理思维进路》和《走向伦理思维的道德哲学》两篇论文。进一步澄清了这一研究的论题域。这些论文在问题域的清理上，所涉及的且有待展开的工作，使我获得了一种理论勇气，即基于西方思想谱系的"古今之变"对"伦理学如何进入伦理思维"这一问题作出系统的探究。

　　这部作品只是我在这条思想道路上进行探索的若干印记的一个记载或者一个记录。我把书名取名为《走向伦理思维的道德哲学》，与之前发表的论文同名。其中，我使用了一个具有动态性质的"走向"一词，更主要地是考虑到要突出这条思想道路的开放性、探索性和未完成性的特点，同时也是为了彰显我对道德哲学或伦理学之理解的"方位性"和"方向性"的特征。需要在这里加以说明的是，在本书成书之前，本书中大部分观点，都已经以论文的形式在国内一些主要的学术刊物上发表出来了。除了上面提到的三篇论文外，兹将主要的相关论文列举如下：

《何谓道德——从"异乡人"的视角看》，《道德与文明》2013年第5期；

《谁是道德的"敌人"——伦理由超验向经验转变中的文明作用》，《天津社会科学》2015年第1期；

《我是我兄弟的看护人吗》，《道德与文明》2016年第6期；

《如何看待道德与幸福的一致性》，《道德与文明》2014年第3期；

《人为何要"以福论德"而不"以德论福"——功利主义"福－德"趋向问题》，《学术研究》2014年第11期；

《伦理治理何以可能——治理什么与如何治理》，《哲学动态》2017年第12期；

《环境伦理的基本问题及其展现的哲学改变》，《天津社会科学》2009年第3期；

《论生育伦理的中国难题与道德前景》，《马克思主义与现实》2012年第3期；

《制度信任与企业家的"道德血脉"》，《学习与探索》2012年第4期；《水伦理的道德形态学论纲》，《江海学刊》2012年第4期；

《全球化、高技术、市场经济背景下中国和谐伦理关系的调查研究》，《江海学刊》2010年第3期；

《以公共伦理造就道德的人民——当前中国道德现实问题的征候及其治理对策》，《东南大学学报》（哲学社会科学版）2015年第2期。

我在此谨向上述期刊杂志社及朋友们的厚爱和支持表示衷心的感谢。本书前前后后写写停停延续了将近10年之久，于2013年年初写成初稿。一些内容是在边写边改的过程中提取章节拿到杂志上发表。书稿在2013年初曾经被收纳到一套学术著作丛书的出版计划之中，且签订了正式出版合同。后来因为出版经费方面的原因，出版计划无疾而终。书稿也就一直耽搁下来。我亦似乎不着急，也不愿意自掏腰包赶着将它出版出来。这反而使得其中的一些章节内容，得以在 2013 年之后能够先行被抽绎整理出来在相关杂志上发表。这部书稿遭遇的出版命运及其机缘，多少折射出这个时代学术自身的际遭，唯有感叹。

在此，我要感谢北京师范大学哲学学院的大力支持。没有学院提供的出版经费的支持，这部书稿可能仍然继续沉睡在我的电脑硬盘之中。我同时对曾经参与我课堂学习和讨论的研究生同学们表示衷心的感谢，这本书中的大部分内容都在各种研究生研讨班上讲授和讨论过。有一些观点吸收了研讨班上同学们的批评和建议，有一些内容参考了研究生所做的课程录音的整理稿。我这里不再一一列出。本书对伦理学理论和实践的思维进路的探索，只属于一家之言，在学理上和在论证上可能存在着很多错漏之处或不当之处，请读者诸君不吝批评指正。当然，我更希望本书提出的论题和观点能引发一些讨论，以推进相关问题的研究。借此机会，我对长久以来一直得到的各方面的支持和各种学术友谊，表示衷心的感谢。

借本书出版之际，我再次衷心感谢冯春凤编辑。我的几本学术专著的出版和再版工作，都是由她担任责任编辑。我与她虽然不曾谋面，通过书信往来，则能感知她对工作的热情和高度认真负责的精神。我谨感谢她及团队付出的智慧和辛劳，谨致谢忱！

田海平

2019 年 12 月 31 日